中国社会科学院文库
国际问题研究系列
The Selected Works of CASS
International Studies

中国社会科学院创新工程学术出版资助项目

中国社会科学院文库·国际问题研究系列
The Selected Works of CASS · **International Studies**

上海合作组织
农业合作与中国粮食安全

Agricultural Cooperation of
Shanghai Cooperation Organization and
Food Security in China

张 宁 杨正周 阳 军／著

社会科学文献出版社
SOCIAL SCIENCES ACADEMIC PRESS (CHINA)

《中国社会科学院文库》
出版说明

　　《中国社会科学院文库》（全称为《中国社会科学院重点研究课题成果文库》）是中国社会科学院组织出版的系列学术丛书。组织出版《中国社会科学院文库》，是我院进一步加强课题成果管理和学术成果出版的规范化、制度化建设的重要举措。

　　建院以来，我院广大科研人员坚持以马克思主义为指导，在中国特色社会主义理论和实践的双重探索中做出了重要贡献，在推进马克思主义理论创新、为建设中国特色社会主义提供智力支持和各学科基础建设方面，推出了大量的研究成果，其中每年完成的专著类成果就有三四百种之多。从现在起，我们经过一定的鉴定、结项、评审程序，逐年从中选出一批通过各类别课题研究工作而完成的具有较高学术水平和一定代表性的著作，编入《中国社会科学院文库》集中出版。我们希望这能够从一个侧面展示我院整体科研状况和学术成就，同时为优秀学术成果的面世创造更好的条件。

　　《中国社会科学院文库》分设马克思主义研究、文学语言研究、历史考古研究、哲学宗教研究、经济研究、法学社会学研究、国际问题研究七个系列，选收范围包括专著、研究报告集、学术资料、古籍整理、译著、工具书等。

中国社会科学院科研局

2006 年 11 月

CONTENTS 目 录

前　言

一　粮食的界定

粮食是指烹饪食品中供食用的谷物、豆类和薯类的统称，所含营养物质主要为糖类（以淀粉为主）和蛋白质。大部分情况下，狭义的粮食概念仅指谷物，包括麦类（小麦、大麦、皮麦、青稞、黑麦、燕麦等）、稻谷类（粳稻、籼稻、糯稻、陆稻、深水稻等）和粗粮类（玉米、高粱、荞麦、粟、黍等）三大类。广义的粮食概念除谷物外，还包括作为补充主食用的粮食作物，如大豆、红小豆、绿豆、黑豆、青豆、木薯、番薯、土豆等。

中国自 1994 年起将粮食定义为五大类：小麦、大米、玉米、大豆、其他（包括薯类、小麦以外的其他谷类、大豆以外的其他非蔬菜型豆类）。在统计粮食产量时，豆类按去荚后的干豆计算，薯类按每 5 千克鲜薯折合 1 千克粮食计算，其他粮食一律按脱粒后的原粮计算。

独立国家联合体（以下简称"独联体"）成员的粮食概念与其他地区略有差别。从成员国《粮食法》、独联体《提高成员国粮食安全构想》、欧亚经济共同体《粮食安全技术标准（草案）》、俄白哈三国关税联盟《粮食安全技术标准》等法律文件中可知，俄语表达的"粮食"有两层含义。

（1）狭义的粮食（зерно），指的是"谷类、豆类和油料作物的果实，可用于食物、种子、饲料和技术等用途"。对应的"粮食安全"（безопасность зерна）指的是"粮食生长周期各阶段存在供应不足风险，根据其发生的可能性程度及其后果的严重程度看，可造成民众生命和健康损害、侵害消费者利益"。这一概念比中国使用的狭义的粮食概念更宽泛，多一个油料作物。中国认为油料作物属于经济作物范畴（与谷物并列）。

（2）广义的粮食（продовольствие），意义相当于联合国的"食品"或

"农产品"，包括谷物、豆类、薯类、油料作物、蔬菜、水果、畜牧产品、水产品等所有用于食物、饲料、种子和工业原料的农产品。对应的"粮食安全"（продовольственная безопасность，英文是 food security）是指"一种经济状态，无论国内和国外环境如何，均拥有足够的相关资源、潜力和保障，确保居民获得必需的生理营养需求"。而"粮食独立性"（продовольственная независимость）是指"在满足人体基本食物需求的前提下，本国重要粮食品种的年产量不低于居民年消费量的80%"。[①]

粮食生产统计口径：

（1）中国 = 谷物（cereal）+ 豆类（beans）+ 薯类（roots and tubers），其中谷物 = 小麦（wheat）+ 稻米（rice）+ 玉米（corn）+ 杂粮（other grains）。

（2）美国 = 小麦 + 稻米 + 粗粮（coarse grains），玉米按粗粮计算。

（3）世界粮农组织（FAO）没有严格界定"粮食"一词，只有谷物（cereal）。在 FAO 框架下（如 *Food Outlook*），粮食（泛指一切可以食用的农产品）= 谷物（grain）+ 油料作物 + 糖类作物 + 肉类 + 奶类 + 水产品等。其中，谷物的范畴同美国的定义大体一致，包括小麦、稻米（以碾米计）和粗粮（玉米、大麦、高粱等）。

（4）独联体成员 = 谷物 + 豆类 + 油料作物。

粮食利用口径：

（1）粮食利用（utilization）= 粮食消费（food，即口粮）+ 饲料（feed）+ 种子（seed）+ 贸易（trade）+ 其余利用（other）+ 浪费（waste）

（2）（某期）粮食供给量 = 当期产量 + 当期库存量（期末库存量 - 期初库存量）+ 净进口量（进口量 - 出口量）

---

① закон Республики Казахстан от 19 января 2001 года 《О зерне》. Постановление Правительства Республики Казахстан от 8 апреля 2008 года N 337 《Об утверждении Технического регламента》《Требования к безопасности зерна》.《Концепция повышения продовольственной безопасности государств - участников СНГ》, утверждена Решением Совета глав правительств СНГ от 19 ноября 2010 года. Технический регламент ЕврАзЭС 《О безопасности зерна》（ТР 201_ /00_ / ЕврАзЭС）. Решение Комиссии Таможенного союза ЕврАЗЭС от 9 декабря 2011 года N 874 《О принятии технического регламента Таможенного союза 《О безопасности зерна》.

与粮食相近的一个概念是"食品"（food）。联合国粮农组织的食品目录共有八大类共 106 种：一是谷物类，二是块根和块茎作物类（如土豆等），三是豆类，四是油籽、油果和油仁作物，五是蔬菜和瓜类，六是糖料作物，七是水果、浆果、葡萄等，八是家畜、家禽、畜产品等。很多时候，国际社会的粮食安全话题所涉及的品种与联合国粮农组织界定的食品范围是相当的。

与粮食相近的另一个概念是"农产品"。广义的农产品包括农作物、畜产品、水产品和林产品，狭义的农产品只包括农作物和畜产品。不同机构根据不同的功能和目的，对农产品的定义和统计范围做出不同的界定。①

（1）世界贸易组织主要从贸易角度定义农产品，其《农业协定》规定农产品指农作物和畜产品，不包括水产品和林产品，具体是指《农业协定》附件 1 所列商品：商品名称和编码协调制度（HS）第 1～24 章的产品（活动物、动物产品；植物产品；动植物油、脂及其分解产品；精制的食用油脂；动植物蜡；食品；饮料、酒及醋；烟草、烟草及烟草代用品的制品），但不包括第 3 章和第 16 章的鱼及其制品；甘露醇、山梨醇（HS2905.44）；糖油；蛋白质类物质、改性淀粉、胶；整理剂、HS2905.44 以外的山梨醇；生皮；生毛皮；生丝和废丝；羊毛和动物毛；原棉、废棉和精梳棉；生亚麻；生大麻。

（2）联合国国际贸易标准分类（SITC）侧重从生产角度（原材料、半成品、制成品）定义农产品。联合国贸易和发展会议的《国际贸易统计年鉴》将农产品分为食品和非食用农业原料两部分，包括农作物、畜产品、水产品和林产品，具体是：0 类（食品及主要供食用的活动物）；1 类（饮料及烟类）；2 类（非食用原料）；3 类（动植物油、脂、蜡）。

（3）联合国粮农组织主要根据原料和加工程度，将农产品由粗到细分为产品部门（如谷物部门、蔬菜部门、畜产品部门等）、农产品大类（如谷物部门下有小麦、大麦、玉米、稻米等）、制品（如小麦大类下设面粉、麸皮、淀粉、通心粉、面包、糕点、麦芽饮料等）。总体上，联合国粮农组织在统计时，将农产品分为 4 类分别统计：农作物及其制品（Crops & Crops processed）；

---

① 程国强：《全球农业战略：基于全球视野的中国粮食安全框架》，中国发展出版社，2013，第 11～16 页。

活动物及其制品（Live Animals，Livestock primary & Livestock processed）；水产品（Fisheries & Aquaculture）；林产品（Forestry）。

北京大学国家发展学院的卢锋和梅孝锋在 HS-SITC 编码体系的基础上结合中国国情，将农产品贸易品类分为七大类：一是农产品（谷物、棉花、油及油料、糖）；二是食用畜产品（肉类、乳品、禽蛋、动物油脂）；三是非食用畜产品（生皮、动物毛和丝）；四是水产品；五是园艺产品（蔬菜、水果、咖啡、茶等）；六是饮料及烟草类产品；七是其他农产品（饲料、杂项食品、动植物原料、动植物油脂、麻）（见表 0 - 1）。

表 0 - 1　HS 海关编码（1992 年以后）

大宗农产品	HS10 谷物 HS11 制粉工业产品，麦芽、淀粉、菊粉、面筋 HS12.01 - 12.08 含油子仁及果实 HS15.07 - 15.15 植物油、脂(未经化学改进) HS17 糖及糖食 HS19 谷物、粮食粉、淀粉及乳的制品、糕饼点心 HS52.01 - 52.03 原棉、废棉、精梳棉
食用畜产品	HS01 活动物 HS02 肉及食用杂碎 HS04 乳品、蛋品、天然蜂蜜、其他食用动物产品 HS15.01 - 15.06 动物油、脂 HS16.01 - 16.03 肉制品
非食用畜产品	HS41.01 - 41.03 生革及皮 HS43.01 生羊皮 HS50.01 - 50.03 生丝及废丝 HS51.01 - 51.03 羊毛及动物毛
水　产　品	HS03 鱼、甲壳动物、软体动物及其他水生脊椎动物 HS16.04 - 16.05 鱼、甲壳动物、软体动物及其他水生脊椎动物制品
园艺产品	HS07 食用蔬菜、根及块茎 HS08 食用水果及坚果、甜瓜或柑橘属水果的果皮 HS09 咖啡、茶、马黛茶及调味香料 HS18 可可及可可制品 HS20 蔬菜、水果、坚果或植物其他部分的制品
饮料及烟草	HS22 饮料、酒及醋 HS24 烟草、烟草及烟草代用品的制品

续表

	HS05 其他动物产品
	HS06 活树及其他活植物,鳞莲、根及类似品,插花及装饰用簇叶
	HS12.09 - 12.14 杂项子仁及果实,工业用或药用植物,稻草、稻秆及饲料
	HS13 虫胶,树胶,树脂及其他植物液、汁
	HS14 编结用植物材料、其他植物产品
	HS15.16 - 15.22 精制的食用油脂,动、植物蜡
	HS21 杂项食品
其他农产品	HS2905.43 甘露醇
	HS2905.44 己二烯酸剂
	HS35.01 - 35.05 类蛋白质、改性淀粉、胶类物质
	HS3809.10 润滑剂
	HS3823.60(HS2905.44 以外的山梨醇)
	HS53.01 原亚麻
	HS53.02 原大麻
	HS33.01 精炼油类

　　资料来源:卢锋、梅孝锋:《我国入世农业影响的省区分布估测》,《经济研究》2001 年第 4 期。卢锋、梅孝锋 (2003) 总结的 HS - SITC 农产品贸易交叉编码体系。

二　粮食安全的界定

　　粮食安全问题是一个全球性挑战,迫切需要国际社会共同有效应对。1979年 11 月举行的联合国粮农组织第 20 届大会决定,从 1981 年起,将每年的 10月 16 日作为“世界粮食日”,开展各种活动,提醒各国关注粮食问题。粮食安全(food security)是“确保所有人在任何时候既买得到又买得起所需要的基本食品”,简而言之就是“买得起、买得到、买得好”。随着时代变化,粮食安全的外延和内涵不断扩大,不同时期的政策选择及理论研究为其注入了新的内容,反映出粮食安全问题本身及其技术和政策问题的复杂性。

　　虽有古谚“民以食为天”,但是作为一个正式概念,“粮食安全”这一术语是在二战时期(20 世纪 40 年代初)发展形成的。当时欧洲饱受战争创伤,许多地方深受饥饿之苦,饥荒时有发生。1943 年,44 个国家在美国弗吉尼亚州温泉城召开会议,研究“在粮食和农业方面如何实现免于匮乏的自由”等问题,并得出结论:“免于匮乏的自由意味着每一名男子、妇女和孩童都拥有牢靠、足够和适当的粮食供应”,其中“牢靠”是指粮食的可获得性,“足够”是指粮食供应的数量充足,“适当”是指粮食供应的养分含量。与会者认为,二战后初期最紧迫的需求是对谷物和其他粮食的需求，以便维持起码的膳食热量水平；待主粮产量水平恢复后，则需要提高那些富含维持健康所需营养素的食物的产量；另外，贫困是饥饿和匮乏的首要根源，从长远看，全球经济增长和创造就业是减少贫困和实现充足营养保障所不可或缺的条件。

20 世纪 50 ~ 60 年代，世界粮食和农业政策主要侧重于提高主粮品种（尤其是小麦和稻米）的生产率、产量和营销，而"依托减贫实现免于匮乏的自由"这一长远目标并未受到重视，主要粮食出口国手中持有大量余粮。1966年，联合国通过《经济、社会和文化权利国际公约》，其中第 11 条规定："一、本公约缔约各国承认人人有权为他自己和家庭获得相当的生活水准，包括足够的食物、衣物和住房，并能不断改进生活条件。各缔约国将采取适当的步骤保证实现这一权利，并承认为此而实行基于自愿同意的国际合作的重要性。二、本公约缔约各国既确认人人免于饥饿的基本权利，应为下列目的，个别采取必要的措施或经由国际合作采取必要的措施，包括具体的计划在内：（甲）用充分利用科技知识、传播营养原则的知识、发展或改革土地制度以使天然资源得到最有效的开发和利用等方法，改进粮食的生产、保存及分配方法；（乙）在考虑到粮食进口国家和粮食出口国家的问题的情况下，保证世界粮食供应，会按照需要，公平分配。"

20 世纪 70 年代初，受连续多年的极端气候影响，全球粮食歉收，世界粮食库存锐减，加之苏联在国际粮食市场大量抢购，世界粮食供求失衡。同时，国际石油危机导致石油价格暴涨，进而带动农资和农业生产成本增加，对动荡的粮食市场造成巨大冲击，粮食市场长期积累的各种压力集中爆发，全球粮食价格普涨，引发了 1972 ~ 1974 年的世界粮食危机。发展中国家遭受的灾害最深，它们迫切要求改变国际粮食生产和供应的不合理状况。1973 年 9 月，第四次不结盟国家首脑会议提出召开世界粮食会议的倡议。1973 年 12 月 17 日，联合国大会一致通过决议，决定于 1974 年 11 月在罗马召开一次世界粮食会议。1974 年召开的世界粮食大会通过了《消除饥饿与营养不良世界宣言》和《世界粮食安全国际约定》，以"粮食供给"为出发点定义粮食安全，即"在任何时候都有足够的粮食供应，满足不断增长的粮食利用需求，并能应对粮食产量和价格的波动"。此外，会议还提出了衡量一国粮食安全的具体指标，即粮食库存量至少应占当年粮食消费量的 17% ~ 18%。[①]

1996 年在意大利罗马举行的世界粮食首脑会议（WFS）通过了《世界粮食安全罗马宣言》和《世界粮食首脑会议行动计划》，重申"粮食安全"是指"所有人在任何时候都能通过物质和经济手段获得充足、安全和富有营养的食物，满足其膳食需要和饮食偏好，过上积极和健康的生活"，"粮食安全行动应当确保粮食体系向所有家庭提供获取充足、适当和安全食物的稳定渠道"。这一定义确定了粮食安全的四个维度：可供量（availability）、获取（access）、稳定（stabilization）、利用（utilization），同时也包含涉及食物和护理的"良好营养"等各个层面。其中，可供量是指提供数量足够和营养充分的食物实物；获取是指个人有能力买得起能够满足营养需求的食物；稳定是指人们在任何时候（包括突发危机）都能够获取粮食；利用是指人们有能力和条件不仅通过适当的膳食，而且通过清洁的水、适当的卫生条件及其他非食物性因素来利用粮食。

从上述历程可知，1974 ~ 1996 年，国际社会对粮食安全的定义已发生质的变化。1974 年的定义关注粮食供应（supply）和人类生存的本能要求，强调粮食的最基本数量要求，即"够吃"，保障粮食的可供应量，并在一定程度上保障各国和全球粮食价格稳定。而在 1996 年的定义中，食品安全成为粮食安全的应有之义，粮食安全包括了相互联系、不可或缺的四个要素（可供量、获取、稳定、利用），对粮食的要求不但要"吃饱"，更要"吃好"，"营养维度是粮食安全概念和联合国粮农组织粮食安全委员会工作的固有组成部分"。[②]该定义中对粮食选择偏好的要求，体现了粮食本身所承载的社会、文化、传统以及宗教和伦理价值，粮食安全上升为人的基本政治经济权利，以至"粮食权"（right of food）成为 2007 年世界粮食日的主题。

粮食安全的定义提供了一个明确的目标，以用来制定、执行和评估相关政策和计划，同时它也是一套责任系统，是一个由世界、地区、国家、社区、家庭和个人组成的庞大的有机责任系统，帮助人们实现积极和健康的生活，奠定

---

① United Nations, "Report of the World Food Conference", Rome 5 - 16 November 1974, New York, 1975.

② 世界粮食安全委员会第三十九届会议：《术语辨析和选用》CFS 2012/39/4，2012 年 10 月 15 ~ 20 日，意大利罗马。

世界和平和有序发展的基础。缺乏粮食安全保障的直接后果便是营养不良和饥饿。在实践中，饥饿程度和贫困水平往往是衡量各国粮食安全的两个硬指标。联合国"千年发展目标"之"消灭贫穷和饥饿"中确定的目标之一，便是要在 2015 年前，全球每日收入低于 1 美元的人口比例和挨饿的人口比例相比 1990 ~ 1992 年的比例分别降低一半。[①]

三　粮食安全的评价指标

"粮食安全"是一个开放和发展的动态定义，它不仅是一个目标，也是人们借以实现健康、积极生活的媒介，还是国际社会需要共同承担的责任。从公共政策的操作层面看，国际社会将粮食安全的基本目的定位于减少与消除贫穷和饥饿，粮食安全的评价指标体系也主要针对"贫穷和饥饿"问题。当前，国际社会通用的贫困标准主要参照世界银行 2008 年修订的指标，即居民每天生活费不低于 1.25 美元，低于此标准即被列为贫困人口。与此同时，联合国的饥饿指标参照"长期的营养不良"，即"人体每日所需摄入热量的最低标准是 2100 卡路里"，这是维持健康生活的最低标准。一个人若数周或长期每日摄入热量低于此标准，便处于饥饿状态。

在粮食安全中，不同人群的粮食获取能力不同，如农民、儿童和妇女等属于脆弱群体。全球 3/4 的饥饿人口生活在农村地区，他们完全依赖农业为生，收入来源单一。受文化传统和社会结构影响，妇女特别是孕期和哺乳期的女性更容易因营养不良造成婴幼儿体重不足或生产死亡等。儿童尤其是 5 岁以下的儿童，也容易因营养不良造成体重不足甚至死亡。

当前，国际社会有多个粮食安全综合评价体系，使用范围最广的是国际粮食政策研究所（International Food Policy Research Institute，IFPRI）的"全球饥饿指数"（GHI）。该指数通过对每个国家的营养不良人口比例、5 岁以下儿童营养不良比例、5 岁以下儿童死亡率三个指标平均加权，得出 0 ~ 100 的一个综合指数值，指数值越低，说明粮食安全状况和水平越好，0 表示无饥饿状态，100 表示完全饥饿状态，0 ~ 4.9 属于较低饥饿状况（low），5 ~ 9.9 属于

---

① UN，*United Nations Millennium Development Goals*，September 6，2001.

中等饥饿状况，10~19.9属于严重饥饿状况，20~29.9属于令人担忧的饥饿状况，大于等于30属于极其惊人的饥饿状况。

中国营养学会于1989年、1997年、2007年先后出版和修订了《中国居民膳食指南》，设计了"中国居民平衡膳食宝塔"，提出了一个在营养上比较理想的膳食模式。它共分5层，包含每人每天应摄入的主要食物种类，其中，底层是谷类食物，每人每天应摄入250~400克；第二层是蔬菜和水果，分别为300~500克和200~400克；第三层是鱼、禽、肉、蛋等动物性食物，分别为125~225克（其中鱼虾类50~100克，畜、禽肉50~75克，蛋类25~50克）；第四层是奶类和豆类食物，每天应吃相当于鲜奶300克奶类及奶制品和相当于干豆30~50克的大豆及豆制品；第五层塔顶是烹调油和食盐，每天烹调油不超过25~30克，食盐不超过6克。根据中国居民平衡膳食宝塔中的人均每日膳食需求量标准，按低、中、高三个方案计算出人均年食用粮食需求量分别为219.39千克、275.94千克和335.19千克。

表0-2　不同经济水平下的人均粮食消费量分析

	低方案	中方案	高方案
人均粮食消费量	357.38	388.69	420.00
口粮消费	179.65	190.37	201.09
饲料用粮	114.01	118.64	123.26
加工用粮	44.55	55.97	67.39
种子用粮	7.62	8.45	9.28
粮食损耗	11.55	15.26	18.98

注：本表中的人均粮食消费量是指对中国居民历年人均粮食消费量的变化分析，建立在对现实历史数据（1995~2009年）计算的基础上。应用历年数据平均值、最后五年（2005~2009年）滑动平均值、前两者的平均值等分别作为低、高、中方案的人均粮食需求量。其中，中方案的人均粮食需求量均取高方案、低方案值的平均值；饲料用粮、加工用粮的高方案为最后五年（2005~2009年）滑动平均值，低方案为历年平均值；种子用粮、口粮消费、粮食损耗则与之相反。

平衡膳食模式下的人均粮食需求量则是依据《中国居民膳食指南》发布的、一般人群的平衡膳食宝塔的量化数值进行计算，依据其不同的食物消费范围，划分为高、中、低三个方案，并与实际人均粮食消费量进行比较，是一个相对标准的数值。膳食指南（dietary guideline，DC）是根据营养学原则，针对各国各地存在的膳食营养问题而提出的合理膳食基本要求。每个国家的膳食指南中所提出的膳食标准均不同，这也决定了不同的人均粮食需求量。

资料来源：唐华俊、李哲敏：《基于中国居民平衡膳食模式的人均粮食需求量研究》，《中国农业科学》2012年第11期，第2315~2327页。

在此基础上，中国农业科学院唐华俊研究员结合 1995～2009 年中国粮食利用统计数据，认为：（1）基于平衡膳食模式的中国人均粮食年需求量不超过 400 千克，其中低方案为 252.64 千克，中方案为 322.07 千克，高方案为 386.60 千克；（2）由于不合理的食物消费结构模式，近年来中国实际人均粮食年消费量在 378.88～406.09 千克波动，实际值大于基于平衡膳食模式下的人均粮食需求量；（3）人均粮食需求量 322.07 千克（中方案）可以基本满足中国的口粮需求量，386.60 千克（高方案）基本可以确保中国的粮食安全。[①]

四　本书的主要内容

截至 2014 年底，上海合作组织（以下简称"上合组织"）共有 6 个正式成员国（中国、俄罗斯、哈萨克斯坦、乌兹别克斯坦、吉尔吉斯斯坦、塔吉克斯坦）、5 个观察员国（蒙古、伊朗、巴基斯坦、印度、阿富汗）和 3 个对话伙伴国（白俄罗斯、斯里兰卡、土耳其），还与联合国、东盟、欧亚经济共同体、集体安全条约组织、阿富汗建立了工作联系。此外，每逢举行重要会议，上合组织还会邀请一些客人参会，通常有土库曼斯坦、联合国、独联体、欧亚经济共同体、集体安全条约组织、东盟等国家或国际组织代表。

上合组织成员国的农业合作需求强烈。各国均面临保障粮食安全、加快农业现代化的重任，单凭一己之力难以解决。在调整粮食和农业生产结构方面，受耕地和水资源所限，各国需在保障口粮、适应民众饮食多样化需求、满足工业原料供应、出口创汇四者间做出合理和有效的平衡。在生态方面，各国均需抑制土壤和草场沙漠化、盐碱化，以保护动植物。在调控粮价和抑制通胀方面，上合组织成员国的食品支出占居民总消费支出的比重较大，居民对粮食和食品价格浮动敏感，需防范金融风险，降低粮食金融化影响，避免小幅或局部的粮价波动被放大成剧烈和全面的涨跌。

---

① 唐华俊、李哲敏：《基于中国居民平衡膳食模式的人均粮食需求量研究》，《中国农业科学》2012 年第 11 期，第 2315～2327 页。

上合组织成员国的农业生产各具特色，农产品各具比较优势，互补性较强。俄罗斯和哈萨克斯坦北部地区位于世界土壤肥力最高的黑土地带，是世界小麦、玉米、大豆和畜牧业的主产区，同时在农作物遗传育种、动植物免疫、国家资源库储备、生物技术、重型农机等方面经验丰富。哈萨克斯坦南部地区、乌兹别克斯坦、吉尔吉斯斯坦、塔吉克斯坦（以及与这些国家相邻但还不是上合组织成员的土库曼斯坦）分别是世界棉花主产区之一，蔬菜、水果和高山畜牧业也较发达，在灌溉农业、棉花育种等领域有技术专长。

中国是世界最大的粮食进口国，市场容量足以消化整个独联体国家的出口量，在节水灌溉、设施农业、土地改良、小型农机具生产等方面具有优势。根据贸易特化指数测算可知，2008～2013年，与上合组织其他成员国相比，中国的植物产品和食品等农产品具有比较优势，但植物产品优势呈减弱态势，食品优势呈增强态势。与此同时，中国的活动物和油、脂等农产品具有比较劣势，但活动物类的依赖程度渐弱，油、脂类产品的依赖程度渐强。

中国现已成为世界第二大经济体，资金和技术实力雄厚，农业企业竞争力增强，农业装备和科技水平提升，多边和双边合作机制不断完善，人才队伍不断发展壮大。无论是地缘条件和政治关系，还是合作基础，周边国家都是中国调整资源利用战略，实现农业"走出去"的首选。GM（1，1）模型测算的结果表明，到2020年，中国将成为农产品净进口国，与上合组织其他成员逆差将达59.3288亿美元。其中，从上合组织其他成员（包括正式成员国、观察员和对话伙伴国）的农产品进口总额将达到238.1607亿美元，比2012年增长6.57倍，向上合组织其他成员国的农产品出口总额将达到178.8319亿美元，比2012年增长4.68倍。

本书致力于整理上合组织各成员国的农业状况，分析地区内其他区域国际合作机制中的农业合作内容及经验教训，研究上合组织成员农业合作与中国西部粮食安全的相互关系和影响，思考如何更好地发挥中国在上合组织农业合作中的作用，增进区域农业发展和粮食安全水平，推动区域和平稳定发展。

本研究始于 2012 年，因时间跨度大，文中的部分数据已经较旧。不过，农业主要是靠天吃饭，上合组织成员国的农业生产格局和国家政策近几年并未发生显著变化，因此，文中的数据并不影响主要结论。另外，由于原始统计数据主要来自对象国官方或国际组织发布的统计年鉴，计量单位通常是千、百万、十亿等，因此，在转为符合中国计量习惯的单位（万、亿等）的过程中，可能因四舍五入而造成统计误差，个别数据加总后与表格总计栏中的数据会有微小差异，此处先做说明。

第一章 当前全球粮食安全形势

粮食不同于其他商品，它是人类生存的必需品，充足与稳定的粮食供给是保障粮食安全的基础。从全球整体来看，国际粮食生产和供给的区域化分布格局日趋固化，粮食市场一方面受生产条件限制，供给量有限；另一方面，需求强劲，且呈刚性，世界粮食总供给与总需求之间长期处于紧张状态，不确定性因素日益增多，有效保障全球粮食供需平衡与稳定的任务始终艰巨。

第一节 全球粮食供应形势

受资源禀赋、农业生产条件、技术水平及历史传统等因素的影响与制约，全球粮食生产的供应的区域化格局日渐明显，生产供应的地理集中化程度越来越高。粮食等主要农产品的生产供应向生产大国集中，生产大国在保障全球粮食及食品稳定供应中的权重越发显著，其中以美国最为突出。2011年，美国成为世界最大的农产品生产国和出口国，农业竞争优势明显，在全球粮食市场中发挥着主导作用。与此同时，新兴农业生产国利用本国的资源优势，大力发展优势农作物，成为某些农产品的主要生产国，帮助实现全球粮食增产。

据联合国粮农组织（FAO）数据，如表1-1所示，2000～2011年，全球主要粮食作物生产总体保持增长态势。2011年，全球谷物总产量达到23.47亿吨（较2000年的18.61亿吨增产4.86亿吨，增长26%，年均增长2%左右），全球小麦产量7.04亿吨（比2000年增产1.18亿吨，增长20%），玉米产量8.84亿吨（比2000年增产2.91亿吨，增长49%），水稻产量7.23亿吨（比2000年增产1.24亿吨，增长21%），粗粮产量11.60亿吨（比2000年增产2.84亿吨，增长33%），薯类产量8.07亿吨（比2000年增产1.07亿吨，增长15%）。

与此同时，不同粮食作物的产量差异较大（见表1-1），呈现如下特征。

表 1－1　全球主要粮食作物产量情况

单位：亿吨

品种	2000 年	2005 年	2006 年	2007 年	2008 年	2009 年	2010 年	2011 年
谷物	18.61	20.58	20.23	21.36	22.97	22.68	22.43	23.47
小麦	5.86	6.27	6.03	6.13	6.83	6.87	6.53	7.04
玉米	5.93	7.14	7.07	7.90	8.29	8.21	8.50	8.84
水稻	5.99	6.34	6.41	6.57	6.89	6.85	7.01	7.23
大麦	1.33	1.39	1.40	1.34	1.55	1.52	1.24	1.34
高粱	0.56	0.60	0.58	0.63	0.66	0.57	0.58	0.54
粗粮	8.76	10.08	9.93	10.86	11.55	11.24	11.22	11.60
薯类	7.00	7.30	7.12	7.20	7.41	7.39	7.48	8.07
油料作物	1.10	1.42	1.49	1.50	1.62	1.63	1.70	1.79
大豆	1.61	2.15	2.22	2.20	2.31	2.23	2.65	2.61
油菜籽	0.02	0.02	0.03	0.03	0.03	0.03	0.03	0.03
蔬菜	7.77	8.98	9.32	9.62	9.95	10.19	10.44	10.88
水果	4.75	5.36	5.58	5.66	5.87	6.01	6.09	6.38

注：1. 谷物中的水稻以碾米计。2. 蔬菜中包括非水果类的瓜类作物。3. 油料作物产量中包含油菜籽的产量。

资料来源：FAOSTAT 在线数据库，www.feostat.fao.org。

一是谷物产量总体增幅较大，但年际波动较明显。谷物产量 2001 年（19.10 亿吨）比 2000 年增产约 5000 万吨，2002 年比 2001 年减产约 6820 万吨，2008 年（产量 22.97 亿吨）比 2007 年增产 1.61 亿吨，2009 年比 2008 年减产约 3000 万吨。

二是经济作物产量增长快速，尤其是玉米、大豆、油料作物等。2000～2011 年，玉米总产量增长 49%（增产 2.91 亿吨），大豆产量增长 62%（约 1 亿吨），油料作物产量增长 62%（约 6870 万吨），蔬菜产量增长 40%（约 3.11 亿吨），水果产量增长 34%（约 1.63 亿吨）。

三是部分作物的产量基本保持稳定，变化不大，个别品种甚至出现缩减，如大麦和高粱等。2000～2011 年，全球大麦产量基本每年都维持在 1.3 亿～1.4 亿吨的水平，高粱产量基本维持在 0.55 亿～0.65 亿吨的水平。2011 年，大麦产量为 1.34 亿吨，仅比 2000 年增长 100 万吨，增长了 1%。高粱产量 0.54 亿吨，比 2000 年减少 200 万吨，下降了 4%。

一　世界小麦生产

世界小麦主产区主要分布在黑土地带，如亚洲的中国、印度、巴基斯坦和哈萨克斯坦，北美洲的美国和加拿大，欧洲的俄罗斯、法国、德国、土耳其和乌克兰，大洋洲的澳大利亚等。世界产量最大的 10 个国家的小麦总产量一般占全球小麦总产量的 70%。

据联合国粮农组织数据，2000~2011 年，世界小麦产量从 2000 年的 5.85 亿吨增长到 2011 年的 7.04 亿吨，增幅 20%。中国和印度的小麦产量稳定增长，并且始终位居世界前两位。2000 年，中印两国的小麦产量分别为 9960 万吨和 7640 万吨，2011 年分别增长到 1.17 亿吨和 8690 万吨。同期，美国小麦年产量基本维持在 6000 万吨的水平（5440 万~6800 万吨），法国维持在 4000 万吨的水平（3050 万~4100 万吨）。独联体地区的小麦产量增幅较大，这主要得益于俄罗斯和哈萨克斯坦小麦增产。2011 年，俄罗斯小麦产量为 5620 万吨（2000 年为 3450 万吨），哈萨克斯坦小麦产量达到 2270 万吨（2000 年为 907 万吨），哈成为全球第十大小麦生产国（见表 1-2）。

表 1-2　全球小麦生产统计

单位：万吨

世界排名	2009 年		2010 年		2011 年	
	国　家	产量	国　家	产量	国　家	产量
1	中　国	11510	中　国	11520	中　国	11740
2	印　度	8070	印　度	8080	印　度	8690
3	俄罗斯	6170	美　国	6010	俄罗斯	5620
4	美　国	6040	俄罗斯	4150	美　国	5440
5	法　国	3830	法　国	4080	法　国	3800
6	加拿大	2680	德　国	2410	澳大利亚	2740
7	德　国	2520	巴基斯坦	2330	加拿大	2530
8	巴基斯坦	2400	加拿大	2320	巴基斯坦	2530
9	澳大利亚	2170	澳大利亚	2210	德　国	2280
10	乌克兰	2090	土耳其	1970	哈萨克斯坦	2270
中亚	2870		2120		3410	
全球	68680		65340		70410	

资料来源：FAOSTAT 在线数据库，http://www.feostat.fao.org。

二 世界稻谷生产

因对水资源和气候条件具有较特殊的要求，稻谷种植区域在全球版图上主要分布在气候温暖且水资源较充沛的亚热带和热带地区。2000~2011年，全球十大稻谷主产区基本位于亚洲的东亚、南亚和东南亚地区，如中国、印度、印度尼西亚、孟加拉国、越南、泰国、缅甸、菲律宾、日本等。此外，处于南美洲热带雨林地区的巴西也是一个稻谷主产区。亚洲稻谷产量约占全球稻谷总产量的90%，处于绝对的优势地位。

据联合国粮农组织数据，2009~2011年，世界稻谷产量从2009年的6.85亿吨增加到2011年的7.23亿吨，增幅20%。除个别地区受气候波动影响出现小幅下滑外，各地的产量总体呈增长态势。按产量计，中国、印度、印度尼西亚、孟加拉国和越南五国始终占据世界稻谷产量前五名，且排名次序稳定。其中，中国和印度均年产量超过1亿吨，两国产量之和约占世界稻谷产量的一半。泰国和缅甸轮番位居第六和第七位，年产量分别为3200万~3560万吨。菲律宾、巴西、巴基斯坦、柬埔寨等国年产量为880万~1700万吨（见表1-3）。

表1-3 全球稻谷生产统计

单位：万吨

世界排名	2000年		2008年		2009年		2010年		2011年	
	国家	产量	国家	产量	国家	产量	国家	产量	国家	产量
1	中国	18980	中国	19330	中国	19670	中国	19720	中国	20270
2	印度	12750	印度	14800	印度	13570	印度	14400	印度	15570
3	印度尼西亚	5190	印度尼西亚	6030	印度尼西亚	6440	印度尼西亚	6650	印度尼西亚	6570
4	孟加拉	3760	孟加拉	4670	孟加拉	4810	孟加拉	5010	孟加拉	5060
5	越南	3250	越南	3870	越南	3900	越南	4000	越南	4230
6	泰国	2580	缅甸	3260	缅甸	3270	泰国	3560	泰国	3460
7	缅甸	2130	泰国	3170	泰国	3210	缅甸	3260	缅甸	3280
8	菲律宾	1240	菲律宾	1680	菲律宾	1630	菲律宾	1580	菲律宾	1670
9	日本	1190	巴西	1210	巴西	1270	巴西	1120	巴西	1350
10	巴西	1110	日本	1100	巴基斯坦	1030	美国	1100	柬埔寨	880
俄罗斯	60		70		90		110		110	
中亚	50		50		70		80		70	
全球	59940		68850		68510		70110		72280	

资料来源：FAOSTAT 在线数据库，http://www.feostat.fao.org。

三　世界玉米生产

世界玉米主产区有美洲的美国、巴西、墨西哥和阿根廷，亚洲的中国、印度和印度尼西亚，欧洲的法国、意大利、罗马尼亚和乌克兰，非洲的南非等。排名前三的生产国基本稳定，分别是美国、中国和巴西，三国的玉米产量每年约占全球总产量的65%。

据联合国粮农组织数据，2000～2011年，世界玉米产量总体呈增长态势，从2000年的5.93亿吨增长到2011年的8.84亿吨，增幅49%。不过，各国产量差异较大，美国始终遥遥领先。2011年，美国产量共计约3.14亿吨，中国（世界第二位）约为1.93亿吨，是美国产量的61%；巴西（世界第三位）为5570万吨，是美国产量的18%（见表1-4）。

2000～2011年，独联体地区的玉米产量增幅很大，从2000年的761万吨增长到2011年的3422万吨。其中，乌克兰成绩较突出，2008年产量为1140万吨，步入世界十大玉米生产国行列，2011年达到2280万吨，排名世界第五。俄罗斯是独联体地区仅次于乌克兰的第二大玉米生产国，因受极端气候影响，其玉米产量出现大起大落，波动明显：2008年产量为668万吨，2010年下滑到308万吨，2011年又上涨到696万吨（见表1-5）。中亚五国的玉米产量2000年共计80万吨，2011年达到140万吨，增长了75%（见表1-4）。

四　世界薯类生产

薯类作物又称根茎类作物，是生长在土壤中的块根和块茎，主要包括甘薯、马铃薯、山药、芋类等。在美国等发达国家，薯类作物主要用作饲料，但在发展中国家，薯类除用作饲料外，还用作食物，甚至是重要的口粮之一。全球薯类主产区主要分布在发展中国家和地区，如亚洲的中国、印度、泰国、印度尼西亚，非洲的尼日利亚、加纳、刚果，南美洲的巴西，北美洲的美国，欧洲的俄罗斯、乌克兰、波兰等。

据联合国粮农组织数据，2000～2011年，全球薯类生产总体上保持平稳的增长态势，从2000年7亿吨增长到2011年约8.07亿吨，增幅15%，增长贡献主要来自尼日利亚和印度等将薯类作为主要口粮的国家。中国是世界第一

表 1-4　全球玉米生产统计

单位：万吨

世界排名	2000 年		2005 年		2010 年		2011 年	
	国　家	产量	国　家	产量	国　家	产量	国　家	产量
1	美　国	25190	美　国	28230	美　国	31620	美　国	31390
2	中　国	10620	中　国	13950	中　国	17750	中　国	19290
3	巴　西	3190	巴　西	3510	巴　西	5540	巴　西	5570
4	墨西哥	1760	阿根廷	2050	墨西哥	2330	阿根廷	2380
5	阿根廷	1680	墨西哥	1930	阿根廷	2270	乌克兰	2280
6	法　国	1600	印　度	1470	印　度	2170	印　度	2160
7	印　度	1200	法　国	1370	印度尼西亚	1830	墨西哥	1760
8	南　非	1140	印度尼西亚	1250	法　国	1400	印度尼西亚	1760
9	意大利	1010	南　非	1170	南　非	1280	法　国	1570
10	印度尼西亚	970	意大利	1040	乌克兰	1200	罗马尼亚	1170
俄罗斯	150		320		310		770	
中　亚	80		120		130		140	
全　球	59250		71360		85040		88350	

资料来源：FAOSTAT 在线数据库，http：//www. feostat. fao. org。

表 1-5　独联体国家玉米生产统计

单位：万吨

国　家	2000 年	2005 年	2006 年	2007 年	2008 年	2009 年	2010 年	2011 年
阿塞拜疆	10	15	15	16	16	15	14	15
格鲁吉亚	30	42	22	30	33	29	14	27
摩尔多瓦	103	149	132	36	148	114	142	147
白俄罗斯	3	14	15	54	49	45	55	121
乌克兰	385	717	643	742	1140	1049	1120	2280
俄罗斯	153	321	351	380	668	396	308	696
哈萨克斯坦	25	43	41	42	42	47	46	48
吉尔吉斯斯坦	34	44	44	46	46	49	44	45
乌兹别克斯坦	13	16	19	21	23	23	23	26
塔吉克斯坦	4	16	14	13	14	14	15	15
土库曼斯坦	1	2	2	2	2	2	2	2
独联体总计	761	1379	1298	1382	2181	1783	1783	3422

注：格鲁吉亚于 2009 年退出了独联体，但在统计中仍将其计入。

资料来源：FAOSTAT 在线数据库，http：//www. feostat. fao. org。

大薯类生产国，但产量总体呈下降趋势，从 2000 年 1.90 亿吨降到 2011 年约 1.70 亿吨，减少了 11%，主要原因是随着居民生活水平提高和膳食结构改变，居民对薯类食物的需求逐渐减少。与中国相反，近五年来稳居世界薯类第二大生产国的尼日利亚和第三大生产国的印度一直保持增长态势。尼日利亚的薯类产量从 2000 年的 6520 万吨增加到 2011 年的 9650 万吨，增幅 48%；印度薯类产量从 2000 年的 3210 万吨增加到 2011 年的 5150 万吨，增幅 60%（见表 1-6）。

表 1-6　全球薯类生产统计

单位：万吨

世界排名	2009 年		2010 年		2011 年	
	国　家	产量	国　家	产量	国　家	产量
1	中　国	18990	中　国	16250	中　国	17020
2	尼日利亚	6520	尼日利亚	8330	尼日利亚	9650
3	俄罗斯	3400	印　度	4570	印　度	5150
4	印　度	3210	巴　西	2880	俄罗斯	3270
5	巴　西	2660	印度尼西亚	2750	巴　西	3010
6	波　兰	2420	泰　国	2250	印度尼西亚	2750
7	美　国	2390	俄罗斯	2110	乌克兰	2420
8	乌克兰	1980	加　纳	2090	泰　国	2240
9	泰　国	1940	美　国	1940	加　纳	2200
10	印度尼西亚	1930	乌克兰	1870	美　国	2060
中亚	390		650		740	
全球	69980		74770		80690	

资料来源：FAOSTAT 在线数据库，http：//www.feostat.fao.org。

五　世界大豆生产

世界大豆主产区主要位于美洲和亚洲。生产区域的集中化特征比较显著，产量排名世界前七位的大豆主产区基本稳定，分别为美国、巴西、阿根廷、中国、印度、巴拉圭、加拿大和玻利维亚。排名世界前十位的国家总产量占世界大豆总产量的 97% 以上。一个值得注意的现象是，受种植面积和单产限制，一些大豆主产区产量已出现或接近峰值，未来大豆增产需重视其他非主产区的发展。

据联合国粮食及农业组织（以下简称联合国粮农组织）数据，2000~2011 年，全球大豆产量逐年增加，从 2000 年的 1.61 亿吨增加到 2011 年的约 2.61 亿吨，增幅 62%。在全部大豆产区中，大部分主产区的产量增长明显，如与 2000 年的产量相比，2011 年巴西增产 1.19 倍，阿根廷增产 1.43 倍，印度增产 1.33 倍，巴拉圭增产 1.79 倍。近年来，独联体地区的大豆产量也有明显增长。乌克兰从 2008 年的 81 万吨增加到 2011 年的 226 万吨，俄罗斯从 2005 年的 69 万吨增加到 2011 年的 176 万吨。与此同时，中国大豆产量近五年却总体呈下降趋势，从 2005 年的 1635 万吨降到 2011 年的 1449 万吨，除受气候变化影响外，主要原因是受进口大豆冲击日趋严重（见表 1-7）。

表 1-7　全球大豆生产统计

单位：万吨

世界排名	2009 年		2010 年		2011 年	
	国　家	产量	国　家	产量	国　家	产量
1	美　　国	7505	美　　国	9061	美　　国	8317
2	巴　　西	3274	巴　　西	6876	巴　　西	7482
3	阿　根　廷	2014	阿　根　廷	5268	阿　根　廷	4888
4	中　　国	1541	中　　国	1508	中　　国	1449
5	印　　度	528	印　　度	1274	印　　度	1228
6	巴　拉　圭	298	巴　拉　圭	746	巴　拉　圭	831
7	加　拿　大	270	加　拿　大	435	加　拿　大	425
8	玻利维亚	120	玻利维亚	192	玻利维亚	230
9	印度尼西亚	102	乌　拉　圭	182	乌　克　兰	226
10	意　大　利	90	乌　克　兰	168	俄　罗　斯	176
中亚	0.4		11.4		7.7	
全球	16130		26500		26090	

资料来源：FAOSTAT 在线数据库，http：//www. feostat. fao. org。

第二节　全球粮食消费形势

根据用途，粮食消费（利用）一般分为食用、饲料和其他用途（如种子、工业利用、各种情况造成的损耗和浪费等）三大类。从全球层面看，自 2000 年以来，全球粮食消费结构发生了三个显著变化：一是居民膳食结构改变。随着经济水平的提高，食品加工的技术和能力不断增强，居民的生活条件也逐步改善，粗粮消费比重趋于减少，蛋白质等食物和蔬菜水果类消费比重增加。二是畜牧业的饲料需求增加。这主要是由居民肉禽蛋奶需求增加进而带动畜牧业发展所致。三是生物能源开发利用加快。从粮食作物中提取生物能源，如用玉米加工乙醇等。在总供给有限的大环境下，全球粮食利用结构日趋复杂，粮食供求关系越发脆弱。

世界银行、联合国粮农组织和国际食物政策研究所的研究结论显示，全球粮食总产量和贸易总量总体上可以满足全球人口的粮食有效消费需求。全球饥饿人口的大量存在以及国际社会对粮食安全的担忧，实际上主要根源于全球粮食消费分配不均衡和穷国获得粮食的能力较弱。不过，受发展中国家在国际粮食市场上的购买力不断增强、居民消费结构改变（增加肉类消费导致对饲料粮需求的激增）、部分国家大力发展生物质能源挤占国际粮食消费量等因素影响，国际粮食市场供求关系的紧张程度可能会越发严峻。

一　全球谷物消费

据 FAO 数据，2000 ~ 2011 年，全球谷物消费总量增长 22%，年均增长 2%，从 2000 年的 19.14 亿吨增加到 2011 年的 23.28 亿吨，净增 4.14 亿吨。从谷物供求关系看，12 年间有 7 年当期产量小于消费量，有 5 年当期产量略多于消费量，与此同时，全球谷物库存量降幅加快。全球谷物库存量 2002 年以前曾长期保持在 30% 的水平（2000 年为 33%，约为 6.30 亿吨），2005 ~ 2011 年则基本处于 19% ~ 23% 的水平（2011 年为 22.4%，约为 5.22 亿吨）。这说明，全球谷物供求关系始终比较紧张，除继续提高产量外，合理有序的国际谷物贸易也是解决问题的重要渠道之一。

从谷物消费结构看，用于食用、饲料和其他用途三者的比重关系在 2000 年是 47∶36∶17，2011 年变为 46∶34∶20，谷物食用量下降 1 个百分点，饲料用量下降 2 个百分点，其他用途的用量上升 3 个百分点。从表 1 - 8 可以看出，谷物食用消费量从 2000 年的 8.90 亿吨增加到 2011 年的 10.66 亿吨（净增 1.76 亿吨，增幅 20%）；饲料消费量从 2000 年的 6.95 亿吨增加到 2011 年的 7.94 亿吨（净增约 1 亿吨，增幅 14%）；其他用途的消费量从 2000 年的 3.29 亿吨增加到 2011 年的 4.68 亿吨（净增 1.4 亿吨，增幅 43%）。

从谷物人均食用消费水平来看，2000～2011 年，世界人均谷物消费量基本处于每年 147～149 千克水平，低收入缺粮国家基本处于每年 150～155 千克水平，而美欧等发达国家则处于每年 110～127 千克水平（2011 年美国为 110.1 千克）（见表 1-8）。这说明，发达国家的人均谷物消费水平低于低收入缺粮国家平均水平，也低于世界平均水平，谷物人均消费水平同各地区的经济发展程度呈负相关关系。可以预测，随着经济发展和生活水平提高，发展中国家特别是低收入缺粮国家的居民食物消费结构有望随之改变，谷物消费比重可能逐步下降。

表 1-8　全球谷物消费统计

单位：万吨

	2000 年	2005 年	2010 年	2011 年
产量	186101	205749	224294	234650
贸易量	23350	23870	28140	31720
利用总量	191430	204819	227674	232830
食用	89041	93839	105810	106640
饲料	69538	74611	76380	79410
其他用途	32851	36369	45484	46780
季末库存	62970	46408	49244	52150
库存量与消费量之比（%）	33.0	22.5	21.2	22.4
人均食用消费量				
世界平均（千克/年）	148.5	147.5	146.5	147.6
低收入缺粮国家（千克/年）	150.1	151.3	152.3	154.2
美国（千克/年）	117.6	111.2	109.1	110.1
欧盟（千克/年）	123.0	126.2	125.0	124.3

注：全世界低收入缺粮国 2012 年共有 66 个，2013 年共有 62 个。联合国粮农组织将一个国家列为"低收入缺粮国"主要由三个标准决定：第一，一个国家的人均国民总收入（GNI）应低于世界银行用于衡量获得国际发展援助和国际复兴开发银行 20 年限期资格的"历史"上限。该资格适用于包括在世界银行种类 I 和 II 的国家。2013 年低收入缺粮国名单是基于 2010 年的人均国民总收入（由世界银行利用图谱法估算）和 2010 年人均 1915 美元的历史上限；第二，根据一个国家前三年有统计数据的净食品贸易水平（即进口总值减去出口总值）的平均值。广义基本食品篮（谷物、块根和块茎、豆类、油籽和非植物油脂、肉类和奶制品等）的贸易量通过单个商品的卡路里含量进行转换和汇总。第三，自我排除标准，它适用于符合上述两个标准并专门要求联合国粮农组织将其从低收入缺粮国类别排除的国家。为避免各国过于频繁地改变其低收入缺粮国状态（通常表现是短期和外部震荡），2001 年引入了"地位持续性"标准，即只有经确认该国已连续三年不符合低收入缺粮国的收入标准或缺粮标准，才准予其退出名单。换句话说，为推迟某国退出"名单"的进度，该国只有在被确认已连续三年持续改善其地位之后，到第四年才能退出名单。参见 http：//www.fao.org/countryprofiles/lifdc/en/？lang = zh。

资料来源：根据联合国粮农组织数据库（FAOSTAT）、2000～2012 年联合国粮农组织《粮食展望》、联合国（UN）和世界卫生组织（WHO）的相关报告数据整理得出。

二　全球小麦消费

2000～2011年，全球小麦消费总量增加近1亿吨，从2000年约6亿吨增加到2011年的6.97亿吨，增长16%，年均增长1.5%。从消费结构看，消费量增加主要是食用和饲料用途的消费量增加。12年间，食用和饲料用量虽在个别年份出现小幅波动，但总体呈增长态势，食用小麦消费量从2000年的约4.08亿吨增加到2011年的约4.71亿吨，增长15%；饲料用小麦消费量从2000年的约1亿吨增加到2011年的约1.41亿吨，增长41%。同期，其他用途的小麦消费量则时高时低，波动幅度较大，比如2000年为9051万吨，2005年为8738万吨，2008年9933万吨，2010年7450万吨，2011年8550万吨。自2010年以来，全球小麦大体上食用量每年为4.5亿～5亿吨，饲料用量每年为1.2亿～1.5亿吨，其他用途的消费量每年为8000万～1亿吨（见表1-9）。

表1-9　全球小麦消费统计

单位：万吨

	2000年	2005年	2010年	2011年
产量	58569	62687	65336	70410
贸易量	10120	10750	12530	14680
利用总量	59970	62500	66300	69720
食用	40848	42585	46820	47120
饲料	10071	11177	12030	14050
其他用途	9051	8738	7450	8550
季末库存	24400	16590	19270	20830
库存量与利用量之比(%)	34.3	29.0	27.6	30.0
人均食用消费量				
世界平均(千克/年)	68.1	66.9	67.7	67.4
低收入缺粮国家(千克/年)	43.2	44.6	43.9	46.8
美国(千克/年)	89.9	83.7	80.2	81.5
欧盟(千克/年)	101.4	104.5	103.0	102.1

注：小麦的人均食用消费量统计中，面粉按折合小麦计算。

资料来源：根据联合国粮农组织数据库（FAOSTAT）、2000～2012年联合国粮农组织《粮食展望》、联合国（UN）和世界卫生组织（WHO）的相关报告数据整理得出。

从小麦人均食用消费量看，不同收入水平群体的消费水平差别比较明显。2000～2011年，世界人均小麦年食用消费量为65～70千克，低收入缺粮国家为 42~48 千克，美国为 80~90 千克，欧盟为 100~105 千克。这说明，发达国家的小麦年人均食用消费量远高于低收入缺粮国家，美国约高出 40 千克，欧盟约高出 60 千克（见表 1－9）。小麦的食用消费区域分布也具有明显差异，这既与各地饮食习惯和偏好有关，在一定程度上也同收入水平差距有关。

三　全球玉米消费

2000~2011 年，全球玉米消费总量大幅增加，从 2000 年的约 6.07 亿吨增加到 2011 年的约 8.79 亿吨，净增约 2.72 亿吨，增幅 45%，年均增长 4%。从消费结构看，2000~2011 年，食用和饲料用玉米消费量保持稳定增长态势。食用玉米消费量从 2000 年的 9463 万吨增加到 2011 年的约 1.22 亿吨，净增 2767 万吨，增幅 30%，年均增长 2.6%。饲料用玉米消费量从 2000 年的约 4.03 亿吨增加到 2011 年的约 4.67 亿吨，净增 6400 万吨，增幅 16%，年均增长 1.4%。同期，其他用途的玉米消费量大幅增长，从 2000 年的约 1.09 亿吨增加到 2011 年的约 2.89 亿吨，净增 1.8 亿吨，增幅 165%，年均增长 15%（见表 1－10）。

表 1－10　全球玉米利用情况统计

单位：万吨

	2000 年	2005 年	2010 年	2011 年
产量	59248	71362	85045	88350
贸易量	8650	9030	9105	9560
利用总量	60667	70523	82884	87890
食用	9463	10519	11200	12230
饲料	40277	44909	45519	46730
其他用途	10927	15095	26165	28930
季末库存	14600	7800	10100	10000
库存量与利用量之比（%）	24	11	12	13
人均食用消费量	15.8	16.5	17	17.2
世界平均（千克/年）	18.2	18.6	20.4	20.0
低收入缺粮国家（千克/年）	13.6	13.1	12.9	12.7
美国（千克/年）	7.2	7.5	7.5	7.9
欧盟（千克/年）	8.1	8.0	8.0	8.2

资料来源：根据联合国粮农组织数据库（FAOSTAT）、2000~2012 年联合国粮农组织《粮食展望》、世界贸易组织（WTO）和美国农业部（USDA）等相关报告数据整理得出。

在全球范围内,玉米通常不是主要口粮(发达国家和低收入缺粮国家人均食用的玉米消耗量差别不大),而是用作牲畜饲料,近年则大量用于生物能源。随着从玉米中提取乙醇的技术日渐成熟,乙醇用玉米的需求大幅增长。据美国农业部数据,从2009年起,仅美国一国加工乙醇所消耗的玉米量便超过当年全球食用玉米消耗量(见表1-11)。美国是世界最大的玉米生产国、加工和出口国,其市场稳定程度直接影响整个世界玉米市场的供需关系。从长期来看,美国在玉米消费方面可能会面临生物能源、食用和饲料用三者激烈竞争的态势。

表1-11 美国乙醇用玉米总量

单位:万吨

产 量	2004年	2005年	2006年	2007年	2008年	2009年	2010年
美国玉米产量	29998.6	28226.3	26750.3	33117.7	30714.2	33255.0	31616.6
乙醇用玉米量	3361.1	4072.6	5383.7	7754.3	9339.6	11661.6	12751.3

资料来源:美国农业部,2010年。USDA,"Agricultural Projections to 2019",Feb.2010,USDA ERS,Washington。

四 全球稻米消费

2000~2011年,全球稻米消费总量保持连续增长态势,从2000年的约5.89亿吨增加到2011年的约6.91亿吨,净增1.02亿吨,增幅17%,年均增长1.6%(见表1-12)。与其他主要粮食作物相比,全球水稻市场形势始终比较稳定,未有波动,当期产量通常超过当期消费量,略有盈余。稻米增产主要得益于近年来水稻种植面积扩大以及泰国等国家的库存量增加,而稻米消费增加主要是人口增长导致食用量增加。

从全球看,水稻的主产区位于亚洲,消费主要用于食用。食用消耗约占全部稻米消费的80%左右。全球稻米的食用、饲料和其他用途三项消费结构比重2000年是82∶6∶12,2005年是82∶5∶13,2010年是79∶6∶15,2011年是82∶6∶12。

从稻米食用消耗的区域分布看,2000~2011年人均稻米年消费量世界平均水平是80千克,低收入缺粮国家平均为102千克,美国为13千克,欧盟为

8 千克（见表 1 - 12）。消费主要集中在低收入缺粮国家，发达国家的人均稻米食用消费较少，主要原因在于地理生产条件所决定的饮食习惯，美欧等地区的谷物消费以小麦为主。

据联合国粮农组织《2012 年全球粮食不安全状况报告》，2010～2012 年，全球约有 9 亿人口长期遭受饥饿，其中近 8 亿在亚洲（南亚地区 5.63 亿，东亚 1.67 亿，东南亚 6500 万）。[①]由此可见，稻米对解决亚洲地区的粮食安全和扶贫等工作具有重要意义。

表 1 - 12　全球稻米利用情况统计

单位：万吨

	2000 年	2005 年	2010 年	2011 年
产量	59940	63440	70110	72280
贸易量	2735	3004	3696	3720
利用总量	58905	62035	68694	69103
食用	48425	50884	54096	56521
饲料	3405	3108	4300	4462
其他用途	7076	8042	10298	8119
季末库存	12190	11533	17115	17750
库存量与利用量之比（%）	29.2	26.0	35.7	36.3
人均食用大米消费量				
世界平均（千克/年）	80.7	80.0	80.4	80.5
低收入缺粮国家（千克/年）	103.1	102.6	102.5	102.8
美国（千克/年）	13.2	12.6	12.7	12.7
欧盟（千克/年）	7.3	7.5	8.0	8.0

注：此表中的数据是按照稻谷（paddy）计算，而非按照稻谷碾米计算，所以表中数据与联合国粮农组织在《粮食展望》（*Food Outlook*）中的统计口径不同。

资料来源：联合国粮农组织数据库（FAOSTAT）。

五　全球肉类消费

2005～2011 年，全球肉类总产量呈增长态势，从 2005 年约 2.69 亿吨增加到 2011 年约 2.97 亿吨，净增 2800 万吨。增长的最主要贡献来自禽肉产量的

---

① FAO，*The State of Food Insecurity in the World*，Rome：FAO，2012.

增长，从 2005 年的 8220 万吨增加到 2011 年的约 1.02 亿吨，净增 1940 万吨，增长 24%（见表 1 - 13）。近十年来，影响畜牧养殖的不利因素日渐增多，如全球气候变化造成严寒、洪涝和干旱等极端天气增多，饲料作物减产；在动物疫情方面，诸如疯牛病、禽流感等疫情也会造成畜牧减产，肉类增产面临较大压力。

2005 ~ 2011 年，国际肉类贸易量也增长较快，从 2005 年的 2090 万吨增加到 2011 年的 2850 万吨，净增 760 万吨，增幅 36%，主要原因是禽肉和猪肉贸易增幅较大。禽肉贸易从 2005 年的 840 万吨增加到 2011 年的 1260 万吨，增长 50%，猪肉贸易从 2005 年的 480 万吨增加到 2011 年的 710 万吨，增长 48%，而牛肉贸易则从 2005 年的 660 万吨增加到 2011 年的 780 万吨，仅增长 18%（见表 1 - 13）。

从全球肉类食物消费水平看，各地区间的差异十分明显。发达国家的人均肉类消费水平远高于发展中国家的人均消费水平。2005 ~ 2011 年的 7 年间，年人均肉类消费的世界平均水平是 42 千克，发达国家为 81 千克，发展中国家为 32 千克，约为发达国家消费量的 40%（见表 1 - 13）。

表 1 - 13　全球肉类消费情况统计

单位：万吨

	2005 年	2010 年	2011 年
肉类总产量	26910	29460	29720
牛肉	6550	6750	6750
禽肉	8220	9820	10160
猪肉	10400	10990	10900
羊肉	1310	1350	1350
贸易量	2090	2660	2850
牛肉	660	770	780
禽肉	840	1160	1260
猪肉	480	620	710
羊肉	80	80	70
人均食用消费量			
世界平均（千克/年）	41.7	42.5	42.3
发达国家（千克/年）	83.0	79.2	78.9
发展中国家（千克/年）	30.9	32.4	32.3

资料来源：FAOSTAT 在线数据库，http://www.feostat.fao.org。

六 全球牛奶消费

2008～2012年，全球牛奶产量和贸易量都呈稳定增长态势。2012年全球牛奶总产量达到约7.50亿吨，比2008年的约6.94亿吨增加5600万吨，增长8%；同期的牛奶贸易量为5270万吨，比2008年4200万吨增加1070万吨，增长25%（见表1-14）。产量和贸易量的增长主要受需求刺激影响，一些新兴国家对牛奶和奶制品的需求增长，推动全球牛奶贸易量的稳定增长。

与肉类消费格局类似，发达国家的人均牛奶消费水平远高于发展中国家。2008～2012年的5年间，牛奶人均年消费量的世界平均水平是104千克，发达国家是237千克，发展中国家是68千克，发展中国家的牛奶消费水平不足发达国家的1/3（见表1-14）。

表1-14　2008～2012年全球牛奶市场情况统计

单位：万吨

	2008年	2009年	2010年	2011年	2012年
全球牛奶总产量	69420	69850	71360	73010	75010
贸易量	4200	4400	4780	5070	5270
人均食用消费量					
世界平均（千克/年）	104.00	101.30	103.30	104.50	106.10
发达国家（千克/年）	246.30	235.70	233.40	234.30	237.80
发展中国家（千克/年）	66.00	65.70	67.80	69.50	71.10

资料来源：FAOSTAT在线数据库，http://www.feostat.fao.org.

第三节　全球粮食贸易形势

一个国家或地区的自身粮食产量（粮食自给量）是保障该国或该地区粮食安全的关键。受资源禀赋、历史传统、技术条件等因素影响，全球粮食生产和供给的分布格局呈现区域化，为解决和满足各地不同的粮食需求，粮食贸易成为必然和必须。通常，一个国家或地区的粮食安全往往不是局限于当地的问题，而是涉及整个地区甚至全球。稳定有序的国际粮食贸易有助于调节世界粮食供求关系，保障和改善全球粮食安全。从粮食贸易量看，发展中国家已经取代发达国家成为全球最大的粮食进口方。不过，这种角色的变化未能改变发展中国家在全球粮食市场中的弱势地位。因供求关系经常处于紧张状态，粮食市场已成为卖方市场，买方通常缺乏足够的讨价还价的能力，发展中国家仍是市场价格的被动接受者，发达国家才是粮食贸易的净受益者。作为国际粮食市场的主要供给方和出口方，发达国家凭借其粮食产出能力的优势，依靠国际期货市场以及制定国际贸易规则主导权，掌控了国际粮食市场话语权。

一 国际粮食市场秩序

国际粮食市场的贸易政策主要体现在两个方面：一是 WTO 有关农产品进出口贸易的规则；二是主要粮食出口国和进口国的粮食贸易政策。前者具有较强的稳定性和可预期性，后者则具有较大的不确定性。经过乌拉圭回合谈判以及各成员方长期博弈形成的 WTO 农产品进出口贸易规则，对各成员方均具有较强的政策约束性，对国际粮食市场的影响通常可以预期，有利于规范国际粮食市场秩序，减小国际粮食市场波动。不过，WTO 农产品进出口贸易规则也存在一定的不合理性和缺陷，如允许存在高出口关税、繁多的非关税壁垒和巨额农业补贴等，形成了事实上不利于国际农业贸易的竞争环境，导致以发展中国家为主的粮食进口国在国际粮食市场中处于弱势地位，进而面临较高的粮食安全风险。粮食出口国的粮食贸易政策也是影响国际粮食市场的最主要政策因素之一。

在国际粮食贸易体系中，一个国家的粮食政策可能对其他国家产生连带影响。国际粮食出口主要集中在少数几个国家，而粮食进口国则较分散且多为发展中国家，这导致国际粮食贸易定价权和出口数量均控制在少数粮食出口国手中。近年来，粮食出口国的农业政策，尤其是粮食出口政策，对国际粮食市场的影响日益显著。首先，当国际粮食市场供求紧张或粮食出口国受灾减产时，粮食出口国往往为保护本国消费者的利益而限制或停止本国粮食出口。其次，粮食出口国利用其主导权实施粮食倾销，可导致粮食进口国的粮食生产和进出口政策具有较大的不确定性，从而加剧国际粮食市场波动。如 2007 年、2008 年和 2010 年国际粮食危机期间，粮食进口国因担忧本国粮食安全而出现了

"抢购行为"，促使国际粮价不断上涨。

2008～2011年，在整个国际谷物贸易市场上，发达国家和发展中国家的贸易状况"泾渭分明"，发展中国家的进口量远高于出口量（年均进口2.17亿吨，出口8040万吨），发达国家则是出口量远大于进口量（年均出口2.01亿吨，进口0.63亿吨）。在小麦和玉米市场，发展中国家年均进口小麦1.06亿吨，出口1830万吨，年均进口玉米6480万吨，出口2990万吨。同期，发达国家则是年均进口小麦2500万吨，出口1.14亿吨，年均进口玉米2500万吨，出口5970万吨。只有在国际稻米市场，发展中国家的出口量才略高于进口量（年均出口2830万吨，进口2770万吨），其原因，一是由于多数发达国家的饮食习惯不偏好大米；二是除美国有一定规模的水稻种植外，多数发达国家的农业生产条件不适合水稻种植（见表1-15）。

表1-15　2008～2011年发展中国家和发达国家的年均粮食贸易量

单位：万吨

农作物	发达国家		发展中国家		低收入缺粮国家		最不发达国家	
	进口	出口	进口	出口	进口	出口	进口	出口
谷物	6250	20070	21740	8040	8320	1250	2560	530
小麦	2500	11370	10580	1830	5180	130	1640	20
玉米	2500	5970	6480	2990	1340	510	190	200
稻米	470	410	2770	2830	1620	470	650	200

资料来源：FAOSTAT在线数据库，http：//www.feostat.fao.org。

自1980年以来，以不变价格计算，全球粮食贸易价格变动总体分为两个阶段：第一阶段是1980～2006年，小麦、玉米和大米三大国际粮食市场价格总体呈显著下降趋势。其中，小麦从每吨197.5美元下降到99.13美元，玉米从每吨149.7美元下降到60.22美元，大米从每吨483.3美元下降到154.44美元。三大主粮国际市场价格下降主要得益于农业投入加大和农业科技发展，农业生产效率总体大幅提高，生产成本下降。粮食价格下降减轻了粮食进口国获得粮食的成本压力，为保障全球粮食安全发挥了积极作用。第二阶段是2007年10月至今，国际粮价重新大幅攀升，不断创出新高。其原因，一是极端气候增多，粮食生产的不确定性增加；二是国际油气价格居高不下，农业生产成本大幅增加；三是一些国家为应对国际金融危机而实行量化宽松货币政策，增加货币发行量，推高通货膨胀。①

当前，国际经济旧秩序仍未获得有效改善，发达国家凭借话语权优势，主导制定国际贸易规则，发展中国家在国际粮食贸易中仍遭受不公正待遇。因缺乏公平竞争和公平发展的环境，发展中国家难以形成良性粮食产业链。比如，发达国家通过向本国农业提供高额补贴，在国际农产品市场上获得明显的价格优势。而很多发展中国家因农业投入成本上涨，但国家财力无法承担农业补贴，经常出现国内粮食价格高于进口粮食价格的"价格倒挂"现象，直接影响其国内农民种粮积极性，甚至对进口粮食形成依赖，从而影响国内农业的可持续发展，加剧粮食安全形势。

当前，国际粮食市场的交易价格主要由期货市场的大宗农产品期货价格决定，而不是现货市场的出清价格。20世纪中后期以来，农产品期货市场在世界各地得到较快发展。虽然很多发展中国家也建立了自己的期货市场，但受交易规模和交易手段的影响，这些期货市场缺乏真正的独立性，对美欧期货市场表现出高度敏感性和依附性。面对发达国家依靠资金优势影响国际粮食期货市场的情况，发展中国家无力与其抗衡，往往只能无奈接受。

目前，国际农产品期货市场的主要交易品种有21大类、190多个品种。除天然橡胶主要在日本的东京工业品交易所（TOCOM）交易外，大部分农产品仍主要集中在美国的6家期货交易所，涉及近百种期货合约和期权合约，基本涵盖了所有适合期货交易的农产品，例如谷物、畜产品、林产品和经济作物等。

最具世界影响力的国际农产品交易市场是美国芝加哥期货交易所。该所是世界第一个期货交易所，也是世界最早的农产品期货交易市场。交易的农产品涉及谷物、油籽、畜牧产品、乳制品、咖啡、糖等。其中，谷物有玉米、小麦、大豆、稻米、燕麦等；油籽有豆粕、大豆油、天然棕榈油等；畜

---

① 综合FAO和美国农业部在线数据库相关粮食品种历年价格数据，以美国CPI数据和1982/1984年不变价格（100）测算粮食品种价格。其中，小麦和玉米价格为美国出口价格，稻米价格为泰国大米出口价格，大豆价格为FAO数据。袁平：《国际粮食市场演变趋势及其对中国粮食进出口政策选择的启示》，《南京农业大学学报》（社会科学版）2013年第1期。

牧产品有活牛、瘦肉猪等；乳制品有牛奶、奶粉、黄油、奶酪等。上述商品中，玉米、小麦、大豆、豆粕和大豆油等交易量最大，对国际市场的影响力巨大（见表1-16）。

表1-16　美国期货交易所的农产品期货品种

交易所	农产品期货品种
芝加哥期货交易所	期货及期权：玉米、燕麦、大米（粗糙型）、小麦、大豆、豆粕、豆油、伊利诺伊利诺伊州玉米产量、伊利诺伊利诺伊州大豆产量、印第安纳州玉米产量、爱荷华州玉米产量、堪萨斯州冬小麦产量、内布拉斯加州玉米产量、北达科他州春小麦产量、俄亥俄州玉米产量、美国玉米产量等 期货：玉米（老合约）、大豆（老合约）、小麦（老合约）、葵花籽、雏鸡、CBOT农业指数、FOSFA国际食用油数等
芝加哥商业交易所	牛肉、活牛、肥育牛、瘦肉猪、肥（公）猪、奶油、三等奶、四等奶、脱脂奶粉、奶酪、木材等
堪萨斯期货交易所	硬红冬小麦期货和期权等
明尼阿波利斯谷物交易所	小麦、玉米、燕麦、大麦、黑麦（裸麦）、亚麻籽、大豆、玉米期权、大豆期权等
纽约期货交易所	咖啡、糖、可可、棉花期货及期权等
得克萨斯期货交易所	活牛期货、期权等。

资料来源：根据美国商品期货交易管理委员会（CFTC）资料整理。引自李秉龙、薛兴利主编《农业经济学》，中国农业大学出版社，2009，第73页。

期货市场一方面具有保值和规避风险功能，可提高国际粮食市场的可预见性，有助于维护国际粮食市场稳定，对改善全球粮食安全具有重要意义；另一方面，期货市场也充满投机行为。伴随农产品资本化程度越来越高，投机资本常常恶意炒作，加大粮食市场风险。每逢全球粮食危机时，总有大量金融资本追涨，过度扭曲粮食价格。2008年全球粮食价格大幅上涨，其背后便有金融资本推手。据统计，仅在2008年4月22日当天，约有1300亿美元热钱从华尔街流向芝加哥期货市场。[1]

---

① Philip McMichael, "A Food Regime Analysis of the 'World food crisis'", *Agric Hum Values*, April 2009.

二　国际粮食贸易的主要品种

根据粮食品种的特征及其在国际粮食贸易结构中的权重和地位，可将其分为"大宗农副产品"和"小宗农副产品"。在金融投资市场，人们通常将那些具有同质化、可交易、被广泛用作工业基础原材料的商品，如原油、有色金属、农产品、铁矿石、煤炭等称作"大宗商品"。大宗商品一般包括三大类别，即能源商品、基础原材料和农副产品。大宗农副产品在国际农产品贸易中占有较大权重，其产量、消费量、贸易量、运输量均较大，贸易国际化水平和程度也较高。其他农副产品因在国际贸易中所占的权重相对较小，被称为"小宗农副产品"。小宗农副产品的生产和消费较集中，具有一定的区域性特征。

国际期货市场常见的大宗农副产品约有 20 种，如玉米、大豆、小麦、稻谷、燕麦、大麦、黑麦、猪腩、活猪、活牛、小牛、大豆粉、大豆油、可可、咖啡、棉花、羊毛、糖、橙汁、菜籽油。其中，小麦、玉米、大豆、豆粕和棕榈油是国际市场交易量最大的 5 种农产品。

伴随科技进步和全球化快速发展，现代农业朝着规模化和专业化方向发展，而消费者的偏好则愈加多元化，无论是麦类、粗粮，还是肉禽蛋奶、蔬菜水果等，每一个粮食品种都在国际粮食贸易中占据一席之地。2010 然，受饮食结构和消费习惯影响，有些粮食品种具有全球性，如小麦和大豆等；有些则带有区域性，如土豆、蔬菜等。

因生产条件和消费需求不同，不同国家和地区间的粮食贸易结构往往差异明显。另外，对某个国家而言是重要出口品种的某种粮食可能在整个国际粮食贸易中的份额并不大。比如 2010 年各国出口量最大的粮食品种中，阿富汗是西红柿，美国是玉米，俄罗斯是小麦，中国是大蒜。2010 年，中国大蒜出口量为 136 万吨，而美国的玉米出口量为 5000 万吨。

三　世界主要粮食出口国

从生产格局看，亚洲、欧洲、美洲是世界主要粮食生产基地。一般情况下，全球粮食生产和贸易的空间地理分布基本一致，粮食主产区既是全球粮食的主要供给区，同时也是主要的粮食出口区。只有个别国家，如中国，因人口多，国内产能难以满足国内需求，需要进口大量粮食，成为粮食进口国。2008～2011年，全球玉米、小麦、稻米、大豆、豆粕的主要出口情况如下。

玉米：全球年均玉米出口量超过100万吨的国家有美国、阿根廷、巴西、法国、匈牙利、印度、乌克兰、罗马尼亚、塞尔维亚、南非共十个国家。不过，各国的出口量差距较大。美国是世界最大的玉米出口国，年均玉米出口量约为4800万吨，约占全球玉米年均出口总量的50%，而塞尔维亚的年均出口量仅有150万吨左右。

小麦：主要出口国有美国、加拿大、法国、德国、英国、澳大利亚、阿根廷、俄罗斯、乌克兰、哈萨克斯坦等。2008～2011年，美国年均小麦出口量约为2800万吨（约占全球小麦出口总量的1/3），加拿大约为1700万吨，澳大利亚约为1500万吨，俄罗斯为1350万吨，哈萨克斯坦为660万吨。

大豆：主要出口国有美国、巴西、阿根廷、巴拉圭、加拿大等国。多年来，美国一直是世界最大的大豆出口国，年均大豆出口量约4000万吨。2011年以来，巴西的大豆出口快速增长。2012年，美国大豆因旱灾减产，巴西得以超过美国，成为世界最大的大豆出口国。

稻米：长期以来，亚洲是全球稻谷的主要产区和消费区，国际稻米贸易主要集中在亚洲，主要出口国有东南亚的泰国、越南和缅甸，南亚的印度、巴基斯坦，近年来，美国也有一定量的稻米出口。2008～2011年，全球稻米年均出口总量约3000万吨，最大的稻米出口国是泰国，年均出口约900万吨，越南年均出口约600万吨，巴基斯坦和美国约300万吨，印度约260万吨。受需求增长刺激，各稻谷主产区均对稻谷种植加大政策扶持，加上气候条件较适宜，大部分稻谷主产区的产量和出口量都有显著增长。

四　世界主要粮食进口国

随着经济发展，发展中国家的居民膳食结构和消费结构出现转型，尤其是肉禽蛋奶等畜牧食品的消耗增加，引起世界粮食供应结构发生变化：饲料用粮增加，对粮食的总需求大幅上涨，一些发展中国家已经成为全球粮食的主要进口目的地。

玉米：从全球玉米进口的区域分布看，亚洲是主要进口地区，进口量长期占全球玉米进口总量的50%以上。世界主要玉米进口国有日本、韩国、墨西哥、中国、伊朗、埃及、西班牙、哥伦比亚等。2008年以来，日本一直是世界最大的玉米进口国，年均进口约1600万吨，韩国和墨西哥的年均进口量各约为800万吨。日韩两国国内农业资源无法满足国内需求，对进口需求较大，但其国内市场的玉米需求随着工业化、城市化的结束而基本趋于稳定。近年来，中国的玉米需求日益强劲，进口量增长较快。2009年，中国进口玉米仅8万吨左右，从2010年开始中国大规模进口玉米，当年进口160多万吨，2011年达到175万吨，2012年进口520.74万吨（主要进口来源地为美国，计511.33万吨）。

小麦：作为世界出口量最大的粮食作物，小麦的进口区域分布同玉米的进口区域分布基本一致。亚洲是世界主要的小麦进口地区，进口量约占世界小麦进口总量的50%。2008~2011年，全球最大的小麦进口国是埃及，年均进口量为1000万吨。意大利、巴西、阿尔及利亚、日本、印度尼西亚等年均进口规模为500万~1000万吨，韩国、伊朗、伊拉克、菲律宾、中国等为300万~500万吨。

大豆：全球主要的大豆进口国有中国、日本、墨西哥、德国、丹麦、西班牙等。2008~2011年，世界最大的大豆进口国是中国。受植物油和植物蛋白（尤其是饲料）消费拉动，2008年中国共进口大豆3700万吨（首次占到全球大豆进口总量的50%），2011年为5260万吨（超过全球大豆进口总量的60%），2012年为5838万吨（其中，从美国进口2597万吨，从巴西进口2389万吨，从阿根廷进口590万吨）。因巴西大豆比美国大豆更具价格优势，未来中国进口巴西大豆的数量可能超过美国大豆。

稻米：受消费习惯影响，全球稻米消费和进口的主要地区是亚洲和非洲。2008~2011年，全球稻米年均进口总量约为3000万吨，远小于小麦（年均进口量为1.2亿吨）、玉米（约为9000万吨）和大豆（约为8500万吨）的进口规模。较大的稻米进口国有尼日利亚、菲律宾，年均进口量一般在200万吨左右，中国、伊朗、伊拉克等国的年均进口量一般在100万吨左右。2012年，全球稻米进口总量共计 3730 万吨，其中，中国取代尼日利亚成为世界最大的稻米进口国，当年进口 260 万吨（2011 年只有 57.5 万吨）。不过，中国的大米库存非常充足（2012 年年底约为 9400 万吨），完全可以自给自足，大量进口主要是由于国内外价差所致。

五 四大国际粮商在独联体地区的业务

在众多国际粮商中，以美国 ADM（Archer Daniels Midland）、美国邦吉（Bunge，Бунге）、美国嘉吉（Cargill）、法国路易达孚（Louis Dreyfus）最为有名，这四家公司也是世界五百强企业。人们习惯根据它们名称的第一个字母，将其称作"ABCD"四大粮商。这些大粮商具备种植、收购、农资、加工、流通、运输、销售等全部上下游及其相关产业链条，并借助世界期货市场，对全球粮食生产和供应发挥重要的影响。据统计，2011 年，"ABCD"四大粮商掌控着全球 75% ~90% 的粮食贸易，对全球粮食市场的影响力不言而喻。[1]

在独联体地区，四大粮商以俄罗斯和乌克兰为生产、加工和流通基地，业务范围遍及所有独联体国家，几乎垄断独联体的植物油和糖市场，在谷物贸易和粮食加工领域同样占有重要份额。

美国 ADM 集团是世界最大的谷物和油籽加工企业，注重研发，是世界最大的生物燃料乙醇生产商。ADM 集团从 1980 年开始与苏联（俄罗斯）进行小麦、谷物、大豆、大豆粉等粮食贸易，1983 年在莫斯科建立办事处，现在的业务内容主要是直接或间接［通过特福国际公司（A. C. Toepfer International），ADM 占有该公司 80% 的股份］向俄罗斯、白俄罗斯、乌克兰、亚美尼亚和哈萨克斯坦等国的食品和饲料工业提供生产原料，如大豆蛋白、卵磷脂、黄原胶、乳汁、玉米糖浆、可可、氨基酸类、大豆蛋白等。

美国邦吉集团注重从种植到销售的整个粮食和食品上下游产业链条的建设，独联体市场业务主要由"邦吉 - 独联体"公司（OOO "Бунге СНГ"）负责，集中在食品加工和粮食贸易（粮食、植物油）等领域，生产"奥列伊

---

[1] Sophia Murphy, David Burch & Jennifer Clapp, "Cereal Secrets: The World's Largest Commodity Traders and Global Trends in Agriculture", OXFAM Research Reports, August, 2012.

纳"（Олейна）、"理想"（IDEAL）、"谢肉节"（Масленица）等品牌的植物油，经销西班牙"普瑞玛奥利娃"（primoliva）牌橄榄油。邦吉集团于2004年在俄罗斯莫斯科设立办事处，现掌控顿河沿岸罗斯托夫市的粮食港口（负责俄罗斯和哈萨克斯坦地区的粮食收购和进出口运输，拥有5500吨以下的河海运输船舶）、2座粮库（位于沃罗涅日州霍尔姆和卡拉斯诺达尔边疆区）、1家大型榨油企业（位于沃罗涅日州卡希尔区科洛杰兹诺耶村）。该榨油企业2008年投产，年处理50万吨油籽，产量约2亿桶油，约占俄罗斯植物油市场的12%份额。邦吉集团2002年10月借助收购法国粮食加工和贸易企业"Cereal S. A."进军乌克兰市场，现控股"桑特列伊德"粮食贸易公司（Сантрейд），掌握乌克兰最大的葵花籽油生产企业——第涅伯彼得罗夫斯克榨油厂94%的股份，生产"奥列伊纳"和"罗祖姆尼察"（Розумниця）等品牌的葵花籽油和蛋黄酱，另外还在敖德萨、第涅伯彼得罗夫斯克和基洛沃格勒州各有1座粮库。

美国嘉吉集团是世界第一大粮食贸易商，注重生物基因工程研发和粮食流通环节建设，拥有世界最大的粮食运输和流通系统。嘉吉集团从1963年起便同苏联开展合作，1991年进入俄罗斯市场，现在俄业务主要涉及粮食贸易（谷物、玉米、饲料、肉类、糖等）和粮食加工，是俄罗斯从巴西进口糖类商品的最大供应商，拥有4座粮库（分别是位于卡拉斯诺达尔边疆区的布留霍韦茨粮站、巴甫洛夫斯克粮站、特比利斯克粮站和位于沃罗涅日州的达维多夫斯卡粮库）、1个粮食码头（位于顿河沿岸罗斯托夫市）、1家"叶夫列莫夫"生产联合体（位于图拉州叶夫列莫夫市，主产淀粉、糖浆、面粉、动植物油、玉米、小麦饲料等）、1家肉类加工企业（通过收购巴西"Sears"肉制品加工企业旗下的公司实现）。嘉吉集团于1993年进军乌克兰市场，主要业务是榨油和粮食贸易（谷物、植物油、油料种子、糖、果汁、可可等），现拥有2家榨油企业（分别位于顿涅茨克市和赫尔松州的卡霍夫卡市）和7座粮库（卡雷斯托夫斯克粮库、库采夫斯克粮库、斯捷波沃伊粮库、哈谢瓦茨克粮库、康斯坦丁诺夫斯克粮库、巴拉克列伊粮库）。2012年2月，它收购了乌克兰"杰利塔"银行30%的股份。

法国路易达孚集团总部设在荷兰阿姆斯特丹，是欧洲最大的谷物粮食贸易商，是世界最大的与俄罗斯粮食贸易商，其旗下的大宗商品部负责农产品贸易，注重利用世界粮食期货市场来降低经营风险。路易达孚集团在俄罗斯的农产品业务主要由其旗下的"路易达孚大宗商品东方公司"（OOO "Луис Дрейфус Комодитиз Восток"）负责，主要从事农产品的存储、运输和加工业务。在俄罗斯建有独资企业"俄罗斯粮仓公司"（РусЭлКо：OOO "Русская элеваторная компания"），下辖11个粮库。该公司于2004年加入波塔宁控股的"俄罗斯农业集团"（Агропромышленный комплекс "Агрос"）。

奥兰国际是全球第二大棉花供应商，在独联体主营粮食贸易和棉花，在俄罗斯和中亚五国均设有办事处或合资企业。其粮食贸易主要是为食品企业提供原材料，如可可豆及其制品、坚果、奶制品、谷物等。2012年，奥兰国际收购了"俄罗斯奶业"（Rusmolco）75%的股份。奥兰国际的棉花年销售量约为12万吨（主要向孟加拉国和土耳其出口），占独联体棉花出口市场10%的份额。

第四节　全球粮食安全的机遇和挑战

粮食安全涉及社会、经济、人类等多个方面，对世界的影响更加多元化。当前，无论是发展中国家还是发达国家，均遭受或面临着粮食危机的巨大挑战，全球饥饿人口分布区域越发固化，粮食市场仍具脆弱性和不稳定性，粮食安全危机呈现纵深化、扩大化和复杂化的发展趋势，形势依旧不容乐观。2007～2008年和2010～2011年分别爆发了20世纪70年代以来全球最严重的两次粮食危机，粮食价格暴涨，在一些地区引起人道主义灾难，甚至引发骚乱，影响国家和地区的稳定与发展。

一　饥饿仍是粮食安全的主要挑战

人口增长对粮食增产提出更高要求。据联合国人口委员会和世界银行等国际机构预测，全球人口预计2025年达到80亿，2050年突破90亿，届时全球粮食总产量需要在2011年的基础上至少增加70%才能满足需求。与此同时，随着经济发展和人均收入的提高，粮食消费结构也发生了变化，不仅膳食人均利用量增加，而且对膳食的营养要求增高。据联合国粮农组织的数据，1990～

2010 年，全球人均收入增长 2%，人均膳食利用量每人每天增加 210 卡（增长 7%），其中发展中国家增加了 275 卡，发达国家增加了 86 卡；食物消费中的谷物、薯类、纤维类食物减少，而蔬菜、水果、动物类（包括鱼类）食物消费明显上升。自 2007 年以来，每年全球饲料用粮约占粮食利用总量的 56%（2012 年全球饲料用粮共计 6.39 亿吨，同期食物用粮只有 2.02 亿吨，不到饲料用粮的 1/3）。当前，动物类食物消费占发达国家居民膳食消费量的比重超过 20%，在发展中国家约占 7%，若未来发展中国家的动物类食物消费比例提高到 15%，饲料用粮需求量也将快速增加，可能会面临一个更大的缺口。①

饥饿仍是全球性挑战。据美国农业部预测，即使依照 2011 年的全球农业和粮食生产能力，2022 年全球挨饿人口仍将有至少 8.4 亿，其中绝大多数仍将集中在低收入国家。② 据联合国粮农组织统计数据，2012 年，全球大约有 8.7 亿人生活于饥饿状态中，占全球 70 亿人口的 12.5%。这意味着，平均每 8 个人中就有 1 个人得不到最基本的粮食安全保障。尽管这个比例已经非常接近联合国"千年目标"中的减贫目标（2015 年前，全球饥饿人口比例相比 1990 年的 20% 下降一半），但受 2008 年国际金融危机影响，近年很多国家经济发展乏力，减贫和降低饥饿人口数量的工作进展缓慢，个别国家和地区甚至停滞不前，实现联合国千年减贫目标仍非易事。

在 2012 年的全球饥饿人群中，约 8.52 亿（占 98%）集中在发展中国家，尤其是传统上缺乏粮食安全保障的地区，如亚洲有 5.63 亿（南亚 3.04 亿，东亚 1.67 亿，东南亚 6500 万），非洲有 2.39 亿（其中 2.34 亿在撒哈拉以南非洲地区），拉丁美洲有 4200 万人，加勒比海地区有 700 万人。另外，近年粮食安全问题也向发达国家蔓延。以美国为例，2010 年美国有 14.5% 的家庭面临各种形式的粮食安全问题，其中 5.4% 的家庭面临严重的粮食安全问题；2011 年则有超过 14.9% 的家庭面临粮食安全问题，其中 5.7% 的家庭面临严重的粮食安全问题。③

---

① FAOSTAT, http：//faostat. fao. org/site/291/default. aspx.

② Stacey Rosen, Birgit Meade, "International Food Security Assessment, 2012－22", Washington.

③ Alisha Coleman Jensen, Mark Nord, *Household Food Security in the United States in 2011*, Washington, 2012.

二 粮食安全面临的不确定因素

导致全球粮食安全的不确定性因素有很多，其中最主要表现在资源、能源、气候、市场、政治经济环境、政策和制度等方面。

一是耕地紧张。全球适宜耕作的土地面积大约有 29 亿公顷，其中约 20% 的土地面积（即 5.8 亿公顷）被森林覆盖或因是自然保护区而不能用于农业生产。受土壤退化、肥力下降、荒漠化、土地征用等影响，耕地面积总体呈减少趋势。联合国环境规划署 2012 年的遥感调查显示，全球约 20% 的耕地出现退化，导致农业生产率降低。另外，全球每年都丧失大量农田，预计 2000 ~ 2030 年每年丧失 160 万 ~ 330 万公顷。[①]

二是水资源短缺。随着人口增长、经济水平提高、城市化进程不断加快，以及经济发展造成的水污染，全球水资源紧张状况不断加剧。据联合国粮农组织预测，2009 年，全球约 24 亿人口（占总人口的 36%）居住在水资源短缺地区，14 亿人口生活在地下水下沉地区；全球农业灌溉用水 2000 年约 78% 得到满足，到 2050 年将仅为 66%；到 2050 年，全球约 52% 的人口、49% 的粮食产量、45% 的 GDP 将面临水资源短缺危机。

三是能源价格上涨。农业生产也是个能源密集型产业，与油气资源关系密切，农业机械需要成品油，化肥、农药、地膜等农资基本都来自石油和天然气。油气和电力价格上涨可能会增加农业成本，拉高粮食价格；若农业投入成本涨幅过大，农民可能因无力负担而被迫撂荒，造成粮食减产。据中国国家统计局数据，2005 ~ 2011 年中国市场上的化肥价格年均上涨 15%，机械作业费用价格年均上涨 21%。另外，能源价格上涨可能进一步刺激生物能源产业发展，进而同粮食生产争夺土地，同粮食消费争夺原材料。据联合国环境规划署研究分析，2004 ~ 2030 年，生物质能源作物对土地的需求量将每年增长 80 万 ~ 170 万公顷，大部分来自"侵占"粮食生产用地。

四是气候变暖与极端天气增多。不论是发达国家还是发展中国家，农业仍主要是"靠天吃饭"，应对气候变化的能力和条件不足，生态环境恶化对农业

---

① UNEP，"Avoiding Future Famines"，Kenya，2012.

和粮食生产的影响日渐明显，粮食价格上涨对依赖粮食进口的发展中国家而言是沉重的财政负担。一旦全球主要生产市场和主要出口市场遭遇极端天气，粮食就会减产，这必然引发全球粮食市场供求关系和价格波动。比如2012年美国遭遇近半个世纪以来最严重的干旱，引发全球玉米和小麦价格震荡，对包括中国在内的粮食进口国造成较大冲击。

五是政治经济环境不稳定。尽管全球粮食市场一体化程度不断提高，但因不同国家存在政策与制度差异，粮食政策与制度缺乏共同性和同步性，这对粮食安全的副作用也较明显，表现之一便是粮食出口的政策成为单边主义的一个筹码，这也是世界贸易组织多哈回合谈判在解决农产品贸易方面长期未能取得实质性成果的主要原因之一。一些国家贸易保护主义抬头，实施禁止粮食出口的政策，加剧了全球粮食供应紧张和粮食价格波动。与此同时，粮食危机与生态环境危机、经济危机、资源短缺危机、政治危机等多重因素相互叠加，对国家和社会的影响呈现多元化，可能会加重地区不确定性和不稳定性。

三　全球粮食安全面临的新机遇

粮食安全合作是人类社会的优良传统和美德之一。早在三千多年前，中国的《孟子·告子章句》中便记载诸侯会盟的"五命"之一是"无曲防，无遏籴"（意思是不能建筑堤坝截断水流或改变水流方向，邻国有饥荒不能限制粮食出口），体现了国际粮食安全合作的最初形式。当前，和平与发展成为时代发展主题，国际粮食安全合作的长期目标和内容是致力于解决全球粮食安全问题，减少饥饿人口。

随着时代发展，国际粮食安全合作已从以早期单纯解决粮食供应不足为主，发展成覆盖整个粮食的产业链，以促进农业综合发展为依托，通过促进农业、农村、农民的发展，实现粮食增产、农民增收和农业发展，实现粮食安全的长效性和可持续性，以最终推动经济社会全面发展。全球粮食安全在面临各种风险和挑战的同时，也存在诸多新机遇。

一是农业生产技术的进步和推广。这突出表现在种子、农业机械化水平、水利基础设施和新型灌溉技术、土壤改良、病虫害综合管理控制等多方面，农业生产力得到大幅提高，有效推动了农业生产方式从传统粗放型向现代集约型转变，为农业可持续发展打下了较坚实的基础。

二是资本投入扩大，存量资本和增量资本均不断扩容。粮食价格上涨是推动农业投资不断扩大的根本原因。受粮价上涨激励，粮食经济收益得到明显改善，无论是官方还是私人层面都开始加大农业投资，如加大教育和科技支出、支持乡村基础设施建设、运用各种农业补贴鼓励农业生产、提高农业机械化水平等。

三是科学合理的粮食消费方式得到更多关注。当前，粮食利用方式缺乏科学性和合理性是引发粮食安全危机的一个重要因素，大量的不良损耗和浪费可能导致粮食消费结构失衡。据联合国粮农组织定义，粮食不良损耗（Food Loss）是指在粮食的生产、收获、储藏和加工阶段，因缺乏农业技术和基础设施而造成的粮食耗费；粮食浪费（Food Waste）则是指消费层面的过度支出。据估计，每年全球粮食的食用消费中近 1/3（约 13 亿吨）被不良损耗或浪费掉。[①] 若算上畜牧业中的饲料浪费，则全球浪费的粮食将会更多。由此，科学合理地利用粮食应得到各界广泛重视，通过改进技术、加大粮食仓储能力、鼓励节约等措施，努力提高粮食利用率。

四是粮食贸易机制有望改善。首先，发展中国家要求改善贸易环境的呼吁获得了国际社会响应。在 2012 年联合国发展大会上，会员国强调向绿色经济转型不应创造新的贸易壁垒。同年第 56 届联合国大会在《落实〈联合国千年宣言〉的路线图》决议中，要求大力改善发展中国家的农产品在发达国家的市场准入状况。其次，发达国家在农业生产和贸易中的扭曲现象开始减少。比如欧盟农业出口补贴 2000 年为 39 亿欧元，2008 年降到 9.2 亿欧元。[②] 最后，区域性共同粮食市场逐渐浮现，利用本地区地理和传统比较优势，注重优势互补，有助于改善区域粮食安全问题。

五是国际粮食合作不断推向纵深。国际粮食合作已从单纯外部粮食援助向能力建设转变，从单纯帮助粮食生产向提高农业全要素生产力转变，以加大基础

---

① Gustavsson et al., "Global food losses and food waste: extent, causes and prevention", FAO, Roma, 2011.

② 联合国千年发展目标差距工作队：《全球发展伙伴关系：让言语成为现实》（中文），纽约，2012。

设施和人力资本建设等。正如 2010 年世界粮食日的主题所提倡的"团结起来，战胜饥饿"，粮食安全不仅是发展中国家的事情，更是需要全世界共同面对的重任。

四 当前国际粮食合作的主要内容和形式

当前，粮食安全国际合作的主要内容和形式涉及粮食援助、能力建设、农业投资、共同粮食市场等多个领域，具体有以下几个方面。

一是粮食援助。它是基于对全球贫困国家和地区以及贫困和饥饿人口的人道主义援助，旨在改善或解决受援国的基本口粮供应问题，包括免费和优惠两种形式。免费的粮食援助（food assistance）即直接提供免费粮食，优惠的粮食援助（food aid）一般不免费，而是基于一定优惠条件，提供粮食实物或用于购买粮食的资金。

现代国际社会的粮食援助开始于美国。1954 年，美国颁布《农产品贸易发展及援助法案》（Agricultural Trade Development and Assistance Act of 1954），也被称为《公法 480》（PL480），并为此建立了单边国际粮食援助机构。1961 年，联合国和联合国粮农组织共同发起成立的"世界粮食计划署"（World Food Programme，WFP），成为联合国系统内负责多边粮食援助的专门机构，宗旨是以粮食为手段，帮助受援国在粮食和农业方面实现粮食自给。20 世纪 70 年代以前，美国和加拿大是全球最大的粮食捐赠国，两者的粮食援助总量占到全球粮食援助总量的 90% 以上。世界粮食计划署成立后，多边粮食援助机制逐渐建立和完善，成为全球粮食援助的主要力量。

世界粮食计划署的常用援助方式有紧急救济、快速发展项目和正常开放项目三种，具体项目繁多，如"粮食换和平计划""粮食换石油计划""校餐计划""食品换资产计划""现金和抵用券计划""食品换培训计划""食物购买计划""妇女关注计划""儿童计划"等。援助形式多样化表明世界粮食计划署已从一个单纯提供紧急粮食援助的机构变成一个全面参与全球农业发展的机构。①

---

① 世界粮食计划署官方网站，World Food Programme，http：//www.wfp.org/。

二是能力建设。联合国粮农组织将"能力建设"定义为"个人、组织和由此构成的社会整体具有能成功处理其自身事务的能力。能力建设是释放、加强和维持这种能力的过程"。[①] 能力建设要求发达国家和国际组织采取有效的发展战略,帮助发展中国家改变农业生产落后面貌,实现生产和生活的发展。

授人以鱼不如授人以渔。与依靠外界帮扶力量解决粮食供应问题相比,全球粮食安全问题的关键和核心是发展与提高农业生产能力,特别是培养发展中国家的内生生产力,推动农业全要素生产力发展,实现粮食安全和农业的长效性和可持续性。因此,能力建设通常涵盖经济社会发展的各个方面,如技术研发和推广、人力资源培训、风险应对与管理、乡村建设与治理、基础设施建设、金融信贷支持、市场和信息预警机制、改善粮食仓储、发挥小农户家庭和妇女的作用等。

三是农业直接投资,即粮食需求大国和进口大国直接开发海外农业。这是当前粮食安全国际合作的一个新兴形式。农业生产资源较好的国家成为全球农业直接投资的热点,如巴西、阿根廷、澳大利亚、新西兰、乌克兰、俄罗斯、哈萨克斯坦等。美国、日本、韩国、沙特阿拉伯、印度、中国等是主要投资方,可在境外租赁土地发展粮食种植,如日本在柬埔寨和马达加斯加等地投资稻谷产业,印度在埃塞俄比亚和哈萨克斯坦等地投资小麦产业等。

四是共同粮食市场建设。它旨在降低市场流通成本、调剂有无、减少风险。合作内容包括改善和改革国际粮食贸易规则与秩序(如要求发达国家消除对发展中国家农产品的贸易歧视政策,消除对粮食贸易造成扭曲的补贴机制等),建立高效灵活的跨区粮食运输体系(如降低过路收费、缩短过境时间等)。例如,2008 年世界粮食危机之后,东盟"10 + 3"建立"紧急稻米储备中心"(Emergency Rice Reserve)。

五 当前国际粮食安全合作的特点和趋势

粮食安全是整个国际社会关注的重要话题,保证粮食安全需要国际合作。当前的合作特点主要有以下五个方面。

---

① 联合国粮农组织官方网站,http://www.fao.org/capacitydevelopment/en/。

第一，合作的关键和核心在于发展和提高发展中国家的可持续粮食生产能力。帮助发展中国家突破发展瓶颈，激发其内生增长动力，提高其农业全要素生产力和粮食自给率，这是应对全球粮食安全的关键之路。

第二，合作内容和参与主体日益多样化。国际粮食安全合作不再简单局限于粮食生产领域，而是覆盖整个农业、农村、农民，即"三农"发展的方方面面，如农业发展、制度建设、人权、地区安全等，注重强调粮食安全与农业及整个社会经济的发展同步。在合作过程中，鼓励和激发各利益相关者积极参与，注重加强公私合作、政企合作等。

第三，注重合作的包容性原则。首先，它体现在建立利益分享机制，要求参与各方都能积极承担国际责任，共同分享发展成果，建立起"双赢"和"共赢"的合作机制。其次，它体现在通过对话与合作解决合作过程中的矛盾与分歧。最后，它体现在针对特殊群体的帮扶政策更具操作性，如妇女发展计划、小农户发展计划等。

第四，"南南合作"得到进一步加强。发展中国家在国际粮食安全合作中的作用和地位有了显著提高，不仅一些发展中国家成为海外农业直接投资的主体，还有一些由发展中国家发起的区域国际组织也积极参与地区和全球粮食安全系统建设，在地区粮食安全建设方面发挥着积极作用。未来，发展中国家特别是发展中的大国，将在粮食安全国际合作中承担更重要的角色和义务。

第五，制度建设逐步取得进展。协调和统一各国在粮食生产、流通、分配、消费等领域的各项制度规则，有助于建设一个公开、透明、公正的国际粮食市场。2012年5月11日，世界粮食安全委员会（以下简称粮安委）通过一项全球指导方针《国家粮食安全范围内土地、渔业及森林权属负责任治理准则》，为各国政府制定法律和管理土地、渔业和森林权利提供了可借鉴的原则和规范，其旨在通过改善获取土地、渔业及森林资源的方式，保护贫困人口的权利，促进粮食安全和可持续发展。

第二章　俄罗斯的粮食安全

俄罗斯是世界大国，国土面积为 1709.80 万平方千米，全国行政区划（截至 2014 年 6 月）分为 85 个联邦主体，包括 22 个共和国、9 个边疆区、46 个州、3 个联邦直辖市、1 个自治州、4 个民族自治区。为加强中央对地方的监控，这些联邦主体被分为 8 个联邦区（中央联邦区、南部联邦区、西北联邦区、伏尔加联邦区、北高加索联邦区、乌拉尔联邦区、西伯利亚联邦区、远东联邦区），由总统委派全权代表，负责沟通各联邦主体与总统。①

截至 2013 年 1 月 1 日，俄罗斯全国人口共计 1.43 亿。其中，城市人口 1.06 亿（占 74%），农村人口 0.37 亿（占 36%）；男性 0.66 亿（占 46%），女性 0.77 亿（占 54%）。

苏联解体后，俄罗斯农业体制改革大体分为三部分：一是供应体系自由化，尤其是价格自由化，放开农产品价格，建立以批发市场为主体的农业供应体系；二是生产主体私有化，将原有的集体农庄和国有农场私有化，大力发展家庭农场（农户）和个人副业；三是土地私有化，允许农地上市交易。

第一节　土地、气候和水资源

俄罗斯国土面积广阔，地形复杂多样。从植被分布看，自北向南分为北极荒漠、森林冻土地带、森林地带、森林草原地带、草原地带和半荒漠地带；从地势看，总体呈阶梯形排列，自西往东逐渐升高。境内约 2/3 国土是平原、低地和丘陵（其欧洲部分基本位于东欧平原上），地形平坦辽阔，大部分被森林

---

① 2014 年 3 月 18 日，俄罗斯与原属乌克兰的克里米亚共和国和塞瓦斯托波尔市签署关于加入俄罗斯的条约。条约先后于 3 月 20 和 21 日经俄罗斯国家杜马（下院）和联邦委员会（上院）批准，21 日经俄罗斯总统普京签署后生效。由此，俄罗斯的联邦主体数量增加到 85 个（较之前多 1 个共和国和 1 个联邦直辖市），人口增加近 300 万。

覆盖，可耕地面积广阔。境内也有许多山脉：南部有高加索山脉北麓（其中有海拔 5642 米的欧洲最高峰"厄尔布鲁斯山"），西北部有希比内山脉（最高峰海拔 1191 米），东部和远东有乌拉尔山脉（最高峰海拔 1894 米）、阿尔泰山、萨彦岭、贝加尔山脉和外贝加尔山脉。

一　土地

俄罗斯（以下简称"俄"）《土地法典》第七条规定，土地按用途分为七类：农业用地；居民用地；工业、能源、运输、通信、广播、电视、信息用地，保证宇航活动用地，国防、安全用地及其他专门用地；特殊保护区；森林用地；水域；储备土地（见表 2-1）。

《土地法典》第 77 条规定，农业用地（Земля сельскохозяйственного назначения）是居民点以外的、用于或准备用于农业需要的土地。农业用地分为：农田（сельскохозяйственное угодье）；道路占用的土地；各种管线占用的土地；防护用乔灌木植物占用的土地；封闭水体占用的土地；用于农产品生产、储存和初加工的建筑物、附属物、工程占用的土地。农田包括耕地、刈草场、牧场、荒地、多年生植物占用的土地（果园、葡萄园等）。

截至 2013 年 1 月 1 日，俄罗斯国土面积共 17.0980 亿公顷，其中农业用地 3.89 亿公顷（占 22%）。在农业用地中，共有农田 1.9109 亿公顷（占农业用地总面积的 50%），其中耕地 1.1555 亿公顷（占农田总面积的 60.5%）、草场 1706.8 万公顷（占 9%）、牧场 5321.9 万公顷（占 28%）、多年生植物用地 172.8 万公顷（占 0.9%）、荒地 361.6 万公顷（占 1.9%）（见表 2-1、表 2-2）。

俄罗斯《土地法典》和《农用土地流通法》规定：（1）已确定为农业用地和其他用地的土地不得用于或限制用于其他目的。地块的所有权人、使用人、占有人、承租人等必须依照该土地性质使用土地，不得损害土地，造成土壤退化、污染、堆积废物、土壤肥力毒化、损坏、消失以及其他消极的或有害的后果。（2）地方政府可以规定单个土地所有者所拥有的实际地块规模，最大不得超过当地农用地总面积的 10%，超出部分要转让出去。若无人购买，则地方政府需按照不高于市场价值的价格收购。（3）除公开市场出售外，在联邦主体组织的农地出售时，按份共有权人有偿转移其份额且其他共有权人拒绝购买时，政府享有优先购买权。（4）外国公民、外国法人、无国籍人，以及外资份额超过50%的法人只能对农地或农地共有权份额拥有租赁权，不得拥有农地所有权、终身可继承占有权、永久（无期限）使用权；属于国家和行政机关的农用土地若租赁给地区组织、哥萨克社会、科研机构、农村教育机构以及北方、西伯利亚和远东的少数民族等，用以保持和发展传统生活方式、促进农业生产，则该部分土地不得进行买卖；位于北极养鹿区和放牧区的国家土地只能出租，不得买卖。（5）农地租赁合同的期限不得超过49年，超过此期限则以最长期限（49年）计算。出租给公民或法人的地块可以由承租人（外国人除外）自租赁合同签订之日起三年届满时在适当条件下以市场价格购买。

表2-1 俄罗斯土地类别统计（截至当年1月1日）

单位：万公顷

	2009 年	2010 年	2011 年	2012 年
农业用地	40230	40000	39340	38900
居民用地	1940	1950	1960	1970
工业、能源、运输、通信、广电及其他用地	1670	1670	1680	1690
特殊地区和目标的保护区	3440	3480	3490	3650
森林用地	110650	110850	111580	112090
水域	2790	2800	2800	2800
储备土地	10260	10230	10130	9880
国土总面积	170980	170980	170980	170980

资料来源：Министерство экономического развития Российской Федерации，Федеральная служба государственной регистрации кадастра и картографии（Росреестр），Государственный（национальный）доклад《О состоянии и использовании земель в Российской Федерации в 2010 году》，Федеральная служба государственной статистики（Росстат），Статистический сборник《Охрана окружающей среды в России》Москва 2012，7.1. Распределение земельного фонда по категориям。

表2-2 俄罗斯农田统计（截至2013年1月1日）

单位：万公顷

	总面积	其中			居民个人或副业			
		农业企业	农户和个体户	居民个人或副业	居民副业和其他个体活动	居民非营利组织	公民私有地块	公民在私有地块中的份额
农田	19109.5	11983.3	2476.0	3135.8	771.8	175.0	872.2	1316.8
耕地	11546.4	7715.6	1745.1	1962.8	545.0	42.1	664.7	711.0
草场	1706.8	969.3	107.5	310.0	104.7	6.7	50.0	148.6

续表

	总面积	其中			居民个人或副业			
		农业企业	农户和个体户	居民个人或副业	居民副业和其他个体活动	居民非营利组织	公民私有地块	公民在私有地块中的份额
牧场	5321.9	3041.1	605.9	615.1	88.3	19.9	145.4	361.5
多年生林地	172.8	33.1	2.5	136.4	27.9	106.0	1.5	1.0
荒地	361.6	224.2	15.0	111.5	5.9	0.3	10.6	94.7
（企业、农户或个人）平均农田面积（公顷）	x	188.6	8.0	x	0.03	0.01	1.8	1.0

注：居民非营利组织（некоммерческие объединения граждан）即居民为某一共同目的，自愿将自己的花园、果园、菜园、别墅等地块联合，形成一个非营利的联合体。公民在私有地块中的份额地块（граждане，собственники земельных долей）是公民在共有地块中享有的份额。

资料来源：Росстат，Официальная статистика \ Публикации \ Каталог публикаций，Сельское хозяйство，охота и охотничье хозяйство，лесоводство в России – 2013 г.，Растениеводство，Площадь сельскохозяйственных угодий по категориям хозяйств，http：// www. gks. ru/bbd/rel/b13_ 38/Main. htm。

二　气候

俄罗斯境内气候类型多样。自东往西，西北端属海洋性气候，西伯利亚则是典型大陆性气候，远东地区呈现季风性气候；自北向南，北冰洋地区属寒带，高加索地区属亚热带。全国1月各地平均气温从 – 50 ~ 0℃不等，最寒冷的地方在雅库特东部，西伯利亚和远东等许多地方都有多年冻土；7月平均气温1 ~ 25℃（见表2 – 3）。全国年均降水量500多毫米，山区降水量相对较多，平原地区较少。北高加索地区的降水量居全国首位，可达2500毫米。从东欧平原到东西伯利亚，年降水量从500 ~ 700毫米减少到200 ~ 300毫米。平原中部地带（北纬60°附近）降水量最大，越往南降水量越少。冬季，俄罗斯全境普遍降雪，积雪期和积雪厚度随纬度变化。气候多样性对农业影响较大，很多地区缺乏农作物生长所需的必要湿度和温度。

俄罗斯同样面临气候变化的威胁，对其能源、农业和永久性冻土三个领域的影响尤其显著，如部分疾病流行、森林火险增加、能源紧张、破坏原有生态平衡等。气候变暖会影响约占俄国土面积60%的永久性冻土，尤其是在南部地区可引发地基松动或沉降，损坏基础设施，缩短建筑物预期寿命。气温升高还可能造成旱灾和热浪次数的增加，森林火灾增多，导致树木传染病暴发和虫害蔓延，鸟类可能失去栖息地，种群数量减少，珍稀野生动物如北极熊、北极鹰和北极狐的生存条件也会遭到破坏。与此同时，气候变暖也可能给俄罗斯带来一定好处，如增加耕地面积（特别是适合种植温带和亚热带作物的土地面积），延长农作物生长期，改善黑土区的土壤质量，加快林木生长速度，增加木材蓄积量，减少供暖季节的能源消耗等。另外，北极地区蕴藏的丰富油气和矿产资源可有条件开发，北冰洋也可能成为新的国际航道，成为连接大西洋和太平洋的海上捷径。这不仅具有军事战略意义，还可能改变世界贸易格局，甚至影响整个世界经济和地缘政治格局，为俄增加一个扩大国际影响力的重要砝码。

《俄罗斯气候学说》（Климатическая доктрина Российской Федерации）是俄气候政策的根本性文件之一，2008 年 4 月 8 日经总统签署生效，它提出了俄气候政策的目标、内容、实施方式和应对措施。2011 年 4 月 25 日，俄政府又通过了《2020 年前〈气候学说〉综合落实计划》。

表 2-3　2011 年俄罗斯各联邦区平均气温和降水量

各联邦区	温度（℃）		降水量（毫米）	
	1 月	7 月	1 月	7 月
中央联邦区	-8.8	22.4	40	80
西北联邦区	-12.4	17.4	48	69
南部联邦区	-4.6	27.0	31	33
北高加索联邦区	-2.1	24.2	28	44
伏尔加河沿岸联邦区	-13.2	22.6	42	48
乌拉尔联邦区	-21.8	14.8	11	65
西伯利亚联邦区	-27.1	14.0	10	92
远东联邦区	-27.8	16.5	15	53

资料来源：Росстат，《Российский статистический ежегодник - 2012 г》. 3.4. Средняя месячная температура воздуха и количество осадков по субъектам Российской Федерации в 2011 г.

三　水资源

俄罗斯淡水资源丰富，河流平均年径流量约 4.5 万亿立方米，居世界第二位（第一是巴西）。大部分水资源产自本土，由境外流入的水量约占水资源总量的 5%（约 2000 亿立方米）。境内长度在 10 千米以上的大小河流约有 12 万条，总长 230 万千米，其中最长的河流是勒拿河（4337 千米），接着是叶尼塞河（从安加拉河算起 3844 千米）、伏尔加河（3844 千米）、鄂毕河（3676 千米）、阿穆尔河（2855 千米）。境内淡水和咸水湖泊约有 200 万座，最大的湖泊是贝加尔湖（湖面 3.15 万平方千米）、拉多加湖（1.77 万平方千米）、奥涅加湖（9700 平方千米）。境内共有各类水库 2200 多座，库面总面积约 6.5 万平方千米，总库容 7930 亿立方米，其中库容在 10 亿立方米以上的水库共 41 座（31 座在欧洲部分，10 座在亚洲部分），库容超过 1000 万立方米的水库共 327 座，库面面积最大的是伏尔加河上的古比雪夫水库（6450 平方千米），库容量最大的是安加拉河上的布拉茨克水库（1420 亿立方米）。

俄罗斯水资源量分布不均衡。从地区看，大部分在乌拉尔和西伯利亚地区，而承载全俄人口约 4/5 的欧洲部分径流量不足 10%；从时间看，最枯水年的径流量只有多水年平均径流量的 20% ~ 40%，个别月份甚至可以降到多水年平均值的 10%。为保证可靠的生产和生活用水需求，需要借助水库完成河流的水量调节。俄水库的有效库容约 3500 亿立方米，其中约一半集中在伏尔加河流域和叶尼塞河流域。

苏联解体后，俄水资源使用量总体呈下降趋势，年耗水总量 1993 年约 851 亿立方米，1995 年 758 亿立方米，2000 年 669 亿立方米，2005 年 613 亿立方米，2010 年和 2011 年均是 595 亿立方米。其中，农业用水总量从 1993 年的 170 亿立方米降到 2011 年的 81 亿立方米（见表 2 - 4），生产用水量从 1993 年的 535 亿立方米降到 2011 年的 359 亿立方米，居民生活用水量从 1993 年的 146 亿立方米降到 2011 年的 94 亿立方米。从用水结构看，农业用水和居民生活用水分别约占 20%，生产用水约占 60%。

表 2 - 4　俄罗斯灌溉、引水和农业用水统计

单位：亿立方米

	2000 年	2005 年	2010 年	2011 年
俄罗斯联邦	105.55	84.78	81.69	81.40
中央联邦区	4.18	2.08	0.82	0.79
西北联邦区	0.52	0.24	0.15	0.14
南部联邦区	49.63	40.07	39.91	45.15
北高加索联邦区	37.12	34.86	32.21	28.17

续表

	2000 年	2005 年	2010 年	2011 年
伏尔加河沿岸联邦区	6.39	3.24	3.03	2.27
乌拉尔联邦区	0.71	0.45	0.18	0.15
西伯利亚联邦区	5.84	3.23	1.46	1.98
远东联邦区	1.17	0.61	2.92	2.76

资料来源：Федеральная служба государственной статистики (Росстат)，Статистический сборник 《Охрана окружающей среды в России》，Москва 2012 5.20. Использование воды на орошение обводнение и сельскохозяйственное водоснабжение по субъектам Российской Федерации。

表 2 - 5　独联体国家的年淡水资源量和使用量

国　家	统计年份	人均水资源量（立方米）	年均淡水使用量（亿立方米）
俄罗斯	2011	29777	535
白俄罗斯	2009	3913	43
乌克兰	2009	1153	385
阿塞拜疆	2009	907	122
亚美尼亚	2009	2223	28
摩尔多瓦	2009	280	19
塔吉克斯坦	2009	9774	120
吉尔吉斯斯坦	2009	9199	101
哈萨克斯坦	2009	4736	331
乌兹别克斯坦	2009	588	596
土库曼斯坦	2009	273	249

资料来源：Федеральная служба государственной статистики (Росстат)，Статистический сборник 《Охрана окружающей среды в Росси》，Москва 2012。

第二节　农业主管部门和农业发展战略

一　农业主管部门

农业部是俄罗斯农业事务主管部门，负责制定农业领域的公共政策和规范性法律调控；制定和实施土地关系方面的公共政策和规范性法律调控（包括农业用地），实施国家土地监测；提供农业领域的公共服务，包括农村地区的可持续发展；管理下属企业和机构的国有资产等。截至 2013 年 1 月，俄罗斯农业部共下设 14 个业务司。

如表 2 - 6 所示，截至 2013 年 1 月，俄罗斯农业部共设 14 个业务司。

表 2 - 6　俄罗斯农业部机构设置（截至 2013 年 1 月）

农业部内设的业务司	
行政司	Департамент управления делами и организационной работы
干部司	Департамент государственной службы и кадровой политики
财务预算司	Департамент финансов и бюджетной политики
法律保障司	Департамент правового обеспечения
土地政策、财产关系和国有资产司	Департамент земельной политики имущественных отношений и госсобственности
农业发展和社会政策司	Департамент сельского развития и социальной политики
国际合作司	Департамент международного сотрудничества
经济和分析司	Департамент экономики и анализа
农产品市场调节、渔业、食品和加工工业司	Департамент регулирования агропродовольственного рынка рыболовства пищевой и перерабатывающей промышленности
科技、工艺政策和教育司	Департамент научно-технологической политики и образования
种植业、作物施肥和保护司	Департамент растениеводства химизации и защиты растений
土壤改良司	Департамент мелиорации
畜牧和育种司	Департамент животноводства и племенного дела
兽医司	Департамент ветеринарии
俄罗斯农业部的直属机构	
俄联邦农业监察署	Россельхознадзор
俄联邦渔政署	Росрыболовство
俄罗斯农业部的下属企业和社会组织	
行业协会：共 79 家	Отраслевые открытые акционерные общества（ООАО），如粮食协会（Российский Зерновой Союз，www. grun. ru）、大豆协会、糖业协会、奶业协会、养猪协会、兽医协会、国家粮食生产者协会等
联邦预算拨款单位：共 310 家	Федеральные государственные учреждения（ФГУ），如医院、学校、实验室、疗养院等
联邦国有独资企业：共 72 家	Федеральные государственные унитарные предприятия（ФГУП）
莫斯科农工综合体	АПК《Моссельпром》，www. mosselprom. ru，俄最大的家禽养殖企业
"斯托伊连斯卡亚尼瓦"农工综合体	АПК《Стойленская Нива》，www. stniva. ru，俄最大的面包加工企业
"奥戈"农共集团	Группа компаний АПК《ОГО》，www. ogo. ru，俄大型综合农工集团
"切尔基佐沃"集团	ОАОГруппа《Черкизово》，www. cherkizovo-group. ru，俄大型肉及肉制品加工企业
"拉兹古莱"集团	Группа《Разгуляй》，www. raz. ru，俄大型粮食贸易商
"阿尔卡达"国际集团	Группа《Аркада-Интер》，www. armada-aok. ru，俄大型粮食和植物油生产和加工企业
"普罗季梅克斯"集团	Группа компаний《Продимекс》，www. prodimex. ru，俄最大的糖类企业
"阿格罗斯"农工集团	ЗАО《АПК Агрос》，www. agrosgroup. ru，俄最大的通心粉、第二大鸡肉和第三大面粉生产商，大型粮食贸易商

续表

俄罗斯农业部的直属机构	
"巴瓦"集团（2005 年前称 "阿尔泰面包"农工集团）	ОАО《Пава》（ОАО АПК《Хлеб Алтая》），www. apkhleb. ru，大型粮食加工企业，约占俄面粉市场 3% 份额
"邦吉－独联体"公司	ООО《Бунге СНГ》，www. bunge. ru，邦吉集团的独联体分公司，主营植物油和粮食贸易
"因杰科－阿格"公司	ООО《ИНТЕКО－Агро》，www. inteco-agro. com，大型谷物种植企业
俄罗斯农业集团	Группа Компаний《Русагро》，www. rusagrogroup. ru，糖类商品约占俄 10% 市场份额
"奥普季富特"集团	Группа компаний《Оптифуд》，www. optifood. ru，大型肉制品企业（尤其是鸡肉）
"南俄"集团	Группа компаний《Юг Руси》，www. goldenweed. ru，大型植物油和食品生产商，植物油 2011 年占全俄食用油市场 32.9% 份额
"纳斯久沙"公司	ЗК《Настюша》，www. nastyusha. n4. biz，粮食生产、运输和仓储企业
"阿格拉科姆"集团	Группа《Агроком》，www. agrokomgroup. ru，大型烟草和食品企业
俄罗斯谷物集团	ОАО《Русгрэйн Холдинг》，www. rusgrain. ru

资料来源：根据俄联邦农业部网站整理，http：//www. mex. ru/navigation/docfeeder/show/324. htm. ОАО《Банк《Петрокоммерц》，《Крупнейшие зерновые холдинги России》，11 февраля 2009。

二　农业生产主体

独立后初期，俄罗斯农业改革的主要内容：一是将农产品价格自由化；二是将大部分集体农庄和国有农场私有化，改组为农场、合作社和农业企业，希望通过私有化提高农民生产积极性，优化农业和农村资源配置，增加农业产量。但因私营农场实力弱小，难以抵抗经济危机打击，更无法同西方先进的大型农场竞争，私有化的实际结果是俄农业产量不升反降。1996 年以后，俄开始调整农业发展方针，鼓励发展生产组织之间的合作，即产供销一体化或农工商一体化。普京执政后，更加重视发展现代化大型农工综合体，认为"大商品生产者"是俄罗斯农业的未来。

俄罗斯的农业生产主体主要有三部分：一是农业企业（сельскохозяйственная организация），具有法人资格，通常实行公司制。截至 2012 年年初，俄共有农业企业 17.99 万家（占俄企业总数的 3.7%），其中国有农业企业 0.73 万家，私营企业 16.78 万家，合资企业 0.12 万家。二是农户（又称"家庭农场"，Крестьянское хозяйство 或 фермерское хозяйство），不具有法人资格，但需在相关机构注册登记，主要以农民个体或家庭为单位，在自有或租赁的土地上从事生产、储存、运输、加工、销售等农业经济活动。俄《农户经济法》规定，农户成员可以是一个人，也可由具有亲属关系的家庭构成（如夫妻、子女、父母、兄弟姐妹、爷爷奶奶、岳父岳母等），但有亲属关系的家庭最多不得超过3个；还可以通过劳动合同雇用若干无亲属关系的人，但最多不得超过5人。[1]三是居民自用和副业（хозяйство населения），主要是在宅基地的附属周边私有土地上从事农副业生产活动，并用于个人或家庭的消费。

从农田面积来看（截至2013年1月1日），农业企业占有1.1983亿公顷，农户占有2476万公顷，居民个人和副业占有3136万公顷。从种植面积来看，农业企业是种植业主力军，在2012年全部7632万公顷总种植面积中，农业企业共种植5566.5万公顷（占73%），农户共种植1715.5万公顷（占22%），居民自用和副业共种植350.5万公顷（占5%）。从产值来看，农业企业和居民副业是俄农业生产的主力，而农户产值较低（2000年至今每年都不足10%）。2012年，农业企业生产总值16009亿卢布（占农业生产总值的48%），居民自用和副业生产总值14421亿卢布（占43%），农户/家庭农场生产总值2975亿卢布（占9%）。其中，农业企业是当年约80%的粮食、85%的甜菜和72%葵花籽的生产者，而居民自用和副业是80%的土豆和67%蔬菜的生产者（见表2-7）。

表2-7　俄罗斯农业产值比重

	2010年	2011年	2012年
农业生产总值(亿卢布)	25878.0	32617.0	33405.0
农业企业(%)	44.5	47.2	48.0
居民个人自用和副业(%)	48.4	43.8	43.0
农户/家庭农场(%)	7.1	9.0	9.0

资料来源：Росстат，Официальная статистика \ Предпринимательство \ Сельское хозяйство, охота и лесное хозяйство，Продукция сельского хозяйства по категориям хозяйств, по Российской Федерации в 1990－2013гг，http：//www. gks. ru/wps/mcm/connect/rosstat_ main/rosstat/ru/statistics/enterprise/economy/#。

---

[1]　Федеральный закон Российской Федерации от 11 июня 2003 г. N 74 – ФЗ 《О крестьянском (фермерском) хозяйстве》（в ред. Федеральных законов от 04. 12. 2006 N 201 – ФЗ, от 13. 05. 2008 N 66 – ФЗ, от 30. 10. 2009 N 239 – ФЗ, от 28. 12. 2010 N 420 – ФЗ, от 28. 07. 2012 N 133 – ФЗ, от 25. 12. 2012 N 263 – ФЗ）.

为加强国家对国内粮食市场的调控能力和粮食出口能力，俄政府 2009 年 3 月 20 日将国内 31 家农工企业（其中 22 家为粮食仓储企业）重组为统一的、100% 国有的"联合粮食公司"（ОАО《Объединенная зерновая компания》）。除粮食生产和贸易外，该公司还承担国家粮食收购、粮食储备、平衡（干预）粮食市场、联系政府和私人生产经营者等任务。

俄罗斯农业租赁公司（Росагролизинг）是 2001 年成立的国有企业（国有资本占 99.99%），注册资本 788 亿卢布。它的主要任务是帮助农业企业发展，提供资金、技术、设备和物资等帮助，比如 2002～2012 年共提供 6.2543 万台农机设备、50 万头种牛和 6.36 万个畜位。

"拉兹古莱"粮食国有集团（俄文：ЗАО《Зерновая компания Разгуляй》，Razgulay Group）是俄罗斯规模最大的农产品生产企业之一，业务主要涉及糖类、农产品和粮食三大领域，市场份额约占俄糖业市场的 12%、谷物市场的 10%、大米市场的 16% 和面粉市场的 3%。截至 2013 年 1 月共下属 12 个粮库（可同时储存 240 万吨粮食）、6 个面粉加工企业、3 个米加工厂（年加工 37 万吨米）、10 个糖厂和 1 个奶制品厂（每年可加工 400 万吨甜菜，生产 140 万吨糖原料，2012 年共生产 56 万吨糖），另外还掌握 40 万公顷土地（已开发 30 万公顷，2012 年共产 180 万吨甜菜、50 万吨粮食、11 万吨大米等）。

"俄罗斯谷物集团"（ОАО《Русгрэйн Холдинг》）是 2004 年在"俄罗斯粮食集团"基础上改组而来的大型农工企业。截至 2013 年年初共下辖俄罗斯粮食集团、两家商贸城［俄罗斯粮食集团商贸城、"阿夫东"商贸城（Торговый Дом "Авдон"）]、4 家面包制品厂（Тихорецкий КХП，Урбахский КХП，Хлеб Кубани，Уфимский КХП）、两座粮库（Латненский элеватор，и ОАО《Тулиновский элеватор》）、10 家农业企业、7 家养鸡场，集团在沃罗涅日和罗斯托夫两个州拥有约 5 万公顷黑土地，可年产 20 万吨粮食，储存 50 万吨粮食和油料作物，生产 35 万吨面粉，5.5 万吨米糁和 38.5 万吨饲料，其位于巴什基尔共和国和伏尔加格勒州的养鸡场可年产 7.8 亿颗蛋和 3.5 万吨鸡肉。

截至 2011 年年初，俄罗斯的粮食储存能力共 1.18 亿吨，其中（按农业产区）南方区 3332 万吨（占 28%）、伏尔加河区 2682 万吨（占 23%）、西伯利亚区 2336 万吨 (占 20%)、中央区 2195 万吨 (占 19%)、西北区 265 万吨 (占 2%)、乌拉尔区 873 万吨 (占 7%)、远东区 142 万吨 (占 1%)。

俄大小粮库共有 1147 座 (见表 2 - 8), 总库容 9500 万吨, 因部分粮库设备设施老化, 全国处于正常状态的粮库库容约 6400 万吨, 只有约 2500 万吨库容能够实现保质保量的储存功能。俄罗斯的粮库通常属于农业生产、加工、运输和流通企业所有, 其中运输流通领域库容约 3200 万吨, 如公路在途运输, 以及位于罗斯托夫、新罗西斯克、图阿普谢、伏尔加河和顿河的水运港口等。[①] 2000 年以来, 部分粮库为强化仓储和流通能力而加速联合, 其中规模较大的粮库企业有"拉兹古莱"粮食集团、"俄罗斯粮库公司"(ООО《Русская Элеваторная Компания》)、"纳斯秋莎"(ООО Зерновая компания《Настюша》, 2009 年并入俄罗斯农业银行)、"瓦拉尔斯"国际农业商贸公司 (VALARS Group)、嘉吉集团、"阿斯通"农工集团 (ООО Агро-Индустриальная корпорация《Астон》)。

表 2 - 8 俄罗斯粮库统计

	2002 年	2005 年	2006 年	2007 年
粮库数量(个,элеватор)	1147	1147	1147	1147
其中:属于外资的粮库数量(个)	1	25	31	35
粮食周转流通量(万吨)	6310	5640	5750	6310
其中:经过外资粮库的周转量(万吨)	150	350	460	590
占总周转量的比重(%)	2.4	6.2	8.0	9.4

资料来源: академик-секретарь Отделения экономики и земельных отношений Россельхозакадемии Алтухов А. И., 《Инфраструктурное обеспечение зернового рынка России: проблемы и пути решения》, http: //hipmag. com/index. php? option = com_ k2&view = item&id = 187: 187&Itemid = 15。

截至 2009 年, 俄水运港口每年粮食换装能力约 2200 万吨, 其中黑海和亚速海的深水港约 1300 万吨, 浅水港约 600 万吨。铁路粮食出口运力每年约 1000 万吨, 国内运力为 1100 万 ~ 1300 万吨。若按照 2015 年俄粮食产量 1.2 亿吨、出口 4000 万吨的目标, 现有流通领域需加大基础设施建设, 否则, 运力不足将在一定程度上制约着俄粮食出口能力。

---

① Intesco Research Group,《Бизнес-плану элеватора - 2011》.

2012～2013 年，俄最大的农产品出口商是嘉能可集团（Glencoe）下属的"国际粮食公司"（Международная зерновая компания）。该公司 2012 年 6 月至2013 年 4 月共出口 214.6 万吨粮食，占同期俄粮食出口总量的 15%。居第二位的是新加坡"欧拉姆国际"集团（Clam International）的俄罗斯分公司"阿乌特斯班国际"（Outspan），共出口 125.6 万吨，占同期俄粮食出口总量的 8.8%。居第三位的是南俄集团（Юг Руси），共出口 79.6 万吨（占 7.9%），第四位是"阿斯通"（Астон）公司 73.9 万吨（占 5.6%），第五位是路易达孚（Louis Dreyfus）公司 67.6 万吨（占 5.2%）。其他还有联合谷物公司（Объединенная зерновая компания）66.7 万吨（占 4.7%），嘉吉集团（Cargill）57 万吨，"格林斯特里姆"公司（Грэйнстрим）53.4 万吨，克拉斯诺达尔粮食出口公司（КЗП-Экспо）51.4 万吨，"阿斯诺瓦"农工集团（Агропромышленная компания ОСНОВА）47.4 万吨，邦吉集团（Bunge）45.7 万吨，瓦拉尔斯集团（VALARS Group）33.7 万吨。据悉，联合谷物公司出口量下降主要是由该公司人事和经营战略调整所致，而阿乌特斯班国际公司能跃居第二，主要得益于该公司购买了一座位于亚速海的码头以及对中东出口量大增。①

俄罗斯最大的粮食交易所是位于莫斯科的"国家商品交易所"（ЗАО 《Национальная товарная биржа》，www. miced. ru）。该交易所是俄罗斯"莫斯科跨银行外汇交易集团"（ММВБ：ЗАО 《Московская межбанковская валютная биржа》）成员之一。该集团于 1992 年成立，起初是外汇交易所，后来业务逐渐扩充，变成涵盖外汇、证券、基金、债券、商品等在内的综合性交易平台。国家商品交易所 2002 年 7 月注册成立，交易商品涉及粮食、豆类、经济作物、农产品、建材、水产、电力、油气、金属、木材、药材、化工产品等。俄罗斯的农业行业协会和农产品产销大户几乎都是该交易所成员，如俄罗斯粮食协会（Российский Зерновой Союз）、俄罗斯糖业生产者协会（Союз

---

① гендиректор аналитической компании ООО 《ПроЗерно》 Владимир Петриченко на XIV международной конференции 《Рынок зерна — вчера, сегодня, завтра》, 《Крупнейшим экспортером зерна в России осталась "дочка" Glencore》, 5 Июня 2013 года, http: // 1prime. ru/Agriculture/20130605/763911316. html.

сахаропроизводителей России）、俄罗斯"拉兹古莱"粮食集团、"奥戈"农工集团（ОАО《Агропромышленная компания ОГО》）等。

为平抑市场价格或调剂余缺，俄罗斯政府曾多次通过国家商品交易所和地方的商品交易所干预国内的农产品市场，如 2008 年 8 月 19 日至 2009 年 5 月 21 日、2009 年 11 月 2 日至 2010 年 4 月 15 日、2011 年 11 月 29 日至 2012 年 3 月 6 日、2012 年 4 月 4 日至 6 月 7 日（见表 2 - 10）等。主要干预方式有货币手段的"国家收购"（закупочная интервенция）、实物手段的"释放储备"（товарные интервенции）和金融手段的"抵押业务"（залоговая операция）等。

三　农业发展战略

近些年，俄罗斯政府连续出台若干规划国家经济发展的战略文件，主要有2008 年 11 月 17 日发布的《2020 年前经济社会长期发展战略构想》、2009 年12 月 28 日发布的《远东和贝加尔地区 2025 年前社会经济发展战略》、2011 年2 月 19 日发布的《2020 年前创新发展战略》、2012 年 5 月 7 日发布的《国家长期经济政策》总统令等。这些文件和相关领导人讲话精神一脉相承，总体上可以概括为"在确保经济稳定和发展的前提下调整经济结构"。首先，确保

表 2 - 9　2012 年 4 月 4 日至 6 月 7 日俄罗斯在期货市场干预农产品交易统计

交易品种	交易数量（手）	最低价（卢布/吨）	最高价（卢布/吨）	均价（卢布/吨）	交易总额（万卢布）	交易总量（吨）
2005 年三等小麦	6895	5325	7000	5514. 1	—	—
2008 年三等小麦	102172	6050	7450	6377. 2	7463. 82	11880
2009 年三等小麦	162133	6050	6600	6178. 5		
2005 年四等小麦	21140	4500	5550	5152. 3		
2008 年四等小麦	871007	5400	7500	5862. 2	23179. 87	39308
2009 年四等小麦	151886	5300	6425	5455. 1		
2008 年五等小麦	572227	4550	6075	4825. 4	5298. 8	875
2009 年黑麦	13485	4300	4375	4310. 5	1697. 76	3942
2008 年黑麦	79802	4300	4725	4346. 5		
2008 年大麦	207741	4550	5350	4713. 6	15401. 54	31669

资料来源：ЗАО《Московская межбанковская валютная биржа》，Результаты биржевых торгов на НТБ при проведении государственных товарных интервенций на рынке зерна，http：//www.miced.ru/markets/commodity/history/commodity_ interventions_ twelve_ june/results。

宏观经济稳定，在增加经济总量的同时，维护物价和汇率稳定。其次，调整行业经济结构，发展创新型经济或经济现代化，在巩固和增强传统领域（能源、交通、农业、自然资源加工业等）全球竞争优势的同时，减少对油气等资源行业的依赖，从能源出口型经济向多元化经济过渡。最后，调整区域经济结构，开发远东和贝加尔地区，既平衡东部（亚洲部分）和西部（欧洲部分）发展，又扩大国内需求。

普京在 2011 年 9 月 24 日统一俄罗斯党代表大会上被提名为总统候选人时，指出俄罗斯未来战略目标是"经济年增长率保持在 6% ~ 7%，任期内使俄罗斯进入世界经济大国前 5 名"。竞选期间，普京在媒体连续发表 7 篇竞选文章，详细阐述其内政、外交、军事、经济、民主、社会和民族政策等方面的执政纲领。2012 年 5 月 7 日宣誓就职总统当天，普京又签署 12 项总统令，内容涉及国家经济发展、政府管理效率、民生保障水平、对外关系方针、军事国防建设等诸多方面，确定其新一届总统任职期间的国家发展战略，其总体目标是："消除国家发展的一切阻力；完成政治体制、社会保障和公民保护机制以及经济体制建设，建立统一、活跃、持续发展而又稳定健全的国家体制，保障国家主权和未来 10 年的社会繁荣。"

《国家长期经济政策》总统令是普京在其新一届总统任期内的经济政策总纲领。其目标是：提高经济发展速度，保证经济持续发展，增加公民实际收入，使俄经济达到技术领先的地位。其具体经济指标是（2018 年前）：（1）到 2020 年新建和更新 2500 万个高生产率的就业岗位；（2）固定资产投资额占 GDP 比重 2015 年达到 25%，2018 年增加到 27%；（3）高科技行业在 GDP 中的比重相比 2011 年增加 30%；（4）劳动生产率比 2011 年提高 50%；（5）在世界银行"营商环境"的排名从 2011 年的第 120 位上升至 2015 年的第 50 位，2018 年的第 20 位。

早在 1997 年 12 月 10 日，俄罗斯国家杜马便通过了《俄罗斯联邦粮食安全法》，规定俄粮食安全的标准是"重要农产品的产量满足居民正常生存需要的 80%"。2006 年 12 月 29 日，俄通过《农业经济发展法》，对有关农业政策、农业预算、税收、政府采购、农产品市场、农业信息、反垄断、社会参与等诸多方面做出详细规定。该文件确定了国家财政支持农业发展的若干优先方向，包括：（1）给予优惠贷款利率，规定银行的农业贷款利率应相当于基准利率的 2/3；（2）给予优惠保险费率，规定保险公司收取的有关农业风险的保险额应相当于同类保险收费的 50%；（3）发展优良牲畜品种，对购买和饲养良种牲畜给予补贴；（4）发展优良种子，对购买良种给予补贴；（5）发展畜牧产品生产；（6）发展果蔬产业；（7）保障土壤质量和肥力，包括提供化肥；（8）发展农产品商品化；（9）保障农业区稳定发展；（10）为农业生产提供咨询服务，培训农业人才；（11）农业信息支持。[①]

根据《农业经济发展法》，俄罗斯联邦政府于 2007 年 7 月 14 日发布《2008～2012 年发展农业及调节农产品、原料和粮食市场国家纲要》，计划用五年时间，通过中央、地方和预算外投资 1.4066 万亿卢布，改善农村可持续发展环境，提高农民就业率，发展农业竞争力，推动农业现代化和金融稳定，加速农业优先领域发展，稳定农产品、农业原料和粮食市场等。[②] 此《纲要》主要利用预算外资金，弥补预算内资金的不足（俄罗斯农业预算内资金见表 2 - 10）。

2010 年 1 月 30 日，总统梅德韦杰夫签署《粮食安全学说》，确定俄粮食安全的指标是：确保国内生产能力（数量、质量和品种）能够保障不低于以下标准的国内市场需求：粮食 95%，糖 80%，植物油 80%，肉及其制品 85%，奶及其制品 90%，鱼及其制品 80%，土豆 95%，食用盐 85%。《粮食安全学说》认为，俄粮食安全面临四大风险：宏观经济风险是对农业投入减少，农业生产和农产品竞争力下降；技术风险是国际社会对粮食和食品的安全标准不断提高，农产品质量要求升级；生态风险是全球气候变暖和极端天气增多给粮食生产带来极大不确定性；外部风险是国际粮食市场波动以及各国对农业实施大量补贴。[③]

2012 年 7 月 14 日，俄政府通过《2013～2020 年农业发展及农产品、原料

---

① 　Закон РФ от 29. 12. 2006 N 264 – ФЗ 《О развитии сельского хозяйства》.

② 　Постановление Правительства РФ от 14 июля 2007 г. № 446 《Государственная программа развития сельского хозяйства и регулирования рынков сельскохозяйственной продукции, сырья и продовольствия на 2008 – 2012 годы》.

③ 　Указ Президента РФ от 30 января 2010 г. N 120 《 Об утверждении Доктрины продовольственной безопасности Российской Федерации》.

和食品市场调节国家纲要》（以下简称《纲要》），① 规定中央预算计划投资 15097.4540 亿卢布，旨在确保国家粮食安全、吸引农业投资、促进农村发展、提高农业竞争力、合理利用自然资源等。《纲要》确定的目标有（2020 年前达到）：（1）产量目标：粮食 1.15 亿吨、甜菜 540 万吨、植物油 330 万吨、土豆 3400 万吨、肉和肉制品 970 万吨、奶和奶制品 3820 万吨；（2）国产产品市场占有率目标：粮食 99.7%、甜菜 93.2%、植物油 87.7%、土豆 98.7%、肉和肉制品 88.3%、奶和奶制品 90.2%；（3）农产品产值（以 2012 年不变价格计）相比 2012 年提高 20.8%，其中食品提高 35%；（4）农业固定资产投资年均增速 4.5%；（5）农业企业利润率相比 2012 年提高 10%～15%；（6）农业职工工资占全国平均工资水平达到 55%。

表 2-10　俄罗斯预算统计

单位：亿卢布

	2010 年	2011 年	2012 年
联邦预算总收入	1603190	2085540	2343510
企业利润税	177460	227050	235570
个人所得税	179050	199580	226150
社会税	247710	352830	410370
增值税	132910	175360	188640
进口商品增值税	116950	149720	165970
消费税	44140	60390	78360
进口商品消费税	3010	4660	5340
统一税	20770	23430	27130
财产税	62820	67800	78550
自然资源开采税	144080	208500	248450
对外经济活动税	322770	466470	496270
国家和市政资产利用税	67970	67430	83660
自然资源利用费	7760	11180	13290
无偿收入	11410	15320	9210
预算总支出	1761670	1999460	2317470
公共服务	144060	135700	143790
国防	127970	151720	181410

① Постановление Правительства РФ от 14 июля 2012 г. №717 《О Государственной программе развития сельского хозяйства и регулирования рынков сельскохозяйственной продукции, сырья и продовольствия на 2013 – 2020 годы》.

续表

	2010 年	2011 年	2012 年
公共安全	133940	151860	192920
经济事务	232330	279340	327360
能源燃料综合体	4850	5540	13280
农业	26230	26870	27650
交通	46170	49910	62280
道路基金	64500	71420	99050
通信信息	6920	7720	9260
实用科技	12290	18060	22990
其他经济事务	53520	81400	73920
住宅和公用事业	107140	119500	107500
社会文化	1013380	1124590	1321520
盈余(+)或赤字(-)	- 158480	+ 86080	+ 26040

资料来源：Росстат，《Финансы России》，22. 2. Консолидированный бюджет Российской Федерации в 2005 - 2011 гг，http：//www. gks. ru/bbd/rel/b12_ 13/IssWWW. exe/atg/d5/22 - 02. htm；Консолидированный бюджет Российской Федерации и бюджеты государственных внебюджетных фондов，http：//www. gks. ru/free_ doc/new_ site/finans/fin21. htm。

四　外国劳动力管理

俄罗斯的移民法律基础主要有《人口就业法》《出入境程序法》《外国公民法律地位法》（2013 年 4 月 10 日由俄国家杜马重新修订，2015 年 1 月 1 日生效）等。俄对外国劳动力移民实行配额和许可证制度。俄联邦劳动和社会保障部根据当年各州用工企业和部门的申请，确定来年外国移民配额发放数量。2014 年外国劳务配额共 163 万份（占俄全国劳动力人口的比重为 2. 2%）。移民局是核发外国劳务许可证的政府主管部门。该局从 2014 年 1 月 5 日起提升为正部级单位，不再受内务部管辖。

俄对外来移民的管理政策无国别差异，但有结构导向，希望更多地引进中高端的管理和技术人才。外国劳务人员办理赴俄一年期以上（含一年期）劳务签证，必须具备俄语能力综合考核证书。从 2012 年 2 月起，俄对六类外国工程技术人员免除配额限制：焊接工程师、设计工程师、电气工程师、钻探技术员、测量和调试技术员、机械技师。据俄联邦移民局统计，截至 2013 年上半年，在俄的中国务工人员共 30. 1736 万人，其中高级管理和技术人员仅 1460 人。尽管近年高端人才数量呈上升趋势，但从事简单和低技术含量的劳工比重仍较大。

俄法律规定，有以下情形的外国移民将被遣返并处罚款：劳务许可证过期5日后仍未离境；遭俄雇主解聘或聘用合同到期，办理工资结算后5日内仍未离境；违规进行跨工种、跨行业的务工活动。近年来，俄境内发生过多起中方务工人员被遣送回国案件。主要原因，一是当事中国公民大多经国内一些无资质中介介绍赴俄罗斯务工，因劳动强度、待遇等问题与雇主产生纠纷；二是部分中国劳工持旅游签证务工或存在签证过期等问题；三是在俄华商办理的打工卡的持卡人存在违法成分，如卡上的标注地点与持卡人实际工作地点不符。①

五 检验检疫标准

根据俄罗斯《进出口产品许可证与配额法》规定，实施进口许可证管理的产品主要包括三类：第一类为某些特殊商品，包括保护植物的化学产品、工业废料和密码设备；第二类为俄总统和政府规定的需经特殊程序进口的商品，包括武器弹药、核材料、放射性原料、贵金属、宝石、麻醉剂、镇静剂、军民两用材料和技术、可用于制造武器装备的部分原材料和设备等；第三类为彩电整机、食用酒精和伏特加、烟草等商品。实施配额管理的产品主要包括猪肉、牛肉及禽肉等农产品，但大部分配额分配给美国、欧盟和泰国等国家和地区，仅有极少的配额数量留给中国。根据俄联邦海关规定，部分初次进口到俄罗斯的食品需在进口前进行国家注册；动植物及其产品、食品、酒精和非酒精饮料等部分进口产品必须实行强制性认证。②

第三节 粮食生产

俄罗斯国土广阔，农业总体上仍保持苏联时期的生产布局。苏联时期曾根据各地自然条件将全国划分为18个农业经济区，每个经济区根据自身条件发展不同的主要部门（主产品种）和补充部门（如轮作的前茬作物等），不要求各经济

---

① 中国商务部驻俄罗斯经商参处：《俄劳务许可制度及我在俄务工人员注意事项》，《国际工程咨询》2014年第1期。

② 历年中国商务部《国别贸易投资环境报告》。

区全面发展所有农业部门，而是着重专业化发展适合本地区自然条件的主要部门。

总体上，苏联的农产品主产区分别是：俄罗斯的北高加索、伏尔加河流域、西西伯利亚南部和乌拉尔地区、哈萨克斯坦北部地区和乌克兰东部地区土地肥沃，是谷物粮食主产区；中亚地区是棉花主产区；白俄罗斯是亚麻和土豆主产区；乌克兰和俄罗斯中央黑土区是甜菜和葵花籽主产区；俄罗斯的北高加索和摩尔多瓦是葡萄主产区；外高加索是茶叶和柑橘主产区；哈萨克斯坦、北高加索和乌克兰南部是养羊业生产区；波罗的海和白俄罗斯则是奶牛和肉牛主产区。

因地广人稀，20世纪50年代大垦荒运动以前，苏联提高农业产量主要依靠扩大种植和养殖面积，如1965年与1913年相比，谷物耕种面积增加了21%，经济作物耕种面积增加了2.1倍。但大垦荒以后，大部分耕地已被开发，新增耕地需要大量资金投入，经济上不划算，由此，农业增产转为依靠集约化经营，即借助农业机械化、化学化（主要是化肥和农药）、水利化（主要是灌溉、土壤改良）等技术、设备和设施，提高劳动生产率和单位面积产量。由此，国家农业投入和农业科技水平对农业生产的影响较大。

一　农业生产总值

俄罗斯是工业大国，农业比重较低。2001～2011年，农业产值占GDP的5%～7%，工业产值占35%～40%，服务业产值占55%～60%（见表2-12）。2012年，俄GDP618108亿卢布（合21959亿美元），农业总产值33405亿卢布（合1075亿美元），其中，种植业16364亿卢布（合527亿美元），畜牧业17041亿卢布（合548亿美元）（见表2-11和表2-13）。

表2-11　俄罗斯GDP统计

	2010年	2011年	2012年	2013年
GDP总值(现价，亿卢布)	463085	556440	618108	666891
GDP(以2008年不变价值计，亿卢布)	397622	414580	428785	434459
GDP增长率（与上年同比，%）	4.5	4.3	3.4	1.3
GDP平减指数增长率（与上年同比，%）	14.2	15.2	7.4	6.5
年均汇率(1美元可兑换的卢布)	30.3765	29.3948	30.37	32.66

资料来源：Росстат，Официальная статистика \ Национальные счета，Валовой внутренний продукт，Годовые данные，http：//www.gks.ru/wps/mcm/connect/rosstat_ main/rosstat/ru/statistics/accounts/#。

从产品结构看，粮食作物、土豆、蔬菜、肉和奶是俄罗斯最主要的农产品。在 2005～2012 年的农业总产值中，粮食作物产值占 15%～20%，土豆产值占10%～15%，蔬菜和瓜果约占 10%，肉类占 25%～30%，奶占 16%～18%。

表 2－12 俄罗斯 GDP 的产业结构

单位：%

产业	2001 年	2005 年	2010 年	2011 年	2012 年
农业	7	5	4.2	4.5	4.2
工业	39	35	33.8	36.9	37.5
服务业	53	60	62	58.6	58.3

注：表中数据为美国中央情报局历年预估值。
资料来源：历年 CIA "World Factbook"。

表 2－13 俄罗斯农业生产统计

单位：亿卢布

	2008 年	2009 年	2010 年	2011 年	2012 年
农业生产总值	24614	25159	25878	32617	33405
种植业	13064	12389	11915	17035	16364
畜牧业	11550	12770	13963	15582	17041
农工企业	11837	11415	11500	15406	16009
种植业	6376	5428	4859	7754	7381
畜牧业	5461	5987	6641	7652	8628
农户	2092	1897	1874	2942	2975
种植业	1673	1432	1335	2291	2214
畜牧业	419	465	539	651	761
居民个人自用和副业	10685	11847	12504	14269	14421
种植业	5015	5529	5721	6990	6769
畜牧业	5670	6318	6783	7279	7652

资料来源：Росстат, Официальная статистика \ Предпринимательство \ Сельское хозяйство, охота и лесное хозяйство, Продукция сельского хозяйства по категориям хозяйств, по Российской Федерации в 1990－2013гг.

二 种植面积

2000～2012 年，俄罗斯的农业种植面积总体呈缩小趋势，从 2000 年的 8467万公顷下降到 2012 年的 7633 万公顷。与此同时，俄种植结构也产生了相应变化、冬小麦、粮用玉米、粮用豆类等粮食作物和甜菜、亚麻、葵花籽、油菜、油用大豆等经济作物的种植面积增加，春小麦、黑麦、大麦、荞麦、黍等粮食作物、土豆、蔬菜和瓜果以及饲料作物的种植面积相对减少。种植面积降幅最大的是饲料作物，约降1000万公顷，增幅最大的是冬小麦，约增400万公顷。种植结构的变化，尤其是食用玉米和大豆的种植面积增加和草本饲料的种植面积下降，这在一定程度上说明俄罗斯希望增加饲料蛋白产量，提高本国畜牧产量。

2000～2012年，俄罗斯粮食和粮用豆类的种植面积约占种植总面积的55%～60%，面积略有下降，但降幅不大（最低为4319万公顷，最高为4755万公顷，每年不等）。其中，冬小麦、粮用玉米和粮用豆类的种植面积总体呈增长趋势。冬小麦从2000年的793万公顷增加到2012年的1184万公顷，占种植总面积的比重从9.4%增加到16%，粮用玉米从2000年的约80万公顷增加到2012年的约206万公顷，占种植总面积的比重从0.9%增加到2.7%，粮用豆类从2000年的92万公顷增加到2012年的184万公顷，占种植总面积的比重从1.1%增加到2.4%。

2000～2012年，俄罗斯经济作物的种植面积逐年增长，从2000年的约646万公顷增加到2012年的约1132万公顷，占种植总面积的比重从7.6%增加到15%。土豆、蔬菜和瓜果的种植面积从2000年的约373万公顷减少到2012年的307万公顷，占种植总面积的比重从4.4%减少到4%。饲料作物的种植面积从2000年的约2890万公顷减少到2012年的1750万公顷，占种植总面积的比重从34%减少到23%（见表2－14和表2－15）。

表2－14　俄罗斯种植面积统计（按农作物种类）

单位：万公顷

	2000 年	2005 年	2010 年	2011 年	2012 年
绝对休闲地	1804.2	1489.5	1466.0	1399.1	1399.9
种植总面积	8467.0	7583.7	7518.8	7666.2	7632.5
1. 粮食和粮用豆类	4558.5	4359.3	4319.4	4357.2	4443.9
1.1 冬播作物	1199.7	1318.9	1507.8	1395.3	1391.4
小麦	793.3	1036.3	1269.9	1180.5	1184.2
黑麦	353.0	233.3	175.7	154.7	155.7
大麦	53.4	49.3	46.1	38.3	29.1

	2000 年	2005 年	2010 年	2011 年	2012 年
1.2 春播作物	3358.8	3040.4	2811.7	2961.9	3052.5
小麦	1527.2	1497.9	1391.5	1374.7	1284.3
粮用玉米	79.8	82.0	141.6	171.6	205.8
大麦	861.6	858.9	675.3	749.8	852.9
燕麦	451.3	332.5	289.5	304.6	324.1
黍	158.9	49.9	52.1	82.6	47.4
荞麦	157.6	91.7	108.0	90.7	127.0
大米	17.5	14.4	20.3	21.1	20.1
1.3 粮用豆类	92.0	110.3	130.5	155.3	184.4
豌豆	58.4	74.3	98.8	115.1	125.9
2. 经济作物	645.8	761.5	1090.0	1183.6	1131.5
2.1 长茎亚麻	10.8	9.6	5.1	5.6	5.7
2.2 大麻	1.7	0.3	0.1	0.1	0.2
2.3 甜菜	80.5	79.9	116.0	129.2	114.3
2.4 油料作物	548.9	668.0	961.6	1044.7	1008.7
向日葵	464.3	556.8	715.3	761.4	652.9
短茎亚麻	2.2	3.1	26.7	50.0	61.8
油用大豆	42.1	71.8	120.6	122.9	148.1
芥菜	16.2	10.7	11.0	13.4	11.8
油菜	23.2	24.4	85.6	89.3	119.0
3. 土豆、蔬菜和瓜果	372.8	301.9	302.2	311.7	307.0
3.1 土豆	283.4	227.7	221.2	222.5	223.7
3.2 地上蔬菜	74.4	64.1	66.2	69.8	68.1
圆白菜	15.7	11.4	12.0	12.8	11.5
黄瓜	7.7	6.7	6.7	6.7	6.9
西红柿	14.0	12.1	11.7	12.0	12.0
食用甜菜	5.7	4.3	4.6	5.2	4.8
胡萝卜	8.1	6.5	7.0	7.8	7.1
洋葱	9.9	9.0	9.0	9.7	9.3
3.3 瓜类	13.3	9.5	14.1	18.5	14.3
4. 饲料作物	2889.9	2161.0	1807.1	1813.7	1750.1
4.1 块根类饲料植物	15.1	7.0	5.0	5.3	4.9
4.2 青贮饲料	366.8	157.0	150.2	162.8	140.0
4.3 多年生草	1804.6	1455.7	1146.3	1113.4	1103.8
4.4 一年生草	594.6	493.0	468.0	491.3	469.6

资料来源：Росстат，Статистический сборник《Сельское хозяйство охота и охотничье хозяйство лесоводство в России 2012》，Москва 2013，4.3. Посевные площади сельскохозяйственных культур（в хозяйствах всех категорий）。

表 2 - 15　俄罗斯各类农作物种植面积比重

单位：%

	2000 年	2005 年	2010 年	2011 年	2012 年
种植总面积	100	100	100	100	100
1. 粮食和粮用豆类	53.9	57.5	57.5	56.8	58.2
1.1 冬播作物	14.2	17.4	20.1	18.2	18.2
小麦	9.4	13.7	16.9	15.4	15.5
黑麦	4.2	3.1	2.4	2.0	2.0
大麦	0.6	0.6	0.6	0.5	0.4
1.2 春播作物	39.7	40.1	37.4	38.6	40.0
小麦	18.0	19.7	18.5	17.9	16.8
粮用玉米	0.9	1.1	1.9	2.2	2.7
大麦	10.2	11.3	9.0	9.8	11.2
燕麦	5.3	4.4	3.9	4.0	4.2
黍	1.9	0.7	0.7	1.1	0.6
荞麦	1.9	1.2	1.4	1.2	1.7
大米	0.2	0.2	0.3	0.3	0.3
1.3 粮用豆类	1.1	1.5	1.7	2.0	2.4
豌豆	0.7	1.0	1.3		1.6
2. 经济作物	7.6	10.0	14.5	15.4	14.8
2.1 长茎亚麻	0.1	0.1	0.1	0.1	0.1
2.2 甜菜	1.0	1.1	1.5	0.0	1.5
2.3 油料作物	6.5	8.8	12.8	1.7	13.2
向日葵	5.5	7.3	9.5	13.6	8.6
短茎亚麻	0.0	0.0	0.4	9.9	0.8
油用大豆	0.5	1.0	1.6		1.9
芥菜	0.2	0.1	0.1	1.6	0.2
油菜	0.3	0.3	1.1		1.6
3. 土豆、蔬菜和瓜果	4.4	4.0	4.0	1.2	4.0
3.1 土豆	3.3	3.0	2.9	4.1	2.9
3.2 地上蔬菜	0.9	0.9	0.9	2.9	0.9
圆白菜	0.2	0.1	0.2	0.9	0.2
黄瓜	0.1	0.1	0.1	0.2	0.1
西红柿	0.2	0.2	0.2	0.1	0.2
食用甜菜	0.1	0.1	0.1	0.2	0.1
胡萝卜	0.1	0.1	0.1	0.1	0.1
洋葱	0.1	0.1	0.1	0.1	0.1
3.3 瓜类	0.2	0.1	0.2	0.1	0.2
4. 饲料作物	34.1	28.5	24.0	23.7	23.0

续表

	2000 年	2005 年	2010 年	2011 年	2012 年
4.1 块根类饲料植物	0.2	0.1	0.1	0.1	0.1
4.2 饲料玉米	4.3	2.1	2.0	2.1	1.8
4.3 多年生草	21.3	19.2	15.2	14.5	14.5
4.4 一年生草	7.0	6.5	6.2	6.4	6.2

资料来源：Росстат，Статистический сборник《Сельское хозяйство охота и охотничье хозяйство лесоводство в России 2012》，Москва 2013，4.4. Структура посевных площадей по видам сельскохозяйственных культур（в хозяйствах всех категорий；в процентах от всей посевной площади）。

表 2 – 16　俄罗斯种植面积统计（按生产主体）

单位：万公顷

	2000 年	2005 年	2010 年	2011 年	2012 年
农业企业的种植面积	7419.2	6047.2	5610.4	5664.3	5566.5
粮食和粮用豆类	4067.5	3469.8	3204.8	3211.4	3212.0
经济作物	536.4	552.1	787.4	847.1	825.6
土豆、蔬菜和瓜果	46.3	26.8	34.8	36.1	34.8
饲料作物	2769.0	1998.5	1583.4	1569.7	1494.1
居民自用的种植面积	397.7	342.3	348.2	348.8	350.5
粮食和粮用豆类	28.3	38.4	49.1	51.6	53.5
经济作物	6.0	3.8	4.0	3.9	3.7
土豆、蔬菜和瓜果	314.4	258.6	239.7	241.1	240.4
饲料作物	49.0	41.5	55.3	52.2	52.9
农户种植面积	650.1	1194.2	1560.1	1653.1	1715.5
粮食和粮用豆类	462.8	851.1	1065.5	1094.2	1178.4
经济作物	103.4	205.7	298.6	332.6	302.2
土豆、蔬菜和瓜果	12.1	16.5	27.6	34.5	31.8
饲料作物	71.8	120.9	168.4	191.8	203.1

资料来源：Росстат，Статистический сборник《Сельское хозяйство охота и охотничье хозяйство лесоводство в России 2012》，Москва 2013，4.5. Посевные площади сельскохозяйственных культур по категориям хозяйств。

三　种植业

俄罗斯是粮食生产大国。20 世纪 70 年代之前，它的粮食产量呈增长趋势，50 年代年均 5600 万吨，60 年代年均 8000 万吨，到 70 年代（1970～1979 年）年均 1.02 亿吨，最高纪录是 1978 年的 1.2740 亿吨。此后，粮食产量总体呈下降趋势，20 世纪 80 年代年均产量 9600 万吨，90 年代年均 8166 万吨。

进入 21 世纪后，随着经济恢复和发展及农业投入增加和科技进步，前十年
（2000～2009 年）俄粮食产量总体呈上升态势，年均产量 8246 万吨，其中
2008 年最高达到 1.08 亿吨。2008 年后受国际金融危机以及极端气候增多等因
素影响，粮食产量剧烈波动，2009 年为 9710 万吨，2010 年为 6100 万吨，
2011 年为 9420 万吨，2012 年为 7067 万吨（见表 2 - 17）。

表 2 - 17　俄罗斯粮食产量

单位：万吨

年份	产量	年份	产量	年份	产量
1990	11670	2000	6540	2010	6100
1991	8910	2001	8510	2011	9420
1992	10690	2002	8650	2012	7067
1993	9910	2003	6700	1950～1959	5646
1994	8130	2004	7780	1960～1969	8064
1995	6340	2005	7780	1970～1979	10240
1996	6920	2006	7820	1980～1989	9616
1997	8850	2007	8150	1990～1999	8166
1998	4780	2008	10820	2000～2009	8246
1999	5460	2009	9710	2010～2012	7530

资料来源：Росстат，Статистический сборник 《Сельское хозяйство охота и охотничье хозяйство
лесоводство в России 2011》，Москва 2011，4. 7. Валовой сбор зерна в 1913 - 2010 гг. （в хозяйствах
всех категорий；в весе после доработки）。

从总量看，自 2000 年以来，除黍以外，俄罗斯主要粮食品种的产量总体
平衡，部分呈现增长趋势，尤其是小麦、大麦和粮用玉米；土豆、蔬菜和瓜果
的产量略有增加，但增幅不大；经济作物产量总体呈上升趋势，尤其是甜菜和
油料作物；饲料作物产量总体略有下降，尤其是干草。2006～2010 年，年均
粮食总产量为 8520 万吨，其中小麦 5230 万吨（其中冬小麦 3260 万吨），大麦
1660 万吨，黑麦 350 万吨，燕麦 490 万吨，粮用玉米 420 万吨，粮用豆类 150
万吨，荞麦约 74 万吨，大米约 82 万吨，黍约 43 万吨。同期，土豆 2730 万
吨，蔬菜 1230 万吨，瓜果 110 万吨，浆果约 235 万吨，甜菜 2710 万吨，油料
作物（包括向日葵、油菜、油用大豆和亚麻、芥菜等）800 万吨，饲料用块根
植物 120 万吨，饲料玉米 2160 万吨，干草 2310 万吨（见表 2 - 18）。

表 2 – 18　俄罗斯种植业产量统计

单位：万吨

	2001～2005 年	2006～2010 年	2011 年	2012 年
1. 粮食总产量	7880	8520	9420	7090
1.1 小麦	4500	5230	5620	3770
冬小麦	2480	3260	3440	2550
春小麦	2020	1970	2180	1220
1.2 冬黑麦	490	350	300	210
1.3 粮用玉米	220	420	700	820
1.4 大麦	1780	1660	1690	1400
冬大麦	190	200	160	80
春大麦	1580	1460	1540	1320
1.5 燕麦	560	490	530	400
1.6 黍	67.7	42.5	87.8	33.4
1.7 荞麦	53.1	73.9	80.0	79.7
1.8 大米	49.4	81.9	105.6	105.2
1.9 粮用豆类	170	150	250	220
豌豆	120	120	200	170
2. 亚麻纤维	5.3	4.5	4.3	4.6
3. 俄罗斯大麻纤维	0.28	0.15	0.10	0.16
4. 甜菜	1850	2710	4760	4510
5. 油料作物	530	800	1310	1130
向日葵	450	630	970	800
油用亚麻	1.7	10	46.4	36.1
油用大豆	48.1	87.3	105.6	103.5
芥菜	5.3	3.3	8.8	4.2
油菜	20	64.8	46.4	36.1
6. 土豆	2840	2730	3270	2950
居民自用	2560	2290	2600	2330
7. 蔬菜	1120	1230	1470	1460
居民自用	850	880	980	1010
8. 瓜果	70	110	160	150
9. 水果和浆果	248.2	235.2	251.4	266.4
10. 葡萄	28.3	28.8	41.2	26.7
11. 饲料用块根植物(包括饲料用甜菜)	210	120	140	120
12. 饲料玉米	3050	2160	3080	2190
13. 多年生干草	1220	940	970	780
14. 一年生干草	180	150	210	190
15. 草场的天然干草	1450	1220	1170	1080

注：2001～2005 年和 2006～2010 年的年均产量是作者根据来源中年鉴数据计算而来。

资料来源：Росстат，Статистический сборник 《Сельское хозяйство охота и охотничье хозяйство лесоводство в России 2012》，Москва 2013，4.8. Валовой сбор продуктов растениеводства.（в хозяйствах всех категорий）.4.15. Валовой сбор и урожайность плодов ягод и винограда.（в хозяйствах всех категорий）。

从单位产量看，自 2000 年以来，俄各类粮食和种植作物产量均有不同幅度的增长。2006~2010 年，每公顷粮食年均产量 2070 千克（最低 1830 千克，最高 2380 千克），其中冬小麦 2880 千克（1290~3390），春小麦 1510 千克（1290~1720），冬大麦 3800 千克（3630~4120），春大麦 1910 千克（1480~2330），冬黑麦 1800 千克（1190~2120），燕麦 1610 千克（1440~1790），荞麦 810 千克（590~920），粮用玉米 3390 千克（3000~3860），大米 4790 千克（4390~5280），粮用豆类 1560 千克（1390~1840）（见表 2－19）。

2006~2010 年，俄每公顷油料作物年均单产 1110 千克（最低 990 千克，最高 1200 千克），甜菜 30900 千克（24100~36200），土豆 12900 千克（10000~14300），蔬菜 18500 千克（17300~19900），瓜果 9610 千克（7950~11610），浆果 5250 千克（4160~6250），饲料用块根植物 24700 千克（18900~26700），饲料玉米 15100 千克（10100~17100）（见表 2－19）。

表 2－19 俄罗斯种植业的单位产量统计

单位：千克/公顷

	2001~2005 年	2006~2010 年	2011 年	2012 年
1. 粮食平均单产	1880	2070	2240	1830
冬小麦	2760	2880	2990	2310
春小麦	1430	1510	1640	1190
冬黑麦	1750	1800	1950	1500
粮用玉米	3150	3390	4340	4240
冬大麦	3440	3800	4160	2840
春大麦	1810	1910	2100	1790
燕麦	1580	1610	1820	1410
黍	1070	1060	1390	990
荞麦	680	810	950	770
大米	3680	4790	5090	5490
粮用豆类	1600	1560	1670	1290
2. 亚麻纤维	570	750	900	920
3. 俄罗斯大麻纤维	610	890	920	1010
4. 甜菜	24100	30900	39200	40900
5. 油料作物种子	990	1110	1330	1220
向日葵	990	1120	1340	1300
油用亚麻	870	920	1480	1310
油用大豆	1030	1070	1770	1680
芥菜	600	540	1130	990

续表

	2001～2005 年	2006～2010 年	2011 年	2012 年
冬油菜	1580	1730	800	540
春油菜	850	950	1040	690
6. 土豆	11400	12900	14800	13400
居民自用	11200	12300	14100	12600
7. 蔬菜	15900	18500	20800	21100
居民自用	16100	18100	19500	20000
8. 瓜果	7930	9610	9830	11620
9. 水果和浆果	4390	5250	5870	6400
10. 葡萄	5060	6650	8670	5550
11. 饲料用块根植物（包括饲料用甜菜）	22100	24700	27500	24900
12. 饲料玉米	14200	15100	19200	16600
13. 多年生干草	1560	1590	1730	1480
14. 一年生干草	1590	1590	1770	1600
15. 草场的天然干草	810	830	940	840

注：2001～2005 年和 2006～2010 年的年均产量是作者根据上述年鉴数据计算而来。

资料来源：Росстат，Статистический сборник《Сельское хозяйство охота и охотничье хозяйство лесоводство в России 2012》，Москва 2013，4.12. Урожайность сельскохозяйственных культур（в хозяйствах всех категорий）；4.15. Валовой сбор и урожайность плодов ягод и винограда.（в хозяйствах всех категорий）。

据俄罗斯农业部 2012 年报告：[①]（1）俄农业生产每年化肥使用量约 250 万吨。2012 年共使用化肥 238.18 万吨（同比增加 1.5 万吨）。2013 年初，俄市场每吨化肥平均售价分别为：硝酸铵 1.0829 万卢布，尿素 1.4650 万卢布，氯化钾 9094 卢布，氮磷钾复合肥 1.6052 万卢布，磷氨肥 2.2944 万卢布。（2）2012 年，俄农业生产部门共消费政府专门供应的农业用优惠柴油 444.42 万吨和汽油 6.903 万吨，同比分别下降 3.2% 和 17.6%。截至 2013 年 1 月 10 日，俄市场上柴油批发价格平均为 3.4411 万卢布/吨，80 号汽油 3.0989 万卢布/吨。（3）2012 年，俄联邦财政共向农业生产和农村社会发展支出各类补贴 1214.6419 亿卢布。补贴类型主要有：贷款利息补贴（约占补贴总额的

---

① Министерство сельского хозяйства РФ，《О текущей ситуации в агропромышленном комплексе Российской Федерации в декабре 2012 г.》，http：//www. mcx. ru/documents/document/v7_ show/21900. htm.

55%），作物收成保险补贴，扶持小型农工企业发展补贴，土壤保护和改良补贴，购买化肥补贴，扶持新农户，畜牧和作物良种培育补贴，在北部地区种植饲料作物补贴，种植果树补贴，发展家庭畜牧养殖补贴，养鹿养马补贴，养羊补贴，种植亚麻和大麻补贴，扶持渔业发展，农村住房补贴，地区发展项目补贴。

四 畜牧业

俄罗斯是畜牧业大国，但苏联解体使畜牧业遭受严重打击，饲料产量、牲畜和家禽存栏量、肉、奶、蛋、毛等畜牧产品产量均出现下降。导致畜牧业退化的主要原因：一是苏联解体导致原有生产体系和供应链条中断，饲料产量下降，产品销售市场不畅；二是私有化导致原有的部分国营和集体农庄转为私有，畜牧养殖转为农民个人和家庭养殖，无法形成规模经济，养殖成本加大，利润下降。2000年以后，尽管农业形势总体好转，畜牧产量增加，但仍未达到预期目标，部分畜牧产品的进口依赖程度仍较大。俄计划大力推动畜牧业发展，减少肉类进口，保证肉类自给自足，并计划在2015年前实现肉类、牛奶和食糖完全自给。

从牲畜存栏量看，苏联解体前总体呈增长态势，20世纪80年代（1980～1989年），俄年均牛存栏量5924万头，猪3859万头，羊6396万头。苏联解体后，因饲料减少和养殖成本加大，大牲畜存栏量出现大幅下降。20世纪90年代（1990～1999年）和21世纪前十年（2000～2009年），牛的年均存栏量分别是4190万头和2364万头，猪分别是2532万头和1593万头，羊分别是3431万头和1865万头。截至2013年1月1日，俄共有牛1998万头（其中奶牛888万头），猪1882万头，羊2418万只，马138万匹，鹿160万只，家禽4.95亿只（见表2-20）。

早在1991年，俄罗斯共产肉1010万吨，其中牛肉430万吨，猪肉350万吨，禽肉180万吨。1991年人均年消费肉和肉制品75千克（几乎全部来自国产），其中牛肉占43%，猪肉占35%，鸡肉占18%。苏联解体后，俄罗斯遭遇经济衰退，1991～1999年畜牧业产量也随之下降。1999年，俄罗斯产肉量下降到440万吨，其中牛肉190万吨，猪肉160万吨，鸡肉76.8万吨，居民年均消费肉和肉制品下降到45千克。2000～2005年俄罗斯畜牧业进入恢复调整阶段，产量逐渐回升。2005 年，俄罗斯产肉量共计 500 万吨，其中牛肉 180 万吨，猪肉 160 万吨，鸡肉 140 万吨，居民年均消费肉和肉制品 55 千克。自 2006 年起，肉类生产进入较快发展阶段。2012 年，俄共生产肉 809 万吨，其中牛肉 164 万吨、猪肉 256 万吨、禽肉 362 万吨（见表 2 - 22）。

表 2 - 20　俄罗斯牲畜存栏量统计（当年年底）

单位：万头，万只，万匹

	2000 年	2005 年	2008 年	2009 年	2010 年	2011 年	2012 年	1980 ~ 1989 年年均	1990 ~ 1999 年年均	2000 ~ 2009 年年均
牛	2752	2163	2104	2057	1997	2013	1998	5924	4190	2364
奶牛	1274	952	913	903	884	899	888	—	—	—
猪	1582	1381	1616	1723	1722	1726	1882	3859	2532	1593
羊	1496	1858	2177	2199	2182	2286	2418	6396	3431	1865
马	162.2	131.7	135.3	137.5	134.1	136.2	137.8	—	—	—
鹿	120	130	152	155	157	158	160	—	—	—
家禽	34100	35700	40500	43400	44900	47300	49500	—	—	—
兔	130	158	209	240	265	285	299	—	—	—

资料来源：Росстат，Статистический сборник 《Сельское хозяйство охота и охотничье хозяйство лесоводство в России 2012》，Москва 2013，5.1. Поголовье скота в 1915 - 2012 гг.（на конец года）.5.3 Поголовье скота по категориям хозяйств，5.5 Поголовье птицы，кроликов，пушных зверей，число пчелосемей по категориям хозяйств。数据在原始数据基础上进行了四舍五入。

表 2 - 21　2012 年不同经营形式拥有的俄罗斯牲畜存栏量比重

单位：%

	牛	奶牛	猪	羊	马	鹿
农工企业	45.3	41.0	72.7	18.9	26.0	68.0
农户（家庭农场）	9.7	11.0	3.0	34.5	21.0	2.2
居民个人或副业	45.0	48.0	24.3	46.6	53.0	29.8

资料来源：Росстат，Статистический сборник 《Сельское хозяйство охота и охотничье хозяйство лесоводство в России 2012》，Москва 2013，5.4 Поголовье скота и птицы（на конец года；в хозяйствах всех категорий）．Структура поголовья скота по категориям хозяйств。

俄罗斯奶和奶制品产量变化与肉类生产过程相似。1990 年，各类奶和奶制品产量共计 5570 万吨（其中养殖企业产量占 76.2%，其余为个人生产），2000 年降到 3230 万吨，2012 年又下降到 3180 万吨。1990 ~ 2012

年，俄境内奶牛数量共减少1160万头（从2050万头降到888万头）（见表2－22）。

表 2－22　俄罗斯畜牧产量统计

	2001～2005 年	2006～2010 年	2011 年	2012 年
鲜肉(万吨)	754.6	933.3	1096.5	1162.1
肉(屠宰重,万吨)	484.8	624.5	751.9	809.0
牛	192.2	173.1	162.5	164.2
猪	162.4	203.4	242.8	255.9
羊	14.1	17.3	18.9	19.0
禽肉	109.4	223.5	320.4	362.5
奶(万吨)	3250	3200	3160	3180
蛋(亿枚)	363	389	411	420
毛(万吨)	4.5	5.3	5.3	5.5
蜂蜜(万吨)	5.1	5.4	6.0	6.5

资料来源：Росстат，《Российский статистический ежегодник 2012》，Москва 2012，14.30 Производство основных продуктов животноводства. Росстат，Статистический сборник《Сельское хозяйство охота и охотничье хозяйство лесоводство в России 2012》，Москва 2013，5.7 Производство основных продуктов животноводства по категориям хозяйств。

从上述存栏量和肉、奶产量的发展过程可知：（1）苏联解体后，俄罗斯的牲畜存栏量降幅较大。尽管猪、羊、鹿、家禽的存栏量2000年以来总体在增加，但肉牛和奶牛自独立至2012年的近20年时间里几乎始终处于下降趋势。（2）尽管2000年以来肉产量总体处于增加态势，但仍不能满足国内消费需求，需依靠进口满足。（3）尽管居民肉类消费量基本恢复到苏联解体前1991年的水平，但肉类生产和消费结构却已发生较大改变，1991年是以牛肉为主，当前则是以鸡肉为主。国内牛肉产量仍比1991年的水平有较大差距，居民肉类消费增加主要依靠鸡肉。俄希望今后增加肉牛和奶牛存栏量，提高牛肉和牛奶产量。（4）俄奶业的商品化率较低，2010年商品化的奶产量仅占农业企业奶产量的92%，农户（家庭农场）奶产量的58.2%，个体奶产量的30.8%。（5）科技养殖效果很明显。如在基因、饲料、防病防疫等技术支持下，俄奶牛年均产奶量从2005年的3176千克增加到2012年的3898千克（见表2－23）。

表 2 - 23　俄罗斯畜牧产品单位产量统计

单位：千克

		2000 年	2005 年	2010 年	2011 年	2012 年
全国平均	每头奶牛年均产奶	2502	3176	3776	3851	3898
	每只羊年均产毛	3.1	3.0	2.6	2.6	2.6
	每头牛年均产肉	114	128	144	149	147
	每头猪年均产肉	114	155	179	185	192
农业企业	每头奶牛年均产奶	2341	3280	4189	4306	4521
	每只鸡年均产蛋(枚)	264	301	307	308	306
	每只羊年均产毛	3.2	2.8	2.3	2.2	2.3
	每头牛年均产肉	79	94	105	108	110
	每头猪年均产肉	62	107	155	166	185

资料来源：Росстат，Статистический сборник 《Сельское хозяйство охота и охотничье хозяйство лесоводство в России 2012》，Москва 2013，5.13 Продуктивность скота и птицы。

表 2 - 24　俄罗斯饲料生产统计

单位：万吨

	2009 年	2010 年	2011 年	2012 年
植物饲料	111.0	135.8	149.2	126.3
动物饲料	6.57	4.48	5.12	5.54
其中：以水产品为原料的饲料	0.12	0.14	0.12	0.05
饲料蛋白	8.39	7.83	5.74	6.95
抗生素饲料(吨)	40.3	13.9	47.4	47.2
预混合饲料	6.46	10.8	14.9	18.2
家禽饲料	3.47	5.13	7.49	9.87
猪饲料	1.32	2.72	3.83	4.36
牛饲料	1.45	1.88	3.08	3.40
其他	0.10	0.13	0.47	0.55
配制饲料	1467.3	1685.7	1808.2	2042.1
家禽饲料	843.9	961.1	1070.7	1204.6
猪饲料	391.8	502.2	513.1	621.7
牛饲料	192.8	203.6	218.1	207.3
蛋白维生素添加物	12.5	13.7	17.8	27.4
家禽饲料	—	—	9.36	9.36
猪饲料	—	—	4.34	3.72
牛饲料	—	—	2.50	11.70

	2009 年	2010 年	2011 年	2012 年
浓缩和混合饲料	117.3	118.6	107.3	97.5
针对反刍动物的混合饲料	35.0	28.5	38.6	37.0
其他牲畜饲料	231.1	237.7	228.5	234.4
粗粒面粉和苜蓿粒	0.05	2.89	2.85	2.55
骨粉	15.5	18.0	15.6	17.2
所有饲料折合成饲料单位（万吨）	9930	9690	9820	10100
其中:浓缩饲料	4280	4360	4460	4660
每头肉牛年均消费饲料（吨）	2.04	2.02	2.07	2.12
其中:浓缩饲料（吨）	0.45	0.47	0.47	0.49
每头奶牛年均消费饲料（吨）	3.90	3.86	3.88	3.97
其中:浓缩饲料（吨）	1.00	1.05	1.05	1.08
每头猪年均消费饲料（吨）	0.80	0.76	0.77	0.75
其中:浓缩饲料（吨）	0.66	0.64	0.65	0.65
每只家禽年均消费饲料（吨）	0.04	0.04	0.04	0.04
其中:浓缩饲料（吨）	0.04	0.04	0.04	0.04

资料来源：Росстат，Статистический сборник 《Сельское хозяйство охота и охотничье хозяйство лесоводство в России 2012》，Москва 2013，5.10 Производство готовых кормов для животных，5.11 Расход кормов в животноводстве。

第四节　粮食消费

总体上，俄罗斯种植业基本能满足国内消费需求。谷物生产不仅能够满足国内需求，还有剩余出口（主要销往欧盟、中东等地区）。多年来，俄始终把成为世界最大粮食出口国作为农业发展的目标之一。进口谷物、瓜果、蔬菜等主要是为了调剂和丰富市场品种，及生产高质量食品等。相比之下，畜牧业对进口的依赖程度仍较大。

一　居民食品购买力

据俄国家统计局数据，2012 年俄居民月均收入和职工月均工资分别是2.3051 万卢布（合 759 美元）和 2.6629 万卢布（合 876 美元）。居民月均消费支出 12624 卢布（合 409 美元，农村 8415 卢布，城镇 14082 卢布），其中食品支出 4375 卢布（农村 3843 卢布，城镇 4559 卢布），非食品支出 5179 卢布。

据俄国家统计局数据，2005～2010 年，俄居民年均消费面粉为 120 千克，肉及其制品 63 千克，奶及其制品 242 千克，禽蛋 258 枚，土豆 109 千克，蔬菜和瓜果 96 千克，水果和浆果 52 千克，鱼及其制品 14 千克，糖 39 千克，植物油 13 千克。2010～2012 年，俄居民年均消费面粉 119 千克，肉及其制品 71 千克，奶及其制品 247 千克，禽蛋 272 枚，土豆 108 千克，蔬菜瓜果 105 千克，水果和浆果 60 千克，鱼及其制品 16 千克，糖 40 千克，植物油 14 千克（见表 2－25）。从食物消费结构看，俄居民食品消费结构总体呈改善趋势，肉、禽、蛋奶等高蛋白食品与蔬菜瓜果等高维生素和高纤维食品的消费量增加，面包、通心粉等谷物食品消费量总体下降。伴随饮食结构改善，居民日均能量摄入量也逐年提高，从 2000 年的 2394 千卡提高到 2012 年的 2633 千卡（见表 2－26）。

二 粮食贸易

在粮食生产和消费方面（见表 2－30），2010～2012 年，俄年均产粮 7537 万吨，加上上年年均结余 6007 万吨，年均市场粮食供应总量 1.36 亿吨。年均年底余额 5127 万吨，年均消费粮食 8493 万吨，其中 53%（4503 万吨）加工成面粉，24%（2060 万吨，其中 1030 万吨作为种子，1030 万吨作为饲料）用于生产消费，21%（1823 万吨）用于出口。从统计数据可知，俄每年自身粮食食用和生产需求只有 6500 万～7000 万吨，其余 1500 万～2300 万吨出口。

俄每年也少量进口高等级小麦。俄小麦根据面的筋度分为四个等级，一等和二等小麦可做通心面粉，三等小麦通常做面包，四等小麦通常做饲料，混入高等级小麦后也可做面包粉。俄自产小麦以三等和四等居多，为满足本国食品工业需求，部分高等级小麦和面粉仍需少量进口。

在土豆、蔬菜、瓜果、水果和浆果方面，2010～2012 年，俄年均土豆产量 2778 万吨，用于生产和居民消费的为 2752 万吨；蔬菜和瓜果年均产量为 1521 万吨，用于生产和居民消费为 1689 万吨；水果和浆果年均产量为 278 万吨，用于生产和居民消费为 929 万吨（见表 2－31～表 2－33）。从统计数据看，

表 2 - 25　俄罗斯人均食品消费统计（千克/年）

	2000 年	2005 年	2006 年	2007 年	2008 年	2009 年	2010 年	2011 年	2012 年	2005~2010 年年均	2010~2012 年年均
肉及肉制品	45	55	59	62	66	67	69	71	74	63	71
肉及其制品（不包括二级屠宰副产品和油脂原料）	41	50	54	57	61	61	63	65	68	58	65
奶及奶制品（奶制品折合成奶）	215	234	238	241	243	246	247	246	249	242	247
蛋（枚）	229	251	257	256	254	262	269	271	276	258	272
土豆	109	109	110	109	111	113	104	110	111	109	108
蔬菜和瓜果	79	87	90	94	100	103	101	106	109	96	105
水果和浆果	32	46	48	51	54	56	58	60	61	52	60
鱼及鱼制品	10.4	12.6	13.1	13.9	14.6	15.0	15.5	16.6	17.1	14.0	16.0
糖	35	38	39	39	40	37	39	40	40	39	40
植物油	9.9	12.2	12.6	12.8	12.7	13.1	13.4	13.5	13.7	13.0	14.0
面粉及其制品（面包和通心粉折合成面粉）	117	121	121	121	120	119	119	119	119	120	119

资料来源：Федеральнаяслужбагосударственнойстатистики（Росстат），Статистическийсборник《Сельскохозяйство，охотаиохотничьехозяйство，лесоводствоРоссии 2011》，Москва 2011，8.　8.　Потреблениеосновныхпродуктов（надушунаселениявгод；килограммов）．Росстат，Статистическийсборник《СельскохозяйствоохотаиохотничьехозяйстволесоводствоРоссии 2012》，Москва 2013，8.　8.　Потреблениеосновныхпродуктов（надушунаселениявгод；килограммов）．

土豆产量基本能够自给自足，蔬菜和瓜果的自给率约85%，一些俄罗斯产量较少或不适合生产的蔬菜和瓜果需进口满足。受气候条件所限，水果和浆果的自给率只有30%，其余70%需进口，每年进口量约700万吨。

表2-26 俄罗斯居民每日能量摄入量统计

		2000年	2005年	2010年	2011年	2012年
全国居民平均	蛋白质（克）	61.8	71.2	76.6	76.7	77.5
	脂肪（克）	81.7	95.8	104.5	104.7	105.3
	碳水化合物（克）	350.9	368.0	348.4	340.6	341.0
	日均总能量（千卡）	2394.4	2630.0	2652.4	2623.5	2633.3
城市居民日常生活	蛋白质（克）	60.3	70.2	76.1	76.1	77.1
	脂肪（克）	82.2	96.3	105.0	104.8	105.7
	碳水化合物（克）	326.5	345.2	331.3	325.8	326.4
	日均总能量（千卡）	2295.3	2538.7	2586.6	2563.0	2577.4
农村居民日常生活	蛋白质（克）	66.1	73.7	77.9	78.3	78.6
	脂肪（克）	80.2	94.7	103.3	104.5	104.1
	碳水化合物（克）	417.2	429.6	394.5	382.3	382.2
	日均总能量（千卡）	2664.4	2875.9	2831.3	2794.1	2791.8

资料来源：Росстат，Статистический сборник《Сельское хозяйство охота и охотничье хозяйство лесоводство в России 2012》，Москва 2013，8.12 Пищевая и энергетическая ценность продуктов питания，потребленных населением。

表2-27 俄罗斯消费物价指数统计（与上年12月相比）

单位：%

	2008年	2009年	2010年	2011年	2012年	2013年
通胀率	13.3	8.8	8.8	6.1	6.6	6.5
其中:食品	16.5	6.1	12.9	3.9	7.5	7.3
非食品	8.0	9.7	5.0	6.7	5.2	4.5
服务	15.9	11.6	8.1	8.7	7.3	8.0

资料来源：Росстат，Официальная статистика \ Цены，http：//www.gks.ru/wps/mcm/connect/rosstat_ main/rosstat/ru/statistics/tariffs/#。

表 2 - 28 俄罗斯居民人均月收入的购买力（当年年底，相当于购买食品）

单位：千克/月

	2008 年	2009 年	2010 年	2011 年
汇率(1 美元兑换卢布金额)	24.8529	31.7669	30.3765	29.3948
居民人均月收入(卢布)	14948	17009	18958	20780
职工月均工资(卢布)	17290	18638	20952	23369
人均最低消费支出(菜篮子法,月均)	4593	5153	5688	6369
牛肉(无骨肉除外)	95.8	92.8	99.9	94.3
猪肉(无骨肉除外)	88.9	87.9	96.9	101.9
羊肉(无骨肉除外)	81.0	80.2	81.9	87.1
鸡肉(无骨肉除外)	163.3	165.3	185.2	199.4
普通冻鱼	201.8	189.3	214.7	216.0
奶油	88.9	94.4	88.8	83.1
葵花籽油	207.2	270.2	314.3	267.1
通心粉	233.1	244.0	268.0	273.0
奶(升)	607.1	589.4	546.5	517.1
乳渣	121.7	130.9	131.1	125.4
硬凝乳奶酪	67.8	81.2	77.4	77.8
鸡蛋(枚)	4232	4923	5527	5602
白糖	627.5	557.5	523.5	547.1
食用盐(包括含碘盐)	1659.0	1582.2	1683.3	2013.7
红茶	60.1	33.2	35.5	37.7
小麦面	722.1	818.9	972.1	993.3
黑麦面包	624.6	653.2	707.4	744.6
小麦面包	483.3	509.7	558.1	572.0
大米	382.5	366.9	444.8	498.6
谷类米	638.6	737.9	753.1	523.1
豌豆和菜豆	522.1	572.7	653.1	637.5
通心粉	360.4	363.7	413.5	447.5
面条	391.1	396.3	452.9	447.8
土豆	815.5	983.2	925.4	819.8
鲜卷心菜	830.0	1102.3	797.9	1027.3
洋葱	751.5	883.1	729.5	805.5
食用甜菜	690.8	884.5	866.4	756.6
胡萝卜	592.0	733.8	655.1	681.2
苹果	261.0	289.3	329.2	305.0

资料来源：Росстат，《Цены в России 2012г.》，2.35 Покупательная способность среднедушевых денежных доходов населения。

表 2 – 29　2013 年俄罗斯农产品和食品的生产成本比重

（各类成本占零售价的比重）

单位：%

	原料成本	生产和商业支出	商品成本	利润	税费	出厂价	中间环节再加工	流通成本
牛肉（无骨肉除外）	59.22	8.65	67.87	5.13	6.34	79.34	0.03	20.63
无骨牛肉	56.47	9.50	65.97	4.89	6.46	77.32	0.02	22.66
猪肉（无骨肉除外）	54.73	8.51	63.24	1.95	6.01	71.20	0.20	28.60
无骨猪肉	57.28	8.48	65.76	3.04	6.60	75.40	0.20	24.40
鸡肉	41.99	21.02	63.01	4.04	6.06	73.11	0.09	26.80
一等和二等香肠	47.42	17.25	64.67	7.11	6.92	78.70	0.14	21.16
高等熏肠	45.50	17.80	63.30	7.00	6.73	77.03	0.14	22.83
半熏肠	42.34	17.21	59.55	8.18	6.51	74.24	0.14	25.62
一等和二等小麦面制面包	25.76	48.83	74.59	2.16	6.67	83.42	1.28	15.30
高等小麦面制面包	23.93	41.62	65.55	10.09	7.26	82.90	0.78	16.32
黑麦面包	24.81	47.72	72.53	2.47	7.20	82.20	0.86	16.94
一等和二等小麦面	31.70	10.43	42.13	1.19	3.99	47.31	0.32	52.37
高等级小麦面	29.53	10.24	39.77	1.72	3.92	45.41	0.33	54.26
砂糖	37.85	19.14	56.99	3.84	6.08	66.91	0.08	33.01
中等以上 40% 伏特加	9.18	8.65	17.83	4.63	49.32	71.78	0.02	28.20
葵花籽油	31.97	7.09	39.06	4.78	4.27	48.11	0.09	51.86
纯牛奶	47.41	24.54	71.95	2.71	6.51	81.17	0.42	18.41
奶酪	49.33	15.68	65.01	2.46	6.37	73.84	0.03	26.13
含脂量 15% ~20% 酸奶油	45.12	25.25	70.37	4.53	7.26	82.16	0.22	17.62
含脂量不低于 5% 炼乳	45.07	20.46	65.53	4.80	6.77	77.10	0.32	22.58
含脂量不低于 5% 无脂奶渣	41.80	18.18	59.98	6.44	6.25	72.67	0.13	27.20
黄油	57.01	15.81	72.82	1.86	7.10	81.78	0.03	18.19
鸡蛋	34.26	27.45	61.71	9.47	3.08	74.26	0.02	25.72
高等级小麦面通心粉	28.03	15.28	43.31	3.00	4.11	50.42	0.43	49.15
鲜鱼或冻鱼	23.48	22.55	46.03	5.41	2.66	54.10	0.03	45.87
海鱼	15.48	34.76	50.24	0.58	1.58	52.40	0.09	47.51
熏鱼	41.58	20.47	62.05	8.41	5.64	76.10	0.00	23.90

资料来源：Росстат，Официальная статистика \ Цены，Структура розничных цен на отдельные виды товаров，Сводная таблица структуры розничных цен на отдельные виды товаров в 2013 г.

表 2 – 30 俄罗斯的粮食生产和消费统计

单位：万吨

	1990 年	2000 年	2010 年	2011 年	2012 年	2010 ~ 2012 年均
上年余额	6040	3160	6950	5170	5900	6007
生产	11670	6540	6100	9420	7090	7537
进口	1690	470	40	70	120	77
总供应	19400	10170	13090	14660	13110	13620
生产消费	3050	2230	2040	2090	2050	2060
作为种子	1700	1150	1010	1030	1050	1030
作为饲料	1350	1080	1030	1060	1000	1030
加工成面粉	9470	4060	4390	4740	4380	4503
损失	230	80	90	90	110	97
出口	200	130	1390	1830	2250	1823
居民消费	0	10	10	10	10	10
年底余额	6450	3660	5170	5900	4310	5127

资料来源：Росстат, Статистический сборник 《Сельское хозяйство охота и охотничье хозяйство лесоводство в России 2012》, Москва 2013, 8 Потребление продуктов питания, http：//www. gks. ru/bbd/rel/b13_ 38/Main. htm。

表 2 – 31 俄罗斯的土豆生产和消费统计

单位：万吨

	1990 年	2000 年	2010 年	2011 年	2012 年	2010 ~ 2012 年均
上年余额	2231	1581	2037	1469	1993. 0	1833
生产	3085	2947	2114	3268	2953. 3	2778
进口	106	57	112	154	73. 5	113
总供应	5422	4585	4263	4891	5019. 8	4725
生产消费	1418	1290	1173	1174	1259. 6	1202
损失	235	90	130	147	175. 2	151
出口	33	3	9	5	4. 8	6
居民消费	1568	1581	1483	1572	1595. 6	1550
年底余额	2168	1622	1469	1993	1984. 6	1816

资料来源：Росстат, Статистический сборник 《Сельское хозяйство охота и охотничье хозяйство лесоводство в России 2012》, Москва 2013, 8 Потребление продуктов питания, http：//www. gks. ru/bbd/rel/b13_ 38/Main. htm。

表 2 - 32   俄罗斯的蔬菜和瓜果生产和消费统计

单位：万吨

	1990 年	2000 年	2010 年	2011 年	2012 年	2010～2012 年均
上年余额	386	498	701	640	751.6	698
生产	1144	1136	1328	1627	1607.9	1521
进口	291	227	316	316	280.6	304
总供应	1822	1861	2345	2583	2640.1	2523
生产消费	75	140	166	188	197.5	184
损失	73	39	41	47	56.1	48
出口	26	17	54	86	89.0	76
居民消费	1317	1148	1443	1511	1560.0	1505
年底余额	331	518	640	752	737.5	710

资料来源：Росстат，Статистический сборник 《Сельское хозяйство охота и охотничье хозяйство лесоводство в России 2012》，Москва 2013，8 Потребление продуктов питания，http：//www.gks.ru/bbd/rel/b13_ 38/Main.htm。

表 2 - 33   俄罗斯的水果和浆果生产和消费统计

单位：万吨

	2000 年	2010 年	2011 年	2012 年	2010～2012 年均
上年余额	91	162	175.3	213.2	184
生产	297	247	292.6	293.1	278
进口	264	678	697.1	708.5	695
总供应	652	1087	1165.0	1214.8	1156
生产消费	61	73	86.3	79.8	80
损失	6	9	9.3	10.2	10
出口	5	6	4.3	9.1	6
居民消费	466	824	851.9	870.9	849
年底余额	114	175	213.2	244.8	211

资料来源：Росстат，Статистический сборник 《Сельское хозяйство охота и охотничье хозяйство лесоводство в России 2012》，Москва 2013，8 Потребление продуктов питания，http：//www.gks.ru/bbd/rel/b13_ 38/Main.htm。

表 2 - 34   俄罗斯禽蛋生产和消费统计

单位：亿枚

	1990 年	2000 年	2010 年	2011 年	2012 年	2010～2012 年均
上年余额	15.16	7.03	10.82	10.24	11.16	11
生产	474.70	340.85	406.00	411.13	420.33	412
进口	15.89	11.68	9.01	11.91	13.45	11
总供应	505.75	359.56	425.83	433.28	444.94	435
生产消费	48.16	16.34	28.29	30.52	33.13	31

续表

	1990 年	2000 年	2010 年	2011 年	2012 年	2010~2012 年均
损失	1.60	0.34	1.02	0.99	0.90	1
出口	2.10	3.26	2.44	2.78	4.18	3
居民消费	439.99	332.91	383.84	387.83	395.04	389
年底余额	13.90	6.71	10.24	11.16	11.69	11

资料来源：Росстат，Статистический сборник 《Сельское хозяйство охота и охотничье хозяйство лесоводство в России 2012》，Москва 2013，8 Потребление продуктов питания，http：//www.gks.ru/bbd/rel/b13_38/Main.htm。

表 2－35　俄罗斯肉及肉制品生产和消费统计

单位：万吨

	1990 年	2000 年	2010 年	2011 年	2012 年	2010~2012 年均
上年余额	93	60	80	80	79.1	80
生产	1011	440	720	750	809.0	760
进口	154	210	280	270	271.0	274
总供应	1258	710	1080	1100	1159.1	1113
生产消费	33	10	4	4	5.6	5
损失	12	1	2	2	2.3	2
出口	6	3	10	10	12.8	11
居民消费	1111	660	990	1010	1054.6	1018
年底余额	95	40	80	80	83.8	81

资料来源：Росстат，Статистический сборник 《Сельское хозяйство охота и охотничье хозяйство лесоводство в России 2012》，Москва 2013，8 Потребление продуктов питания，http：//www.gks.ru/bbd/rel/b13_38/Main.htm。

表 2－36　俄罗斯奶及奶制品生产和消费统计

单位：万吨

	1990 年	2000 年	2010 年	2011 年	2012 年	2010~2012 年均
上年余额	345	132	186	190	199.5	192
生产	5572	3226	3185	3170	3183.1	3179
进口	804	472	816	790	851.6	819
总供应	6721	3830	4186	4150	4234.2	4190
生产消费	731	521	427	410	392.8	410
损失	6	3	3	3	2.9	3
出口	34	51	46	30	64.5	47
居民消费	5723	3132	3524	3520	3570.8	3538
年底余额	227	124	187	190	203.2	193

资料来源：Росстат，Статистический сборник 《Сельское хозяйство охота и охотничье хозяйство лесоводство в России 2012》，Москва 2013，8 Потребление продуктов питания，http：//www.gks.ru/bbd/rel/b13_38/Main.htm。

在畜牧产品方面，2010～2012 年，俄年均生产肉及其制品 760 万吨，用于生产和居民消费两项共计 1023 万吨；年均生产奶及奶制品 3179 万吨，用于生产和居民消费两项共计 3948 万吨；年均生产禽蛋 412 亿枚，用于生产和居民消费两项共计 420 亿枚（见表 2 - 34 和表 3 - 36）。这说明，俄罗斯的禽蛋产量基本能够自给自足，但肉及其制品和奶及其制品的产量仍偏低，2010～2012 年年均自给率分别为 74% 和 81%，需要依靠进口满足国内消费需求。为限制肉类进口，保护本国养殖户利益，俄每年都发布年度肉类进口配额，配额内的进口关税税率较低（约 15%），超过配额数量的进口税率大幅提高（见表 2 - 37）。

俄农产品对外贸易总体呈现"种植业出口、畜牧业进口"的状态，粮食进出口在俄罗斯对外贸易中不占主要角色，占比较低。2006～2012 年，粮食和农产品出口占俄出口总额的比重为 2%～3%，出口值从 2006 年 55 亿美元增加到 2012 年 166 亿美元（见表 2 - 38），主要是小麦、大麦、面粉、植物油等，主要出口对象是埃及、土耳其、叙利亚、沙特、伊朗、约旦、以色列等中东和北非国家。2010 年粮食和农产品进口占俄进口总额的比重约为 15%，进口值从 2006 年的 216 亿美元增加到 2012 年的 402 亿美元（见表 2 - 39），主要是肉及肉制品、奶及奶制品、蔬菜和瓜果、糖原料等。

表 2 - 37　俄罗斯部分农产品自给率统计

单位：%

食物	2000 年	2005 年	2010 年	2011 年	2012 年
粮食	102.5	116.3	93.3	135.9	108.3
肉	67.0	62.6	72.2	74.0	76.1
奶	88.3	82.5	80.5	81.5	80.2
蛋	97.5	98.7	98.3	98.0	98.0
土豆	99.6	100.7	75.9	113.0	97.5
蔬菜和瓜果	85.6	84.9	80.5	93.2	88.7

资料来源：Росстат，Статистический сборник《Сельское хозяйство охота и охотничье хозяйство лесоводство в России 2012》，Москва 2013，8.10 Уровень самообеспечения основной сельскохозяйственной продукцией。

表 2 – 38　俄罗斯出口商品结构统计

单位：%

	2010 年		2011 年		2012 年	
	亿美元	占比	亿美元	占比	亿美元	占比
出口总值	3966	100	5160	100	5250	100
粮食和农产品	94	2.3	120	2.3	166	3.2
矿产品	2728	68.8	3627	70.3	375	71.4
化工产品	252	6.3	310	6.0	320	6.1
皮革及其制品	3	0.1	4	0.1	05	0.1
木材和木纤维制品	99	2.5	107	2.1	101	1.9
纺织品和鞋	8	0.2	8	0.2	07	0.1
金属、宝石其及制品	513	13.0	574	11.1	583	11.1
机械、设备和交通工具	226	5.7	232	4.5	265	5.0
其他商品	44	1.1	50	1.0	55	1.1

资料来源：Федеральная служба государственной статистики（Росстат），Официальная статистика \ Внешняя торговля \ Внешняя торговля Российской Федерации（по данным таможенной статистики）\ Товарная структура экспорта Российской Федерации，http：//www.gks.ru/free_ doc/new_ site/vnesh-t/e-i-ts1.dls。

表 2 – 39　俄罗斯进口商品结构统计

单位：%

	2010 年		2011 年		2012 年	
	亿美元	占比	亿美元	占比	亿美元	占比
进口总值	2290	100	3053	100	3160	100
粮食和农产品	365	15.9	425	13.9	402	12.9
矿产品	59	2.6	63	2.1	74	2.3
化工产品	372	16.3	454	14.9	477	15.3
皮革及其制品	12	0.5	15	0.1	16	0.5
木材和木纤维制品	59	2.6	67	2.2	61	1.9
纺织品和鞋	142	6.2	166	5.5	174	5.6
金属、宝石其及制品	176	7.6	218	7.1	226	7.2
机械、设备和交通工具	1018	44.5	1466	48.0	157	50.3
其他商品	87	3.8	111	3.6	160	4.0

资料来源：Федеральная служба государственной статистики（Росстат），Официальная статистика \\ Внешняя торговля \ Внешняя торговля Российской Федерации（по данным таможенной статистики）\ Товарная структура импорта Российской Федерации，http：//www.gks.ru/free_ doc/new_ site/vnesh-t/e-i-ts1.dls。

表2-40 2012年俄罗斯同其他独联体成员的农产品贸易统计

出口（吨）	向独联体出口	阿塞拜疆	亚美尼亚	白俄罗斯	哈萨克斯坦	吉尔吉斯斯坦	摩尔多瓦	塔吉克斯坦	土库曼斯坦	乌兹别克斯坦	乌克兰
鲜肉和冻肉（包括鸡肉）	10554	—	19.2	129	10112	285	—	8.1	0.3	—	—
牛肉	257	—	—	19.7	237	—	—	—	—	—	—
猪肉	25.1	—	—	21.1	4.0	—	—	—	—	—	—
鲜鱼和冻鱼（万吨）	3.49	0.23	0.001	1.7	0.5	0.39	0.08	0.05	0.01	0.04	0.49
奶和非炼乳	15731	861	194	404	12537	497	264	220	593	61.1	100
奶和炼乳	29442	1277	356	849	22876	699	71.3	394	146	2774	—
黄油和其他奶脂制品	3834	1630	20.6	327	1416	156	—	189	25.5	69.6	—
奶酪和奶渣	22038	2226	171	1956	9036	261	227	1004	1553	634	4970
土豆	27307	22513	—	220	1138	36.6	—	692	—	2707	—
蔬菜	1548	—	296	146	841	—	40.0	15.5	—	180	29.1
小麦粉和黑麦粉（万吨）	5.39	0.84	0.18	0.44	0.26	0.5	1.44	0.85	0.47	0.07	0.34
米	20164	1500	80.6	7328	3903	1621	776	1478	745	2547	185
白糖	56932	2.9	9.8	60.1	39119	4973	1000	6271	5467	28.5	0.7
糖果制品	54793	8614	1160	6434	16939	2118	960	4284	2439	50.1	11795
通心粉	61662	2423	2170	15130	6735	1269	2000	8633	5497	5613	12192

续表

进口（万吨）	从独联体进口	阿塞拜疆	亚美尼亚	白俄罗斯	哈萨克斯坦	吉尔吉斯斯坦	摩尔多瓦	塔吉克斯坦	土库曼斯坦	乌兹别克斯坦	乌克兰
鲜肉和冻肉（包括鸡肉）	17.2	—	—	10.2	0.01	—	0.46	—	—	—	6.49
牛肉	4.98	—	—	3.22	0.001	—	0.31	—	—	—	1.45
猪肉	2.95	—	—	0.97	0.001	—	—	—	—	—	1.98
鲜鱼和冻鱼	0.84	—	0.17	0.24	0.43	—	—	—	—	—	—
奶和非炼乳	19.9	—	—	19.9	0.02	—	0.01	—	—	—	0
奶和炼乳	14.5	—	0.02	13.3	0.003	—	0.004	—	—	—	1.14
黄油和其他奶脂制品	4.37	—	—	4.35	0.002	—	0.04	—	—	—	0.01
奶酪和奶渣	13.7	—	0.09	7.95	0.04	—	—	—	0	0	5.62
土豆	7.27	5.86	—	0.5	—	—	0.73	0	—	—	0.18
蔬菜	27.5	5.41	0.1	3.9	0.55	0.35	0.61	2.05	0.004	2.47	12.1
小麦	37.2	—	0	0.01	37.2	—	—	—	—	—	0.02
大米	1.42	0.001	—	0.02	1.4	0.001	—	—	—	—	—
植物油	1.65	—	—	0.004	0.001	—	—	—	—	—	1.64
鱼制品和罐头	4.2531	—	0.00141	1.0762	0.00037	—	—	—	—	—	3.1751
白糖	1.08	0.002	—	0.72	—	—	0.36	—	—	—	0.002
糖果制品	4.01	—	0	0.18	0.4	—	0.01	—	—	—	3.42

资料来源：Федеральная служба государственной статистики（Росстат），Статистический сборник《Сельское хозяйство охота и охотничье лесоводство в России 2012》，Москва 2013，Внешняя торговля Российской Федерации со странами СНГ，Экспорт продовольственных товаров Российской Федерации в страны СНГ，Импорт продовольственных товаров Российской Федерации из стран СНГ。

表 2 - 41　俄罗斯与其他独联体国家的农业贸易

	出口			进口		
	2010 年	2011 年	2012 年	2010 年	2011 年	2012 年
纯种马（匹）	33	199	41	—	61	12
纯种牛（头）	233	574	426	265	795	—
猪（头）	—	270	559	—	—	—
羊（只）	8	357	100	—	—	—
化肥（万吨）	195.7	191.9	211.9	9.54	4.91	2.2
粮食收割机（台）	131	722	622	74	72	704
青贮饲料收割机（台）	30	58	131	5	63	4609
拖拉机	0.35	0.33	0.48	2.16	3.74	3.92

资料来源：Федеральная служба государственной статистики（Росстат），Статистический сборник 《Сельское хозяйство охота и охотничье хозяйство лесоводство в России 2012》，Москва 2013，Внешняя торговля Российской Федерации со странами СНГ，Экспорт и импорт чистопородных племенных животных，минеральных удобрений，комбайнов и тракторов Российской Федерации со странами СНГ。

表 2 - 42　2012 年俄罗斯（关税联盟）肉类进口配额

单位：万吨

	2011 年配额	2012 年配额	2012 年实际进口量	2012 年总消费量
鸡肉	3.5	25	44	379.3
冷冻鸡碎肉	未分类	7（其中 5.6 万吨专属欧盟）	—	—
冷冻火鸡碎肉		1	—	—
猪肉（包括鲜、冷藏、冷冻）	47.21	40	70.6	164
猪肉块（тримминг）	2.79	3	—	—
牛肉	56	56	61.1	78.4
冷鲜牛肉	3	3（其中 2.9 万吨属欧盟）	—	—
冻牛肉	53	53（其中欧盟和美国各 6 万吨，0.3 万吨属哥斯达黎加）	—	—

资料来源：постановление правительства Российской Федерации от 29 декабря 2011 г. N 1194 《О распределении тарифных квот в отношении мяса крупного рогатого скота свинины и мяса домашней птицы в 2012 году》。

表 2 – 43　俄罗斯农产品进出口统计

单位：万吨

	2010 年		2011 年		2012 年	
	出口	进口	出口	进口	出口	进口
鲜肉和冻肉（不含鸡肉）	0.03	161.40	0.03	142.90	0.04	140.60
牛肉	0.01	75.20	0.01	70.20	0.03	66.00
猪肉	0.02	68.10	0.01	71.80	0.01	73.50
鸡肉	1.85	68.80	3.06	49.30	2.54	53.10
鲜鱼和冻鱼	156.60	79.10	167.50	71.00	160.80	73.90
奶和非炼乳	0.99	19.00	1.86	20.40	1.85	23.00
奶和炼乳	1.89	23.80	2.99	17.90	3.05	16.30
奶油和奶类油脂	0.29	13.40	0.37	13.50	0.45	11.80
奶酪和奶渣	2.08	42.10	2.34	42.10	2.30	39.90
土豆	7.34	71.10	4.21	151.20	2.78	46.10
葱和蒜	0.15	63.30	0.64	52.50	0.05	28.00
枣、无花果、菠萝等	0.03	9.02	0.02	8.81	0.01	9.49
柑橘	0.40	149.10	0.43	166.10	0.15	158.00
水果	0.28	120.60	0.16	119.10	0.05	127.90
咖啡	0.66	10.20	0.70	11.20	0.73	12.40
茶	1.27	18.20	1.31	18.80	1.26	18.00
小麦	1184.80	7.59	1519.80	5.11	1608.90	37.30
大麦	154.20	10.30	206.80	38.20	343.00	52.10
玉米	23.20	3.65	72.30	11.40	219.70	4.09
小麦面	17.40	1.14	61.20	1.74	16.00	2.27
豆类	0.08	106.60	0.45	89.10	12.00	69.40
豆油	18.20	2.00	13.80	1.86	15.00	0.66
棕榈油	0.06	65.60	0.39	63.10	0.15	65.90
葵花籽油	59.50	11.50	62.70	9.38	146.80	1.73
椰油	0.01	9.21	0.01	5.64	0.01	4.04
肉制品和罐头	0.77	4.13	0.91	5.55	0.77	4.71
鱼罐头	2.57	9.42	2.98	10.10	1.95	10.40
糖原料	0.00	208.60	0.45	233.20	0.50	52.00
白糖	2.63	28.50	13.20	24.70	6.23	6.83
糖制品	4.07	8.91	6.53	9.35	6.83	8.76
可可豆	—	5.44	—	6.13	—	6.29
巧克力和含可可食品	8.74	16.00	11.80	17.60	13.90	18.70
通心粉	10.40	5.85	9.01	6.93	7.04	8.09
果蔬汁	3.08	27.80	4.10	25.60	4.56	26.40
烟草	0.38	24.20	0.27	23.90	0.22	25.00
食盐	0.96	84.20	0.75	77.00	0.91	68.70

　　资料来源：Федеральная служба государственной статистики（Росстат）, Статистический сборник 《Сельское хозяйство охота и охотничье хозяйство лесоводство в России 2012》, Москва 2013, 9. 2. Экспорт и импорт продовольственных товаров и сельскохозяйственного сырья Российской Федерации。

表 2 – 44   俄罗斯纯种牲畜进出口统计

	出口			进口		
	2010 年	2011 年	2012 年	2010 年	2011 年	2012 年
纯种马(匹)	322	270	51	284	315	280
纯种牛(头)	242	574	426	37200	95252	140808
纯种猪(头)	—	270	559	18364	38808	35812
纯种绵羊(头)	—	357	470	75	90	22
纯种山羊(头)	8	—	—	330	307	—

资料来源：Федеральная служба государственной статистики（Росстат），Статистический сборник 《Сельское хозяйство охота и охотничье хозяйство лесоводство в России 2012》，Москва 2013，9. 3. Экспорт и импорт минеральных удобрений тракторов комбайнов и чистопородных племенных животных Российской Федерации。

第三章　哈萨克斯坦的粮食安全

哈萨克斯坦（英文 Kazakhstan，俄文 Казахстан）（以下简称"哈"）是地处中亚北部的内陆国，北邻俄罗斯（边境线长 7591 千米），南与乌兹别克斯坦（2354千米）、土库曼斯坦（426 千米）和吉尔吉斯斯坦（1241 千米）接壤，西濒里海（海岸线 600 千米），东接中国（1782 千米）。截至 2013 年初，哈人口共计 1690.98万，其中城市人口 927.75 万（占 54.9%），农村人口 763.23 万（占 45.1%）。

哈全国面积 272.49 万平方千米（大体相当于新疆和内蒙古面积之和），行政区划是：（1）州级行政主体共 16 个，分为 2 个中央直辖市（阿斯塔纳市、阿拉木图市）和 14 个州（北哈萨克斯坦州、科斯塔奈州、巴甫洛达尔州、阿克莫拉州、西哈萨克斯坦州、东哈萨克斯坦州、阿特劳州、阿克纠宾斯克州、卡拉干达州、曼吉斯套州、克孜勒奥尔达州、江布尔州、阿拉木图州、南哈萨克斯坦州）；（2）地市级行政主体共 260 个，分为 175 个区（农业为主）和 85 个市（工业和服务业为主）；（3）乡镇级行政主体共 2478 个，分为34 个镇和 2444 个乡。哈共有自然村 6904 个。

第一节　土地、气候和水资源

哈萨克斯坦境内多平原和荒漠。平原主要分布在西部、北部和西南部；中部是哈萨克丘陵；东部和东南部为阿尔泰山脉和天山山脉；西部最低点是卡拉古耶盆地，海拔 -132 米。荒漠和半荒漠约占哈领土面积的 2/3。因位居欧亚大陆腹地，哈萨克斯坦气候呈典型的温带大陆性气候。水资源总量虽不缺乏，但地区分布不平衡，且近一半来自境外径流。冬季降雪和夏季降雨是境内水资源的主要来源。

一　土地

在进行企业私有化的同时，为更好地解决和发展"三农"问题（农村、农业和农民问题），哈萨克斯坦还进行了土地私有化改革。改革之前，哈土地全部属于国家所有，公民和法人只有使用权。土地私有化改革最初是为了克服农业经济危机，后来则是为了理顺经济要素配置体系，将农民、农业部门和农村经济纳入整个市场关系，使农民和农村经济不再单纯依靠政府补贴度日，而是合理利用自身资源，发挥主人翁责任意识，积极参与市场经济进程，吸引农业和农村投资，改善农民生活条件和提高生活水平。

哈土地私有化遵循渐进原则，先将土地划分给农民，使其具有使用权，然后再允许土地流转，最后确认土地私有权。独立后经过近12年时间，哈才真正将纸面的宪法权利转为现实生活中的真实权利。在独立初期没有与企业私有化一起实现的主要原因是，哈政府担心仓促的土地私有化可能带来严重不良后果。在独立初期经济不稳定形势下，贫穷的农民可能意识不到土地所有权的价值，可能为一时的蝇头小利而轻率地出卖自己的土地，沦为雇佣工人或变得一无所有，这不仅可能加剧经济危机，更可能引发社会危机。

土地改革的最初动因是独立后哈农业始终低迷，农民生活水平低下，而国家没有足够的资金和实力像苏联那样给予大量补贴，于是开始对农工企业、国有农场和集体农庄进行私有化改革。伴随改革进程，有关企业、农场和农庄的土地所有权问题相应显现。由于土地属于国家而非私有，经营者对未来信心不足，附属于土地之上的企业和农场等投资积极性不高。另外，为谋得利润，土地的经营者对土地缺乏科学合理的利用和开发，不合理或非法使用土地的情况屡禁不止。为解决这些问题，哈政府认为最好的办法就是实行土地私有制。哈土地改革大体经历了三个阶段。①

第一阶段是1991～1993年，标志是1991年6月28日制定的《土地改

---

① Закон Казахской ССР от 28.06.1991 года 《О земельной реформе в Республике Казахстан （ред. от 26.06.1992）》；Указ Президента Республики Казахстан от 24 января 1994 г. N 1516 О некоторых вопросах регулирования земельных отношений》；Указ Президента Республики Казахстан от 5 апреля 1994 г. N 1639 《О дальнейшем совершенствовании земельных отношений》；Указ Президента Республики Казахстан, имеющий силу Закона, от 22 декабря 1995 г. N 2717 《О земле》；Закон Республики Казахстан от 24 января 2001 года N 153 《О земле》；《Земельный кодекс Республики Казахстан》 № 442-II от 20 июня 2003 года.

革法》。这部法律规定土地为国家所有，但农民享有经营权和使用权，主要办法是将原先归属于国有农场和集体农庄的土地依照一定程序，按约定份额分给每个农民，以配合农工企业、国有农场和集体农庄的私有化；在企业财产转为私人所有的同时，企业所在土地的使用权和收益权相应转让分配，目的是让农民既拥有土地使用权，又拥有企业财产权，能够在自愿和自由选择基础上，以重新联合的方式组建新的企业或合作社等各种形式的经济联合体，使经济要素得以重新合理组合，从而改善农村生产关系，提高经济效益。

第二阶段是 1994～2002 年，是从土地国有制向私有制转化的过渡阶段。这个阶段主要有两件事：一是 1995 年 8 月之前，在保留国家对土地绝对所有权同时，将土地使用权纳入民事对象，允许并规范土地流转。相关的法律文件主要有 1994 年 1 月 24 日第 1516 号总统令《关于调整土地关系的若干问题》和 1994 年 4 月 5 日第 1639 号总统令《关于继续完善土地关系》；二是 1995 年 8 月 30 日全民公决通过的新版《宪法》中规定"土地及其地下资源、水资源、植物、动物及其他自然资源属于国家所有。土地可根据法律规定的原则、条件和范围成为私有财产"。这是哈历史上第一次规定土地既为国家所有，又可以在一定条件下成为私人所有，为后来实现土地私有化提供了宪法依据。

在此基础上，1995 年 12 月 22 日颁布的第 2717 号总统令《关于土地》（因当时处于总统训政时期，该总统令具有相当于法律的地位）和 2001 年 1 月 24 日《土地法》，将宪法赋予的土地私有权利进一步细化和具体化，规定"用于从事个人副业、栽种果木、建造别墅、建造生产和非生产性用房（包括住宅、工程项目及其配套措施等），以及为上述经济活动和建筑物服务的土地可以依法定程序，转让给公民或非国家法人所有"。与此同时，"国防用地、森林资源和水资源等农用地、特殊保护区、特殊用途的土地（如生态、科研、历史文化、休闲、医疗保健）、居民区的公共用地等不得私有"。

第三阶段是 2003 年至今，主要标志是 2003 年 6 月 20 日颁布《土地法典》。2002～2003 年，哈政府同议会之间关于《土地法》草案问题争论激烈。双方分歧在于：政府希望尽快允许土地私有化，一方面可以增加财政收入，另一方面可以让生产要素得到更合理配置，消除市场经济障碍。议会则希望延缓或阻止土地私有化，担心由此加剧贫富分化和社会动荡。双方争论的焦点：一是政府希望将土地出售给私人，并且可以出售给私人的土地不超过该地区农用地总面积的10%，议会则认为可以出售给私人的土地不应超过该地区农用地总面积的5%，而且部分土地应无偿划拨给已经占有该地的人；二是政府希望自然人和法人能够同时享受土地私有化的权利，而议会则担心私人会为眼前利益而迅速将自己的土地转手出售，因此提议自然人在土地法生效后即可通过私有化获得土地所有权，而法人则需三年半之后才能开始享受私有化权利；三是政府认为土地私有化的收入应划到国家基金，而议会则希望建立一个新机构，专门管理土地收入。经过多次讨价还价，总统和议会于2003年6月20日就《土地法典》达成最终共识，经总统签署后生效，确认哈实行土地私有制。

哈现行《土地法典》共3编21章，共169条。[①]《土地法典》规定：（1）土地归国家所有。部分地块可依据法律规定的原则、条件和范围归私人所有。（2）土地分为农用地，居民用地，工业、交通、通信和国防等用地，自然保护区、康复、休闲和历史文化用地，林地，水利用地，储备用地。（3）除从事商业性农业生产和林业外，外国人、无国籍人和外国法人（非国家法人）可以拥有用于建筑、修建生产性和非生产性建筑及其配套设施的地块的所有权。外国人、无国籍人和外国法人不得拥有边境区和边境地带的地块私有权。（4）土地使用方式分为永久使用和临时使用、可转让和不可转让、有偿使用和无偿使用等多种方式。其中永久使用只适用于国有单位，不适用于外国的自然人和法人。除专门规定外，无偿的临时使用土地时间不得超过5年，通常用于季节性放牧、道路工程、土壤修复等。有偿的临时使用时间通常分为短期（5年以内）和长期（5年及以上，50年以下）两种，但若用于从事农副业，则哈国公民的租期可以是10年以上（含）50年以下，海外哈侨的租期10年以下；若用于商业性农业生产，则哈境内非国家法人的租期可以是50年以下，外国人和无国籍人的租期10年以下。

---

① 《Земельный кодекс Республики Казахстан》от 20 июня 2003 года № 442-II（с изменениями и дополнениями по состоянию на 24. 12. 2012 г.）.

截至 2012 年年底,哈国土面积共计 2.7249 亿公顷,若按土地规划类型划分,其中农用地共计 9342 万公顷(占国土总面积的 34%),居民用地 2379 万公顷(占 8.7%),工业、交通、通信、国防等用地 1393 万公顷(占 5%),林地 2305 万公顷(占 8.5%),土地储备 1.08 亿公顷(占 40%)。若按土地用途划分,其中耕地 2501 万公顷(占 9%),牧场 1.88 亿公顷(占 69%),多年生林地 12.72 万公顷(见表 3 - 1)。

截至 2012 年年底,农用地中,共有耕地 2420.25 万公顷,牧场 6112.33 万公顷,多年生林地 7.04 万公顷,荒地 265.70 万公顷,割草场 204.03 万公顷,森林 0.35 万公顷。[①]

表 3 - 1 哈萨克斯坦土地类型统计(截至当年 11 月 1 日)

单位:万公顷

	2007 年	2008 年	2009 年	2010 年	2011 年	2012 年	2013 年
土地利用总面积	27249.02	27249.02	27249.02	27249.02	27249.02	27249.02	27249.02
1. 农用地	8682.41	8895.90	9170.45	9338.76	9372.74	9342.82	9627.83
2. 居民用地	2193.87	2284.20	2295.98	2321.70	2368.41	2378.98	2374.97
3. 工业、交通、通信、国防等用地	1385.31	1390.79	1393.18	1398.11	1400.53	1393.72	1404.28
4. 特别保护区用地	454.08	465.21	472.24	565.16	575.51	577.65	651.52
5. 林地	2324.55	2327.93	2328.55	2304.84	2302.90	2305.99	2294.36
6. 水利用地	402.09	402.38	409.12	409.61	410.85	411.32	411.29
7. 储备用地	11806.80	11482.61	11179.00	10910.93	10818.11	10838.54	10484.77
A. 耕地	2314.53	2349.50	2407.30	2416.92	2463.29	2501.58	2501.59
B. 果园	11.44	11.50	11.74	11.63	11.72	12.72	13.15
C. 荒地	549.59	502.47	454.51	451.46	454.77	431.67	437.88
D. 草场	502.27	502.26	503.67	517.42	518.99	515.86	514.84
E. 牧场	18864.28	18875.89	18859.00	18836.17	18769.07	18755.24	18746.79
F. 森林	1299.82	1300.91	1302.00	1302.27	1317.02	1318.09	1325.92

---

① Комитет по статистике Министерства национальной экономики Республики Казахстан, Статистический сборник 《Охрана окружающей среды и устойчивое развитие Казахстана 2009 – 2013》, Астана 2014, 5 Земельные русурсы.

续表

	2007 年	2008 年	2009 年	2010 年	2011 年	2012 年	2013 年
G. 沼泽	110.47	110.41	110.52	110.41	110.26	110.31	110.17
H. 水域	771.24	771.04	770.40	770.35	770.43	771.24	770.70
I. 其他	2825.38	2825.04	2829.88	2832.39	2833.47	2832.31	2827.98

注：此表中的 1－7 和 A－I 是并列的，依照不同方法和标准的统计，A－I 不是储备用地的子项目。

资料来源：Агентство Республики Казахстан по статистике, Статистический сборник,《Охрана окружающей среды и устойчивое развитие Казахстана 2007－2011》, Астана 2012, 5 Земельные ресурсы; Статистический сборник《Охрана окружающей среды и устойчивое развитие Казахстана》, Астана 2013, 5 Земельные ресурсы。

二 气候

由于地处欧亚大陆深处，远离海洋，哈萨克斯坦气候总体属于典型的干旱大陆性气候，夏季炎热，冬季寒冷，但因国土面积大，各地气候也不一致，从表 3－2、表 3－3 的观测数据可知，南部和北部，以及东部和西部差别较大。

哈萨克斯坦于 1992 年签署、1995 年批准《联合国气候变化公约》，2000 年加入《京都议定书》（2009 年批准）。据哈政府第二期《联合国气候变化公约国别报告》公布的数据，2005 年哈温室气体排放总量约 2.43 亿吨，人均 16 吨，每万美元 GDP 平均能耗约 5.2 吨油当量。排放源主要来自四个领域：一是能源生产。2005 年共排放 1.97 亿吨，约占当年排放总量的 82%，主要是电力和热力生产燃烧各种燃料以及资源开采过程中产生的挥发性气体（甲烷等）。二是农业。2005 年共排放 0.23 亿吨，约占当年排放总量的 9.4%。独立后初期，因粮食、饲料和化肥应用大幅减少，农业温室气体排放也相应下降。2000 年农业私有化基本结束后，农业生产出现恢复性增长，温室气体排放量亦随之增加。尽管 2005 年的排放量比 2000 年增加约 1/3，但仅相当于 1990 年的 47%。三是工业生产。2005 年共排放 0.15 亿吨，约占当年排放总量的 6%，主要来自冶金、矿产加工和化工三个行业，分别占当年排放总量的 3.7%、2.7% 和 0.05%。四是废物残渣。2005 年共排放 0.08 亿吨，约占当年排放总量的 3.2%，主要是固体废弃物和污水。

据哈环保部统计，1936～2005 年的近 70 年间，哈全国平均气温升高

1.8℃（西部地区最高达到 4.2℃），平均每十年提高 0.26℃。年内 5 日平均气温为 5℃的第一天和最后一天的间隔时间平均每十年延长 1~2 天。冬季气温平均每十年升高 0.4℃，白天平均气温低于 0℃的天数平均每十年减少 3 天。夏季平均气温每十年升高 0.14℃，白天平均气温高于 25℃的天数平均每十年增加 3 天。此外，1955~2004 年近 50 年间，哈冰山面积平均每年缩小约0.8%，体积约缩小 1%。气候变暖对哈可能造成诸多不利影响，如气温升高、水资源减少、冰山缩小、干旱和荒漠化加剧、人和动植物疾病增加、加大调整经济结构压力（节能减排）、与邻国水资源纠纷增加等。[①]

表 3 - 2　哈萨克斯坦各地年均气温

单位：℃

	2010 年	2011 年	2012 年
全国	7.1	6.0	6.5
阿克莫拉州	3.2	2.9	3.3
阿克纠宾斯克州	8.4	5.5	7.8
阿拉木图州	7.5	6.1	5.6
阿特劳州	11.9	9.4	10.7
西哈萨克斯坦州	8.7	6.2	8.3
江布尔州	10.0	9.4	9.1
卡拉干达州	4.1	3.8	3.4
科斯塔奈州	5.3	3.4	5.0
克孜勒奥尔达州	9.9	8.3	9.1
曼吉斯套州	13.4	11.8	12.4
南哈萨克斯坦州	11.4	9.7	9.9
巴甫洛达尔州	0.7	2.0	1.7
东哈萨克斯坦州	2.6	3.4	3.1
阿斯塔纳市	3.6	3.4	3.7
阿拉木图市	10.7	10.1	10.1

资料来源：Агентство Республики Казахстан по статистике，Статистический сборник 《Охрана окружающей среды и устойчивое развитие Казахстана》，Астана 2013，7.7 Среднегодовая температура воздуха，Стр. 104。

---

① Министерство охраны окружающей среды Республики Казахстан，《Второе Национальное Сообщение Республики Казахстан Конференции Сторон Рамочной конвенции ООН об изменении климата》，Астана，2009.

表 3 - 3 哈萨克斯坦 2012 年各地（主要城市）的月均气温

单位：℃

	1月	2月	3月	4月	5月	6月	7月	8月	9月	10月	11月	12月
阿克套	-2.3	-6.2	3.0	14.2	21.2	24.2	25.9	27.3	19.9	16.1	6.8	-1.6
阿克纠宾	-13.6	-18.9	-5.9	15.3	18.5	24.4	26.2	25.5	14.5	8.8	-0.3	-12.1
阿拉木图	-7.8	-6.5	3.1	16.1	18.5	22.9	25.4	25.0	19.3	11.4	1.5	-7.5
阿特劳	-7.8	-15.1	-0.8	18.9	23.4	26.7	27.9	28.5	18.4	12.8	3.1	-7.7
江布尔	-7.1	-7.0	3.4	15.9	18.8	24.1	25.7	24.6	18.2	11.5	1.7	-7.3
卡拉干达	-17.7	-21.8	-5.5	11.0	14.4	19.8	21.3	19.5	12.7	5.2	-5.8	-19.4
科克舍套	-18.3	-20.0	-5.1	9.6	14.2	20.3	22.3	18.9	12.7	5.7	-5.1	-20.5
科斯塔奈	-19.5	-21.3	-6.6	11.9	15.8	22.0	24.1	20.7	13.0	7.1	-3.0	-18.9
克孜勒奥尔达	-11.3	-14.7	2.9	19.6	23.0	28.7	29.5	27.7	19.2	12.0	2.3	-11.1
乌拉尔斯克	-10.0	-15.7	-5.7	14.9	18.7	23.7	24.6	24.3	14.5	9.2	1.6	-8.6
乌斯季卡缅斯克	-23.2	-24.6	-5.8	10.0	14.2	21.9	20.9	19.1	14.4	5.7	-4.1	-21.8
巴甫洛达尔	-22.0	-23.3	-6.8	10.1	14.1	21.8	24.1	20.1	13.5	4.6	-6.3	-25.0
彼得罗巴甫洛夫斯克	-20.8	-20.4	-7.0	9.6	13.7	20.2	21.7	18.2	12.2	5.3	-5.4	-22.3
塔尔迪库尔干	-14.2	-10.5	1.4	15.1	18.2	23.4	25.4	24.3	18.5	10.4	-0.6	-12.6
希姆肯特	-2.5	-3.7	5.3	18.3	20.3	25.2	27.4	27.6	20.4	13.9	4.4	-2.1
阿斯塔纳	-18.7	-20.6	-5.0	11.7	15.9	21.7	24.3	20.9	14.0	6.1	-5.4	-20.8

资料来源：Агентство Республики Казахстан по статистике，Статистический сборник 《Охрана окружающей среды и устойчивое развитие Казахстана》，Астана 2013，7. 9 Средняя месячная температура воздуха по городам в 2012 году，Стр. 104。

三　水资源[①]

为落实"2050 年国家发展战略",加强国内环境保护,应对可能出现的缺水、气候变化、固体废弃物排放、生物多样性保护等难题,哈萨克斯坦总统 2013 年 10 月 29 日签署《关于完善国家管理体系的总统令》,将农业和水利部下属的三个委员会(水资源委员会、渔业委员会、森林和狩猎委员会)转归环保部,环保部由此更名为"环境和水利部"(Министерство окружающей среды и водных ресурсов Республики Казахстан),农业和水利部则改称"农业部"。

据哈萨克斯坦 2012 年《环境统计年鉴》和 2014 年《水资源管理国家纲要》数据,哈境内约有 8.5 万条河流,其中长度超过 10 千米的河流有 8000 多条。河网分布不均匀,从每平方千米 0.3 亿立方米到 18 亿立方米不等,沙漠地区更少。河流水量主要来源于雪山和冬季降雪。全国雪山面积约 2000 平方千米,总水量约 980 亿立方米。

地下水已探明可采储量 154.4 亿立方米(淡水 135.2 亿立方米),其中可用于居民用水 57.6 亿立方米,工业用水 14 亿立方米,灌溉用水 82.6 亿立方米,矿泉水 0.14 亿立方米。地下水丰富的地区主要位于巴尔喀什 - 阿拉湖流域和额尔齐斯河流域。

哈全国年均可利用的水资源总量约 1055 亿立方米,平均每平方千米 3.7 万立方米,人均 6000 立方米。其中地表水径流量 1004 亿立方米(其中本土产生 557 亿立方米,境外流入 447 亿立方米),地下水 12 亿立方米,海水淡化、打井、水库放水、废水利用、去盐水等共约 39 亿立方米。

哈年均生态用水 390 亿立方米(其中巴尔喀什湖不少于 120 亿立方米,咸海不少于 36 亿立方米,锡尔河三角洲不少于 27 亿立方米,伊犁河三角洲 20 亿立方米),因水利设施不完善、蒸发、渗透、供应下游国家等需水 290 亿立方米,另有 130 亿立方米水质不安全。因此,年均实际可利用的水资源约 245

[①] Агентство Республики Казахстан по статистике, Статистический сборник 《Охрана окружающей среды и устойчивое развитие Казахстана 2008 – 2012》, Астана 2013, 6. Водные ресурсы. Указ Президента Республики Казахстан от 4 апреля 2014 года №786 《Государственная программа управления водными ресурсами Казахстана》.

亿立方米。

据哈萨克斯坦环境与水利部数据，2012 年哈全国共取水（водозабор）195 亿立方米，其中农业取水 134 亿立方米，占 68%；工业取水 53 亿立方米，占 27%；居民生活取水 9 亿立方米，占 5%。回收水共计 37 亿立方米（90% 是工业废水再利用）。运输途中的水量损失，农业领域约占 60%，工业领域约占 40%，居民生活领域约占 50%。哈单位 GDP（每万美元）耗水量较高，达 970 立方米。

在 134 亿立方米的农业取水中，用于灌溉耕地 38 亿立方米，灌溉滩涂、草场、牧场 8 亿立方米；运输途中损失 88 亿立方米；节水技术（喷灌、滴灌、人工降水等）在农业中的普及率不足 7%；回收水的利用率不足农业总取水量的 1%。

在 53 亿立方米的工业取水中，用于消费 42 亿立方米，运输途中损失 11 亿立方米。全国只有约 20% 的企业应用循环水系统，不再回收的水消费 19 亿立方米（约占工业耗水的一半）。依照水消费年均增长率 1.1%、工业年均增长率 4%、每年水利用效率提高 0.5% 计算，预计到 2040 年，不再回收的水消费将达 26 亿立方米，主要是采掘业和食品工业增长所致。

在 9 亿立方米的居民取水中，城市居民消费占 55%，农村占 11%，其他是运输途中损失。居民年均生活耗水量 51 立方米。依照 2040 年人口增加到 2100 万、城市居民比重由 53% 增加到 73%、居民人均耗水量增加 35% 计算，届时居民用水量可能增加到 14 亿立方米。另外，居民饮用水基础设施不足，全国只有 67% 的居民使用自来水，农村则只有 47%，用水安全问题较突出。

哈水质状况堪忧。每年有 15 亿～20 亿立方米废水未经处理直接排放，全国只有 29% 的居民用水在排放前得到二次处理。全国 88 项水质安全指标中只有 13 项合格，污染主要来自矿山、冶金、化工、农业和居民用水等。每年因水质差而致死的居民占居民死亡率的 0.9%（高于美国 0.4% 和英国 0.1% 的水平）。

哈政府认为，参照该国 2012 的发展速度和用水规模，加上气候变化因素，并假设与邻国签订水量划分协议（即上下游国家公平合理地利用跨界水资源），预计到 2040 年，哈全年取水量 297 亿立方米，其中农业 211 亿立方米，工业取水 71 亿立方米，居民生活 15 亿立方米。届时，哈全国可实际利用的水资源仅能满足一半的耗水需求，即缺水 122 亿立方米。尽管其中 110 亿立方米可通过国内措施消化，但仍有 10 亿立方米无法解决。

哈政府认为，可通过若干综合措施，解决水资源短缺问题约 110 亿立方米，其中，通过提高水资源利用效率节约 32 亿立方米，尤其是农业方面；4 亿立方米通过灌溉和土壤保湿措施节水；59 亿立方米通过应用和实施现代化水利设施；16 亿立方米通过改善农作物种植结构，既节水，又提高增加值；11 亿立方米通过居民生活公用设施改造；提高水资源使用费标准，其中工业用水平均不低于 200 坚戈/立方米，居民用水不低于 300 坚戈/立方米，农业用水不低于 5 坚戈/立方米。

哈跨界水资源合作主要分为三个方向：一是南部与中亚邻国，主要涉及锡尔河，难点在于水量分配与电力生产两个问题始终纠缠在一起；二是北部与俄罗斯，主要是东北部的额尔齐斯河和西北部的西伯利亚诸河流，难点在于水质污染和干旱缺水；三是东部与中国，主要是伊犁河和额尔齐斯河，难点在于水量分配和水质污染。推动跨界水资源合作是哈外交优先方向。哈政府认为，水资源国际合作应遵循四项基本原则：一是经济和生态相结合。水资源合作本质是发展问题，是"怎样让人生活得更好"，需要在发展经济和维护生态二者间寻求平衡，实现可持续发展。二是水质和水量相结合。前者关系健康，后者关系经济发展，需考虑各方利益需求，建立综合的、长期的利用和保护措施。三是开发与补偿相结合。四是上游与下游相结合。流域内所有国家共同参与，而不仅仅是相邻的上下游两国解决各自河段的问题。[①]

表 3 - 4　哈萨克斯坦水资源

	2010 年	2011 年	2012 年
年水资源总量（亿立方米）	1436	1018	927
其中:产自境内	772	573	492
来自境外	664	445	435

资料来源：Агентство Республики Казахстан по статистике, Статистический сборник 《Охрана окружающей среды и устойчивое развитие Казахстана 2008 – 2012》, Астана 2013, 6. Водные ресурсы。

---

① Председатель Комитета по водным ресурсам МСХ Республики Казахстан Анатолий Рябцев, 《Доклад Республики Казахстан》, 5 Всемирный водный форум состоится в Стамбуле, Турция, в период с 15 по 22 марта 2009 года, http：//www. cawater-info. net/5wwf/national_ report_ kazakhstan. htm.

表 3 - 5　哈萨克斯坦境内的主要河流（2012 年）

	全长 （千米）	哈境内长度 （千米）	流域面积 （万平方千米）	年均径流量 （亿立方米）	2012 年径流量 （亿立方米）	2012 年 水污染指数
额尔齐斯河 Иртыш	4248	1700	21	272	218	0.94
伊犁河 Или	1001	815	6.8	144	133	1.36
锡尔河 Сырдария	3019	1732	21.9	146	189	2.08
乌拉尔河 Урал	2428	1082	7.3	101.4	62.8	0.82
楚河 Шу	1186	800	6.3	17.6	15.9	2.56
塔拉斯河 Талас	661	227	5.3	9	5.9	1.55
伊希姆河 Ишим	2450	1400	11.3	16.7	7.8	1.87
托博尔河 Тобол	1591	800	13.0	2.9	2.0	1.26
努拉河 Нура	978	978	5.5	6.9	2.0	2.72

资料来源：Агентство Республики Казахстан по статистике, Статистический сборник 《Охрана окружающей среды и устойчивое развитие Казахстана 2007 – 2011》, Астана 2012, 6. Водные ресурсы. Статистический сборник 《Охрана окружающей среды и устойчивое развитие Казахстана 2008 – 2012》, Астана 2013, 6. Водные ресурсы。

表 3 - 6　哈萨克斯坦的主要湖泊（2012 年）

	水面面积（平方千米）	蓄水量（亿立方米）	平均深度（米）	最深处（米）
巴尔喀什湖 Балкаш	19059	1132	5.8	26.5
阿拉湖 Алаколь	2650	586	22	54
马尔卡拉湖 Маркаколь	449	63	14	25

资料来源：Агентство Республики Казахстан по статистике, Статистический сборник 《Охрана окружающей среды и устойчивое развитие Казахстана 2008 – 2012》, Астана 2013, 6. Водные ресурсы。

表 3 - 7　哈萨克斯坦的主要水库（2012 年）

	水面面积 （平方千米）	最大库容 （亿立方米）	有效库容 （亿立方米）
布赫塔敏水库 Бухмарминское	5500	490	—
谢尔盖耶夫水库 Сергеевское	117	7	6
维亚切斯拉夫水库 Вячеславское	61	4	4
卡普恰盖水库 Капчагайское	1847	185	103
谢尔达林水库 Шардаринское	400	52	42

资料来源：Агентство Республики Казахстан по статистике, Статистический сборник 《Охрана окружающей среды и устойчивое развитие Казахстана 2008 – 2012》, Астана 2013, 6. Водные ресурсы。

第二节　农业主管部门和农业发展战略

哈萨克斯坦的农业主管部门是农业部，其机构设置见表3-8。为协调农业发展，哈政府于1993年设立"农工综合体委员会"（Совет агропромышленного комплекса при Кабинете Министров Республики Казахстан），由副总理挂帅，统筹协调涉及农业发展的各个方面，如国家农业机构、粮食、食品、加工、农资、农业科技、信贷等。

表3-8　哈萨克斯坦农业部内部机构设置

行政司	Департамент административного обеспечения
财务司	Департамент финансового обеспечения
法制司	Департамент правового обеспечения
财政监察和国有资产司	Департамент финансового контроля и государственного имущества
内部审计和监督司	Департамент внутреннего аудита и контроля
战略与合作发展司	Департамент стратегии и корпоративного развития
战略规划和创新政策司	Департамент стратегического планирования и инновационной политики АПК
投资政策和对外联络司	Департамент инвестиционной политики и внешних связей
投资政策司	Департамент инвестиционной политики
科学和创新政策局	Управление науки и инновационной политики
国家保密和动员局	Управление по защите государственных секретов и мобилизационной пподготовки
畜牧和兽医发展司	Департамент развития животноводства и ветеринарной безопасности
农业耕作和植物防疫发展司	Департамент развития земледелия и фитосанитарной безопасности
自然资源利用战略司	Департамент стратегии использования природных ресурсов
发展加工业司	Департамент по развитию перерабатывающей промышленности
畜牧业司	Департамент животноводства

续表

农业耕作司	Департамент земледелия
加工和粮食市场司	Департамент переработки и агропродовольственных рынков
自然资源司	Департамент природных ресурсов
国家农工综合体监察委员会	Комитете государственной инспекции в АПК
农村地区事务委员会	Комитет по делам сельских территории
兽医和食品安全局	Управление ветеринарной и пищевой безопасности
植物安全局	Управление фитосанитарной безопасности

表 3 - 9 哈萨克斯坦主要国有农业企业

哈萨克斯坦国家农工集团	АО НУХ КазАгро	www. kazagro. kz
农业信贷集团	АО《Аграрная кредитная корпорация》	www. agrocredit. kz
哈萨克农业金融公司	АО《КазАгроФинанс》	www. kaf. kz
粮食合同集团	АО Национальная компания 《Продовольственная контрактная корпорация》	www. fcc. kz
哈萨克农产品集团	kazagroonim	www. kazagroonim. kz
哈萨克农业市场公司	АО《Казагромаркетинг》	www. kam. kz
哈萨克农业担保公司	АО《Казагрогарант》	www. kazagrogarant. kz
农业财政扶持基金	АО《Фонд финансовой поддержки сельского хозяйства》	www. fad. kz
哈萨克农业创新集团	《КазАгроИнновация》	www. agroinnovations. kz
农业部农工综合体监察委员会国家兽医中心	ГУ《Национальный референтный центр по ветеринарии》Комитета государственной инспекции в агропромышленном комплексе Министерства сельского хозяйства Республики Казахстан	
农业部农工综合体监察委员会国家兽医实验室	Республиканское государственное предприятие （на праве хозяйственного ведения）《Республиканская ветеринарная лаборатория》КГИ в АПК МСХ РК	
农业部农工综合体监察委员会防疫队	ГУ《Республиканский противоэпизоотический отряд》Комитета государственной инспекции в агропромышленном комплексе Министерства сельского хозяйства Республики Казахстан	
农业协会	Ассоциация《Агросоюз Казахстана》	

资料来源：根据哈萨克斯坦农业部官网资料整理。

一　农业生产主体

独立后，哈萨克斯坦在农业领域推行私有化，使私营农场和个体农户取代原来的国有农场和集体农庄。独立后的私有化改革，尤其是 2003 年的土地改革允许农民土地私有后，哈农村生产关系与独立前相比已发生重大变化，农民个体生产成为农业生产的主力军。另外，哈国土广阔，地势相对平坦（尤其是北部），适合大规模集约化作业。因此，哈农业企业数量众多，这是哈与其他中亚国家农业生产的主要区别之一。

依据是否具有法人地位，哈农业生产主体大体分为三大类：一是农工企业，具有法人地位，采用公司化组织和管理形式；二是居民个人的农业生产活动，无须登记注册，自给自足，属个人副业性质，满足自身生活需求；三是农民个体生产经营者，不具有法人地位，但需在相关部门注册登记。农民个体经济又可进一步分为"家庭经济"和"合伙经济"两类。农民家庭经济（крестьянское хозяйство）是以农民家庭为基本生产单位，以家庭共有财产和家庭成员为生产要素的个体生产经营形式。农民合伙经济（фермерское хозяйство）则是在合伙合同约定基础上的普通合伙企业，财产为合伙成员共有，依照合同约定分配生产分工和劳动成果，可以是若干家庭联合，也可以以一个家庭为主，联合若干个人。根据哈《农民家庭经济和合伙经济法》，农民个体生产经营者需在取得地块之后，在相关部门登记注册为个体户，注册时需声明生产经营形态（家庭经济或合伙经济）以及成员构成。[①]

2000 年以来，居民个人农业生产约占农业总产值的一半，农民个体经营占 1/4，农工企业约占 1/4。2012 年，哈农业总产值 1.99 万亿坚戈，其中农工企业产值 3961.28 亿坚戈（占农业总产值的 20%），农民个体经济产值 5492.83 亿坚戈（占 27%），居民副业总产出为 1.05 万亿坚戈（占 53%）（见表 3 – 11）。

---

① Закон Республики Казахстан от 31 марта 1998 года № 214 – Ⅰ《О крестьянском или фермерском хозяйстве》（ с изменениями и дополнениями по состоянию на 03. 07. 2013 г. ）.

表 3 – 10   哈萨克斯坦农用地统计（按所有权划分）

单位：万公顷

	2010 年	2011 年	2012 年	2012 年各类土地比重(%)
农用地总面积	9338.76	9372.74	9342.82	100
1. 居民个人副业用地	6.50	6.73	6.61	0.07
2. 农民个体生产用地	4775.00	4869.53	5093.52	54.52
3. 非国有农业法人用地	4406.40	4348.93	4098.58	43.87
4. 国有农业法人用地	150.86	147.55	144.11	1.54

资料来源：Агентство Республики Казахстан по статистике, Статистический сборник 《Охрана окружающей среды и устойчивое развитие Казахстана 2007 – 2011》, Астана 2012, 5 Земельные ресурсы. Статистический сборник 《Охрана окружающей среды и устойчивое развитие Казахстана》, Астана 2013, 5 Земельные ресурсы。

表 3 – 11   哈萨克斯坦农业生产主体统计（截至当年年底）

	2010 年	2011 年	2012 年
农业企业数量(家)	6493	6197	7965
农工企业产值总产出(亿坚戈)	2775.08	6710.18	3961.28
种植业	1948.11	5763.60	2885.22
畜牧业	768.24	881.93	1009.41
农民个体生产者数量(万家)	17.0329	18.2419	16.4856
农民个体经济产值总产出(亿坚戈)	3456.76	5864.24	5492.83
种植业	2766.03	4909.72	4284.85
畜牧业	690.72	954.52	1207.98
居民副业总产出(亿坚戈)	8194.46	10285.99	10536.34
种植业	1912.37	2698.62	2641.82
畜牧业	6282.08	7587.38	7894.52

资料来源：Агентство Республики Казахстан по статистике, Статистический сборник 《Сельское лесное и рыбное хозяйство в Республике Казахстан 2007 – 2011》, Астана 2012；сборник 《Сельское лесное и рыбное хозяйство в Республике Казахстан 2008 – 2012》, Астана 2013。

　　哈萨克斯坦最大的农工企业是 100% 国有的"哈萨克斯坦国家农工集团"（Национальный холдинг 《КазАгро》），隶属于农业部，是由哈政府 2006 年 12 月 23 日统一整合若干国有农工企业而来，目的是落实纳扎尔巴耶夫总统关于"2030 年前哈进入竞争力世界前 50 强国家行列"的战略任务，统筹全国力量发展农业生产、改善农业基础设施、加强农业信贷融资、促进农产品出口、提高农业管理水平、增加就业等。

　　"农工集团"下辖七个子公司：粮食合同集团（Продовольственная контрактная корпорация，简写 Продкорпорация）、哈萨克农产品集团（Kazagroonim）、哈萨克农业市场公司（Казагромаркетинг）、农业信贷集团（Аграрная кредитная корпорация）、农业财政扶持基金（Фонд финансовой поддержки сельского хозяйства）、哈萨克农业担保公司（Казагрогарант）、哈萨克农业金融公司（КазАгроФинанс）。

　　粮食合同集团的主要职能是粮食（尤其是谷物）生产、销售、加工、进出口等。为加强国内农业生产，哈政府着手在粮食合同集团基础上组建"统一粮食集团"（Единый зерновой холдинг），负责规划粮食生产、维护粮食价格稳定、保障市场供应和储备。2013 年 6 月 15 日，哈粮食合同集团与哈萨克斯坦农户协会（Союз фермеров）签署合作协议，标志着统一粮食集团开始实体性运作。之前，农民在粮食收割之后只能坐等政府收购（由粮食合同集团执行），风险自担，与粮食集团是购销合作关系。统一集团成立后，农民成为集团的一分子（股东），其生产和销售利润将在集团成员间分配。

　　哈萨克农产品集团的主要职能是组织肉、蛋、奶、毛、皮等畜牧产品生产和销售。其产品已销往俄罗斯、乌克兰、白俄罗斯、乌兹别克斯坦、吉尔吉斯斯坦、塔吉克斯坦、中国、阿联酋、土耳其、德国和意大利等国家。其中，与最大客户俄罗斯的合作商品主要有肉、肉制品和毛等，与白俄罗斯和乌克兰主要是毛，与中国主要是毛和皮，与欧洲国家主要是皮。该集团同美国的"全球牛肉投资者"公司（Global Beef Investors）成立了合资养殖（可达 5000 头肉牛）和育种基地（可达 1000 头），2010 年开始运营，该基地从美国引进良种肉牛，年产牛肉 900 吨。

　　哈农工集团的主要工作之一，是寻找出海口和增强出口能力。哈每年出口 600 万~800 万吨小麦和面粉（其中面粉约 200 万吨），三等小麦的筋度通常达到 23%~28%。独联体是最主要市场，其次是近东、北非和欧洲。除通往俄罗斯和中国的铁路外，哈加大力气建设里海的阿克套港粮食码头（Ак Бидай-Терминал），以提高里海海运能力。在高加索方向，哈粮食合同集团与阿塞拜疆"Planet-L"公司各出资 50% 在巴库成立"巴库粮食码头"公司（ООО Бакинский Зерновой Терминал），建设专门的粮食码头和面粉厂（分别于 2007 年和 2009 年投入使用），每年可运输粮食 35 万吨（2012 年只有 2.7787 万吨），生产面粉 50 万吨。在波斯湾方向，哈粮食合同集团同伊朗的企业（ООО《Бехдиз Теджерат Альборз》）在伊朗里海港口阿米拉巴德港（萨里市东北部约 50 千米）各出资 50% 成立"阿米拉巴德粮食码头公司"（ООО《Амирабад Грейн Терминал Киш》），2010 年投入运营，可年运输粮食 70 万吨（2012 年 65.0354 万吨），储存 5.3 万吨。

截至 2012 年初，哈萨克斯坦粮库总库容约 2250 万吨，其中有登记许可的粮库 223 座，总库容 1350 万吨，不具有许可证的粮库总库容约 890 万吨。另外，境内还有磨坊作坊等可储存 150 万～200 万吨粮食。大部分粮库都处于不饱和状态，被 100% 利用的粮库很少，阿克莫拉州 32 座粮库中只有 11 座，科斯塔奈州 31 座粮库中只有 16 座被充分利用，阿克纠宾斯克州、东哈萨克斯坦州、阿拉木图州、江布尔州、西哈萨克斯坦州则一座没有。总体上，哈粮食仓储能力能够满足国内需求，粮食生产和流通领域的主要问题不是仓储不足，而是运力不足，因缺少粮食专用车辆和车厢，以及港口和铁路运力紧张，这在很大程度上制约了哈粮食出口。[①]

为加强市场信息交流，哈建立了"粮食信息网"（www.kazakh-zeno.kz）和"哈萨克农工综合体网"（www.agroprom.kz），发布有关国内外粮食和农产品、农工企业等市场信息，为粮食生产和供销企业提供咨询服务。

二 农业发展战略

1996 年 4 月，哈萨克斯坦成立最高经济委员会，负责起草发展战略文件。经过一年半的努力，1997 年 10 月 10 日纳扎尔巴耶夫总统向议会做国情咨文《哈萨克斯坦——2030：所有哈萨克斯坦人民的繁荣、安全和改善福利》，除介绍当年国家的基本情况并阐明下一年（1998 年）的主要工作任务外，报告的主要内容是确定 2030 年前的国家发展方向和优先领域。因此，1997 年的国情咨文也被称为"2030 年前战略"。

---

① председатель правления АОНК《Продкорпорация》Бейбитхан Кабдрахманов，"Аграрный сектор". Продкорпорация：Арифметика зернового рынка，http：//www.fcc.kz/ru/article/22.

2010 年 1 月 9 日纳扎尔巴耶夫总统发表《哈萨克斯坦的新十年、新经济腾飞、新机遇》国情咨文，指出 2010～2020 年是 "2030 年前战略" 承上启下的关键时期，最终目标是进入世界前 50 强最具竞争力国家行列。除确定 "2020 年 GDP 比 2009 年增长 1/3" 这个未来十年的发展总目标之外，《2020 年前战略计划》还规定改善商业环境、发展金融领域、改善法制环境、发展多元经济、投资 "未来"、提高公共服务水平、维护民族和谐、国家安全和国际关系八个领域的具体目标，以及加强国家管理和行政领域改革措施。其中，经济领域发展目标是：发展经济多元化，即发展传统产业、非资源经济和 "未来" 经济；形成良好的经济环境；加强宏观经济调控；发展国家创新体系；清理效益差的项目；发展过境潜力；加强基础设施建设；降低生产和生活成本，提高民众生活品质。针对农业领域的具体目标是：2015 年前，农业出口占出口总额的比重达到 8%；加工肉类比重达到 27%，牛奶达到 40%，水果蔬菜达到 12%；农工综合体的劳动生产率从人均 3000 美元提高到 6000 美元；2020 年前农工企业的劳动生产率相比 2009 年至少提高 3 倍。

2012 年 12 月 14 日，哈总统纳扎尔巴耶夫在国情咨文中认为，2030 年战略的主要目标均已实现，接着提出《2050 年前战略》，总目标是哈在 2050 年前进入世界前 30 强国家行列。纳扎尔巴耶夫认为，哈在 21 世纪将面临十项重大挑战：一是历史变革进程加快；二是地区发展不平衡；三是粮食危机；四是水资源短缺；五是能源安全；六是自然资源趋向枯竭；七是第三次工业革命；八是国内社会不稳定因素增加；九是文明价值观危机；十是世界不稳定因素威胁。这些风险需正视和解决。[①] 为此，《2050 年前战略》包括七大任务：一是全面经济进步，注重效益；二是大力发展中小企业；三是提高社会保障和个人责任；四是发展人力资源；五是巩固国家性和民主；六是巩固地区和全球安全；七是发展哈萨克斯坦爱国主义，发展民族宗教多样性。

《2050 年前战略》认为，哈已是粮食出口大国，未来生产潜力巨大，需要大力发展农业现代化，既要保证本国粮食安全，还要使哈成为世界粮食市场的

---

① Послание Президента Республики Казахстан Н. Назарбаева народу Казахстана. 14 декабря 2012 г.

重要参与者。哈主要措施包括：一是扩大种植面积；二是提高粮食单产效率；三是扩大畜牧养殖规模；四是发展清洁生态竞争力；五是发展家庭农场和中小农工企业；六是改善种植结构，提高本国出口竞争力；七是保证农业用水需求，如开发节水技术、提高地下水利用水平等；八是完善法律法规，如土地税等；九是增加农业预算投入。

为进一步推进农业发展，哈政府 2013 年 2 月 18 日通过《2013～2020 年农业发展纲要》，主要规划 15 个领域：发展符合国际标准的现代畜牧业；稳定粮食市场；发展养马业；发展饲料生产；发展奶牛业；发展肉牛业；发展养羊业；发展农产品加工业；发展水果蔬菜业；发展肉食鸡业；合理利用土地资源；发展养猪业；发展良种；发展渔业；发展植物安全体系（动植物防疫）等。《纲要》计划用八年时间，国家财政共投资 3.1222 万亿坚戈，目标是增加产品和服务、完善国家农业管理体系、健全金融财政支持体系。具体指标有：（1）国家农业补贴额度八年增加 3.5 倍；（2）农业贷款额不低于 3000 亿坚戈；（3）非国家的贷款资金规模达到 2 万亿坚戈；（4）疫情扩散风险指数 2020 年降到 0.88；（5）可被实验室监测的食品的市场比重 2020 年增加到 0.4%；（6）政府服务项目的电子化率 2015 年达到 62%。[①]

三 农业补贴政策

规范哈萨克斯坦农业发展的法律主要有《国家安全法》《粮食法》《国家物资储备法》《政府采购法》《种子法》《农工企业和农村发展国家调控法》等。[②]《粮食法》规定国家调控粮食市场的主要途径有：（1）发放粮食仓储许可证，只有符合政府规定条件的企业才有权经营粮食仓储；（2）粮食质量认

---

① Постановление Правительства Республики Казахстан от 18 февраля 2013 года № 151 《Об утверждении Программы по развитию агропромышленного комплекса в Республике Казахстан на 2013－2020 годы "Агробизнес－2020"》.

② Закон РК от 6 января 2012 года № 527－Ⅳ《О национальной безопасности Республики Казахстан》；закон РК от 27.11.2000 N 106－Ⅱ《О государственном материальном резерве》；Закон РК от 19 января 2001 года № 143－Ⅱ《О зерне》；Закон РК от 08.02.2003 N 385－Ⅱ《О семеноводстве》；Закон РК от 8 июля 2005 года N 66《О государственном регулировании развития агропромышленного комплекса и сельских территорий》；Закон РК от 21 июля 2007 года № 303－Ⅲ《О государственных закупках》.

证；（3）通过政府采购建立国家粮食储备，并确保其质量和数量；（4）降低良种价格，给予良种补贴；（5）资助动植物保护和检疫；（6）对农业生产者给予化肥和燃料等农资补贴；（7）资助农业科研和科技；（8）资助土壤改良。据哈国家统计局统计，哈政府农业财政预算分别是 2010 年 2070.74 亿坚戈，2011 年 2707.63 亿坚戈，2012 年 2925.73 亿坚戈（见表 3-12）。另据哈农业部数据，2007～2011 年年均农业预算支出比重分别是：补贴占 28%，贷款占 20%，投资占 30%，种植、畜牧和加工服务占 20%，科研和咨询占 2%。

表 3-12　2010～2012 年哈萨克斯坦国家预算收支及其结构

国家预算	实际值（亿坚戈）			比重（%）		
	2010 年	2011 年	2012 年	2010 年	2011 年	2012 年
年均汇率：1 美元兑换坚戈	147.35	146.62	149.11			
财政收入	42991.32	53708.26	58130.03	100	100	100
1. 税收收入	29340.81	39823.38	40953.66	68.25	74.15	70.45
2. 非税收入	1043.98	1385.97	2851.44	2.43	2.58	4.91
3. 出售资产收益	606.53	498.91	524.93	1.41	0.93	0.90
4. 转移支付	12000.00	12000.00	13800.00	27.91	22.34	23.74
财政支出	44571.65	54232.35	62689.72	100	100	100
1. 一般公共服务	2249.44	2964.81	3261.29	5.05	5.47	5.20
2. 国防	2213.45	2645.03	3411.04	4.97	4.88	5.44
3. 公共安全	3687.76	4484.95	5582.18	8.27	8.27	8.90
4. 教育	7552.95	9867.73	12101.15	16.95	18.20	19.30
5. 卫生医疗保健	5513.26	6263.10	7308.20	12.37	11.55	11.66
6. 社会保障与救助	9052.73	11335.73	12390.18	20.31	20.90	19.76
7. 住房	3341.55	3892.38	4385.86	7.50	7.18	7.00
8. 文化、体育、旅游和传媒	2275.64	2016.40	2230.65	5.11	3.72	3.56
9. 能源综合体和资源利用	797.20	1124.91	1266.13	1.79	2.07	2.02
10. 农林牧渔、环保	2070.74	2707.63	2925.73	4.65	4.99	4.67
11. 工业和建筑业	282.36	248.17	264.92	0.63	0.46	0.42
12. 交通与通信	3906.70	4492.11	4820.60	8.76	8.28	7.69
13. 其他	681.70	972.64	1436.59	1.53	1.79	2.29
14. 债务管理	946.17	1216.75	1305.20	2.12	2.24	2.08
15. 转移支付	0	0	0	0	0	0

资料来源：Агентства Республики Казахстан постатистике，Статистический ежегодник 《Казахстан в 2012 году》，Астана 2013，8 Финансовая система 8.1 Государственный бюджет，стр. 386。

哈政府于 2005 年 7 月 8 日发布《促进农工综合体和农村地区发展国家纲要》，规定政府每年都要对农业生产提供燃料、农资、农业机械、农产品的种植和养殖、农业贷款等补贴。现行补贴实施细则主要是年度预算法和 2011 年 3 月 4 日出台的《提高农作物产量和质量的地方财政补贴细则》。① 2007 ~ 2011 年五年年均农业补贴项目分别是：种植业补贴 228.205 亿坚戈（占农业补贴总额的 28%），畜牧业补贴 147.574 亿坚戈（占 32.9%），农产品加工补贴 31.408 亿坚戈（占 7%），出口补贴 25.558 亿坚戈（占 5.7%），灌溉补贴 12.011 亿坚戈（占 2.7%），保险补贴 3.607 亿坚戈（占 0.8%），其他补贴 0.555 亿坚戈（占 0.1%）。②

据哈农业部年报数据，2011 年农业补贴共计 687.15 亿坚戈，补贴项目主要有：（1）出口运费补贴，主要面向中国出口及过境俄罗斯和中国的粮食出口，标准是每吨 6000 坚戈。（2）农药补贴，主要针对 290 万公顷田地的病虫害与 17 万公顷田地的杂草和外来病毒。（3）化肥补贴。（4）燃油补贴，主要是廉价柴油。各地政府春耕季节共向农工企业按照每吨 7 万坚戈的价格提供 35.4 万吨柴油，使柴油均价相比市场零售价便宜 10%。秋收季节按照每吨 8 万坚戈的价格向农工企业提供 40.5 万吨柴油，使柴油均价降相比市场零售价便宜 15%。另外，还按照每吨 8 万坚戈价格为收割后的犁地工作提供 4 万吨柴油。

---

① Закон РК от 8 июля 2005 года 《О государственном регулировании развития агропромышленного комплекса и сельских территорий》. Постановление Правительства РК от 4 марта 2011 года № 221 《Об утверждении Правил субсидирования из местных бюджетов на повышение урожайности и качества продукции растениеводства》. Закон РК от 23 ноября 2012 года № 54 – V 《О республиканском бюджете на 2013 – 2015 годы》. Постановление Правительства Республики Казахстан от 13 февраля 2013 года № 129 《Об утверждении Правил субсидирования по возмещению ставки вознаграждения по кредитам（лизингу）на поддержку сельского хозяйства и внесении изменений в некоторые решения Правительства Республики Казахстан》.

② Постановление Правительства Республики Казахстан от 18 февраля 2013 года № 151 《Об утверждении Программы по развитию агропромышленного комплекса в Республике Казахстан на 2013 – 2020 годы " Агробизнес – 2020 "》, 3. 2. Анализ действующей политики государственного регулирования развития агропромышленного комплекса, таблица 3. Структура бюджетных средств, выделенных на развитие АПК в 2007 – 2011 годы；Рисунок 3. Объемы бюджетных средств, направленных на развитие АПК, 2007 – 2011 годы. таблица 4. Виды и объемы субсидирования за 2007 – 2011 годы, Рисунок 4. Объемы субсидирования за счет республиканского и местного бюджетов по отраслям АПК, 2007 – 2011 годы.

（5）农业贷款补贴，分为利息补贴和利率补贴两种，前者帮助农户或农业企业偿还部分利息，后者向农户或农业企业提供远低于市场利率的优惠贷款利率。[①]

2008 年国际金融危机后，哈农业政策改革方向主要是调整种植和补贴结构，减少小麦种植，增加饲料、油料作物、蔬菜水果等经济作物种植，国家粮食补贴也向此倾斜，减少小麦种植补贴，增加经济作物种植补贴。2013 年相比 2012 年减少小麦种植 37.24 万公顷，增加饲料作物 5.46 万公顷、油料作物 13.88 万公顷、蔬菜水果 0.58 万公顷。从 2014 年起，油菜种植补贴从每公顷 4000 坚戈提高到 1.2 万坚戈，大豆从 3000 坚戈提高到 9000 坚戈，亚麻从 3600 坚戈提高到 5000 坚戈。

四　外国劳动力管理

哈萨克斯坦的外国劳务管理法律法规主要有《劳动法》《就业法》《移民法》《使用外国劳务配额的规定》《向外国工作人员颁发就业许可和向用人单位颁发使用外国劳务许可的规则和条件》（2012 年 1 月 13 日第 45 号政府令）等，规定实行配额、许可证和保证金制度。

现行主要管理规定有：（1）外国劳务配额按照本国劳动人口数量的百分比确定。根据外国劳务人员的教育程度、工作年限及哈国内专业短缺状况等因素综合考虑，劳务许可分四类：一类为高级管理人员；二类为具有中、高级专业技术的专家；三类为熟练技术工；四类为从事季节性农业劳动者。年度外国劳务配额总量根据上年各地申请确定，2014 年配额为 6.3 万人（占哈全国经济活动人口的 0.7%）。（2）外国劳务许可证有效期一年，因公司内部交流调动而来哈工作的第一负责人和工作人员的许可证有效期可以为三年。（3）获得许可的用人单位的外籍劳工数量须符合"哈萨克斯坦含量"规定，即外籍员工在管理层中的占比不得多于 30%，在专家和熟练技工中的占比不得多于 10%。

据哈劳动与社会保障部统计，截至 2014 年 1 月 1 日，在哈务工外国人达 2.37 万人，其中一类劳务（机构领导及其副职）1754 人（占 7.4%），二类劳

---

① Министерство сельского хозяйства Республики Казахстан, 《Аналитические материалы об итогах социально－экономического развития агропромышленного комплекса страны за 2011 год》.

务（分支机构领导）5066 人（占 21.3%），三类劳务（专业技术人员）11060 人（占 46.6%），四类劳务（熟练工人）5609 人（占 23.6%），季节性务农人员 239 人（占 1.1%）。①

第三节　粮食生产

哈萨克斯坦始终把发展经济和改善民生作为国家头等大事，不断探索符合国情的发展道路和模式。独立后，哈共经历过三次经济危机，分别由 1991 年苏联解体、1998 年俄罗斯金融危机和 2008 年国际金融危机引发，每次都是"遭遇危机—应对危机—经济发展"。如果将应对危机与其经济体制转型、经济发展形势等因素综合考虑的话，独立后哈经济发展历程总体上可以分为两大阶段：1992~1995 年属于克服危机、稳定经济阶段，1996 年至今属于巩固和发展阶段。

第一阶段（1992~1995 年）是一个从苏联体制向市场经济转轨的重要阶段，也是克服经济危机，建立符合国情，适应生产力发展的新经济制度、体制和体系的过程。独立后不久，哈便接受国际货币基金组织建议，实行"休克疗法"，希望在尽可能短的时间内打碎旧体制并建立新体制和新经济关系。这个阶段，哈经济一直处于下滑衰退状态，民众生活较困难，直到 1995 年才开始好转。以 1990 年为基准的不变价值计算，哈 1991 年的 GDP 只相当于 1990 年的 89.0%，1992 年相当于 84.3%，1993 年 76.5%，1994 年 66.9%，1995 年只有 61.4%。可以说，短短五年时间，哈整个国家的生产规模下降约 40%，民众收入水平下降约 30%。这个时期的通货膨胀极其严重，尽管国家调控后逐年降低，但绝对值仍很高。

第二阶段（1996 年至今）是哈经济快速发展，以及新经济制度和体系继续巩固和深化的阶段。除各具体领域的发展规划外，指导这一阶段的经济战略文件主要是 1997 年 10 月 10 日发布的《2030 年前战略》及其落实措施计划，包括《1998~2000 年发展战略计划》《2010 年前发展战略计划》

---

① 中国商务部驻哈萨克斯坦经商参赞处：《哈萨克斯坦关于劳务许可、涉外经营和出入境管理有关规定》，2010 年 2 月 1 日；《办理哈萨克斯坦签证和劳务许可的有关情况》，2013 年 5 月 7 日，http://kz.mofcom.gov.cn/article/ztdy/201305/20130500116905.shtml。

《2020 年前发展战略计划》。这个阶段，哈主要宏观经济指标全面改善，民众生活质量不断提高，对外经济合作规模迅速扩大。按不变价值计算，2003 年 GDP 相当于 1990 年的 94.3% 和 1991 年的 97.3%，2004 年 GDP 相当于 1990 年的 103.6% 和 1991 年的 106.3%，这表明哈经济终于在 2004 年恢复到苏联解体前水平。2012 年哈 GDP 增长到 30.3469 万亿坚戈（合 2035 亿美元）（见表 3 - 13），经济规模大体与中国的安徽或内蒙古相近，人均 GDP 达到 1.21 万美元。

按 GDP 生产法统计的三个产业比重看，独立后，尽管各产业的生产绝对值逐年提高，但因发展速度不同，产业结构也随之发生变化。2000 年以后，农业生产比重占 5% ~ 9%，未超过 10%，工业比重约占 40%，服务业比重占 50% ~ 55%。工农业比重变化的主要原因是工业发展迅速，特别是采掘业（见表 3 - 14）。

表 3 - 13　哈萨克斯坦 GDP 统计

	2010 年	2011 年	2012 年
GDP 现值(亿坚戈)	218155.170	275718.890	303469.582
GDP 现值(亿美元)	1480.524	1880.050	2035.206
GDP 增长率(同比,%)	7.3	7.5	5.0
人均 GDP(万坚戈)	133.6465	166.5102	180.7049
人均 GDP(美元)	9070.0	11356.6	12118.9
固定资产投资总额(亿坚戈)	46535.28	50102.31	54731.61
其中:农林渔	923.70	986.28	1282.15

资料来源：Агентство Республики Казахстан по статистике, Статистический сборник 《Охрана окружающей среды и устойчивое развитие Казахстана 2008 – 2012》, Астана 2013, 3. Экономические факторы。

表 3 - 14　哈萨克斯坦的产业结构

单位：%

	2000 年	2005 年	2010 年	2011 年	2012 年
农业	8.6	6.6	4.7	5.4	4.5
工业	40.1	39.2	41.9	40.3	39.2
服务	51.3	54.2	53.4	54.3	56.3

资料来源：Asian Development Bank, Key indicators for Asia and the Pacific, 2013 Kazakhstan。

表 3 - 15　哈萨克斯坦年均坚戈汇率

	2000 年	2005 年	2010 年	2011 年	2012 年	2013 年
1 美元	142.13	132.88	147.35	146.62	149.11	152.13
1 欧元	134.40	165.42	195.67	204.11	191.67	202.09
1 人民币	17.17	16.23	21.77	22.69	23.64	24.75
1 卢布	5.19	4.70	4.85	5.00	4.80	4.78

资料来源：Нацбанк Казахстана，Статистика，Курсы валют，Официальные курсы валют в среднем за период，http：//www. nationalbank. kz/？docid = 763 。

一　农业生产总值

哈萨克斯坦是内陆国家，自然气候条件较好，耕地和牧场辽阔，农业在苏联时期已基本实现规模化和机械化。哈农业以种植业和畜牧业为主，二者分别占农业总产值的 3/5 和 2/5，林业和渔业产值极低，可以忽略不计。2012 年，哈农业总产出 1.9990 万亿坚戈（合 130 亿美元），其中种植业 9812 亿坚戈（合 61 亿美元），畜牧业 1.0112 万亿坚戈（合 68 亿美元），各类农业服务辅助产出 67 亿坚戈（见表 3 - 16）。

制约哈农业发展的因素之一是发展资金不足，贷款利率高。据哈萨克斯坦央行统计，2006 ~ 2011 年哈商业银行农业贷款年利率为 12% ~ 16%，而其他行业的贷款利率只有 10% ~ 13%，农业领域的商业贷款利率高于其他领域，不仅增加了农产品生产成本，同时，也降低农业生产者投资农业和更新技术设备的积极性（见表 3 - 17）。

表 3 - 16　哈萨克斯坦农业总产出统计

单位：亿坚戈

年份	农业总产值	种植业	畜牧业	农业服务辅助
1995	2092.68	1074.09	916.81	101.77
2000	4041.46	2235.03	1785.43	21.00
2005	7490.78	3895.27	3557.86	37.65
2010	14426.30	6626.53	7741.06	58.72
2011	22860.42	13371.94	9423.84	64.64
2012	19990.46	9811.90	10111.91	66.64

资料来源：Агентство Республики Казахстан по статистике，Сельское хозяйство，Динамические таблицы（ряды）за 1990 - 2012 годы，Валовый выпуск продукции（услуг）сельского хозяйства，www. stat. kz。

表 3 - 17 哈萨克斯坦商业银行农业贷款余额统计（截至当年年底）

单位：亿美元

	2006 年	2007 年	2008 年	2009 年	2010 年	2011 年
总贷款余额	367	601	619	514	515	599
农业贷款余额	16	22	21	19	20	31
农业贷款占比（%）	4.2	3.5	3.3	3.6	3.7	3.1

资料来源：Постановление Правительства Республики Казахстан от 18 февраля 2013 года № 151 《Об утверждении Программы по развитию агропромышленного комплекса в Республике Казахстан на 2013 - 2020 годы "Агробизнес - 2020"》，Рисунок 9. Объем выданных кредитов на конец года 2001 - 2011 годы。

表 3 - 18 哈萨克斯坦农产品生产成本统计

单位：坚戈/千克

	2010 年	2011 年	2012 年		2010 年	2011 年	2012 年
粮食和豆类	22.48	15.29	22.23	羊	226.06	373.12	407.97
土豆	28.73	31.37	28.87	猪	242.58	250.72	257.88
向日葵	35.04	35.07	31.85	牛奶	42.74	43.88	59.67
瓜果蔬菜	21.38	22.65	23.81	蛋（个）	9.32	8.99	10.86
牛	270.99	368.69	482.09				

资料来源：Агентство Республики Казахстан по статистике, Статистический сборник 《Сельскоелесное и рыбное хозяйство в Республике Казахстан 2008 - 2012》，Астана 2013，2.5. Себестоимость 1 центнера реализованной продукции растениеводства в сельскохозяйственных предприятиях，стр. 33 - 37。

表 3 - 19 哈萨克斯坦农业企业的农产品利润率统计

单位：%

	2010 年	2011 年	2012 年		2010 年	2011 年	2012 年
粮食和豆类	17.7	45.9	29.2	羊	16.1	12.0	14.1
土豆	30.3	40.2	29.4	猪	9.5	3.3	9.2
向日葵	50.9	46.8	89.6	奶	29.3	42.5	29.6
蔬菜	14.3	17.6	4.7	蛋	15.4	8.5	15.9
牛	5.6	10.1	1.3	毛	- 2.5	11.7	24.8

资料来源：Агентство Республики Казахстан по статистике, Статистический сборник 《Сельскоелесное и рыбное хозяйство в Республике Казахстан 2008 - 2012》，Астана 2013，2.4 Уровень рентабельности производства отдельных видов сельскохозяйственной продукции в сельскохозяйственных предприятиях，стр. 28 - 32。

表 3 – 20　哈萨克斯坦农业生产的化肥使用量

	2010 年	2011 年	2012 年
有机化肥使用量(万吨)	18.43	14.39	23.65
农用地平均有机肥使用量(吨/公顷)	917.6	1080.9	678.5
无机化肥使用量(万吨)	3.77	4.15	10.22
农用地平均无机化肥使用量(吨/公顷)	74.0	89.8	88.7
农药使用量(吨)	6283.9	10656.6	8564.9
农用地平均农药使用量(千克/公顷)	0.175	0.294	0.398
其中:对二氮杂苯(杀昆虫剂)(吨)	289.5	449.2	410.2
五氯酚钠、干燥剂(除草剂)(吨)	5702.9	9314.8	771.97
杀菌剂(吨)	233.2	853.4	426.6
植物生长调节剂(吨)	31.9	13.9	98.4
灭鼠剂(吨)	26.3	25.3	19.68

资料来源: Агентство Республики Казахстан по статистике, Статистический сборник 《Охрана окружающей среды и устойчивое развитие Казахстана 2008 – 2012》, Астана 2013, 5 Земельные ресурсы。

二　种植面积

哈独立后至今,从农作物种植总面积看,2001 年前总体呈缩小趋势,2001 年起转为增长,但直至 2012 年,种植总面积也仅相当于 1991 年的 60%。从各具体农作物看,谷物和土豆的种植面积发展趋势与此类似,但油料作物、瓜果、蔬菜总体呈增长态势,甜菜和饲料作物的种植面积总体呈下降态势。农作物种植结构的改变有两方面原因,一是因为市场开放,很多外国农产品进入哈国市场,形成不同比较优势;二是因为瓜果、蔬菜等经济作物是农民增收的主要产品,扩大种植面积是增产和增收的必然结果。

2012 年各类作物的种植面积占种植总面积的比重分别是,粮食总种植面积占 77% (1625.67 万公顷),饲料作物占 12% (251.74 万公顷),油料作物占 9% (185.39 万公顷)。粮食作物中,冬小麦和春小麦种植面积占 82% (1346.40 万公顷),冬大麦和春大麦种植面积占 11% (183.93 万公顷),食用玉米 10.15 万公顷,食用豆类 14.63 万公顷(见表 3 – 21)。

为增加本国农产品产量,哈农业部、各地方长官、国家农工集团和国家农业创新集团（Казагроинновация）2012 年 1 月 27 日签订《2012 ～ 2016 年种植结构多样化宣言》（Меморандум по диверсификации посевных площадей сельхозкультур на 2012 – 2016 годы），旨在调整种植结构，减少粮食作物种植面积，增加经济作物种植面积，以 2012 年各类农作物种植面积为基础，到 2016 年减少小麦种植面积 46.8 万公顷和水稻 0.57 万公顷，同期增加其他粮食和饲料、油料、蔬菜、水果等经济作物种植面积，其中，粮用玉米 0.56 万公顷，其他粮食作物 0.78 万公顷，油料作物 4.31 万公顷，饲料作物 26.5 万公顷。[①]

表 3 – 21　哈萨克斯坦农作物种植面积统计

单位：万公顷

	2010 年	2011 年	2012 年		2010 年	2011 年	2012 年
粮食总种植面积	1661.91	1621.94	1625.67	油菜	35.12	15.67	22.80
春小麦和冬小麦	1426.17	1384.89	1346.40	亚麻	23.02	32.58	41.94
春大麦和冬大麦	157.92	154.03	183.93	烟草	0.16	0.12	0.13
燕麦	17.38	14.67	18.08	棉花	13.72	16.06	14.78
荞麦	9.11	7.04	8.88	甜菜	1.12	1.82	1.18
黑麦	5.06	2.74	3.40	土豆	17.95	18.44	19.02
食用玉米	9.76	9.86	10.15	蔬菜	12.03	12.87	12.87
黍米	4.34	4.44	4.62	瓜果	6.33	6.77	8.18
食用豆类	9.17	11.19	14.63	葡萄	1.28	1.33	1.48
大米	9.40	9.35	9.31	水果、浆果、核桃等	4.12	4.12	4.32
油料作物	174.81	181.62	185.39	饲料作物	255.56	248.43	251.74
向日葵	86.93	95.45	79.46	玉米和青贮饲料	7.22	8.02	7.53
大豆	6.19	7.08	8.53	一年生草	27.50	27.59	32.55
红花	20.16	25.17	27.29	多年生草	218.97	211.22	207.59

资料来源：Агентство Республики Казахстан по статистике, Статистический сборник 《Сельскоелесное и рыбное хозяйство в Республике Казахстан 2008 – 2012》, Астана 2013, Уточненная посевная площадь основных сельскохозяйственных культур。

---

① 《Выступление Министра сельского хозяйства РК на коллегии МСХ РК》, 05 февраля 2014, http：//ru. government. kz/index. php/ru/vystupleniya/11021-vystuplenie-ministra-selskogo-khozyajstva-rk-na-kollegii-mskh-rk. html. 《Заседание Правительства РК от 2 апреля 2013 года》, http：//thenews. kz/2013/04/02/1352689. html.

三 种植业

从实物总产量看，独立后，哈萨克斯坦粮食产量受气候（主要是降水）、耕作技术（化肥投入量）和耕种面积影响较大，产量时高时低，不稳定，大部分年份为 1300 万～1600 万吨（2008～2012 年年均 1768 万吨），其中 2010 年共收获 1218 万吨，2011 年 2696 万吨，2012 年 1286 万吨，2013 年 1823 万吨。同期，油料作物、饲料作物、瓜果、蔬菜的产量总体呈增长态势。甜菜种植面积和产量总体下降的原因是哈产甜菜主要用于榨糖，随着制糖工业萎缩，甜菜的需求量也逐步下降。

2008～2012 年，哈萨克斯坦粮食作物主要是小麦和大麦，小麦约占粮食总产量的 80%，大麦约占 11%。这五年年均作物产量分别是：小麦 1436 万吨，大麦 199 万吨，食用玉米 47 万吨，食用大豆 12 万吨，稻米 32.65 万吨，燕麦 17.62 万吨。此外，土豆 277 万吨，蔬菜 265 万吨，水果、瓜果、葡萄等 138 万吨，向日葵 34 万吨，大豆 12 万吨，油菜 11 万吨，红花 11 万吨，甜菜 16 万吨，棉花 31 万吨（见表 3－22、表 3－23）。

表 3－22 哈萨克斯坦农业产量（按实际产量）

单位：万吨

年份	粮食	油料作物	土豆	蔬菜	瓜果	甜菜
1990	2848.77	22.98	232.43	113.64	30.15	104.37
1995	950.55	16.20	171.97	77.97	16.23	37.10
2000	1156.50	14.01	169.26	154.36	42.16	27.27
2005	1378.14	43.97	252.08	216.87	68.38	31.08
2010	1218.52	77.54	255.46	257.69	111.82	15.20
2011	2696.05	114.19	307.61	287.77	124.80	20.04
2012	1286.48	97.68	312.64	306.15	164.99	15.16
2013	1823.11	149.80	334.36	324.15	171.30	6.46

注：粮食作物包括大米和食用豆类。

资料来源：Агентство Республики Казахстан по статистике, Официальная статистическая информация ＞ Оперативные данные（экспресс информация, бюллетени）＞ Сельское хозяйство, Динамические таблицы（ряды）за 1990－2013 годы, Валовой сбор основных сельскохозяйственных культур, http://www.stat.gov.kz/faces/wcnav_externalId/homeNumbersAgriculture?_afrLoop=421147774496816&_afrWindowMode=0&_afrWindowId=mxxiwf7bi_209#%40%3F_afrWindowId%3Dmxxiwf7bi_209%26_afrLoop%3D421147774496816%26_afrWindowMode%3D0%26_arf.ctrl-state%3Dmxxiwf7bi_283。

从单位产量看，自2001年以来，伴随科技进步，哈大部分农作物的单位产量均超过苏联时期的历史最高水平。2012年，每公顷农作物产量分别是：小麦0.79吨，大麦0.91吨，玉米5.19吨，食用豆类0.56吨，甜菜16.82吨，土豆16.59吨，蔬菜23.40吨，瓜果20.68吨（见表3-24）。

表3-23 哈萨克斯坦粮食和油料作物产量统计

单位：万吨

	2010年	2011年	2012年	2008～2012年均
粮食总产量	1218.52	2696.05	1286.48	1768.38
春小麦和冬小麦	963.84	2273.21	984.11	1436.04
占粮食总产量的比重(%)	79.10	84.32	76.50	80
春大麦和冬大麦	131.28	259.31	149.06	199.47
占粮食总产量的比重(%)	10.77	9.62	11.59	11
燕麦	13.38	25.83	14.72	17.62
荞麦	2.70	3.74	4.80	3.81
黑麦	4.21	2.84	2.86	4.28
食用玉米	46.20	48.20	52.04	47.12
黍米	1.65	4.34	2.26	2.82
食用豆类	6.93	13.49	7.62	7.91
大米	37.31	34.68	35.08	32.65
向日葵	32.89	40.91	40.03	33.84
大豆	11.39	13.31	16.98	12.00
红花	12.22	15.12	12.72	10.61
油菜	10.92	14.84	11.69	11.29
亚麻	9.46	27.31	15.79	11.67
烟草	0.32	0.28	0.28	0.52
棉花	23.98	33.61	37.97	30.86
甜菜	15.20	20.04	15.16	16.31
土豆	255.46	307.61	312.64	277.34
蔬菜	257.69	287.77	306.15	265.07
瓜果	111.82	124.80	164.99	114.76
葡萄	5.64	5.71	7.17	5.49
水果、浆果、核桃等	16.58	17.79	20.67	17.42

资料来源：Агентство Республики Казахстан по статистике, Статистический сборник 《Сельское лесное и рыбное хозяйство в Республике Казахстан 2008 – 2012》, Астана 2013, 3.49 Валовой сбор основных сельскохозяйственных культур, стр. 89。

表 3 - 24　哈萨克斯坦粮食和油料作物单产统计

单位：吨/公顷

	2010 年	2011 年	2012 年		2010 年	2011 年	2012 年
粮食	0.80	1.69	0.86	大豆	1.85	1.90	2.01
小麦	0.73	1.66	0.79	红花	0.63	0.63	0.52
大麦	0.98	1.71	0.91	油菜	0.36	0.96	0.58
燕麦	0.82	1.80	0.89	亚麻	0.42	0.88	0.43
荞麦	0.42	0.56	0.63	烟草	2.02	2.25	2.18
黑麦	0.97	1.14	0.89	甜菜	17.43	18.82	16.82
玉米	4.83	4.99	5.19	棉花	1.79	2.18	2.62
黍米	0.62	1.10	0.64	土豆	14.30	16.72	16.59
食用豆类	0.79	1.26	0.56	蔬菜	21.44	22.29	23.40
大米	3.97	3.72	3.77	瓜果	17.70	18.61	20.68
油料作物	0.50	0.67	0.61	葡萄	5.73	5.70	5.80
向日葵	0.44	0.46	0.59				

资料来源：Агентство Республики Казахстан по статистике, Официальная статистическая информация > Оперативные данные（экспресс информация, бюллетени）> Сельское хозяйство, Динамические таблицы（ряды）за 1990 - 2013 годы, Урожайность основных сельскохозяйственных культур, http：//www. stat. gov. kz/faces/wcnav _ externalId/homeNumbersAgriculture？ _ afrLoop = 421147774496816&_ afrWindowMode = 0&_ afrWindowId = mxxiwf7bi_ 209#% 40% 3F _ afrWindowId% 3Dmxxiwf7bi_ 209% 26_ afrLoop% 3D421147774496816% 26_ afrWindowMode% 3D0% 26_ arf. ctrl-state% 3Dmxxiwf7bi_ 283。

表 3 - 25　粮食单产量 2011 年国际比较

单位：公担/公顷

国家:单产量	国家:单产量	国家:单产量	国家:单产量	国家:单产量
小麦	玉米	大豆	向日葵	油菜
白俄罗斯:33 加拿大:30 美国:29 俄罗斯:23 哈萨克斯坦:17	新西兰:114 美国:92 加拿大:89 欧盟:76 土耳其:71 乌克兰:64 哈萨克斯坦:50	欧盟:28 美国:28 加拿大:28 乌克兰:20 中国:19 俄罗斯:15 哈萨克斯坦:19	乌克兰:18 中国:18 美国:16 俄罗斯:13 哈萨克斯坦:5	欧盟:28 加拿大:19 中国:18 乌克兰:17 美国:17 俄罗斯:13 哈萨克斯坦:10

资料来源：Постановление Правительства Республики Казахстан от 18 февраля 2013 года № 151 《Об утверждении Программы по развитию агропромышленного комплекса в Республике Казахстан на 2013 - 2020 годы "Агробизнес - 2020"》, 3. 3. 1. Анализ проблем растениеводства.

四　畜牧业

独立后 20 年间，哈萨克斯坦的牲畜和家禽存栏量呈 V 字形发展，从独立至 2000 年呈总体下降趋势，自 2001 年起总体保持增长态势。除骆驼外，哈其他主要牲畜和家禽存栏量均未能恢复到苏联解体前水平。与此类似，肉禽蛋奶等畜牧产品的实物产量在 2000 年前总体下降，2001 年后总体保持上升态势，但产量至今不及苏联解体前水平。

2012 年（截至当年年底），哈主要牲畜和家禽存栏量分别是：牛 569 万头，山羊和绵羊 1763 万只，猪 103 万头，马 169 万匹，骆驼 16 万头，鸡 3347 万只（见表 3–26）。

2012 年，哈主要畜牧产品的实物量分别是：鲜肉产量 164 万吨，屠宰重 93 万吨，牛奶 485 万吨，鸡蛋 37 亿枚，兽毛 3.8 万吨，卡拉库尔羊羔皮 4.4 万张（见表 3–27）。

造成畜牧业产量下降的原因：一是独立后的私有化导致主要畜牧生产资源转入私人手中。与粮食生产主力农业企业（尤其是国有的农工集团）不同的是，哈畜牧业生产的主力是农民个人。按存栏量计（截至 2012 年 1 月 1 日），哈全国 76.7% 的牛、67% 的羊、72.5% 的猪、62.7% 的马、40.9% 的鸡属于农民个人，实行家庭养殖，而不是大规模的产业化，科技投入不足，生产成

表 3–26　哈萨克斯坦牲畜存栏量（当年年底）

单位：万头，只

年份	牛	奶牛	羊	猪	马	骆驼	鸡
1990	975.72	—	3566.05	322.38	162.63	14.30	5990
1995	685.99	304.50	1958.39	162.27	155.69	13.05	2080
2000	410.66	201.47	998.11	107.60	97.60	9.82	1970
2005	545.74	244.26	1433.45	128.19	116.35	13.05	2620
2010	617.53	275.13	1798.81	134.40	152.83	16.96	3280
2011	570.24	250.28	1809.19	120.42	160.74	17.32	3290
2012	569.00	258.01	1763.33	103.16	168.62	16.48	3347

资料来源：Агентство Республики Казахстан по статистике, Сельское хозяйство, Динамические таблицы（ряды）за 1990–2012 годы, Поголовье скота и птицы. http://www.stat.kz/digital/selskoe_boz/Pages/default.aspx。

本高，生产周期相对较长，利润和资金周转率不如其他行业。二是缺乏良种。高产出和抗病能力强的畜牧品种较西方发达国家尚有差距。畜牧业退化带来了不良后果。一是国产量不能满足本国消费需求，每年均需依靠进口保障；二是国产畜牧产品生产成本和销售价格相对较高，缺乏竞争力（见表 3 - 29）。

表 3 - 27 哈萨克斯坦畜牧业产量

年份	肉类（鲜肉，万吨）	肉类（胴体重万吨）	牛奶（万吨）	鸡蛋（亿枚）	兽毛（万吨）	卡拉库尔羊皮（万张）
1990	263.37	155.96	564.16	41.85	10.79	182.14
1995	177.38	98.48	461.91	18.41	5.83	114.52
2000	113.96	62.26	373.02	16.92	2.29	12.99
2005	137.50	76.22	474.92	25.14	3.04	19.19
2010	164.84	93.74	538.12	37.20	3.76	4.94
2011	165.64	93.94	523.25	37.19	3.85	4.20
2012	163.70	93.41	485.16	36.73	3.84	4.36
2008~2012 年年均	162.23	91.63	519.34	34.81	3.72	6.58

资料来源：Агентство Республики Казахстан по статистике, Сельское хозяйство, Динамические таблицы（ряды）за 1990 - 2012 годы, Производство основных видов продукции животноводства. http://www.stat.kz/digital/selskoe_ boz/Pages/default.aspx。

表 3 - 28 哈萨克斯坦畜牧单位产量

单位：千克/头或只，枚/只

年份	牛肉	猪肉	羊肉	牛奶	鸡蛋	羊毛
1991	341	102	37	1934	160	3.0
2000	319	98	39	1969	170	3.0
2010	299	94	37	2255	215	2.8
2011	301	96	37	2211	214	2.5
2012	310	98	38	2219	213	2.4

注：表内数据为当年年底的统计数据。

资料来源：Агентство Республики Казахстан по статистике, Статистический сборник 《Сельское, лесное и рыбное хозяйство в Республике Казахстан》, Астана 2013, 1.6 Продуктивность скота и птицы, Стр. 8。

表 3 - 29　畜牧产品单产量 2011 年国际比较

国家:单产量	国家:单产量	国家:单产量	国家:单产量
每头牛生产肉量(千克/年)	奶牛产奶量(吨/年)	鸡产蛋量(枚/年)	羊产毛量(千克/年)
美国:570 加拿大:520 德国:500 哈萨克斯坦:301	美国:8.6 加拿大:7.8 德国:6.7 俄罗斯:3.5 哈萨克斯坦:2.2	加拿大:350 德国:310 俄罗斯:250 哈萨克斯坦:214	新西兰:6.2 澳大利亚:5.6 俄罗斯:2.9 哈萨克斯坦:2.5

资料来源: Постановление Правительства Республики Казахстан от 18 февраля 2013 года № 151 《Об утверждении Программы по развитию агропромышленного комплекса в Республике Казахстан на 2013 - 2020 годы "Агробизнес - 2020"》, 3.3.2. Анализ проблем животноводства.

第四节　粮食消费

从每月人均食品消费结构看,从表 3 - 30 可见,随着收入增长和品种丰富,哈居民的膳食结构不断改善,蛋白质摄入量增加,营养水平进一步提高。2000～2012 年,谷物、奶、蔬菜的月均消费基本维持原来水平,没有增减,粮食约 10.3 千克,奶及其制品约 18 千克,蔬菜约 7 千克,土豆月均消费总体减少,由 2000 年的 5.5 千克下降到 2012 年的 4.1 千克,肉及其制品的月均消费由 3.7 千克增加到 2012 年的 5.6 千克,鱼及其产品由 0.4 千克增加到 2012 年的 0.9 千克,鸡蛋由 9 枚增加到 2012 年的 13 枚,水果由 1.3 千克增加到 2012 年的 4.9 千克(见表 3 - 30、表 3 - 31)。

表 3 - 30　哈萨克斯坦人均食品消费

单位: 千克/月

	2000 年	2005 年	2010 年	2011 年	2012 年	2000～2012 年
粮食	10.3	9.5	10.2	10.4	10.3	10.30
肉及其制品	3.7	3.3	4.4	5.5	5.6	5.17
鱼及其制品	0.4	0.7	0.8	0.9	0.9	0.87
奶及其制品	19.6	15.8	17.0	19.0	18.4	18.13
蛋(枚)	8.5	9.0	10.8	12.5	13.0	12.10
油和脂	0.9	0.9	1.1	1.6	1.5	1.40

续表

	2000 年	2005 年	2010 年	2011 年	2012 年	2000~2012 年
水果	1.3	3.0	4.0	4.9	4.9	4.60
蔬菜	7.2	5.9	5.9	7.3	7.2	6.80
土豆	5.5	3.9	3.5	4.0	4.1	3.87
糖、果酱、巧克力等及其制品	1.8	2.4	2.5	3.2	3.2	2.97

资料来源：Агентство Республики Казахстан по статистике, Официальная статистическая информация > Оперативные данные（экспресс информация, бюллетени）> Уровень жизни населения, Динамические таблицы за 1995 – 2012 годы, Потребление продуктов питания населением за 2000 – 2012 годы, http：//www. stat. gov. kz/faces/wcnav_ externalId/homeNumbersLivingStandart? _ afrLoop = 518687788174376& _ afrWindowMode = 0& _ afrWindowId = 166b9k37ha_ 38 #% 40% 3F_ afrWindowId% 3D166b9k37ha_ 38% 26 _ afrLoop% 3D518687788174376% 26 _ afrWindowMode% 3D0% 26 _ arf. ctrl-state% 3D166b9k37ha_ 58。

表 3 – 31　2011 年哈萨克斯坦人均消费食物统计

食物种类	正常生理需求量 （千克）	2011 年实际消费量 （千克）	占生理需求的 比重（%）
居民日均热量摄入量（千卡）	2956	2533	86
肉及其制品	82	66	80.4
奶及其制品	405	228	56.2
蛋（枚）	292	150	51.3
水产品	18.2	9.1	50,0
糖	37	30	81.0
植物油	9	13.2	146.6
土豆	97	47	48.4
蔬菜瓜果	146	88	60.2
水果和浆果	113	18	15.9
粮食和面制品	110	124	112.7

资料来源：Профессор Университета международного бизнеса Ахмедьярова Мынаварь Валиахметовна,《Продовольственная безопасность Казахстана》, http：//www. iab. kz/download/3439/ prezentatsiya% 20po% 20prodovolśtv% 20bezopasn% 20smv% 20. pdf。

一　居民的粮食购买力

根据哈萨克斯坦国家统计局数据，多年来，哈职工月均工资水平通常是居民人均月收入的一倍左右。2010~2012年职工月均工资分别是7.7611万坚戈（527美元）、9.0028万坚戈（612美元）和10.1263万坚戈（679美元），同期的居民月均收入分别是3.8779万坚戈（263美元）、4.5936万坚戈（310美元）和5.1594万坚戈（346美元）（见表3-32）。

根据2011年哈市场上农产品年均批发价格水平，当年居民月均收入可以购买小麦1567千克、大麦2672千克、玉米1677千克、牛肉139千克、猪肉142千克。因价格相对较高，居民实际消费量往往低于正常生理需求量。据哈国家统计局数据，2012年哈居民每月人均消费面包及面制品10.3千克、肉及其制品5.6千克、水产品0.9千克、奶及其制品18.4千克、蛋13枚、油和油脂1.5千克、水果4.9千克、蔬菜7.2千克、土豆4.1千克、糖及其制品3.2千克。

2008~2012年哈居民支出中，消费支出占总支出的比重是92.8%~93.8%，其中食品支出占总支出的40.9%~45.3%，非食品支出占26.5%~28.7%，服务占20.5%~25%。城市居民的食品支出占总支出的比重略低（39.7%~44.5%），农村居民的食品支出比重略高（42.7%~46.6%）。

2012年，哈居民人均消费支出35.5556万坚戈，食品支出16.7188万坚戈（占消费总支出的47%），其中肉和水产品6.0759万坚戈（占居民消费总支出的17%），面包及面制品2.2475万坚戈（占6%），水果和蔬菜2.1392万坚戈（占6%），蛋和奶及其制品1.6871万坚戈（占4.7%），糖、茶、咖啡、调料等1.1097万坚戈（占3%），各类饮料和酒类0.9498万坚戈（占2.6%），油和脂0.8593万坚戈（占2.4%）。

二 对外贸易

独立后初期，哈对外贸易以易货为主。1995年以后，国家经济渐有起色，为规范贸易秩序和增加财政收入，哈政府逐渐限制直至取消易货贸易。与此同时，国家放弃传统的国家垄断外贸的做法，允许多种所有制参与对外贸易。1995年1月11日哈总统签发《关于对外贸易自由化》总统令后，对外贸易基本放开，所有自然人和法人均可从事对外贸易活动，除国家专营领域外均可

表 3-32　哈萨克斯坦生活水平指数

	2010 年	2011 年	2012 年
贫困率(%)	6.5	5.3	3.8
贫困深度(%)	1.1	0.9	0.5
贫困强度(%)	0.3	0.3	0.1
全国平均最低生活保障线(菜篮子法,坚戈)	13487	16072	16815
收入低于最低生活保障线的居民比重(%)	6.5	5.5	3.8
食品菜篮子价格(坚戈)	8092	9643	10089
收入低于食品菜篮子价格的居民比重(%)	0.4	0.5	0.2
最低工资标准(坚戈)	14952	15999	17439
最低退休金标准(坚戈)	12344	16047	17491
职工月均名义工资(坚戈)	77611	90028	101263
职工月均名义工资(美元)	527	612	679
月均退休金(坚戈,年底)	21238	27388	29644
居民名义人均月收入(坚戈)	38779	45936	51594
实际收入增长率(同比,%)	5.6	9.4	7.2
居民月均家庭支出(坚戈)	24460	28892	31886
居民月均支出结构	100	100	100
其中:消费支出比重(%)	93.8	93.3	92.9
食品消费(%)	41.2	45.3	43.7
非食品消费(%)	28.1	26.5	28.7
服务消费(%)	24.0	21.5	20.5
纳税(%)	0.1	0.2	0.2
其他(%)	6.1	6.5	6.9
居民月均消费支出(坚戈)	26152	30637	33745
居民月均消费支出占收入的比重(%)	93.5	94.4	94.5
城市(%)	97.5	97.9	98.0
农村(%)	86.8	88.6	89.0
10% 富人收入与 10% 穷人收入比值(倍)	5.72	6.08	5.86
基尼系数	0.278	0.289	0.284

资料来源: Агентство Республики Казахстан по статистике, Казахстан в цифрах, Уровень жизни населения, Динамические таблицы, http://www.stat.gov.kz/faces/wcnav_externalId/homeNumbersLivingStandart?_afrLoop = 518687788174376&_afrWindowMode = 0&_afrWindowId = 166b9k37ha_38 #% 40% 3F_afrWindowId% 3D166b9k37ha_38% 26_afrLoop% 3D518687788174376% 26_afrWindowMode% 3D0% 26_arf. ctrl-state% 3D166b9k37ha_58。

自由经营。① 由国家管控专营的商品主要是关涉国家安全的商品和战略物资，包括核材料、核技术、核设备；特种设备；专门非核材料；贵重金属和宝石；武器、弹药、军事技术；麻醉剂和精神病治疗药物；艺术品和古董；其他具有重要艺术、科学、文化和历史价值的作品；危及国家安全的物品等。政府主要通过"关税措施为主，非关税措施为辅"管理对外贸易，除武器、弹药、毒品、药品、有色金属等个别商品外，大部分商品进出口均不需要配额和许可证。

2009 年 11 月 27 日，俄罗斯、白俄罗斯和哈萨克斯坦三国在明斯克签署欧亚经济共同体跨国委员会第 18 号决议《关于白俄罗斯、哈萨克斯坦和俄罗斯关税联盟统一海关税率的决定》，决定从 2010 年 1 月 1 日起在三国境内实行统一的进口关税税率。关税同盟的统一关税税率以俄罗斯原有税率为基础，高于加入前的哈萨克斯坦关税水平。加入关税联盟后，哈关税税率整体水平从 6.2% 提高到 10.6%，其中工业品税率由 4.6% 升到 8.5%，农产品税率（在配额范围内）由 12.1% 升到 16.7%，若将农产品配额范围外的关税税率计算在内的话，则涨幅更大。②据统计，2011 年 12 月与 2010 年 12 月相比，哈境内食品价格上涨 7.4%，非食品价格上涨 5.3%，服务价格上涨 7.3%。大部分居民认为价格上涨的主要原因是加入关税联盟所致。

截至 2013 年初，哈农业领域国家技术标准共有 19 项，其中 6 项与俄白哈关税联盟的农业技术标准相一致（三国计划 2017 年统一农业技术标准）。为调整国内市场，哈在进出口环节使用关税和非关税调节措施，如 2014 年规定糖原料的配额是 41.3027 万吨。在配额以内进口免税，超出配额的进口需交关税。③

---

① Указ Президента Республики Казахстан от 11 января 1995 г. N 2021 《О либерализации внешнеэкономической деятельности》.

② Министерство экономического развития и торговли РК，《Информация по торговой политике Республики Казахстан》；АО 《Центр развития торговой политики》 при Министерстве экономического развития и торговли Республики Казахстан，《Основные этапы переговоров》，《Текущее состояние дел》，http：//www. wto. kz/index. php？r = 3&p = 15.

③ Постановление Правительства Республики Казахстан от 22 января 2014 года № 23 《О некоторых вопросах ввоза сахара – сырца на территорию Республики Казахстан》

独立后，在比较自由的对外贸易政策推动下，特别是 2000 年以后，哈对外经济合作发展迅速，范围越来越广，规模越来越大，除 1998 年、1999 年和 2009 年、2010 年这四年分别因受 1998 年俄罗斯金融危机和 2008 年国际金融危机影响略有下降外，其他年份基本都保持高速增长态势。2012 年对外贸易总额 1328.07 亿美元（其中出口 864.49 亿美元，进口 463.58 亿美元）。

从出口商品结构看，矿产原材料、金属及其制品、化学产品、粮食等四大类商品的出口值几乎每年都占出口总额的 90% 以上。自独立以来，出口量最大的商品一直是石油、煤炭、铁、铜、锌、铝、铀等矿产原材料，每年都约占出口总额的 60% ~ 80%，其中约 4/5 销往独联体以外地区。粮食出口份额比较小，每年占哈出口总额的 2% 左右。

从进口商品结构看，主要进口商品有四大类：一是机械设备、电力设备、音响设备等；二是金属及其制品；三是各类交通工具；四是矿产品。这四类商品分别约占进口总值的 1/4、1/5、1/6 和 1/6，此外还有化学产品、食品、烟、酒等。

哈是粮食生产大国和粮食出口国，2008 ~ 2012 年每年国内谷物消费量为 1000 万 ~ 1300 万吨，其中用于饲料和种子 500 万 ~ 700 万吨，工业加工 400 万 ~ 500 万吨，居民消费 30 万吨，其余主要用于出口和粮食储备。哈每年粮食储备和库存基本保持在 1000 万吨以上，具体额度受出口量影响较大。2010 ~ 2012 年谷物进口量分别是 5.11 万吨、10.41 万吨、9.24 万吨，同期的出口量分别是 555.28 万吨、350.08 万吨、758.41 万吨（见表 3 - 33、表 3 - 34）。

哈蔬菜和瓜果产量总体上不仅能够自给，而且有少量剩余可供出口，进出口的品种主要用于丰富菜篮子。2008 ~ 2012 年每年蔬菜和瓜果产量约 400 万吨（包括进口 10 万 ~ 15 万吨），其中生产消费 10 万 ~ 15 万吨，居民消费 300 万吨，出口 25 万 ~ 30 万吨（见表 3 - 35、表 3 - 36）。

随着收入增长，哈居民水果消费能力显著增强，因本土产量不足，各类水果和葡萄的进口量快速增长。2010 ~ 2012 年水果和葡萄的居民消费量和进口量分别是 72.46 万吨（65.14 万吨）、79.83 万吨（73.11 万吨）、91.22

（74.06 万吨）（见表 3 - 37）。

2010 ～ 2012 年，哈肉及肉制品年市场供应规模为 120 万 ～ 130 万吨，其中年初库存约 15 万吨，本土产量约 100 万吨，其余依靠进口（每年为 20 万 ～ 30 万吨）。因本国肉类加工企业加工规模小，肉类消费主要是居民生活消费，每年为 100 万 ～ 120 万吨，而加工和出口量极小，每年都不足 5 万吨（见表 3 - 38）。

2008 ～ 2012 年，哈奶及奶制品年市场供应规模为 800 万 ～ 850 万吨，其中年初库存为 200 万 ～ 250 万吨，本土产量为 500 万 ～ 550 万吨，其余依靠进口（每年为 80 万 ～ 90 万吨）。每年本国工业加工规模为 60 万 ～ 70 万吨，居民生活消费约 500 万吨，出口量极小，每年都不足 5 万吨（见表 3 - 39）。

据哈《2013 ～ 2020 年农业发展纲要》规划，哈力争部分农产品产量在 2020 年达到以下目标。（1）继续保持世界主要小麦出口国地位，未来压力主要来自哈小麦传统出口对象国不断增加本国小麦种植，哈需提高小麦深加工，由简单地出口小麦转为出口高等级面粉（预计 2020 年达到 30 万 ～ 50 万吨），同时争取大米出口达到 10 万吨。（2）苹果生产 60 万吨（其中 40 万吨用于深加工）。争取对俄苹果出口达到 40 万吨，维护哈在俄东部水果市场的优势地位。（3）蔬菜 100% 满足国内需求，本国深加工（如罐头）能力达到 8.5 万吨，出口 30 万吨。（4）玉米生产达到 100 万吨，满足本国饲料工业需求，并开拓伊朗市场。（5）油菜籽生产争取达到 50 万吨，并力争对欧盟出口 7 万吨。（6）大豆产量 3.5 万吨，满足国内需求。（7）国产牛肉 50 万吨（其中对俄出口牛肉 6 万吨），羊肉 20 万吨，马肉 12 万吨，肉制品 16 万吨（本国需求约 20 万吨，其中香肠 11.5 万吨）。（8）奶及奶制品本国生产 150 万吨（市场需求约 160 万吨）。①

---

① Постановление Правительства Республики Казахстан от 18 февраля 2013 года № 151 《Программа по развитию агропромышленного комплекса в Республике Казахстан на 2013 - 2020 годы〈Агробизнес - 2020〉》，3.1. Целевые внутренние и внешние рынки сбыта продукции агропромышленного комплекса РК.

表 3 – 33 哈萨克斯坦粮食生产和消费统计

单位：万吨

	2010 年	2011 年	2012 年
年初库存	1645. 22	933. 41	2069. 32
产量	1218. 52	2696. 05	1286. 40
进口	5. 11	10. 41	9. 24
粮食总供应量	2868. 85	3639. 87	3364. 96
生产需求	678. 78	565. 51	569. 57
饲料	390. 97	312. 45	314. 71
种子	287. 81	253. 06	254. 86
粮食加工	503. 58	491. 30	503. 12
其他工业用途	98. 98	69. 37	78. 19
损失	67. 99	63. 01	57. 80
出口	555. 28	350. 08	758. 41
居民消费	30. 83	31. 28	31. 49
年底库存	933. 41	2069. 32	1366. 38

资料来源：Агентство Республики Казахстан по статистике, Статистический сборник 《Сельскоелесное и рыбное хозяйство в Республике Казахстан 2008 – 2012》, Астана 2013, 5. Ресурсы и использование основных видов сельскохозяйственной продукции。

表 3 – 34 哈萨克斯坦粮食加工品的生产和消费统计

单位：万吨

	2010 年	2011 年	2012 年
年初库存	41. 42	39. 30	64. 09
加工	429. 71	417. 19	439. 64
进口	3. 61	5. 84	5. 29
粮食加工品供应总量	474. 74	462. 33	509. 02
饲料消费	36. 73	37. 65	37. 59
损失	2. 94	2. 92	3. 08
出口	234. 56	192. 42	223. 69
居民消费	161. 21	165. 25	174. 80
年底库存	39. 30	64. 09	69. 86

资料来源：Агентство Республики Казахстан по статистике, Статистический сборник 《Сельскоелесное и рыбное хозяйство в Республике Казахстан 2008 – 2012》, Астана 2013, 5. 2 Продукты переработки зерна。

表 3 – 35 哈萨克斯坦土豆的生产和消费统计

单位：万吨

	2010 年	2011 年	2012 年
年初库存	141.92	134.06	159.31
生产和加工	255.45	307.61	312.64
进口	13.37	19.21	9.46
土豆及其加工品供应总量	410.74	460.88	481.41
生产消费	63.80	78.64	78.32
饲料	28.27	38.97	38.46
种子	35.53	39.67	39.86
损失	24.23	44.22	46.22
出口	0.12	0.14	0.51
居民个人消费	188.53	178.57	187.87
年底库存	134.06	159.31	168.49

资料来源：Агентство Республики Казахстан по статистике，Статистический сборник 《Сельскоелесное и рыбное хозяйство в Республике Казахстан 2007 – 2011》，Астана 2012，5.3 Картофель и продукты его переработки. Стр. 213。

表 3 – 36 哈萨克斯坦蔬菜和瓜果及其加工品的生产和消费统计

单位：万吨

	2010 年	2011 年	2012 年
年初库存	13.34	38.44	105.72
生产和加工	369.51	412.57	471.14
进口	12.28	35.09	31.75
蔬菜瓜果及其加工品供应总量	395.13	486.10	608.61
生产消费	9.72	14.66	13.39
饲料	6.70	9.93	8.93
种子	3.02	4.73	4.46
损失	23.71	39.67	60.86
出口	25.37	2.77	6.57
居民个人消费	297.89	323.28	332.79
年底库存	38.44	105.72	195.00

资料来源：Агентство Республики Казахстан по статистике，Статистический сборник 《Сельскоелесное и рыбное хозяйство в Республике Казахстан 2008 – 2012》，Астана 2013，5.6 Овощибахчевые культуры и продукты их переработки。

表 3 – 37　哈萨克斯坦水果和葡萄及其加工品的生产和消费统计

单位：万吨

	2010 年	2011 年	2012 年
年初库存	7.29	14.42	22.37
生产和加工	22.21	23.50	27.83
进口	65.14	73.11	74.06
水果和葡萄及其加工品供应总量	94.64	111.03	124.26
损失	4.45	5.22	5.84
出口	3.31	3.61	5.29
居民个人消费	72.46	79.83	91.22
年底库存	14.42	22.37	21.91

资料来源：Агентство Республики Казахстан по статистике，Статистический сборник 《Сельскоелесное и рыбное хозяйство в Республике Казахстан 2008 – 2012》，Астана 2013，5.7 Фруктывиноград и продукты их переработки。

表 3 – 38　哈萨克斯坦肉及肉制品的生产和消费统计

单位：万吨

	2010 年	2011 年	2012 年
年初库存	14.93	14.38	12.44
生产和加工	93.74	93.94	93.41
进口	20.24	24.55	31.45
肉及肉制品供应总量	128.91	132.87	137.30
饲料消耗	0.77	0.80	0.82
其他工业消费	0.64	0.66	0.69
损失	1.68	1.73	1.78
出口	0.25	0.16	0.32
居民个人消费	111.19	117.08	119.37
年底库存	14.38	12.44	14.32

资料来源：Агентство Республики Казахстан по статистике，Статистический сборник 《Сельскоелесное и рыбное хозяйство в Республике Казахстан 2008 – 2012》，Астана 2013，5.8 Мясо и мясопродукты。

表 3 – 39　哈萨克斯坦奶及奶制品的生产和消费统计

单位：万吨

	2007 年	2008 年	2009 年	2010 年
年初库存	69.93	121.61	176.30	221.32
生产和加工	507.32	519.80	530.39	538.12
进口	76.42	86.01	87.88	86.23
奶及奶制品供应总量	653.67	727.42	794.57	845.67
饲料消费	60.15	64.42	65.90	66.18
其他工业消费	0.06	0.07	0.08	0.08
损失	3.04	3.64	4.77	5.07
出口	4.02	2.30	3.11	0.92
居民个人消费	464.78	480.69	499.40	519.72
年底库存	121.61	176.30	221.32	253.70

资料来源：Агентство Республики Казахстан по статистике，Статистический сборник 《Сельскоелесное и рыбное хозяйство в Республике Казахстан 2006 – 2010》Астана 2011，5.9 Молоко и молочные продукты. Стр. 198。

表 3 – 40　哈萨克斯坦植物油及含油产品的生产和消费统计

单位：万吨

	2010 年	2011 年	2012 年
年初库存	4.15	2.88	8.12
生产和加工	22.29	23.50	29.26
进口	15.30	19.93	13.54
植物油及含油产品供应总量	41.74	46.31	50.92
出口	4.24	2.85	4.40
居民个人消费	34.62	35.34	37.59
年底库存	2.88	8.12	8.93

资料来源：Агентство Республики Казахстан по статистике，Статистический сборник 《Сельскоелесное и рыбное хозяйство в Республике Казахстан 2008 – 2012》，Астана 2013，5.10 Растительное масло и маслосодержащие продукты。

表 3 – 41　哈萨克斯坦鱼及鱼制品的生产和消费统计

单位：万吨

	2010 年	2011 年	2012 年
年初库存	5.35	5.47	4.85
生产和加工	6.07	4.60	3.99
进口	7.41	6.44	6.48
鱼及鱼制品供应总量	18.83	16.51	15.32
饲料消耗	0.32	0.28	0.26
出口	3.61	2.65	2.66
居民个人消费	9.43	8.73	8.28
年底库存	5.47	4.85	4.12

资料来源：Агентство Республики Казахстан по статистике, Статистический сборник 《Сельскоелесное и рыбное хозяйство в Республике Казахстан 2008 – 2012》, Астана 2013, 5.8 Мясо и мясопродукты。

表 3 – 42　哈萨克斯坦主要农产品出口统计（按来源国）

	2010 年		2011 年		2012 年	
	数量（吨）	金额（万美元）	数量（吨）	金额（万美元）	数量（吨）	金额（万美元）
肉类及其制品	1775	268	659	325	1603.5	408.81
独联体国家	1440	91	290	73	1603.5	408.81
俄罗斯	—	—	290	73	1593.4	406.33
吉尔吉斯斯坦	1260	81	—	—	10.1	2.48
塔吉克斯坦	—	—	—	—	—	—
非独联体国家	335	177	369	252	—	—
伊朗	311	72	1353	245	—	—
小麦和黑麦	5111215	92739	2890190	60901	7384224	158070.55
独联体国家	2477587	43307	1911454	37821	3400397	66757
俄罗斯	107492	2538	121555	2837	506620	9482.17
白俄罗斯	2000	50	13515	267	49508	1145.88
阿塞拜疆	1335310	23015	552236	10798	1040182	21845.00
吉尔吉斯斯坦	354730	6150	269485	6032	444414	9347.71
塔吉克斯坦	452643	7846	452637	9574	748553	15786.55
乌兹别克斯坦	225106	3703	487522	8015	611121	9149.69
土库曼斯坦	68	1	195	4	—	—
格鲁吉亚	264826	4996	233607	4952	440010	10037.63
非独联体国家	2633628	49431	978736	23080	3983827	91313.55

续表

	2010 年		2011 年		2012 年	
	数量(吨)	金额(万美元)	数量(吨)	金额(万美元)	数量(吨)	金额(万美元)
埃及	467376	7268	171298	3497	144401	3315.20
也门	—	—	—	—	337557	7971.58
约旦	—	—	—	—	24204	580.58
阿联酋	4858	82	68975	1842	309977	6848.87
以色列	9072	145	—	—	—	—
伊朗	466118	7838	40203	713	627231	15156.90
土耳其	727444	15641	190184	4857	986674	21131.83
阿富汗	82498	1321	82790	1700	54877	1187.89
阿尔巴尼亚	—	—	10350	349	6549	141.46
希腊	79459	1919	49764	1431	100791	2594.60
意大利	48969	939	19016	625	63114	1893.90
德国	48820	1124	8126	225	74865	1654.95
英国	22668	685	25547	798	31489	1004.74
波兰	13133	313	630	83	11042	356.40
挪威	6225	119	—	—	1360	25.30
瑞典	80179	1889	34388	987	86850	2062.84
中国	45540	827	13465	288	199293	4263.85
蒙古	780	21	—	—	—	—
大麦	376035	5180	521417	11102	322127	7128.90
独联体成员	104806	1455	127933	2330	76235	1125.72
俄罗斯	2882	37	2565	80	440	5.03
白俄罗斯	—	—	—	—	—	—
阿塞拜疆	82216	1144	35755	753	10018	186.33
格鲁吉亚	—	—	—	—	148	2.38
吉尔吉斯斯坦	2147	39	8852	165	15505	205.84
塔吉克斯坦	6318	83	17426	244	13091	189.67
乌兹别克斯坦	11244	152	63335	1088	37181	538.85
非独联体成员	271228	3725	393484	8772	245892	6003.18
阿富汗	3109	37	31005	613	3563	68.53
伊朗	223000	3109	361061	8130	242181	5932.27
沙特	12237	229	—	—	—	—
土耳其	19119	205	—	—	—	—
大米	47454	2555	63171	3364	46075	1561.92
独联体成员	46805	2523	58710	2908	45947	1557.82

续表

	2010 年		2011 年		2012 年	
	数量(吨)	金额(万美元)	数量(吨)	金额(万美元)	数量(吨)	金额(万美元)
俄罗斯	17027	521	11946	363	19705	491.21
白俄罗斯	408	14	—	—		
乌克兰	64	2	1472	57	—	—
阿塞拜疆	1216	68	2693	167	192	4.61
吉尔吉斯斯坦	8422	639	8564	306	13356	455.18
塔吉克斯坦	187	11	5766	289	5326	219.66
土库曼斯坦	18571	1217	23493	1647	4873	334.63
乌兹别克斯坦	846	49	4756	78	2495	52.53
非独联体成员	650	32	4462	456	128	4.10
意大利	582	27	442	20	—	—
阿富汗	—	—	3313	395	128	4.10
土耳其	—	—	640	37		
小麦面	2297890	53617	1901848	55119	2218563	60063.24
独联体成员	1496048	34154	1540644	44385	1702847	42562.12
俄罗斯	5269	140	258	8	4488	128.72
白俄罗斯	120	5	—	—	20	0.62
阿塞拜疆	1702	67	136	6	833	22.99
格鲁吉亚	68	3	—	—	50	3.52
摩尔多瓦	265	12	464	28	1321	58.22
吉尔吉斯斯坦	23819	668	99021	2837	111513	2872.80
塔吉克斯坦	366272	8716	310104	9180	299221	8493.60
土库曼斯坦	47728	1523	32046	1205	63393	2418.43
乌兹别克斯坦	1050279	23012	1098616	31120	1222059	28566.74
非独联体成员	801842	19463	361204	10735	515716	17501.12
阿富汗	789880	19066	354414	10450	506789	17140.68
蒙古	8996	323	6462	275	7962	314.77
中国	1012	20	82	2	60	1.62

注：表中 2008～2011 年数据已对原始出处的数据做出四舍五入并仅保留个位处理。

资料来源：Агентство Республики Казахстан по статистике, Статистический сборник 《 Внешняя торговля Республики Казахстан за 2008 – 2012гг. 》, Астана 2013, Экспорт отдельных товаров (занимающих наибольший удельный вес в общем объеме экспорта) в разрезе основных торговых партнеров стр. 75。

表 3 - 43 哈萨克斯坦主要农产品进口统计（按来源国）

	2010 年		2011 年		2012 年	
	数量（吨）	金额（万美元）	数量（吨）	金额（万美元）	数量（吨）	金额（万美元）
肉类及其制品	150917	16385	186983	24912	250296	34785.60
独联体国家	21809	3798	43444	9009	55307	12595.68
俄罗斯	5693	1166	19354	4021	27652	5889.20
白俄罗斯	75	25	1945	725	5686	2256.12
乌克兰	16040	2607	22146	4263	21952	4444.32
吉尔吉斯斯坦	—	—	—	—	—	—
摩尔多瓦	—	—	—	—	16	6.04
非独联体国家	129108	12587	143539	15903	194989	22189.92
美国	108115	8808	119276	10611	156466	13758.11
加拿大	4378	740	3511	609	7115	1880.61
澳大利亚	2361	237	3196	515	3627	622.09
阿根廷	1840	396	1967	331	2072	365.85
巴西	1098	168	1557	396	4411	837.51
比利时	232	45	88	24	1295	145.92
德国	245	28	605	130	554	106.14
波兰	8649	1734	8605	2139	7095	1593.89
保加利亚	404	109	1071	355	1715	482.67
中国	—	—	0	0	83	16.81
小麦和黑麦	2508	52	15400	388	23947	317.85
独联体国家	2482	47	15375	385	23866	314.86
俄罗斯	2482	47	15374	385	23866	314.86
大麦	13620	459	62569	2849	37917	1424.11
独联体成员	5738	113	16156	593	31417	1126.17
俄罗斯	5738	113	16156	593	31417	1126.17
非独联体成员	7882	346	46413	2256	6499	297.94
丹麦	3146	134	18862	945	3146	142.13
瑞典	2530	110	21326	1005	—	—
法国	18	2	20	3	3293	148.42
大米	28937	1681	15277	1189	25429	1566.74
独联体成员	20576	1340	12509	1016	24210	1482.25
俄罗斯	20514	1337	12379	1007	23369	1444.94
塔吉克斯坦	62	2	5	0.2	633	26.22
非独联体成员	8361	341	2768	173	1219	84.49

续表

	2010 年		2011 年		2012 年	
	数量（吨）	金额（万美元）	数量（吨）	金额（万美元）	数量（吨）	金额（万美元）
越南	628	37	—	—	—	—
印度	4	1	1	0.1	322	23.03
中国	6971	239	2474	149	695	40.94
小麦面	846	35	7269	296	2448	114.72
独联体成员	719	25	7149	285	2398	106.93
俄罗斯	719	25	7013	280	2398	106.93
非独联体成员	127	10	121	11	50	7.79
德国	13	2	17	2	18	1.82
意大利	13	2	32	4	13	2.20

注：表中 2008～2011 年年数据已对原始出处的数据做出四舍五入并仅保留个位处理。

资料来源：Агентство Республики Казахстан по статистике，Статистический сборник 《Внешняя торговля Республики Казахстан за 2008 – 2012гг.》，Астана 2013，Импорт отдельных товаров （занимающих наибольший удельный вес в общем объеме экспорта）в разрезе основных торговых партнеров。

表3-44　哈萨克斯坦2009～2011年年均进口农产品占国内市场的比重

农产品	进口量（万吨）	消费量（万吨）	进口占国内消费的比重（%）
粮食	11.00	1197.37	0.92
粮食制品	4.38	198.98	2.20
鱼及其制品	6.72	8.87	75.72
植物油及含油制品	16.54	34.23	48.33
肉及其制品	20.92	112.22	18.64
奶及其制品	87.06	575.68	15.12
蛋及其制品（亿颗）	0.334	35.655	0.94
葵花籽	2.87	31.64	9.06
蔬菜、瓜果及其制品	19.32	316.90	6.10
水果、葡萄及其制品	57.36	67.83	85.57
土豆及其制品	14.53	251.87	5.77

资料来源：Комитет таможенного контроля Министерства финансов РК（включая взаимную торговлю）；Агентство РК по статистике；ТОО 《Аналитический центр экономической политики в АПК》. Постановление Правительства Республики Казахстан от 18 февраля 2013 года № 151 《Программа по развитию агропромышленного комплекса в Республике Казахстан на 2013 – 2020 годы 《Агробизнес –2020》》，таблица 2. Доля импорта в потреблении продуктов в Казахстане в 2009 – 2011 годах。

第四章　乌兹别克斯坦的粮食安全

乌兹别克斯坦位于中亚中部，是典型的"双内陆国"，其北部和东北部与哈萨克斯坦、东部与吉尔吉斯斯坦、东南部与塔吉克斯坦、南部与阿富汗、西部与土库曼斯坦毗邻，乌兹别克斯坦（以下简称"乌"）五个邻国也均无出海口。全国总面积44.897万平方千米，在世界排名第55位，大体相当于瑞典，或中国的甘肃省或黑龙江省。东西为1425千米（东经56°00′~73°10′），南北为930千米（北纬37°10′~45°36′）。境内最高点是吉萨尔峰，海拔4643米，境内最低点是位于卡拉卡尔帕克斯坦共和国的萨雷卡梅什盆地，海拔－47米。

乌行政区划分为14个州级地方行政区，分别是卡拉卡尔帕克斯坦自治共和国、塔什干市、安集延州、布哈拉州、吉扎克州、卡什卡河州、纳沃伊州、纳曼干州、撒马尔罕州、苏尔汉河州、锡尔河州、塔什干州、费尔干纳州、花拉子模州。截至2013年1月1日，乌全国人口2999.35万，人口密度65人/平方千米，其中城市人口占51%（1532万），农村人口占49%（1468万）。

第一节　土地、气候和水资源

与生养2900万人口、灌溉430万公顷田地、保障工业生产，以及满足各类生态系统的需求相比，乌兹别克斯坦的土地和水资源并不富裕。随着气候变暖，土壤退化和水资源总量缺乏等问题日益突出。

一　土地

乌兹别克斯坦1998年4月30日通过的《土地法典》（当年7月1日生效）规定乌土地属国家所有，是全体国民的共有财富，共分为八种类型：农

用地（包括灌溉地和非灌溉地、荒地、草场、牧场、果园和葡萄园）；居民用
地；工业、交通、通信和国防等用地；自然保护区、康复、休闲等用地；历史
文化用地；林地；水利用地；储备用地。

全部国土中（2009 年），农用地占 59.5%，森林占 3.1%，水利用地占
1.8%，其余占 35.6%。全国耕地共 4.1 万平方千米，受缺水和蒸发影响。乌
独立后，灌溉面积几乎未增加，而且很多灌区的盐碱化程度加重。[①]

《土地法典》规定土地利用有永久使用、经常使用、临时使用和租用四种
方式。其中永久使用的土地可依法定程序继承；经常使用的土地不能继承，但
在公民和企业（包括合资企业和外资企业）存续期间可无限期使用；临时使
用分为短期（三年以下）和长期（三年及以上，十年以下）两种，期限届满
后可依法定程序续延；租用土地需具备出租人和承租人签订的合同，租赁条件
和期限由合同约定，但不得转租，农业用地的租赁期不得少于 30 年，最多可
达 50 年。

表 4 - 1　乌兹别克斯坦有效利用的土地情况统计（当年 1 月 1 日）

单位：万公顷

	2009 年	2010 年	2011 年	2012 年
国土总面积	4441.03	4441.03	4441.03	4441.03
农用地	2226.46	2145.32	2048.77	2047.35
耕地	405.33	405.46	405.20	404.56
果园	33.04	33.44	33.72	34.30
牧场和草场	1278.05	1197.36	1112.86	1112.37
其他	510.04	509.06	496.99	496.12

注：乌兹别克斯坦和土库曼斯坦两国边界接壤地区签订互换土地并从事农业生产的协议。因此两
国的被利用土地面积与国土总面积不完全相同。

资料来源：Государственный комитет Республики Узбекистан по статистике, Статистический
сборник 《Сельское хозяйство Узбекистана》, Ташкент – 2012, стр. 21 Структура общей земельной
площади и сельскохозяйственных угодий.

[①]　Закон РУз от 30.04.1998 г. № 598 – I 《Земельный кодекс Республики Узбекистан》, Введен в
действие с 01.07.1998 г. В настоящий Кодекс внесены изменения в соответствии с Законом
РУз от 04.01.2011 г. № ЗРУ – 278.

表 4 - 2　乌兹别克斯坦水浇地盐化程度

年份	水浇地面积 （万公顷）	盐化土地面积 比重(%)	轻度盐化面积 （万公顷）	中度盐化面积 （万公顷）	重度盐化面积 （万公顷）
2000	424.57	54.2	126.33	84.76	19.01
2005	427.36	51.0	132.37	69.54	16.13
2006	428.04	50.7	134.46	66.35	16.26
2007	429.71	50.5	134.46	66.44	16.27

资料来源：Государственный комитет Республики Узбекистан по охране природы，《Национальный доклад о состоянии окружающей среды и использовании природных ресурсов в Республике Узбекистан - 2008：(Ретроспективный анализ за 1988 - 2007 гг.)》，Ташкент 2008，Стр. 77。

二　气候

乌兹别克斯坦气候总体上属比较干旱的大陆性气候。平原地区 7 月平均气温从北到南为 26 ~ 32℃，南部白天气温经常高达 40℃ 以上，最高可达 45 ~ 47℃；1 月平均气温为 - 8 ~ 0℃，北部最低气温曾有 - 38℃ 的记录。降水主要依靠冬春季降雪，年均降水量平原低地为 80 ~ 200 毫米，半山区为 300 ~ 400 毫米，山区可达 600 ~ 800 毫米（见表 4 - 3）。

乌每年约有 270 个晴天，约 1% 国土适合安装太阳能装置，每年可获得约 1.8 亿吨标准煤能量。在平原地区，夏季日平有效日照 10 ~ 12 小时，每平方米热量 25 ~ 28 兆焦，冬季日均有效日照 4 ~ 6 小时，每平方米热量 7 ~ 8 兆焦。在半山地地区，夏季日均有效日照 10 ~ 12 小时，每平方米热量 24 ~ 27 兆焦，冬季日均有效日照 3 ~ 3.5 小时，每平方米热量 6 ~ 8 兆焦。在山地地区，夏季日均有效日照约 10 小时，每平方米热量 26 ~ 27 兆焦，冬季日均有效日照约 3 小时，每平方米热量 6 ~ 7 兆焦。在盆地地区，夏季日均有效日照 11 ~ 12 小时，每平方米热量 25 ~ 27 兆焦，冬季日均有效日照 3 ~ 4 小时，每平方米热量 6 ~ 7 兆焦。[①]

据乌国家气象服务中心测算，乌气体排放总量 1990 年共计 1.632 亿吨二氧化碳当量，1994 年 1.542 亿吨，1999 年 1.605 亿吨。排放的气体主要是二

———————

[①]　UNDP，《Солнечная энергетика - перспективная сфера специальзации для Узбекистана》，Policy Brief №6 ，2006.

氧化碳，占总量的67%，主要是能源企业造成；其次是甲烷，占总量的27%，主要是油气生产和运输活动产生。

乌兹别克斯坦同样面临气候变暖威胁。根据1961～1990年的气温变化趋势，乌国家气象服务中心预测2000年以后每年二氧化碳排放增加1%，2030年前温度将比2000年上升0.8～3.4℃，升温影响从东南山地向西北沙漠地区逐渐加强。气候变暖将给乌带来诸多不利影响，其中包括：（1）水量减少。尽管高山融雪和降水增加，但地表蒸发量加大，总体上仍是水量减少，雪山面积和地表径流缩减，预计阿姆河水量将减少1/3，锡尔河水量将减少1/5。（2）乌境内的温带气候带向北推移150～200千米，热带气候带向南推移150～200千米，每年无霜期延长8～15天。（3）农作物减产。（4）人和动植物的疾病增多，部分传染病疫情可能加重。

为应对气候变化，乌政府于1993年签署联合国《气候变化框架公约》，1998年11月加入《京东议定书》（1999年8月20日批准）。为减少温室气体排放，乌采取的措施集中在能源领域采取以下措施：一是加强电厂的能源利用效率，改善能源结构；二是增加清洁能源使用比重；三是减少油气开采和加工过程中的温室气体排放；四是提高居民住宅的热利用效率。乌1998年12月1日提交的第二版《关于联合国气候变化框架公约的国家报告》中提出未来节能减排计划，即将单位GDP能耗降低33%～35%（每年节约800万～1000万吨油当量），节约能耗的途径主要来自原材料开采和加工（占30%）、建筑等公用设施（占45%）、其他生产和生活领域（占25%）。[①]

三 水资源

乌兹别克斯坦的地表水资源主要有四部分：一是河流。乌境内大小径流共计1.7777万条，其中阿姆河水系约占2/3，锡尔河水系约占1/3。大部分河流都是长度小于10千米的季节性河流。二是湖泊。乌共有大小湖泊505个，其

---

① Centre of Hydrometeorology under the Cabinet of Ministers of the Republic of Uzbekistan, "Second National Communication of the Republic of Uzbekistan under the UN Framework Convention on Climate Change" (《Второе национальное сообщение по Рамочной конвенции ООН об изменении климата Республики Узбекистан》), 2008.

表 4 - 3　乌兹别克斯坦未来气温和降水预测（以 1961～1990 年年均气温和降水为参照）

PRECIS 区域气候模型的 A2 情景	气温（℃）			降水（%）		
	2030 年	2050 年	2080 年	2030 年	2050 年	2080 年
西部:卡拉卡尔帕克共和国、花拉子模州	1.3	2.0	3.2	104	105	101
中部干旱区:纳沃伊州、布哈拉州	1.6	2.3	3.5	104	105	104
东南部:卡什卡达里亚洲、苏尔汉河州	1.7	2.5	3.4	104	104	105
半山区:撒马尔罕州、吉扎克州、塔什干州、费尔干纳谷地	1.6	2.3	3.4	106	108	111
山区:天山山脉	1.4	2.2	3.3	108	110	112
山区:吉萨尔 - 阿莱山脉	1.3	2.1	2.9	105	106	106
PRECIS 区域气候模型的 B2 情景	气温（℃）			降水（%）		
	2030 年	2050 年	2080 年	2030 年	2050 年	2080 年
西部:卡拉卡尔帕克共和国、花拉子模州	1.1	2.0	3.7	115	116	108
中部干旱区:纳沃伊州、布哈拉州	1.2	2.3	4.2	114	116	110
东南部:卡什卡达里亚洲、苏尔汉河州	1.3	2.4	4.3	116	117	110
半山区:撒马尔罕州、吉扎克州、塔什干州、费尔干纳谷地	1.2	2.3	4.2	115	118	114
山区:天山山脉	1.1	2.2	4.1	117	115	108
山区:吉萨尔 - 阿莱山脉	1.1	1.9	3.8	114	116	115

资料来源: Centre of Hydrometeorology under the Cabinet of Ministers of the Republic of Uzbekistan，"Second National Communication of the Republic of Uzbekistan under the UN Framework Convention on Climate Change"，Table 5.2。

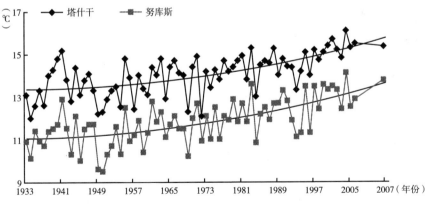

图 4 - 1　1933～2007 年乌兹别克斯坦年均温度走势

注: 图中上部斜线表示中东部的塔什干地区的温度走势，下部斜线表示西部的努库斯地区的温度走势。

资料来源: Государственный комитет Республики Узбекистан по охране природы，《Национальный доклад о состоянии окружающей среды и использовании природных ресурсов в Республике Узбекистан - 2008: （Ретроспективный анализ за 1988 - 2007 гг.）》，Ташкент 2008，Стр. 33，2.6.1 Изменение температуры。

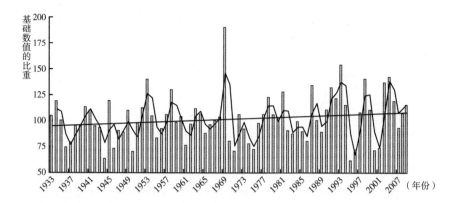

图 4 - 2 1933～2007 年乌兹别克斯坦降水走势 （年降水标准指数）

注：图中横轴表示年份，纵轴表示降水标准指数占基础数值的比重。从中可以看出，伴随气候变暖，1933～2007 年乌兹别克斯坦境内的年均降水量总体呈缓慢增长态势。

资料来源：Государственный комитет Республики Узбекистан по охране природы, 《Национальный доклад о состоянии окружающей среды и использовании природных ресурсов в Республике Узбекистан－2008：（Ретроспективный анализ за 1988－2007 гг.）》, Ташкент 2008, Стр. 33, 2.6.1 Изменение температуры。

中大部分面积小于 1 平方千米。三是水库，共建有 53 座，主要用于灌溉，设计容量 188.67 亿立方米，有效库容 148.55 亿立方米。四是雪山，共有 525 座，面积 154.2 平方千米。

据联合国粮农组织材料，乌境内约 86.5% 的面积属于南部的阿姆河水系，剩余约 13.5% 的面积属于北部的锡尔河水系。境内每年产生的径流量约 95.4 亿立方米，其中阿姆河占 49%，锡尔河占 51%。阿姆河流域年均径流量约为 785 亿立方米（1084 亿立方米概率为 5%，469 亿立方米的概率为 95%），其中乌境内每年产生 47 亿立方米径流量，约占阿姆河水总量的 6%，主要支流有苏尔汉河、卡什卡河、泽拉夫尚河等。锡尔河年均径流量约为 371 亿立方米（541 亿立方米概率为 5%，214 亿立方米概率为 95%），其中乌境内每年产生约 48.4 亿立方米径流量，约占锡尔河水总量的 13%，主要支流有阿尔玛萨河、恰达克萨河、巴德萨河、卡桑赛河、苏姆萨尔河、加瓦萨河等。受气候干燥和农业灌溉等影响，在干旱年份能够最后流入咸海的水量经常不到阿姆河水总量的 10% 和锡尔河水总量的 5%。

据乌兹别克斯坦环保部数据，根据中亚五国（乌兹别克斯坦、哈萨克斯坦、土库曼斯坦、吉尔吉斯斯坦、塔吉克斯坦）签署的咸海水系的河流水量分配协议，乌每年可获得 524.08 亿立方米水量，其中从阿姆河获得 324.93 亿立方米，从锡尔河获得 199.15 亿立方米，加上地下水等资源，乌每年可利用的水资源总量为 592.09 亿立方米。在乌全部水资源消费中，乌境内各类水源仅能提供 11% ~ 12%，其余全部依靠境外水源。1988 ~ 2007 年，乌每年从锡尔河取水 210 亿 ~ 260 亿立方米，从阿姆河取水 210 亿 ~ 360 亿立方米。

据联合国粮农组织数据，乌境内共发现 95 处地下水含水层（其中 77 处是淡水），每年可产生地下水 196.8 亿立方米（其中 128.8 亿立方米与地表水重叠）。据估算，每年地下水抽取量极值是 68 亿立方米，但实际抽取量较大，导致地下水位下降。2002 ~ 2004 年年均使用地下水 86 亿立方米，其中 54.5 亿立方米用于居民生活，占地下水总使用量的 63%，22.2 亿立方米用于灌溉，占 26%，9.3 亿立方米用于工业生产，占 11%。

截至 2005 年 1 月 1 日，乌境内淡水资源共 2582.205 万立方米/天，分布大体是费尔干纳地区 34.5%，塔什干州 25.7%，撒马尔罕州 18%，苏尔汉河州 9%、卡什卡河州 5.5%，其他各州总计约 7%。淡水资源比较多的地区是塔什干州（737.519 万立方米/天）、撒马尔罕州（354.758 万立方米/天）、苏尔汉河州（337.375 万立方米/天）、纳曼干州（331.258 万立方米/天）、安集延州（331.847 万立方米/天），淡水资源比较少的地区是布哈拉州（6.48 万立方米/天）和纳沃伊州（7.258 万立方米/天）。卡拉卡尔帕克斯坦共和国和花拉子模州两个地区已经基本没有淡水资源。

据乌环保部数据，2007 年乌水资源使用结构是：灌溉用水占 85%，工业（包括能源）用水占 9%，居民用水占 4%，其他占 2%。鉴于农业灌溉是最大的消费用户，乌每年水资源消费量主要取决于当年降水情况，降水丰富则用水量低，否则就高，最高是 1990 年（苏联时期）625 亿立方米，苏联解体后一直低于该峰值。

乌农业部副部长兼水资源管理总局局长哈姆拉耶夫（Шавкат Хамраев）在 2009 年土耳其伊斯坦布尔市举行的"世界水资源论坛"演讲时指出，当前乌面临的水资源威胁主要有三个方面：一是水量减少。乌水资源短缺量 2005 年 20 亿立方米，预计 2030 年将达到 70 亿立方米，2050 年达到 110 亿 ~ 130 亿立方米。二是各类水源的水质恶化。主要原因是生活污水量增大但处理水平低、蒸发量大造成水质含盐量大、农业用水中化肥、农药、牲畜粪便含量增加等。三是咸海生态灾难。2000～2009 年，很多淡水湖消失，吐加依森林面积减小一半，芦苇塘面积减少 5/6。咸海刮起的盐暴裹着沙粒，每年都将 1500 万～7500 万吨裸露在湖底的盐粒吹到周边地区，造成半径 75～100 千米范围内的土壤严重盐碱化，离湖岸 550～700 千米处的土壤盐含量达到每公顷 300～450 克。

乌农作物主要产自灌溉区。全国灌溉管理系统由 10 个流域灌溉区和 1 个干渠管理局组成。1994 年灌区总面积 430 万公顷，其中约 56% 属于阿姆河流域，其余 44% 位于锡尔河流域。农业灌溉用水中，43% 来自河流水渠（包括灌溉退水），27% 用抽水机从河流提水，24% 来自水库，6% 来自地下水。考虑到水资源状况和节水技术，联合国粮农组织认为，乌灌溉区面积极限约为 490 万公顷。

乌境内灌溉水渠总长 17.1 万千米。阿姆河流域灌溉面积约 200 万公顷，灌渠长度 1.37 万千米，年提水能力 350.5 亿立方米。乌灌渠缺乏防渗措施，只有 79% 的灌区间水渠和 19% 的灌区内水渠有水泥覆面，而且老化较严重。因乌灌溉系统完备程度不同，最后能到达庄稼地的水量约占提水总量的 40%。2000～2004 年全国平均每公顷水浇地年耗水量 1.41 万立方米，其中花拉子模州最多，为 2.26 万立方米，吉扎克州最少，为 0.98 万立方米。①

2008 年，乌通过《2008～2012 年改造灌溉系统计划》，计划投资 18450 亿苏姆（合 1.129 亿美元），改造 3.7 万千米干渠和 3.5 万千米地方水渠，改善74 万公顷灌溉田。2012 年 11 月 30 日，乌政府通过《2013～2015 年进一步发展和完善供水体系和管道体系综合计划》，目标是在 2020 年前，集中供水体系涵盖乌全部城市和 85%～90% 的农村地区，管道服务覆盖 70% 的城市和农村居民。2012 年，乌集中供水体系仅涵盖全部城市和 74.6% 的农村地区。②

2011 年 6 月，伊斯兰发展银行与乌府签署《2011～2013 年合作计划》，约定向乌提供 6.555 亿美元贷款，建设 11 个项目，涉及基础设施、卫生医疗、教育和私营经济等。2012 年 8 月，伊斯兰发展银行与乌农业部签署合作协议，

---

① 《Физико - географические характеристики региона》，http：//www.cawater-info.net/bk/water_ land_ resources_ use/docs/fiziko_ geog_ kharack_ uzbekistan.html.

② Постановление Кабинета Министров Республики Узбекистан от 30 ноября 2012 г. № 337 《О мерах по дальнейшему комплексному развитию и модернизации систем водоснабжения и канализации Республики Узбекистан на период 2013 - 2015 годов》.

提供 6000 万美元贷款，期限 20 年（其中 4 年免息），改造西部花拉子模州灌溉水渠。2012 年 2 月，日本久保田公司（Kubota Corp）和中国技术进出口公司（CNTIC）赢得亚洲开发银行贷款项目（总计 7350 万美元），改造苏尔汉河州阿姆詹格灌渠（Аму－Занг），主要是提水泵站，改善 10 万公顷灌田。

第二节　农业生产主管部门和农业生产主体

一　农业生产主管部门

乌兹别克斯坦主管农业的最高综合性协调机构是内阁下设的"深化农业经济改革国家委员会"（Республиканская комиссия по углублению экономической реформы в сельском хозяйстве при Кабинете Министров Республики Узбекистан）。委员会主任是内阁副总理，委员则来自农业、环保、财政等多个与农业和农村事务有关的部门。委员会的日常办事机构是农业和水利部（Министерство сельского и водного хозяйства Республики Узбекистан）（见表 4 - 4）。

表 4 - 4　乌兹别克斯坦农业和水利部内设机构（下设 4 个司，共 26 个处）

行政管理司 （下设 6 个处）	秘书和新闻处 法制处 干部处 财务处 专家处 国际关系处
农业技术司 （下设 7 个处）	棉花和经济作物发展处 粮食发展处 蔬菜瓜果、园艺、葡萄和农产品加工处 农业机械和农业化学处 畜牧发展处 家禽、渔业和养蜂业发展处 丝绸业发展处
农业经济改革司 （下设 5 个处）	经济分析和农业生产预测处 家庭和个体农业经济发展处 合同监督处 农村地区市场设施协调发展处 吸引外资和项目监督执行处

水利司 （下设8个处）	水资源平衡和发展节水技术处 灌溉体系应用处 土壤改良处 泵站、能源和通信处 规划预算质量监督和方案实施处 发展水资源经济和深化水资源利用市场化处 水利综合体拨款处 建设资金和工程组织处

二 农业生产主体

乌兹别克斯坦的农业生产主体通常分为三部分：一是农工企业，它作为独立法人以公司化管理运作；二是农民个体生产（Дехканское хозяйство）。乌《农民个体生产法》规定，农民个体生产不具有法人地位，是农民在自己的土地（归农民永久使用，可作为遗产继承）上，以家庭成员为单位，从事种植、畜牧和副业；[①] 三是家庭农场或农户（Фермерское хозяйство）。乌《家庭农场法》规定，家庭农场是农民以家庭或家庭联合为单位，利用租赁土地（与个体生产利用自有土地不同），自主从事农产品生产的经营主体，具有独立法人地位，享有签章，可在银行开设账号。成立家庭农场需提供章程，依照规定程序获得租赁地块，在相关机构履行登记手续。所租用的土地一般由国家提供（国家所有），以签订长期（30~50年）土地租用合同方式享有使用权。从事畜牧业的家庭农场需至少拥有30头牲畜，租赁的牧场面积平均（根据地块位置）每头牲畜在旱地2公顷，在水浇地0.3~0.45公顷。从事种植业的家庭农场，种植棉花和粮食的面积不得小于30公顷，种植果树、瓜果、葡萄、

---

① Закон Республики Узбекистан от 30 апреля 1998 года №604 – I《О дехканском хозяйстве》（Ведомости Олий Мажлиса Республики Узбекистан，1998 г.，№ 5 – 6，ст. 88；2001 г.，№ 1 – 2，ст. 23，№ 5，ст. 89；2003 г.，№ 9 – 10，ст. 149；2004 г.，№ 1 – 2，ст. 18；Собрание законодательства Республики Узбекистан，2004 г.，№ 51，ст. 514；2005 г.，№ 21，ст. 148；2007 г.，№ 52，ст. 533；2008 г.，№ 52，ст. 513；2009 г.，№ 3，ст. 9，№ 52，ст. 555；2010 г.，№ 35 – 36，ст. 300）.

蔬菜等其他农作物的面积不得小于 5 公顷。实践中，家庭农场一般建在劳动力较缺乏的地区。①

三 农业发展战略

与很多国家不同的是，独立后，乌兹别克斯坦政府从未出台全面整体指导国家宏观经济社会发展的中长期战略。不过，这不等于乌没有国家发展规划，而是具有自己的特点，即开展"主题年"活动。独立后初期，即 1996 年之前，乌主要任务是巩固独立基础、应对经济衰退、稳定国家政局。待国家政治经济形势稳定后，从 1996 年开始实行主题年活动，每年都有一个国家活动主题，例如：1996 年是"埃米尔·帖木儿年"，1997 年是"人类利益年"，1998 年是"家庭年"，1999 年是"妇女年"，2000 年是"健康一代年"，2001 年是"母亲和儿童年"，2002 年是"老一辈利益年"，2003 年是"社区年"，2004 年是"良善和美德年"，2005 年是"健康年"，2006 年是"慈善和医务工作者年"，2007 年是"社会保障年"，2008 年是"青年人年"，2009 年是"农村发展和公用设施年"，2010 年是"代际和谐发展年"，2011 年是"中小企业年"，2012 年是"家庭年"，2013 年是"福利与繁荣年"。②

主题年意味着国家在当年重视和发展该领域，大量出台相关具体措施，集中解决存在的问题。如 2009 年"农村发展和公用设施年"期间，乌政府就出台很多措施，如《关于消除官僚障碍和简化审批程序的补充措施》《关于消除

---

① Закон Республики Узбекистан от 30 апреля 1998 года №602 – I 《О фермерском хозяйстве》（В редакции Законов Республики Узбекистан от 15. 12. 2000 г. №175 – II，12. 05. 2001 г. №220 – II，12. 12. 2003 г. №568 – II，26. 08. 2004 г. №692 – II，23. 03. 2006 г. №ЗРУ – 26，28. 12. 2007 г. №ЗРУ – 138，31. 12. 2008 г. №ЗРУ – 197，25. 12. 2009 г. №ЗРУ – 240，13. 09. 2011 г. №ЗРУ – 295，10. 09. 2012 г. №ЗРУ – 329）.

② 埃米尔·帖木儿年（Год Амира Темура），人类利益年（Год интересов человека），家庭年（Год семьи），妇女年（Год женщин），健康一代年（Год здорового поколения），母亲和儿童年（Год матери и ребенка），老一辈利益年（Год интересов старшего поколения），社区年（Год махалли），良善和美德年（Год доброты и милосердия），健康年（Год здоровья），慈善和医务工作者年（Год благотворительности и медицинских работников），社会保障年（Год социальной защиты），青年人年（Год молодежи），农村发展和公用设施年（Год развития и благоустройства села），代际和谐发展年（Год гармонично развитого поколения），中小企业年（Год малого бизнеса и предпринимательства），家庭年（Год крепкой семьи），福利与繁荣年（Год благополучия и процветания）.

官僚障碍和进一步提高个体经济自由的若干措施》《关于完善法人和公民在竞争基础上获得经营场地的若干补充措施》《关于完善质量管理体系认证的若干补充措施》《简化个体经营活动 50 千瓦以下电力设备接入电网的程序》《关于个体户登记注册程序的修改和补充措施》《关于为中小商业和个体经济增加贷款的若干补充措施》等。①

独立后，乌农业领域改革主要涉及六个方面：一是土地改革。主要是实行租赁承包制，即土地属国家所有，家庭农场可以长期租赁土地（30～50 年），而且租赁权可以继承，其中用于种植粮食和棉花的土地最小 30 公顷，种植蔬菜、瓜果和水果的土地 5 公顷起。二是水资源管理。由地方行政垂直管理变为跨地区的流域管理。全国共设 10 个灌溉管理局和 1 个干渠管理局（负责费尔干纳地区的联合调度体系）。三是金融信贷。改善农业（特别是家庭农场）贷款条件，简化程序，提供优惠利率。四是提高粮食生产。主要是调整种植结构、增加种植面积和发展农业科技（如改良小麦品种），确保本国主粮自给，摆脱对外部进口的依赖。五是确保棉花生产。提高棉花产量和质量，保证外汇收入。六是尽可能提高蔬菜、水果和肉、禽、蛋、奶等产量，丰富民众消费需求，并增加出口收入。

独立后，乌将粮食自给作为本国粮食安全和国家安全的头等大事，主要采取两项措施。②

一是增加本国粮食产量。通过扩大灌溉范围，增加种植面积，以及施加化肥和农药，提高单产效率等方式，乌粮食产量总体增长，从独立初期的粮食进口国变为出口国。粮食增产首先是提高小麦产量。1991～2006 年，乌小麦播种面积从 48.8 万公顷提高到 150 万公顷，小麦产量从 61 万吨增加到 600 万吨。2003 年，乌小麦进口依赖率从 1992 年的 82.2%（自产 96 万吨，进口 445 万吨）降到 4.5%，基本实现粮食自给，此后每年都有剩余出口，少量进口小麦仅是为调剂品种和加工高等级面粉。

---

① Правительственный портал Республики Узбекистан, 《2011 год-Год малого бизнеса и частного предпринимательства》, http：//www. gov. uz/ru/year/.

② ПРООН（UNDP），《Продовольственная безопасность в Узбекистане》，Ташкент 2010. Глава 2. Продовольственное обеспечение в РеспубликеУзбекистан.

　　二是实行进口替代战略。2005 年 11 月以前，为保障本国粮食消费需求和民众生活，乌对进口的粮食和面粉免征关税。此后（即本国粮食自给后），乌则对进口粮食和面粉按照 FOB 价格征收 30% 关税，防止外部粮价对本国农业造成不利冲击。1995～2006 年，乌粮食进口额下降 33%，从 5.263 亿美元降到 3.574 亿美元，主要是小麦进口量下降（从 102.27 万吨下降到 10.297 万吨）。同期的进口农产品主要是肉、蛋、奶等畜牧产品，进口额从 0.641 亿美元提高到 5.050 亿美元。

　　2012 年 10 月 22 日，乌政府通过《关于进一步完善和发展家庭农场的若干措施》（以下简称《措施》），决定完善农业立法；完善家庭农场自我组织管理、相互协作，以及与国家机关的合作等；通过提高家庭农场的经营和财务状况等措施，大力发展家庭农场，促进农民增收、农业增产、农产品深加工和农村发展；给予家庭农场税收优惠、信贷支持、土壤改良和品种改良财政资助；保障农户的长期租赁经营权等。《措施》规定政府总理和地方行政负责人是深化农业体制改革、落实改革措施的责任人，并在中央和地方机构组建"家庭农场委员会"（Совет фермеров Узбекистана），负责协调家庭农场改革发展事务。[①]

表 4 - 5　乌兹别克斯坦预算统计

单位：亿苏姆

	2011 年	2012 年	2013 年
总收入（不含专项基金）	170613	212957	262230
1. 直接税	44970	54142	63537
1.1 法人利润税	8616	10011	10388
1.2 商贸餐饮企业统一税	5614	6459	8326
1.3 小微企业统一税	4802	5882	7550
1.4 个人所得税	19191	23018	27173
1.5 个别个体活动固定税	2250	3173	4156
1.6 改善和发展社会基础设施税	4496	5599	5944

---

① Указ Президента Республики Узбекистан от 22 октября 2012 года № УП - 4478 《О мерах по дальнейшему совершенствованию организации деятельности и развитию фермерства в Узбекистане》.

续表

	2011 年	2012 年	2013 年
2. 间接税	82250	104345	133986
2.1 增值税	47614	59666	75525
2.2 消费税	25418	31759	41683
2.3 关税	5163	7597	10074
2.4 交通工具用汽油、柴油、天然气消费税	4054	5324	6705
3. 资源和财产税	26262	33125	38882
3.1 财产税	5715	7361	10116
3.2 土地税	4372	4863	5834
3.3 地下资源利用税	15550	20163	21909
3.4 水资源利用税	624	739	1024
4. 其他收入	17131	21344	25825
总支出(不含专项基金)	167260	208820	258259
1. 社会和居民社会扶助支出	97049	122999	151470
1.1 教育	55829	71304	88032
1.2 卫生	22267	30249	37099
1.3 文化体育	1853	2234	2874
1.4 科技	1088	1374	1647
1.5 社会保障	722	869	1064
1.6 社会补贴	13784	16172	16113
1.7 农村个人住房建设项目贷款补贴			3747
2. 发展公民社会组织	50	60	70
3. 经济事务	19316	23170	27498
4. 中央投资	10961	11317	14396
5. 一般公共服务	6296	8528	11498
6. 其他支出	33587	42746	53327
盈余(+)或赤字(−)	3353	4136	3971

资料来源：Министерство финасов Республики Узбекистана, государственный бюджет, Исполнение государственного бюджета Республики Узбекистан за 2011 год, за 2012 год, за 2013 год.

四　外国劳动力管理

乌兹别克斯坦对外国劳务人员实行配额和许可证制度。根据《引进和使用外籍劳务的规定》，配额的数量根据上年用人单位申请，由劳动部门确定，具体核发则由移民部门负责。在乌的外国劳务人员主要是随外资企业或项目带入，主要分布在建筑、施工、制砖、餐饮等行业，以工程技术人员和建设工人居多，数量波动较大，但总规模估计在 1 万人左右。

第三节　粮食生产

独立后，乌兹别克斯坦在建国"五项原则"指导下，坚持分阶段地渐进经济改革，民众痛苦小，经济也很快止跌回升，总体上实现稳定发展。从经济总体发展趋势看，乌经济以 1996 年为界大体分为两个阶段：1996 年之前是苏联解体后的经济下滑阶段，1992～1995 年四年时间相比 1991 年 GDP 下降近1/5。1996 年以后，乌经济开始止跌回升，此后便一路增长。另外，独立后到1996 年也是国内改革的攻坚阶段，各领域的基本体制和基本制度都在这个时期出台并确定下来。如在宏观经济管理方面，国家需要调整相应机构，适应从指令性计划经济向市场经济转化的需求；在货币政策方面，银行体制实行两级管理，确保国家金融独立，遏制通货膨胀；在财政政策方面，需要改革税收结构，确保财政收入，填补苏联解体造成的中央补贴漏洞；在农业生产领域，需要调整种植结构，提高粮食产量；在工业生产方面，需要通过转换经营机制调动企业积极性，迅速摆脱经济衰退；在对外贸易方面，需要打开国际市场，建立国际经济合作关系等。

从经济总量看（据乌国家统计委员会数据），按现价，乌 GDP 1991～2012年 20 年间增长 3.3 倍。1991 年共 138 亿美元，2012 年 96.5898 万亿索姆（合484 亿美元），人均 324.3788 万苏姆（按年均官方汇率 1 美元＝1999.79 苏姆计算，合 1622 美元）。另据世界银行在线数据库资料，按现价，乌 2012 年GDP 总值为 511.12 亿美元。

一　农业生产结构

从三产结构看，独立后至 2006 年之前，乌兹别克斯坦农业比重始终高于工业产值，从 2006 年起工业开始超越农业，与此同时，服务业大体占 1/3（35% ~ 45%）（见表 4 - 6）。①

表 4 - 6　乌兹别克斯坦的 GDP 产业结构

单位：%

	2000 年	2005 年	2010 年	2011 年	2012 年
农业	34.4	28.1	19.8	19.1	18.9
工业	23.1	28.8	33.4	32.6	32.4
服务	42.5	43.1	46.8	48.3	48.7

资料来源：Asian Development Bank, Key Indicators for Asia and the Pacific, 2013 Uzbekistan。

从农业生产结构看，2010 年以来，种植业和畜牧业分别约占农业总产值的 60% 和 40%。2012 年，乌兹别克斯坦的农业生产总值 24.37 万亿苏姆（约合 120 亿美元），其中种植业 14.1553 万亿苏姆（合 70 亿美元），占农业生产总值的 58%，畜牧业 10.215 万亿苏姆（合 50 亿美元），占 42%（见表 4 -7）。

表 4 -7　乌兹别克斯坦农业总产值

	2010 年	2011 年	2012 年
总人口(12 月 31 日,万人)	2823.39	2955.91	2999.46
通胀率(年内月均,%)	0.6	0.6	0.6
通胀率(同比上年 12 月,%)	7.3	7.6	7.0
汇率(当年 1 月 1 日,1 美元 = 苏姆)	1511.4	1640	1796.22
GDP(亿苏姆)	618312	777506	965898
工业总产出(亿苏姆)	335805	416559	507306
消费品(亿苏姆)	112628	149263	179768
农业总产出(亿苏姆)	158107	196336	243703
种植业	93907	113474	141553
畜牧业	64200	82862	102150
种植业产值占农业比重(%)	59.39	57.80	58.10
畜牧业产值占农业比重(%)	40.61	42.20	41.90

资料来源：Государственный комитет Республики Узбекистан по статистике, Ежеквартальные доклады, http://www.stat.uz/reports/; Динамические ряды, http://www.stat.uz/rows/。

---

① 历年的 CIA "The World Factbook", Uzbekistan, Uzbekistan Economy。

乌农业生产以农民个体生产为主，约占农业生产总值的2/3，其次是家庭农场，约占1/3（其中占棉花生产100%，占粮食生产80%～90%，占蚕丝生产95%以上），农业企业（包括国有或集体农场）产值很低，不足5%。2012年农业总产值中，农民个体产值占63.5%，家庭农场产值占34.4%，农工企业产值占2.1%（见表4－8）。

乌从事粮食和农副产品的外贸企业主要有三家，均是乌经济部下属的国有独资企业。一是"乌兹别克斯坦国际进出口公司"（ГАВК《Узинтеримпэкс》，Uzinterimpex），主要从事进出口、中介和咨询服务等，主营棉花销售（年均33万吨），还出口棉纱、棉布、纺织品、新鲜及罐装果品蔬菜产品、干果、建材、粮食、有色金属等，同时进口设备和现代技术。二是"乌兹别克斯坦中央进出口公司"（ГАВК《Узмарказимпэкс》，O'zmarkazimpeks），主营棉花、纺织品、粮食、豆类、食品、干鲜蔬菜水果、植物油、铜及其制品等，拥有自己的种植基地。三是"乌兹别克斯坦工业机械进出口公司"（ГАК《Узпром-машимпекс》，Uzprommashimpeks），主营工农业产品和设备的进出口。

表4－8 乌兹别克斯坦农业生产统计（按所有制形式）

	2009 年	2010 年	2011 年
鲜肉(万吨)	136.77	146.14	156.42
家庭农场(农户)	3.54	3.78	4.10
农民个体	130	138.92	148.16
农业企业	3.23	3.44	4.16
奶(万吨)	577.9	616.9	676.62
家庭农场(农户)	17.65	20.5	23.01
农民个体	557.35	592.78	649.46
农业企业	2.9	3.62	4.15
蛋(亿枚)	27.159	30.588	34.42
家庭农场(农户)	2.099	2.881	3.75
农民个体	16.301	17.755	18.76
农业企业	8.759	9.952	11.92
毛(吨)	24980	26510	28687

续表

	2009 年	2010 年	2011 年
家庭农场（农户）	1439	1715	1938
农民个体	20646	21951	24198
农业企业	2895	2844	2551
卡拉库尔羊皮（万张）	89.79	93.49	102.23
家庭农场（农户）	4.23	4.41	4.34
农民个体	58.49	63.21	64.36
农业企业	27.07	25.87	33.53

资料来源：Государственный комитет Республики Узбекистан по статистике, Ежеквартальные доклады, Основные показатели социально－экономического развития Республики Узбекистан, http：//www.stat.uz/reports/；Динамические ряды，http：//www.stat.uz/rows/。

二　种植面积

乌兹别克斯坦的粮食作物种植面积最大，2011 年，粮食作物种植面积约占总种植面积的 45%（其中小麦约占 40%），第二是经济作物，约占 39%（其中棉花约占 37%），第三是饲料作物，约占 9%，第四是蔬菜，约占 5%（见表 4-9）。2012 年，乌总种植面积 362.70 万公顷，其中粮食 162.75 万公顷（小麦 140.39 万公顷），棉花 130.82 万公顷，土豆 7.6 万公顷，蔬菜 18.4 万公顷，瓜果 3.8 万公顷，饲料作物 30.7 万公顷。

三　种植业

乌兹别克斯坦的粮食生产以小麦为主。2008～2011 年，乌粮食年均产量 709 万吨，其中小麦 642 万吨（占粮食总产量的 92%），食用玉米 24 万吨，大米 17 万吨，大麦 17 万吨，粮用豆类 3 万吨。其他主要作物的年均产量分别是：土豆 162 万吨，蔬菜 607 万吨，瓜果 149 万吨，水果 128 万吨，葡萄 94 万吨，棉花 343 万吨，饲料玉米 366 万吨，草料 140 万吨（见表 4-10）。

2012 年，乌各类粮食总产量 751.52 万吨，其中谷物 679.37 万吨（小麦 661.21 万吨），食用玉米 32.76 万吨，大米 32.54 万吨。另外还生产土豆 205.61 万吨，蔬菜 776.65 万吨，瓜果 141.84 万吨，水果和浆果 205.26 万吨，

表 4 - 9　乌兹别克斯坦种植面积统计

单位：万公顷

	种植面积(万公顷)		各类作物种植面积比重(%)	
	2010 年	2011 年	2010 年	2011 年
种植总面积	370.84	360.16	100	100
其中:家庭农场	314.30	306.34	84.8	85.1
农民家庭生产	47.15	46.24	12.7	12.8
农业企业	9.39	7.58	2.5	2.1
粮食作物	167.94	160.74	45.3	44.6
小麦	146.63	143.26	39.5	39.8
食用玉米	2.83	2.65	0.8	0.7
大米	6.92	2.31	0.9	0.6
食用豆类	1.75	1.31	0.4	0.4
经济作物	141.70	138.60	38.2	38.5
棉花	134.25	132.92	36.2	36.9
土豆	7.07	7.36	1.9	2.0
蔬菜	17.30	17.54	4.7	4.9
瓜果	4.79	4.59	1.3	1.3
饲料作物	32.04	31.31	8.6	8.7
水果和浆果	23.53	24.43		
葡萄	12.79	12.71		

资料来源：Государственный комитет Республики Узбекистан по статистике，Статистический сборник 《Сельское хозяйство Узбекистана》，Ташкент – 2012，стр. 21，Структура посевных площади。

葡萄 120.46 万吨。[①]

　　乌是世界第五大产棉国，每年棉花种植面积约 130 万公顷，皮棉产量超过 100 万吨，其中约 60 万吨出口。乌产棉花分为五个等级，五级最高。2010 年棉花纤维产量中，四级纤维数量最大，约占纤维总量的 68.83%，三级纤维约占 16.08%，五级纤维约占 14.83%，三级以下占 0.05%。乌产棉绒的特点和优势：一是纤维长，短绒（即纤维长度低于 12.7 毫米）所占比重低，约占全

[①] 《Узбекистан произвел сельхозпродукции на 24，37 трлн. Сумов》，21 февраля 2013 г.，http：//www. uzdaily. uz/articles-id – 14578. htm.

部纤维产量的 7% ~ 9% ；二是强度和整齐度高，强度通常可达 28.6 ~ 34.0cN/ tex。[①]

表 4 –10 乌兹别克斯坦主要农作物生产统计

单位：万吨

	2008 年	2009 年	2010 年	2011 年	2008 ~ 2011 年均
粮食总计	662.16	729.31	740.41	705.40	709.32
小麦	603.97	654.53	665.73	644.49	642.19
大麦	14.12	23.18	17.39	13.61	17.08
大米	11.27	19.21	24.48	11.84	16.70
食用玉米	22.90	23.00	23.04	25.53	23.62
食用豆类	3.48	2.55	3.87	3.85	3.44
土豆	139.87	153.09	169.48	186.26	162.18
蔬菜	522.13	571.03	634.65	699.40	606.80
瓜果	140.27	154.45	171.03	129.48	148.81
棉花	340.05	340.19	340.40	350.00	342.66
饲料玉米	333.16	383.57	384.37	363.06	366.04
一年生青草	60.05	69.52	75.78	66.15	67.88
多年生青草	69.94	76.58	70.26	70.04	71.71
葡萄	79.25	90.05	98.73	109.02	94.26
水果	98.13	107.13	118.24	187.11	127.65

资料来源：2001 ~ 2007 年数据来自 Государственный комитет Республики Узбекистан по статистике，Ежеквартальные доклады，http：//www.stat.uz/reports/；Динамические ряды，http：//www.stat.uz/rows/。2008 ~ 2011 年数据来自 Государственный комитет Республики Узбекистан по статистике，Статистический сборник 《Сельское хозяйство Узбекистана》，Ташкент – 2012，стр. 23 Производство продукции растениеводства。

四 畜牧业

2008 ~ 2011 年，乌兹别克斯坦的牲畜和家禽存栏量总体呈增长态势。牛、羊、鸡、马涨幅较大，四年间涨幅分别是 20%、19.7%、44%、11%。猪的

[①] 徐养诚、阿迪力·吾彼尔：《乌兹别克斯坦棉花品种质简介》，《新疆农垦科技》2012 年第 9 期。

表 4 – 11　乌兹别克斯坦主要粮食作物的单位产量统计

单位：千克/公顷

	2008 年	2009 年	2010 年	2011 年
粮食总计	4200	4410	4360	4530
小麦	4440	4820	4590	4720
大麦	1440	1420	2020	1700
大米	3350	3600	3120	3540
食用玉米	5100	5350	5070	4900
食用豆类	990	890	1050	1230
土豆	19410	19840	19490	19570
蔬菜	24640	25360	25250	26370
瓜果	19090	19100	10260	18730
饲料玉米	20430	20970	21460	18830
水果和浆果	8250	8720	9260	9730
葡萄	7740	8520	9080	9780

资料来源：Государственный комитет Республики Узбекистан по статистике，Статистический сборник 《Сельское хозяйство Узбекистана》，Ташкент – 2012，стр. 25，Урожайность сельскохозяйственных культур。

存栏量几乎未变，每年约 9.7 万头，主要原因是乌国内伊斯兰较传统浓厚，绝大多数居民信仰伊斯兰教。

截至 2012 年 1 月 1 日，乌兹别克斯坦牲畜和家禽存栏量分别是：牛 964 万头，羊 1619 万只，鸡 4282 万只，马 19.5 万匹，猪 9.7 万头。2011 年，乌共生产肉类（屠宰重）91.6 万吨，奶 676.6 万吨，蛋 34.4 亿枚，羊毛 2.87 万吨，羊皮 102.23 万张，蚕茧 2.47 万吨（见表 4 – 12、表 4 – 13）。

2012 年，乌共产鲜肉 167.29 万吨，奶 731.09 万吨，蛋 38.737 亿枚，毛 3.11 万吨，卡拉库尔羊皮 111.69 万张。农民个体是畜牧业生产主力，其产量分别占肉类产量的 94.7%，奶产量的 95.9%，蛋产量的 54.6%，毛产量的 86.1%，羊皮产量的 66.8%。[①]

---

① 《Узбекистан произвел сельхозпродукции на 24.37 трлн. Сумов》，21 февраля 2013 г.，http：//www. uzdaily. uz/articles-id – 14578. htm.

表 4 - 12　乌兹别克斯坦牲畜和家禽存栏量统计（截至当年 1 月 1 日）

单位：万

	2009 年	2010 年	2011 年	2012 年
牛（万头）	802.63	851.07	909.47	964.27
其中:家庭农场	48.08	49.67	50.17	50.72
农民个体生产	744.92	791.98	849.71	903.38
农业企业	9.63	9.42	9.59	10.17
猪（万头）	9.78	9.65	10	9.68
其中:家庭农场	1.35	1.00	1.02	0.83
农民个体生产	7.28	7.32	7.66	7.69
农业企业	1.15	1.33	1.32	1.16
羊（万只）	1352.33	1443.26	1534.09	1618.90
其中:家庭农场	100.73	109.77	114.99	120.31
农民个体生产	1043.36	1126.89	1214.67	1303.57
农业企业	208.24	206.60	204.43	195.02
鸡（万只）	2959.54	3305.30	3773.33	4281.84
其中:家庭农场	265.59	347.53	395.86	497.42
农民个体生产	1940.65	2123.66	2256.10	2577.13
农业企业	753.30	834.11	1121.37	1207.29
马（万匹）	17.58	18.06	18.73	19.52
其中:家庭农场	1.72	1.77	1.83	1.89
农民个体生产	14.48	14.94	15.63	16.39
农业企业	1.38	1.35	1.27	1.24

资料来源：Государственный комитет Республики Узбекистан по статистике, Статистический сборник《Сельское хозяйство Узбекистана》, Ташкент - 2012, стр. 28, Поголовье скота и птицы。

表 4 - 13　乌兹别克斯坦畜牧业产量统计

	2008 年	2009 年	2010 年	2011 年	2008 ~ 2011 年均
鲜肉（万吨）	128.80	136.78	146.14	156.42	142.04
胴体重	76.80	81.69	85.50	91.62	83.90
其中:牛肉	58.87	61.95	64.24	—	—
羊肉	12.88	14.31	15.59	—	—
鸡肉	2.74	2.95	3.22	—	—

续表

	2008 年	2009 年	2010 年	2011 年	2008~2011 年均
猪肉	1.91	2.22	1.99	—	—
奶(万吨)	542.63	580.25	616.90	676.62	604.10
蛋(亿枚)	24.32	27.61	30.61	34.42	29.24
毛(万吨)	2.38	2.50	2.65	2.87	2.60
羊皮(件)	89.70	89.74	93.49	102.23	93.79
茧(万吨)	2.35	2.40	2.52	2.47	2.44

资料来源：Государственный комитет Республики Узбекистан по статистике，Статистический ежегодник，Ташкент – 2012，стр.230 ~ 258，Сельское хозяйство. Государственный комитет Республики Узбекистан по статистике，Статистический сборник 《Сельское хозяйство Узбекистана》，Ташкент – 2012，стр.30，Производство основных видов продукции живодноводства.

第四节　粮食消费

乌兹别克斯坦的主打粮食品种是小麦，另外也种植水稻和玉米。除小麦外，其他主要粮食作物一般均能满足国内消费需求，小麦缺口通常不涉及口粮，主要是面粉加工需进口高等级小麦。乌本土小麦的筋度低，只有约一半适合面粉加工。2010 年以来，乌小麦年产量 600 万 ~ 650 万吨，储备约 100 万吨（80 万 ~ 110 万吨），国内消费约 800 万吨，尚有缺口 100 万 ~ 200 万吨（见表 4 – 14）。

表 4 – 14　美国农业部：乌兹别克斯坦小麦消费统计

	2009/2010 年度	2010/2011 年度	2011/2012 年度
种植面积(万公顷)	140	140	140
年初余额(万吨)	144.0	132.2	127.2
生产(万吨)	643.2	655.0	630.0
进口(万吨)	130.0	135.0	140.0
总供应(万吨)	917.2	922.2	897.2
出口(万吨)	50.0	45.0	40.0
饲料消费(万吨)	125.0	125.0	130.0

续表

	2009/2010 年度	2010/2011 年度	2011/2012 年度
食用、种子和工业消费（万吨）	610.0	625.0	630.0
总消费（万吨）	735.0	750.0	760.0
期末库存（万吨）	132.2	127.2	97.2
总消费（万吨）	917.2	922.2	897.2

注：年度是指当年 7 月至次年 6 月，如 2009/2010 年度是指 2009 年 7 月至 2010 年 6 月。

资料来源：USDA, Uzbekistan – Republic of Wheat Production Update（GAIN Report Number：UZ 1107），Date：8/17/2011，http://gain.fas.usda.gov/Recent% 20GAIN% 20Publications/Wheat% 20Production%20Update_ Tashkent_ Uzbekistan%20 – %20Republic%20of_ 8 – 17 – 2011.pdf。

一 居民的粮食购买力

独立初期，乌经济仍属卢布区成员，受本国经济改革以及俄罗斯通货膨胀影响，乌同样出现物价飞涨现象。1994 年发行本国货币苏姆后，通货膨胀才逐渐得到有效控制，通胀率逐渐降低，不过仍处高位。据 IMF 数据，除 2004 年降到 6.5% 和 2010 年 9.3% 以外，其他年份基本保持在 10% 以上，2008 年 12.75%，2009 年 14.08%。[①]但据乌国家统计委员会数据，通胀率（同比上年 12 月）并不高，基本维持在 6% ~ 8%，2008 ~ 2011 年分别是 7.8%、7.4%、7.3%、7.6%。很多学者认为，乌通胀率几乎是中亚地区最高，实际通胀率可能会达到 35% ~ 45%，要比官方公布的数字高出近 5 倍。尽管乌央行努力控制货币发行量，即使市场上现金供应不足也极力避免多印钞票，但仍然控制不住物价上涨。

导致消费品和服务价格大幅增长的原因很多，其中之一是国际大宗原材料产品价格上涨，带动乌出口顺差增加，在一定程度上引起流动性过剩。二是乌不断提高社会保障水平，居民收入增长，在增加国内消费的同时，也加大了企业生产和管理成本。三是出口增多，致使国内部分物资短缺，引发价格上涨，如将米面卖到塔吉克斯坦，将水果卖到俄罗斯等。四是进口商品价

---

① Mundi, Uzbekistan Inflation rate（consumer prices），http://www.indexmundi.com/uzbekistan/ inflation_ rate_（consumer_ prices）.html.

格上涨，带动成本增加。五是商业环境不理想，特别是中小企业生产和服务成本增加，并最终体现在终端价格上，而且无论怎样提高工资和退休金都无法遏制这种价格上涨。在高通胀环境下，政府实施的很多惠民和社会保障措施都效果微弱，经常是工资、退休金、助学金和社会补助标准等提高不久，很快又被高通胀腐蚀掉。而且，据乌国家统计委员会调查显示，乌各地居民每个月的生活开支中，几乎一半都用于食品，食品涨价对其生活影响很大，居民对此也非常敏感（见表4-15）。

表4-15　乌兹别克斯坦人均年粮食消费量统计

单位：千克/年

	2000 年			2005 年		
	消费量	进口量	进口占消费比重（%）	消费量	进口量	进口占消费比重（%）
小麦	155.4	23.31	15.0	145.9	1.93	1.32
大米	7.7	0.03	0.39	2.45	0.02	0.82
土豆	30.1	9.2	30.56	32.5	3.0	9.23
蔬菜	110.2	0.12	0.11	118.3	0.02	0.02
水果	38.5	0.93	2.42	35.20	2.29	6.51
植物油	8.5	1.12	13.18	7.8	0.71	9.10
肉及其制品	21.9	0.4	1.83	23.1	2.9	12.55
奶及其制品	141.5	2.4	1.70	136.4	4.7	3.45
动物油脂	0.34	0.016	4.71	0.36	0.075	20.83
蛋（枚）	51.0	0.013	0.03	74.4	0.001	0
鱼及其制品	0.8	0.03	3.7	0.7	0.06	8.6

资料来源：ПРООН（UNDP），《Продовольственная безопасность в Узбекистане》，Ташкент 2010。

表4-16　塔什干 2011 年 12 月物价及在此基础上计算出的
当地最低食品开支（菜篮子法）

	月均消费量（千克）	单价（苏姆）	月均消费额（苏姆）
1. 面包等粮食及其制品	—		31548
粮用豆类	0.6	2000	1200
小麦面	1.66	2100	3486
大米	0.41	3200	1312
其他类米	0.5	6500	3250

续表

	月均消费量(千克)	单价(苏姆)	月均消费额(苏姆)
小麦面包	13	500	6500
黑麦面包	20	700	14000
通心粉	0.5	3600	1800
2. 土豆	12.5	1200	15000
3. 蔬菜和瓜果			10556
圆白菜(新鲜的和腌制的)	2.91	700	2037
黄瓜和西红柿(新鲜的和腌制的)	0.15	7500	1125
根类蔬菜	2.91	1400	4074
其他蔬菜	1.66	2000	3320
4. 新鲜水果	1.55	3000	4650
5. 糖及糖果制品			7847
糖	1.66	4200	6972
糖果	0.05	13000	650
饼干	0.05	4500	225
6. 肉			43910
牛肉	1.25	17000	21250
羊肉	0.48	17000	8160
鸡肉	1.16	12500	14500
7. 鱼及鱼制品			13385
鲜鱼	1.16	11000	12760
咸鱼	0.05	12500	625
8. 奶及奶制品			27300
奶和酸奶	9.16	1500	13740
奶脂	0.15	12000	1800
动物油	0.15	17000	2550
奶渣	0.83	7000	5810
奶酪	0.2	17000	3400
9. 蛋	15	350	5250
10. 植物油			7348
黄油和其他油脂	0.5	8200	4100
植物油	0.58	5600	3248
11. 其他食品			2700
盐	0.3	666	200
茶	0.04	22000	880
调料	0.06	27000	1620
总计(苏姆)			169494

资料来源：usnews. net，Минимальная потребкорзина в Ташкенте подорожала на 12%，http://www. usnews. net/news_ single. php? lng = ru&cid = 2&nid = 18615。

二　对外粮食贸易

独立后，为保证国内粮食需求，乌兹别克斯坦于 1997 年 10 月发布总统令，从当年 11 月 1 日起禁止出口粮食（小麦、黑麦、大麦、燕麦、大米、玉米和荞麦）、面粉和米糁、面包制品、牲畜、家禽、肉类及其制品等共 14 种商品。[①] 2002 年 1 月，乌政府同国际货币基金组织共同发表《经济和金融政策联合宣言》，提出经济、投资、外贸和货币领域自由化改革方向。2002 年 5 月，乌政府放宽出口禁令，取消茶叶及茶原料、干牛奶、酒精三种商品的出口禁令。

根据乌有关法律规定，目前的海关规则有以下几类（截至 2014 年年初）。

（1）以下四类商品进出口时需要乌对外联络、投资和贸易部许可证：一是武器和军事技术，以及军工生产所需专门配套产品；二是贵金属、合金、贵金属和合金的制品，矿产，宝石及其制品，珍珠及其制品，琥珀及其制品；三是铀和其他放射性物质，以及其制品、废料和残渣；四是利用放射性物质的仪器和设备。

（2）以下九类原材料商品不享受出口优惠：棉纤维；棉布；棉绒；原油、凝析油、石油制品；天然气；电力；贵金属；有色金属及其轧材、废料和残渣；黑色金属及其轧材、废料和残渣。

（3）以下六类商品禁止过境：武器、弹药和装备；飞行器材、仪器和装备；用于生产武器、弹药和飞行器材的机床和机器；爆炸物资；烈性毒剂；依照规定不得进口的物品。

（4）乌农产品进口关税税率通常为 3%，但部分食品的进口关税税率有所不同，进口税率为 10% 的食品有：3 千克以下有包装的绿茶和红茶，肉制品、鱼或虾蟹制品；进口税率为 20% 的食品有：由粮食、面粉、通心粉、牛奶等制

[①]　1997 年 10 月 10 日，乌政府发布禁止出口商品名单，包括：粮食（小麦、黑麦、大麦、燕麦、大米、玉米和荞麦）；各种面包类食品；面粉；谷粒；牲畜；家禽；肉类及其屠宰副产品；砂糖；植物油；制革原料；毛皮原料；缫丝用天然蚕茧；丝绸原料和废料；有色金属废料及其副产品；具有极高艺术、历史、科学或其他文化价值的古董。Указ Президента РУз от 10. 10. 1997 г. N УП – 1871 《О дополнительных мерах по стимулированию экспорта товаров（работ，услуг）》.

作的食品，糕点；进口税率为30%的有：蔬菜、块根植物、块茎植物、蔬菜罐头、水果、瓜果、坚果、果汁、番茄酱和番茄汁、不含可可的糖果等。

（5）12种商品禁止出口：粮食（小麦、黑麦、大麦、燕麦、大米、玉米和荞麦）；面包制品（不包括自产的糕点、带馅面制品、饼干）；面粉和米糁；牲畜和禽类；肉及肉制品；糖；具有极高艺术、历史、科学或其他文化价值的古董；植物油；皮原料和皮毛原料；有色金属废料和残渣；缫丝用天然蚕茧，丝绸的原料、废料和残渣；塑料废品和再加工原料（自2013年9月1日起）。

独立后，乌对外贸易增长较快。1991~2011年，乌对外贸易总额增长了9.58倍，出口增长了18.25倍，进口增长了5.34倍。2011年外贸总额255.371亿美元，其中出口150.272亿美元，进口105.099亿美元，顺差45.173亿美元。

乌主要出口商品有能源、棉花和粮食。2011年出口商品结构分别为：能源和石化产品占18.5%（27.80亿美元），粮食和食品占13.2%（19.83亿美元），棉花占9.0%（13.52亿美元），服务占11.8%（17.73亿美元），黑色和有色金属占7.4%（11.12亿美元），机械和设备占6.7%（10.06亿美元），化学产品和制品占5.6%（8.41亿美元），其他商品占27.8%（41.77亿美元）（见表4-17）。

乌主要进口商品有机械和设备、化学产品、制品和粮食。2011年进口商品结构分别为：机械和设备占41.3%（43.40亿美元），化学产品和制品占13.3%（13.97亿美元），粮食占12.4%（13.03亿美元），黑色和有色金属占8.1%（8.5亿美元），能源和石化产品占8.1%（8.5亿美元），服务占5.5%（5.3亿美元），其他商品占11.5%（12.08亿美元）。

乌主要贸易伙伴是俄罗斯、中国、哈萨克斯坦、韩国、土耳其、阿富汗、乌克兰、德国、英国、土库曼斯坦等，其中俄罗斯始终是其最大的贸易伙伴。中国从2009年开始成为乌第二大贸易伙伴国，当年两国贸易总额为20.51亿美元（乌向中国出口4.89亿美元，从中国进口15.62亿美元）。2011年，中乌贸易总额21.7亿美元，其中乌向中国出口8.1亿美元，从中国进口13.6亿美元。目前，乌向中国出口的商品主要有天然气、棉花等，从中国进口的商品主要有家用电器、通信设备、石油设备、化工产品、塑料制品、服装、鞋类、茶叶和食品等。中国是乌第一大棉花买家、第一大电信设备和土壤改良设备供应国。2010 年乌共出口棉花 70 万吨（约 15 亿美元），其中向中国出口 37.7 万吨，2011 年共向中国出口 16.77 万吨。

表 4 − 17　乌兹别克斯坦的外贸结构

单位：%

	2009 年	2010 年	2011 年
出口商品结构（出口总值 = 100）			
棉花	8.6	11.3	9.0
粮食和食品	6.0	9.7	13.2
化工产品,塑料制品等	5.0	5.1	5.6
有色和黑色金属	5.0	6.8	7.4
机械和设备	2.9	5.5	6.7
能源产品和石化产品	34.2	24.8	18.5
服务	8.8	9.1	11.8
其他	29.5	27.7	27.8
进口商品结构（进口总值 = 100）			
粮食和食品	9.0	10.9	12.4
化工产品,塑料制品等	11.1	14.3	13.3
有色和黑色金属	6.3	8.4	8.1
机械和设备	56.5	44.1	41.3
能源产品和石化产品	3.5	6.0	8.1
服务	4.4	4.7	5.3
其他	9.2	11.6	11.5

资料来源：Государственный комитет Республики Узбекистан по статистике, Статистический сборник《Статистический ежегодник Узбекистана》, Ташкент − 2012, стр. 334, 335. Товарная структура экспорта и импорта.

受中亚气候条件影响，很多国际知名的小麦品种在乌境内都不适合种植。乌国产小麦的黏度较低，一般是 18% ~ 20%（正常标准约 40%），不适合做面粉，因此每年都需要从哈萨克斯坦等地进口部分小麦和面粉。乌每年进口 100 万 ~ 300 万吨小麦和面粉（以折合成粮食计算），主要来自哈萨克斯坦和俄罗斯。同时出口 20 万 ~ 70 万吨小麦和面粉（以折合成粮食计算），主要对象是阿富汗、伊朗、周边独联体国家等。①

表 4 - 18　乌兹别克斯坦的小麦进出口统计

价值单位：万美元，数量单位：万吨

	2003 年	2004 年	2005 年	2006 年	2007 年	2008 年	2009 年	2010 年
出口量	0.03	30.87	5.73	1.23	1.12	1.00	7.14	7.10
出口值	2.80	4610.10	633.80	137.00	160.10	140.00	2476.20	2500.00
进口量	0.58	1.76	5.95	11.87	14.49	21.85	16.55	16.50
进口值	127.00	280.00	765.40	1508.20	2715.20	6905.60	3065.30	3100.00

资料来源：联合国粮农组织在线数据库，feostat，http：//feostat3. fao. org/home/index. html # DOWNLOAD。

表 4 - 19　乌兹别克斯坦的小麦和面粉进出口统计

价值单位：万美元，数量单位：万吨

	2003 年	2004 年	2005 年	2006 年	2007 年	2008 年	2009 年	2010 年
出口量	0.03	0.11	0.71	0.05	0.20	0.20	0.20	0.20
出口值	3.90	21.70	109.40	7.00	47.50	50.00	50.00	50.00
进口量	19.19	17.15	41.12	45.56	74.99	76.74	93.70	94.00
进口值	2791.00	3500.00	7449.90	8037.10	17984.80	35313.60	25125.60	25000.00

资料来源：联合国粮农组织在线数据库，feostat，http：//feostat3. fao. org/home/index. html # DOWNLOAD。

表 4 - 20　乌兹别克斯坦的新鲜水果进出口统计

价值单位：万美元，数量单位：万吨

	2003 年	2004 年	2005 年	2006 年	2007 年	2008 年	2009 年	2010 年
出口量	1	4	5	8	9	5	5	6
出口值	590	1973	2828	5955	3943	3324	3516	4416
进口量	0	0	0	0	0	0	0	0
进口值	3	1	0	0	0	0	0	0

资料来源：联合国粮农组织在线数据库，feostat，http：//feostat3. fao. org/home/index. html # DOWNLOAD。

---

① Организационный комитет по подготовке и проведению Всемирного зернового форума，《Узбекистан》，http：//www. grain-forum. com/rus/content/countrys/index. php？ ID = 2024.

表 4－21　乌兹别克斯坦的土豆进出口统计

价值单位：万美元，数量单位：万吨

	2003 年	2004 年	2005 年	2006 年	2007 年	2008 年	2009 年	2010 年
出口量	0	0	0	0	0	0	0	0
出口值	49	94	49	4	22	1	2	4
进口量	0	0	0	1	2	0	0	1
进口值	71	11	19	283	886	206	210	816

资料来源：联合国粮农组织在线数据库，feostat，http：//feostat3. fao. org/home/index. html # DOWNLOAD。

表 4－22　乌兹别克斯坦的新鲜蔬菜进出口统计

价值单位：万美元，数量单位：万吨

	2003 年	2004 年	2005 年	2006 年	2007 年	2008 年	2009 年	2010 年
出口量	1.75	2.02	2.70	3.15	2.90	1.79	2.93	3.53
出口值	541.20	1011.00	1573.30	1846.70	2240.10	1300.40	2302.90	3091.40
进口量	0	0	0	0	0	0	0	0
进口值	0.40	0.40	0.30	0.20	0	0	0	0

资料来源：联合国粮农组织在线数据库，feostat，http：//feostat3. fao. org/home/index. html # DOWNLOAD。

表 4－23　乌兹别克斯坦的畜牧产品进出口统计

		2008 年	2009 年	2010 年	2011 年
鲜牛肉	出口量(吨)	0	0	0	0
	出口值(万美元)	0	0	0	0
	进口量(吨)	575	234	585	1616
	进口值(万美元)	147.9	59.6	165.7	515.6
鲜羊肉	出口量(吨)	0	0	0	0
	出口值(万美元)	0	0	0	0
	进口量(吨)	4	4	4	3
	进口值(万美元)	1.8	2.0	1.7	2.2
鲜猪肉	出口量(吨)	0	0	0	0
	出口值(万美元)	0	0	0	0
	进口量(吨)	3063	1405	1309	1142
	进口值(万美元)	702.2	272.2	237.9	226.5

续表

		2008 年	2009 年	2010 年	2011 年
禽肉	出口量(吨)	0	0	0	0
	出口值(万美元)	0	0	0	0
	进口量(吨)	3835	3422	5188	11831
	进口值(万美元)	299.1	222.6	361.3	1106.5
肉罐头	出口量(吨)	0	0	0	0
	出口值(万美元)	0	0	0	0
	进口量(吨)	194	168	112	1524
	进口值(万美元)	40.4	34.3	35.3	343.8
鲜奶	出口量(吨)	0	0	0	0
	出口值(万美元)	0	0	0	0
	进口量(吨)	25	19	41	28
	进口值(万美元)	3.2	2.2	6.7	2.5
奶粉	出口量(吨)	0	0	0	0
	出口值(万美元)	0	0	0	0
	进口量(吨)	534	1743	290	609
	进口值(万美元)	200.7	366.8	79.0	201.2
炼乳	出口量(吨)	0	0	0	0
	出口值(万美元)	0	0	0	0
	进口量(吨)	196	205	205	2645
	进口值(万美元)	22.0	25.7	25.7	301.5
蛋(带壳)	出口量(吨)	0	0	0	0
	出口值(万美元)	0	0	0	0
	进口量(吨)	150	189	171	322
	进口值(万美元)	46.0	127.5	135.2	245.3
玉米油	进口量(吨)	31	37	40	60
	进口值(万美元)	6.6	4.7	3.8	13.2
豆油	进口量(吨)	3200	2900	4800	5200
	进口值(万美元)	310	280	480	620
葵花子油	进口量(吨)	15200	60100	79217	120868
	进口值(万美元)	1530	6310	8400	19355.4

资料来源：联合国粮农组织在线数据库，http：//feostat3.fao.org/feostat-gateway/go/to/download/T/TP/E。

第五章　吉尔吉斯斯坦的粮食安全

吉尔吉斯斯坦（以下简称"吉"）是中亚五国之一，欧亚大陆腹地的内陆国，北接哈萨克斯坦，东邻中国，南靠塔吉克斯坦，西接乌兹别克斯坦，国土面积19.99万平方千米，东西最长925千米，南北最长454千米。边界总长4508千米，其中与哈萨克斯坦1113千米，与中国1049千米，与塔吉克斯坦972千米，与乌兹别克斯坦1374千米。

吉尔吉斯斯坦东北部属于天山山脉西段，西南部处于帕米尔-阿莱山脉中段，全境平均海拔2750米，90%以上国土的海拔都在1500米以上，1/3地区的海拔在3000~4000米，境内最高处为中吉边境的汗腾格里峰（海拔7439米）。国土中5.8%是森林，4.4%是水域，53.3%是耕地，其他类型土地占36.5%。

据吉《行政区划法》，吉地方行政区划分为三级：一是州和直辖市。全国共设7个州和两个直辖市，即比什凯克市、奥什市、巴特肯州、贾拉拉巴德州、奥什州、伊塞克湖州、纳伦州、楚河州、塔拉斯州。二是州下属的区和市，全国共有40个区和25个市，相当于中国的地级市（见表5-1）。农业人口过半称为区，非农业人口过半称为市。三是区或市下属的乡、镇。非农业人口过半地区称为城镇，通常是铁路车站、工厂、医院或建筑工地所在地。农业人口过半的地区称为乡村，主要有"基什拉克"和"科努什"等形式。基什拉克由牧民过冬时的聚居形式发展而来，科努什由过夜驿站形式发展而来。吉法律规定，州属市的人口不得少于2万人，区属市的人口不得少于1万人，市属镇人口不得少于2000人，行政村人口不得少于50人。[①]

据吉国家统计委员会数据，吉全国人口总计577.66万（2014年1月1日），人口密度平均每平方千米29人，其中大城市主要有比什凯克市（人口

---

① Закон КР от 25 апреля 2008 года N 65 《Об административно-территориальном устройстве Кыргызской Республики》.

约 91.57 万)、奥什市（人口约 26.52 万）、贾拉拉巴德市（人口约 10.53 万）、卡拉科尔（人口约 7.21 万）、托克马克（人口约 5.74 万）。截止 2013 年 1 月 1 日，吉全国人口为 566.31 万，其中男性 279.88 万人，女性 286.43 万；城市 190.02 万人，农村 376.29 万人；其中适龄劳动力 343.97 万人；每千人出生率 27.6 人，死亡率 6.5 人。

表 5 - 1　吉尔吉斯斯坦农业人口统计

	2007 年	2008 年	2009 年	2010 年	2011 年
行政州的数量	7	7	7	7	7
区（地市级）的数量	40	40	40	40	40
市（地市级）的数量	25	25	25	25	25
乡的数量	444	440	440	440	440
镇的数量	28	28	28	28	28
年均人口数量（万人）	505.57	507.77	512.81	519.28	525.96
城市人口（万人）	179.13	179.46	180.97	182.89	184.78
农村人口（万人）	326.44	328.31	331.84	336.39	341.18
农村人口比重（%）	64.6	64.7	64.7	64.8	64.9

资料来源：Национальный статистический комитет Кыргызской Республики, годовая публикация 《Сельской хозяйство Кыргызской Республики 2006 - 2010》, Бишкек 2011., стр. 16. 2 Административно-территориальное устройство и численность населения.

第一节　土地、气候和水资源

吉尔吉斯斯坦有"亚洲瑞士"称号，多山地，农用土地大多集中在费尔干纳谷地和楚河谷地。境内水资源丰富，因位于河流上游，境内水资源开发利用在一定程度上受下游国家制约。随着全球气候变暖，吉平均气温也总体呈上升趋势，雪山、冰川退化加速，对生态造成不利影响。

一　土地

1998 年 10 月 17 日，吉尔吉斯斯坦就宪法修改和补充案举行全民公决，10 月 21 日经阿卡耶夫总统签署后生效。修正案内容主要涉及五个问题，其中之一是保护土地私有权。1993 年宪法第四条第三款规定："在法律规定的范围内，可将地块转让给公民及其团体使用。不允许买卖土地。"新宪法将其修改为："土地属于国家、地方、私人或其他形式所有。土地所有者行使自己的权利及维护权利的范围和程序由法律确定。"

尽管 1998 年新宪法允许公民拥有农用土地私有权，但议会却于 1999 年 4 月通过决议，规定五年内禁止土地买卖。共产党和社会民主党议员认为，若允许土地买卖，农民可能会为了短期利益而出售自己的土地，最后变得一无所有，给国家和社会带来更多不安定因素。吉政府认为，限制土地交易将损害经济资源合理配置，影响国家吸引外资和民间投资，农民不能用土地抵押获取贷款，不利于农业发展和农民增收。

1999 年 6 月 2 日，吉议会通过《土地法典》，其中第一章"总论"第四条"土地所有权"规定：吉土地属于国家、地方、私人和其他所有制形式；牧场不得属于私有或出租。第三章"土地类型"将吉土地分为七大类：农用地；住宅用地；工业、交通、通信、国防和其他用途地；自然保护区；林地；水利用地；储备土地。

2001 年 1 月 11 日生效的《农用土地管理法》规定：（1）允许在农用地上常住不少于两年的吉尔吉斯斯坦公民拥有农用地所有权，有权将自己的农用地出售、抵押、租赁、作为遗产继承。公民可以拥有农用地的最大规模是当地人均农用地面积的 20 倍，但不得超过 50 公顷。（2）凡年满 18 周岁、在农村常住不少于两年、具有农业生产经验的吉尔吉斯斯坦公民有权购买农用地。国家保留牧场和 34.06 万公顷农用地所有权（作为储备土地）。（3）禁止将土地卖给外国、外国的公民和法人、无国籍人、吉境内的外商合资企业、有一方是外国人或无国籍人的夫妇。（4）国家有权因战略和公用设施建设而征收私有的农用地，但须按市场价格支付土地费用或从储备土地中划拨等值地块。[①]

《土地法典》第五条"外国人的土地区块权利"规定：（1）除法律有专

---

① 《Земельный Кодекс Кыргызской Республики》от 2 июня 1999 года N 45（Введен в действие Законом КР от 2 июня 1999 года N 46）. Закон Кыргызской Республики от 11 января 2001 года №4《Об управлении землями сельскохозяйственного назначения》, Принят Законодательным собранием Жогорку Кенеша Кыргызской Республики 18 декабря 2000 года.

门规定外，禁止向外国人提供和转让农用土地私有权。根据继承法向外国人转移农用土地，依照本法第 37 条第 2、3 款规定程序进行。（2）允许向外国人和外国法人提供居住点（城市、村庄、农村居民点）土地，供其在一定期限内利用（临时利用），或者根据吉尔吉斯斯坦抵押法规定，在住宅抵押贷款期间转让住宅所有权。（3）吉尔吉斯斯坦政府可向外国人提供除居住点以外的土地区块，包括农用地，供其在一定期限内利用（临时利用）。其他情况下，可根据继承法程序，向外国人提供、转让、转移居住点以外的土地区块的期限内利用（临时利用）的权利。（4）外国银行和专门信贷机构有权在一年内拥有追偿农用土地区块的所有权。

据吉尔吉斯斯坦国家登记总局不动产权登记司数据，截至 2012 年 1 月 1 日，吉土地总面积 1999.49 万公顷，其中农用地 567.49 万公顷，居住用地 27.29 万公顷，工业、交通、通信、国防和其他用地 22.42 万公顷，专门自然保护区 70.73 万公顷，林地 261.78 万公顷，水域和水利用地 76.73 万公顷，土地储备 973.05 万公顷。

吉各类土地中，耕地共有 120.11 万公顷，多年生林地 3.65 万公顷，荒地 3.87 万公顷，割草场 16.84 万公顷，牧场 905.84 万公顷（其中夏季牧场约 390 万公顷，春秋季牧场约 280 万公顷，冬季牧场约 240 万公顷）。农用地中，共有耕地 118.91 万公顷，多年生林地 3.24 万公顷，荒地 3.20 万公顷，割草场 14.37 万公顷，牧场 298.71 万公顷。

截至 2012 年 1 月 1 日，吉各类土地中，6%（126.54 万公顷）属于私有，93% 属于国有（1861.83 万公顷），1% 属于市政所有（11.13 万公顷）。农用地中，19%（计 106.37 万公顷）属于私有，81%（461.12 万公顷）属于国有。全部耕地中，78% 属于私有（94.39 万公顷），22% 属于国有（25.63 万公顷），属于市政所有仅 0.09 万公顷。多年生林地中，55% 属于私有（2.02 万公顷），43%（1.55 万公顷）属于国有，市政所有占 2%（0.08 万公顷）。全国的牧场基本属于国有（占 99.9%，计 905.32 万公顷），私有（0.16 万公顷）和市政所有（0.36 万公顷）可以忽略不计（见表 5 - 2）。

据吉尔吉斯斯坦农业和土壤改良部数据，2005~2011 年，每年都有 3000~4500 宗农用土地买卖交易。同期，农用土地租赁交易总体呈下降趋势，从

表 5 - 2　吉尔吉斯斯坦土地类型统计（万公顷，2012 年 1 月 1 日）

序号 A	土地类型 Б	不动产数量（块） 1	总面积 2	耕地 3	多年生林地 4	果园 4.1	浆果 4.2	葡萄园 4.3	苗圃 4.4	桑田 4.5	其他 4.6	荒地 5	割草场 6	牧场 7	农用地面积 8
1	农用地	368468	567.49	118.91	3.24	2.43	0.01	0.5	0.01	0.26	0.03	3.2	14.37	298.71	438.43
1.1	私有	353716	106.37	94.29	2	1.6	0	0.35	0	0.05	0	0.98	8.23	0.08	105.58
1.1.1.	家庭农场	351605	99.95	89.16	1.73	1.37	0	0.3	0	0.05	0	0.83	7.58	0.06	99.36
1.1.2	集体所有	144	2.13	1.61	0.02	0.02	0	0	0	0	0	0	0.49	0	2.12
1.1.3.	股份公司所有	85	0.44	0.17	0.04	0.04	0	0	0	0	0	0.08	0.01	0.02	0.32
1.1.4.	农村合作社土地	1882	3.86	3.35	0.22	0.17	0	0.05	0	0	0	0.07	0.15	0	3.79
1.2	国有	14752	461.12	24.62	1.24	0.83	0.01	0.15	0.01	0.21	0.03	2.22	6.14	298.63	332.85
1.2.0.	国有农用地基金	12746	26.78	21.52	0.88	0.57	0	0.14	0.01	0.14	0.02	0.85	3.53	0	26.78
1.2.1.	畜牧育种用地	43	1.40	0.31	0.01	0.01	0	0	0	0	0	0	0.05	0.86	1.23
1.2.2.	种子用地	113	1.53	1.38	0.02	0.02	0	0	0	0	0	0	0.01	0.09	1.5
1.2.3.	科研试验用地	61	0.20	0.11	0.02	0.02	0	0	0	0	0	0	0	0.04	0.17
1.2.4.	其他用途	973	10.98	0.77	0.10	0.09	0	0.01	0	0	0	0.02	0.06	9.71	10.66
1.2.5.	村属土地	1580	429.23	7.07	0.37	0.24	0.01	0.01	0	0.1	0.01	2.16	3.98	287.93	301.51
1.2.6.	农用土地租赁	11982	17.77	14.98	0.71	0.45	0	0.13	0.01	0.11	0.02	0.04	2.04	0	17.77
2	居住用地	3980	27.29	0.22	0.12	0.11	0	0	0	0	0.01	0	0.04	1.23	1.61
2.1	私有	1143	19.20	0.07	0.02	0.02	0	0	0	0	0	0	0.01	0.01	0.11
2.1.1.	农村居民点	1112	16.96	0.03	0.02	0	0	0.02	0	0	0	0	0.01	0	0.04
2.1.2.	城市居民点	31	2.24	0.04	0.02	0.02	0	0.02	0	0	0	0	0	0	0.07
2.2	国有	126	3.07	0.06	0.02	0.02	0	0	0	0	0	0	0.02	0.98	1.08
2.2.1	农村居民点	90	1.47	0.01	0.01	0.01	0	0	0	0	0	0	0	0.52	0.54

续表

序号	土地类型	不动产数量（块）	总面积	耕地	多年生林地	果园	浆果	葡萄园	苗圃	桑田	其他	荒地	割草场	收场	农用地面积
2.2.2.	城市居民点	36	1.6	0.05	0.01	0.01	0	0	0	0	0	0	0.02	0.46	0.54
2.3	市政所有	1587	5.02	0.09	0.08	0.07	0	0	0	0	0.01	0	0.01	0.24	0.42
2.3.1.	农村居民点	986	2.8	0.02	0.02	0.02	0	0	0	0	0	0		0.23	0.27
2.3.2.	城市居民点	601	2.22	0.07	0.06	0.05	0	0	0	0	0.01	0	0.01	0.01	0.15
3	工业,交通,通讯国防和其他用地	9165	22.42	0.13	0.02	0.02	0	0	0	0	0	0.02	0.01	6.69	6.87
3.1	私有	2861	0.69	0.02	0	0	0	0	0	0	0	0	0	0.06	0.08
3.2	国有	5271	21.06	0.11	0.02	0.02	0	0	0	0	0	0.02	0.01	6.51	6.67
3.3	市政所有	1033	0.67	0	0	0	0	0	0	0	0	0		0.12	0.12
4	专门自然保护区	484	70.73	0.06	0.04	0.04	0	0	0	0	0	0	0.09	21.45	21.64
4.1	私有	166	0.45	0.01	0	0	0	0	0	0	0	0		0.01	0.02
4.2	国有	313	64.84	0.05	0.04	0.04	0	0	0	0	0	0	0.09	21.44	21.62
4.3	市政所有	5	5.44	0	0	0	0	0	0	0	0	0		0	0
5	森林	248	261.78	0.66	0.22	0.19	0	0.01	0.02	0	0	0.03	0.86	95.47	97.24
5.1	其中：租赁	21	10.06	0.08	0.02	0.02	0	0	0	0	0	0	0.09	8.96	9.15
6	水域和水利用地	356	76.73	0.02	0.01	0.01	0	0	0	0	0	0	0.01	0.23	0.27
6.1	私有	3	0	0	0	0	0	0	0	0	0	0		0	0
6.2	国有	353	76.73	0.02	0.01	0.01	0	0	0	0	0	0	0.01	0.23	0.27
7	土地储备	334	973.05	0.11	0.01	0.01	0	0	0	0	0	0.62	1.46	482.06	484.25
8	土地总面积	383035	1999.49	120.11	3.65	2.8	0.01	0.51	0.03	0.26	0.04	3.87	16.84	905.84	1050.31
8.1	其中：私有	357889	126.54	94.39	2.02	1.62	0.01	0.35	0	0.05	0	0.98	8.24	0.16	105.79
8.2	国有	21397	1861.83	25.63	1.55	1.11	0	0.16	0.03	0.21	0.03	2.89	8.59	905.32	943.98
8.3	市政所有	2625	11.13	0.09	0.08	0.07	0	0	0	0	0.01		0.01	0.36	0.54

资料来源：Департамент кадастра и регистрации прав на недвижимое имущество при ГРС Кыргызской Республики, Земельный фонд Кыргызской Республики, Отчет о наличии земель по Кыргызской Республике и распределении их по категориям, собственникам, землепользователям и угодьям по состоянию на 1 января 2012 года, http://gosreg.kg/index.php?option=com_content&view=article&id=114&Itemid=149。

2005 年的 3752 宗减到 2011 年 1677 宗。尽管私有土地是农民最好的贷款抵押物，但实践中却很少用土地抵押，2011 年只有 112 件土地抵押合同，仅占 2011 年抵押合同总数的 1.3%。为优化土地利用，吉政府希望减少农户总数，同时增加单位农户面积。截至 2011 年 12 月 31 日，吉共有 35.1605 万个农户拥有私有农地，平均每户拥有 2.8 公顷农用地。吉政府计划 2020 年前将农户总数降到 15 万，而将户均农用地面积增加到 10 公顷。[①]

据吉农业和土壤改良部的年报资料，2011 年，吉共有 11.15 万公顷耕地弃耕（2010 年有 12.24 万公顷），其原因主要有六个方面：一是严重缺水（计 5.67 万公顷）；二是地处边远或土壤多石（2.18 万公顷），种植成本高；三是灌溉不足和灌溉体系不完善（1.40 万公顷）；四是盐碱化和沼泽化（0.61 万公顷）；五是燃料、种子和技术不足（0.42 万公顷）；六是资金不足（0.34 万公顷）。

二 气候

吉气候呈现多样性特点：从经度看，吉地处欧亚大陆腹地，远离海洋，距沙漠较近，总体属干旱的大陆性气候。从纬度看，吉大部分地区属温带，南部属亚热带，四季分明。从海拔看，吉境内多山地，气候随海拔高度而变化。吉科学家将其境内气候分为四种类型：一是山麓谷地气候带（Долинно - предгорный пояс，海拔 500～1200 米），如费尔干纳山麓，特点是夏季炎热，冬季较冷，降水量少，具有亚热带气候特点。7 月平均温度 20～25℃，最高曾达 44℃；1 月平均气温为 -4～-7℃，山峰处可达 -22～-30℃，最低曾达到 -40℃。二是山地中部气候带（Среднегорный пояс，海拔 900～2200 米），其特点是典型的温带气候，夏季温和，冬季不太冷，降水较多，经常下雪。7 月平均气温 18～19℃，1 月平均气温 -7～-8℃，12 月至来年 2 月的冬季平均气温一般为 -3～-5℃。海拔 1000～1500 米地区的无霜期通常可持续 7 个多月。三是高山气候带（Высокогорный пояс，海拔 2000～3500 米），特点是夏季凉爽，冬季寒冷且多雪。7 月平均气温 11～16℃，1 月平均气温 -8～-10℃。年

---

① Министерство сельского хозяйства и мелиорации Кыргызской Республики，《Стратегия развития сельского хозяйства Кыргызской Республики до 2020 года》，7. Консолидация и рынок земель сельскохозяйственного назначения.

内无霜期通常只有 3 ~ 4 个月，甚至更短，冬季时间长，大约从当年 11 月至次年 3 月。四是冰川气候带（Нивальный пояс，海拔 3500 米以上），特点是气候严寒，到处是积雪冰川，此气候带是吉最重要水源地。[①]

据吉国家环境保护与林业局数据，近 100 年来，吉年均气温约升高 1.56℃，其中境内西北部升高 1.65℃（1923 ~ 2003 年），东北部升高 1.04℃（1927 ~ 2007 年），西南部升高 2.14℃（1928 ~ 2008 年），东南部升高 1.41℃（1928 ~ 2008 年）。近 20 年来，吉年均气温升幅加快，1960 ~ 2010 年年均气温升高 2.39℃，但 1990 ~ 2010 年年均气温升高 5.82℃。因气温升高，吉境内冰川将加速融化，预计到 2020 ~ 2025 年时，冰川总水量可能仅相当于 2000 年的 44% ~ 88%。

吉境内降水量分布不均衡。降水较多的地区是费尔干纳山脉西南坡、阿拉套山北坡、恰特卡尔山地、克明谷地、伊塞克湖东部等，年降水量 900 ~ 1000 毫米。雨量偏少的地区是塔拉斯谷地和楚河谷地，年降水量 250 ~ 500 毫米；奥什州和贾拉拉巴德州的山麓谷地的年降水量为 300 ~ 700 毫米；内天山和中天山的大部分地区年降水量为 200 ~ 300 毫米。比较干旱缺水的地区有伊塞克湖西岸，年降水量约 110 毫米；费尔干纳部分高山地区的年降水量不足 200 毫米。据吉国家环境保护和林业局数据，2006 ~ 2011 年，吉境内年最大降水量 1090 毫米，最小降水量 144 毫米，大部分地区的降水量在 300 ~ 600 毫米徘徊。

表 5 - 3　吉尔吉斯斯坦气温和降水观测统计

观测地	海拔（米）	1961 ~ 2010 年均降水量（毫米）	1991 ~ 2010 年均降水量（毫米）	1961 ~ 2010 年均气温（℃）	1991 ~ 2010 年均气温（℃）
巴特肯	1050	198.8	226.3	12.49	12.65
比什凯克	756	439.1	471.2	10.68	11.53
贾拉拉巴德	917	484.4	520.3	12.60	13.55
卡拉科尔	1716	429.7	459.2	6.30	6.70
纳伦	2039	296.7	318.1	3.46	4.16

---

① 《Климат》，http：//www.welcome.kg/ru/kyrgyzstan/nature/kl/.

续表

观测地	海拔(米)	1961～2010 年均降水量(毫米)	1991～2010 年均降水量(毫米)	1961～2010 年均气温(℃)	1991～2010 年均气温(℃)
奥什	1016	334.3	368.8	11.98	12.20
塔拉斯	1217	324.4	337.7	8.06	8.88
乔尔蓬阿塔	1645	269.0	302.7	7.90	8.54

资料来源：Кыргызгидромет, Государственное агентство охраны окружающей среды и лесного хозяйства, Инициатива ПРООН – ЮНЕП《Бедность и окружающая среда》в Кыргызской Республике,《Национальный доклад состояния окружающей среды Кыргызской Республики за 2006 – 2011 годы》, Бишкек – 2012，Раздел 2. Изменение климата, Таблица 2.1. Рост фактических значений температуры по отдельным мемеостанциям, Таблица 2.2. Изменения величины годового количества осадков по отдельным мемеостанциям。

三　水资源

苏联时期，根据中亚地区水资源分配原则，吉每年可使用境内 25% 水资源（119 亿立方米水量），其余需流到境外供下游使用；吉获得的水资源主要用于农业（约占 90%，灌溉约 100 万公顷耕地），其余 7% 用于工业消费，3% 用于居民及其他消费。

据吉国家环境保护与林业局数据（2010 年），吉境内有大小河流 3500 条，分属三大水系：一是咸海水系，约占总水量的 76.5%；二是伊塞克湖水系，约占总水量的 10.8%；三是塔里木河 - 罗布泊水系，流向中国，约占总水量的 12.4%。另有极少部分属伊犁河水系（卡尔克拉河，流入巴尔喀什湖），可忽略不计。

2006～2010 年，吉境内河流地表年径流量约 472 亿立方米，年人均水资源拥有量 9075 立方米（见表 5 - 4）。但年度内水量分配不平均，夏季水量较大，约 350 亿立方米，秋冬和早春季约 122 亿立方米。吉 76%（约 80.6 万公顷）的灌溉用水取自小河流。

吉河流水量主要来源于冰山融雪（约占 80%），其余依靠降水。20 世纪 60 年代时，吉有冰川 8208 座，总面积 8077 平方千米。因冰山融化，专家估计 2010 年冰川规模约缩小 20%，冰川总水量减少为 417.5 立方千米。

吉境内共有大小 1923 座湖泊，水面总面积 6836 平方千米（约占国土面积的 3%）。水域面积超过 1 平方千米的湖泊只有 16 个，84% 的湖泊分布在海拔 3000 ~ 4000 米山区。境内最大的湖泊有：伊塞克湖（6236 平方千米）、松湖（278 平方千米）、恰特尔湖（171 平方千米）（见表 5 – 6）。吉共有大小水库 34 座，最大蓄水量 211 亿立方米，其中最大的是托克托古尔水库，最大容量 1950 亿立方米（见表 5 – 7）。

据吉农业和土壤改良部资料（截至 2010 年底）：（1）吉灌溉面积约 107 万公顷，其中 42.9 万公顷具有完整技术保障体系，36.7 万公顷有半技术保障体系，27.1 万公顷无技术保障体系。（2）吉农业和土壤改良部水利司负责的 104.32 万公顷水浇地中，87.3919 万公顷状态良好，6.047 万公顷尚可，10.884 万公顷处于不佳状态。主要原因有地下水位上涨、盐碱化、生长芦苇等。（3）吉国有集流排水渠道共计 1176 千米（858 千米露天水渠，318 千米封闭管道），其中 28.5% 处于不佳状态。各灌溉区内的水渠总长 4423 千米（2435.6 千米露天，1987.3 千米封闭管道），这其中 48% 处于不佳状态，如地下水位上涨、土壤沼泽化、二次盐碱化等。为改良灌溉系统，吉政府采取多项措施，在国际组织资助下实施了"灌溉体系恢复工程"（1998 ~ 2006 年）"水灾情况下的紧急措施工程"（1999 ~ 2005 年）"灌区灌溉体系工程"（2001 ~ 2010 年）等。①

表 5 – 4　吉尔吉斯斯坦径流量统计

	2006 年	2007 年	2008 年	2009 年	2010 年	2006 ~ 2010 年年均
河流年均径流量（立方千米）	51	45	41	48	54	48
人均水资源（立方米/人）	9996	8656	7823	8893	10007	9075

资料来源：Государственное агентство охраны окружающей среды и лесного хозяйства，《Национальный доклад состояния окружающей среды Кыргызской Республики за 2006 – 2011 годы》，Бишкек – 2012，Раздел 3. Водные ресурсы。

---

① Министерство сельского хозяйства и мелиорации Кыргызской Республики，Отрасль，Сельское водоснабжение，《Краткая характеристика сельского водоснабжения》，www. agroprod. kg. Министерство сельского хозяйства и мелиорации Кыргызской Республики，Отрасли，Водное хозяйство，http：// www. agroprod. kg/modules. php？name = Pages&page = 6.

表5－5　吉尔吉斯斯坦的主要河流

河流名称	流域总面积 （万平方千米）	在吉境内的流域面积 （万平方千米）	总长度 （千米）	在吉境内 长度（千米）
锡尔河 Сырдарья	21.9000	10.2502	2212	—
纳伦河 Нарын	5.9900	5.9900	578	578
楚河 Чу	2.2491	1.5901	1186	381
塔拉斯河 Талас	5.2700	0.8250	661	194
卡拉河 Карадарья	3.0100	3.0100	180	180
恰特卡尔河 Чаткал	0.7110	0.5520	217	175
伊塞克湖 Иссык－Куль	1.1233	1.1233		
塔里木河 Тарим		2.5550		

资料来源：Государственное агентство охраны окружающей среды и лесного хозяйства, 《Национальный доклад состояния окружающей среды Кыргызской Республики за 2006 – 2011 годы》, Бишкек – 2012, Раздел 3. Водные ресурсы。

表5－6　吉尔吉斯斯坦的主要湖泊

湖泊名称	海拔（米）	面积（平方千米）	容积（立方千米）	最深处（米）
伊塞克湖 Иссы́к－Ку́ль	1607	6236	1738	668
松湖 Сон－Куль	3016	278	2.64	22
恰特尔湖 Чатыр－Куль	3520	170.6	0.85	19
萨雷切列克湖 Сары－Челек	1878	7.92	0.483	234
卡拉苏湖 Кара－Суу	2022	4.2	0.223	150
库伦湖 Кулун	2856	3.25	0.118	91
乌科克湖 Кель－Укок	1970	1.22	0.14	17
克利苏湖 Кель－Суу	3514	4.5	0.338	—
苗尔茨巴赫拉 Мёрцбахера	3304	4.5	0.129	60

资料来源：Государственное агентство охраны окружающей среды и лесного хозяйства, 《Национальный доклад состояния окружающей среды Кыргызской Республики за 2006 – 2011 годы》, Бишкек – 2012, Раздел 3. Водные ресурсы。

表5－7　吉尔吉斯斯坦的主要水库

水库名称	建设 时间	所在河流	容积 （亿立方米）	面积 （平方千米）	坝高 （米）
托克托古尔 Токтогул	1974	纳伦河 Нарын	1950.00	284	215
基洛夫水库 Кировское	1975	塔拉斯河 Талас	5.50	26.5	83
奥尔塔托科伊 Орта－Токой	1956	楚河 Чу	4.70	25	52
库尔普赛 Курпсайское	1981	纳伦河 Нарын	3.70	12	110

续表

水库名称	建设时间	所在河流	容积（亿立方米）	面积（平方千米）	坝高（米）
巴班斯克 Папанское	1981	阿克布拉河 Ак - Бура	2.60	7.1	120
图尔特古里 Турткульское	1971	伊斯法纳河 Исфана	0.90	6.6	3
乌奇科尔甘斯克 Уч - Коргонское	1964	纳伦河 Нарын	0.525	4	31
纳伊曼斯克 Наиманское	1968	阿布希尔赛河 Абшир - Сай	0.40	3.2	40
阿拉阿尔钦斯克 Ала - Арчинское	1968	阿拉阿尔恰河 Ала - Арча	0.39	5.21	22
巴扎尔科尔甘斯克 Базар - Корганское	1962	卡拉温库尔河 Кара Ункур	0.30	2.8	25
索库卢克斯克 Сокулукское	1968	索库卢克河 Сокулук	0.115	1.77	28

资料来源：Государственное агентство охраны окружающей среды и лесного хозяйства, 《Национальный доклад состояния окружающей среды Кыргызской Республики за 2006 – 2011 годы》, Бишкек – 2012, Раздел 3. Водные ресурсы。

第二节 农业主管部门和农业发展战略

吉尔吉斯斯坦农业主管部门是"农业和土壤改良部"，共有三名副部长，除干部处、财务处、法律处、内部审计处、行政司等行政和后勤部门外，共下设个九个业务司局（见表5-8）。

表5-8 吉尔吉斯斯坦农业和土壤改良部机构设置

部内业务司局	
农业政策和投资局	Главное управление аграрной политики и инвестиций
种植业发展局	Управление развития растениеводства
畜牧兽医发展局	Управление развития животноводства и ветеринарии
发展农产品竞争力和粮食安全局	Управление развития конкурентоспособности сельхозпродукции и продовольственной безопасности
牧场司	Департамент Пастбищ
渔政司	Департамент Рыбного Хозяйства

续表

部内业务司局	
国家兽医司	Департамент Государственной Ветеринарии
作物施肥保护和检疫司	Департамент химизации защиты и карантина растений
农业机械和能源保障司	Департамент механизации и энергообеспечения
水利和土壤改良司	Департамент водного хозяйства и мелиорации
国家种子监督局	Республиканская государственная семенная инспекция
国家兽医监督局	Государственная ветеринарная инспекция
国家选种配种中心	Государственный селекционно – племенной центр
国家兽医诊断中心	Республиканский Государственный центр ветеринарной диагностики
国家粮食鉴定中心	Центр экспертизы зерна
国家农产品等级试验委员会	Госкомиссия по сортоиспытанию селхозяйственной продукции
国家植物检疫局	Государственная служба по карантину растений
国家农业市场信息中心	ГП Информационно-маркетинговый центр Айылмаалымат
吉尔吉斯斯坦农业生态中心	Кыргызагробиоцентр
兽医制剂监督和鉴定中心	Центр по контролю и сертификации ветеринарных препаратов
国家土地规划设计研究所	Государственное предприятие 《 Государственный проектный институт по землеустройству》Кыргызгипрозем》
国家植物等级和遗传资源试验中心	Государственный центр по испытанию сортов и генетическим ресурсам растений
国家兽药鉴定中心	Центр сертификации ветеринарных лекарственных средств

一　农业生产主体

吉尔吉斯斯坦农业生产主体主要分为两大类：一是农工企业，具有法人地位，以公司制形式运作；二是农户（或家庭农场），是以农民家庭成员为基本生产主体（如夫妻、子女、父母及其他亲属，彼此间不存在雇佣关系），在自有或租赁的土地上从事农业生产，可具有或不具有法人地位，但均需在有关部门注册登记。根据吉《农户（家庭农场）经营法》，①具有法人资格的农户（家庭农场）登记时需提供规定权利义务以及分配共有财产规则的章程和合同，属于合伙企业性质；不具有法人资格的农户登记时需提供合同，属于个体户性质。

---

① Закон Кыргызской Республики от 3 июня 1999 года №47 《 О крестьянском （фермерском） хозяйстве》（В редакции Законов КР от 4 января 2001 года N 1，16 октября 2002 года № 142）.

独立后，吉经济改革的主要举措便是私有化和价格自由化。农业领域私有化于 1997 年结束，主要措施是将原先国营和集体所有的农场（不含土地）转为农民个人所有，使农业生产从原先以国有农场为主转为以农户（家庭农场）为主。目前，无论是数量还是产值规模，农户（家庭农场）都是吉最主要的农业生产主体，而国有和集体农场数量少，产值比重低。2006 年，吉共有国有农场 106 家、集体农场 1448 家、农户（家庭农场）31.3061 万家。2011 年，吉共有国有农场 65 家，集体农场 556 家，农户 34.4492 万家（见表 5 - 9）。2011 年国有和集体农场产值只有 31.78 亿索姆，占农业总产值的 2%，而农户（家庭农场）产值 863.55 亿索姆，占 58.6%，个体副业（家庭自给自足）产值 552.416 亿索姆，占 37.5%。

表 5 - 9　吉尔吉斯斯坦农业生产主体数量（截至当年年底）

农业生产主体数量（家）	2010 年	2011 年	2012 年
	331703	345184	357298
国有经济	64	65	60
集体经济	509	556	525
股份公司	42	44	42
农民集体经济	93	95	99
农业合作社	374	417	384
家庭农场（农户）	331059	344492	356642
国有和集体副业企业	538	538	—
个体副业	726632	726632	—
果园	405	405	—
林业企业	71	71	—
渔业企业	13	13	—
农业从业人口（万人）	69.91	70.02	—

注：根据法律定义，所谓"个体副业"是个人为满足其本人及其家庭自用需求的、非个体户形式（即无须登记注册）的劳动生产活动。

资料来源：Национальный статистический комитет Кыргызской Республики，годовая публикация《Сельхоз хозяйство Кыргызской Республики 2006 - 2010》，Бишкек 2011，стр. 13. годовая публикация《Сельской хозяйство Кыргызской Республики 2007 - 2011》，Бишкек 2012，стр. 13. Национальный статистический комитет Кыргызской Республики，разделы，сельское хозяйство，7.1 Количество зарегистрированных субъектов сельского и лесного хозяйства，http：//stat. kg/index. php？option = com_content&task = view&id = 29&Itemid = 101。

为保障国家粮食安全，吉政府于 2008 年 7 月 31 日将原国有企业"贸易和市场中心"改组为国有的"吉尔吉斯粮食集团"（Кыргызская агропродовольственная корпорация，www. aqrocorp. kg），主要任务是保障粮食供应，满足居民粮食需求。

吉粮食储备由直属政府的"国家物资储备基金"（Фонд государственных материальных резервов при Правительстве Кыргызской Республики）负责，每年储备粮食 10 万 ~15 万吨。为确保国家粮食安全，该基金几乎每年都同哈萨克斯坦粮食合同集团签订年度粮食购销合同，小麦标准通常不低于三级，筋度不低于 23%。

吉最大的商品交易所是"吉尔吉斯万能商品交易所"（ЗАО《Кыргызская Универсальная Товарная Биржа》，www. birja. kg），截至 2013 年初共有 40 多种交易品种，采用电子交易结算方法，根据交易额收取 0.1% ~1% 的佣金。

为加强农业信息建设，传播农业技术，为机构、农户、企业和贸易商架起沟通桥梁，使各方能够及时掌握市场信息，吉政府组建了三个信息咨询机构：农业市场信息中心（Информационно-маркетинговый Центр《Айылмаалымат》）；农业网（Agro портал Кыргызстана）；农业咨询服务局（СКС：Сельская консультационная служба）。

据吉农业和土壤改良部统计，截至 2011 年底，吉共有 483 家奶制品加工企业，日加工 1670 吨奶（年 61 万吨，占吉当年产奶量的 28%），共创造产值 30.726 亿索姆。吉奶制品企业最大的竞争对手是哈萨克斯坦的奶制品企业。奶制品企业面临的最大难题是加工技术低下，菌群指标超标、脂肪和蛋白质含量低（平均分别约为 3.1% 和 3.3%）。

截至 2011 年底，吉共有 482 家屠宰、肉制品加工、香肠和熏肉等企业和个体户，其中 60% 是个体户。2011 年共生产 6497 吨肉及肉制品，总产值达 12.489 亿索姆，肉制品加工能力仅占本国肉产量的 2.7%（不含地下作坊和影子经济）。近年来，受本国牲畜和家禽疫情以及国内缺乏肉及肉制品质量检验检疫体系等因素影响，吉鲜肉和肉制品进口量增加，但出口规模不大。

截至 2011 年底，吉共有果汁加工企业 22 家，干鲜果蔬罐头企业 19 家，番茄加工和调料企业 22 家，果酱加工企业 7 家。吉每年各类果蔬加工企业的年处理能力约占吉当年果蔬总产量的 15%，最大产能是加工水果和浆果 15 万吨，番茄 25 万吨，蔬菜 10 万吨，主要产品是果汁、果酱、果酒、番茄酱、罐头、干果等。2011 年生产总值 2.016 亿索姆，主要问题是技术设备落后，竞争力弱。

截至 2011 年底，吉全国有 275 家糖果加工企业，受国外产品竞争影响，实际开工率只有产能的 5%～10%。苏联解体前，吉境内的蔗糖加工企业年加工量可达 35 万～40 万吨蔗糖，可有剩余向其他中亚国家、俄罗斯和阿富汗出口。苏联解体后，制糖企业产能下降，吉由糖类出口国变为进口国。

截至 2011 年底，吉面粉年加工能力为 4 万～12 万吨小麦，其中共有大型面粉加工企业 21 家（日加工小麦 80～250 吨），中型面粉加工企业 9 家（日加工 30～80 吨小麦），另外还有约 3000 家小型面粉加工企业（日可加工 1～3 吨）。全国粮食加工企业最大产能可每日生产 1600 吨面粉、220 吨米糁和 3320 吨饲料。独立后，吉面粉加工企业几乎全部私有化，国有企业产量比重极低，主要有"布乌代"面粉厂（ГП Буудай，吉语"小麦"的意思）和"卡拉苏丹阿济克"面粉厂（AO Карасу Дан - Азык，吉语"粮食"的意思）。吉本土小麦筋度低，生产高等级面粉需要依靠进口小麦，每年进口约 45 万吨，主要来自哈萨克斯坦（约占进口总量的 1/3）。

吉农业和土壤改良部 2012 年出台《2012～2016 年农产品加工工业发展纲要》草案，认为截至 2012 年初吉农产品加工业存在的主要问题是：（1）粮食和食品加工企业数量众多，但通常规模较小，设备老化，技术落后，生产成本相对较高，市场竞争力差，国内市场被国外产品挤占；（2）国家缺乏先进和必要的检验检疫设备和人员，对农产品及其加工品的质量难以进行有效监督；（3）市场信息不足，农民对市场的反应能力较差，往往盲目生产，销售困难；（4）独立后，吉农业发展和实物产量增长主要依靠人工投入，农业吸收大量劳动力，也是阻碍其他经济领域发展的原因之一。另外，农业吸引投资不够，银行通常不接受农户的土地抵押，贷款利息相对较高；（5）交通运输领域基础设施差、腐败较严重、运输成本较高，影响农资和农产品的调配和外运。[1]

---

① Министерство сельского хозяйства и мелиорации Кыргызской Республики, 《Пятилетная программа развития агроперерабатывающей промышленности Кыргызской республики на 2012 - 2016 гг.》, http：//www. agroprod. kg/modules. php? name = Colegia. Министерство сельского хозяйства и мелиорации Киргизской Республики, 《Пищевая и перерабатывающая промышленность》, http：//www. agroprod. kg/modules. php? name = Pages&page = 2.

据吉农业和土壤改良部的年报资料统计，2011 年，受极端天气（主要是干旱缺水，部分地区因暴雨和冰雹）影响，吉共有 6500 公顷粮食作物、1200公顷油料作物、152 公顷棉田、74 公顷蔬菜、27 公顷土豆、11 公顷瓜果、6公顷烟草和 120 公顷饲料作物受灾。另外，吉国内约 5000 万头（只）牲畜和鸡感染禽流感（该数量比 2010 年增加 9.9%），544 只羊患炭疽病，约 100 万头牛、300 万只羊、21.5 万匹马和 3.9 万头猪接种炭疽疫苗，另有 170 万头牛和 120 万只羊接种口蹄疫疫苗。

二　农业发展战略规划

吉尔吉斯斯坦曾制定若干国家发展战略文件，如 2001 年，阿卡耶夫总统颁布《2010 年前国家综合发展战略》，2007 年巴基耶夫总统颁布《2007～2010 年国家发展战略》，2011 年 9 月 8 日巴巴诺夫政府颁布《2012～2014 年国家中期发展纲要》。当前指导吉国家整体发展规划的文件是 2013 年 1 月 14日通过的《2013～2017 年国家可持续发展战略》。总体上，尽管各战略的出台时间不同，但其内容格式、目标任务、实现手段和落实措施等大体相同，一脉相承。问题在于，受国内外局势变化影响，各战略文件的大部分内容都未能有效贯彻落实。

《2013～2017 年国家可持续发展战略》是阿坦巴耶夫在其总统任期内（2011～2017 年）指导国家发展和政府工作的总计划和路线图，目标是加强国家建设，为未来发展打下坚实基础。一是完善国家管理机制，促进国家制度建设，建立民主、自由、法制、宪政、廉洁、高效的国家，改革司法，加强法制建设，建立综合安全体系，巩固族际和谐和宗教团结；二是促进经济社会发展，利用现有资源，创造有利于经济发展的国内外环境，重点是减轻税负、增加就业减少失业、增加产品附加值、发展教育、医疗、文化体育、社会保障事业等。该战略能否实现，将主要取决于阿坦巴耶夫总统能否稳定国内政局，能否集中精力搞建设，而不是权力斗争。

吉尔吉斯斯坦 1998 年加入世界贸易组织，当时承诺政府对农业的补贴门槛不高于农产品价值总额的 5%。尽管世贸组织规定发展中国家的承诺义务可以是不超过 10%，但鉴于入世谈判时，吉因财政困难而对本国农业补贴的额度只有农产品价值总额的 1%～2%，因此，5% 的额度对吉来说已经算是"较宽松的待遇"。

2013 年 1 月 12 日，吉财政部同国内五家商业银行签订农业优惠贷款合作协议，双方约定：（1）吉财政部给予五家提供农业贷款的商业银行利息补贴：一年期贷款利率补贴是 792%，两年期贷款利率补贴是 1292%。（2）商业银行在获得政府补贴后，需按 10% 年利率向农业生产者发放贷款；最高贷款额度不超过 250 万索姆的单个借款人的数量占总借款人数量的比重不低于 35%；根据银行相关政策规定，贷款额度不受限的借款人的数量占总借款人数量的比重不高于 65%；给予贷款期限为 1～2 年的借款人六个月还款延展期。[①]

表 5 - 10   2010 ~ 2012 年吉尔吉斯斯坦国家预算收支及其结构

国家预算	实际值（索姆）			比重（%）		
	2010 年	2011 年	2012 年	2010 年	2011 年	2012 年
年均汇率:1 美元兑换索姆金额	45.96	46.14	47.00	—	—	—
财政收入	**580.13**	**778.80**	**870.08**	**100**	**100**	**100**
1. 税收收入	393.62	530.17	639.11	67.85	68.08	73.45
本国公民所得税	37.88	48.51	59.54	6.53	6.23	6.84
外国公民所得税	6.18	7.06	11.80	1.07	0.91	1.36
企业利润税	19.31	28.44	40.98	3.33	3.65	4.71
专利税	14.92	15.28	13.78	2.57	1.96	1.58
库姆托尔金矿所得税	43.64	60.66	45.43	7.52	7.79	5.22
财产税	8.65	9.20	9.67	1.49	1.18	1.11
土地税	7.98	7.61	7.57	1.38	0.98	0.87
增值税	146.02	203.52	257.69	25.17	26.13	29.62
进口环节增值税	103.70	150.08	186.35	17.88	19.27	21.42
销售税	36.98	41.28	49.88	6.37	5.30	5.73

---

① постановление Правительства КР от 12.01.2013 года №10 《 Об утверждении проекта 》 Финансирование сельского хозяйства между Министерством финансов КР и пятью коммерческими банками （ ОАО 《 Коммерческий банк Кыргызстан 》; ОАО 《 РСК Банк 》; ОАО 《 Айыл Банк 》; ОАО 《 Залкар Банк 》; ЗАО 《 КИКБ 》）.

国家预算	实际值（索姆）			比重（%）		
	2010 年	2011 年	2012 年	2010 年	2011 年	2012 年
道路交通税	0.48	0.03	0.04	0.08	0.00	0.00
预防和消除紧急情况税	−0.05	0.06	−0.04	−0.01	0.01	0.00
消费税	16.89	21.87	28.26	2.91	2.81	3.25
进口环节消费税	11.68	15.19	20.13	2.01	1.95	2.31
自然资源利用税	2.05	3.85	6.32	0.35	0.49	0.73
国际商贸活动税	43.47	71.46	94.29	7.49	9.18	10.84
2. 非税收入	110.00	156.54	172.52	18.96	20.10	19.83
国有财产和利息收入	48.94	81.41	90.32	8.44	10.45	10.38
行政收费	52.93	65.03	72.17	9.12	8.35	8.29
国家有偿服务收入	46.30	54.80	60.89	7.98	7.04	7.00
3. 出售资产收益	6.28	4.56	2.36	1.08	0.59	0.27
4. 转移支付	70.22	87.52	56.08	12.10	11.24	6.45
财政支出	**687.81**	**915.44**	**1072.40**	**100**	**100**	**100**
1. 一般公共服务	81.91	101.30	109.47	11.91	11.07	10.21
2. 国防和公共安全	84.75	97.20	99.57	12.32	10.62	9.28
3. 与经济活动有关的国家服务	108.01	155.53	221.91	15.70	16.99	20.69
4. 环保	5.67	5.62	5.07	0.82	0.61	0.47
5. 住房与公用事业	25.04	28.93	34.41	3.64	3.16	3.21
6. 卫生	64.13	90.84	113.68	9.32	9.92	10.60
7. 休闲、文化、宗教	15.60	22.34	24.32	2.27	2.44	2.27
8. 教育	119.93	182.39	216.85	17.44	19.92	20.22
9. 社会保障	110.75	141.82	174.90	16.10	15.49	16.31
10. 获得非金融资产的支出	71.97	89.44	72.17	10.46	9.77	6.73
财政盈余（+）或赤字（−）	−107.68	−136.63	−202.32			

资料来源：Национальный статистический комитет Кыргызской Республики，《Статистический ежегодник 2013》，Финансы，Государственный бюджет Кыргызской Республики；Национальный статистический комитет Кыргызской Республики，Разделы статистики，Финансы，Основные показатели，Государственный бюджет Кыргызской Республики（в процентах к ВВП），http：//stat. kg/index. php? option = com_ content&task = view&id = 37&Itemid = 101。

三　粮食安全

根据相关法律，吉将粮食安全定义为确保国家的物资储备足以满足 90 天居民日常生活的基本食物需求。2012 年，吉农业和土壤改良部制定了《2020

年前农业发展战略》（以下简称《战略》）草案，目的是提高农业生产的质量和效率，保障国家粮食和农业安全，实现农业可持续发展。《战略》计划总投资 444.747 亿索姆，分三个阶段落实：第一阶段（2013～2015 年）打基础，加强物资、技术、法律和管理等方面的准备工作，重点是发展合作农业；第二阶段（2016～2017 年）提高和巩固，在第一阶段基础上，全面提高产量和效率，保障粮食安全；第三阶段（2018～2020 年）深化和细化，尤其是发展农产品加工和出口。

《战略》认为，粮食安全是一项涉及农业、市场、社会保障、食品卫生和安全、财政和宏观经济等多个领域的综合事务，而且与全球化紧密相连，国际市场既为吉农产品出口创造了一定有利条件，同时也加剧了外国农产品对本国市场的冲击。为此，吉目前面临两项主要任务。（1）2020 年前吉种植业的主要任务：一是保证作物增产增收；二是提高单产效率，培育高产的优良种子；三是在保障安全的前提下提高化肥和作物保护剂使用水平，提高作物的抗病虫害能力；四是维护和提高土壤肥力。（2）2020 年前吉畜牧业的主要任务：一是增加牲畜家禽数量，提高肉、蛋、奶、毛的产量，提高畜牧产品出口量；二是改善牧场，发展饲料基地；三是提高防疫和兽医水平；四是发展育种基地，培育牲畜和家禽良种。①

《战略》认为，吉当前粮食生产面临五大难题：一是境内多山地，少耕地。截至 2011 年底，全国耕地面积约 120 万公顷，人均 0.25 公顷，其中水浇地 79.35 万公顷（人均 0.18 公顷）。农户户均占有耕地 2.6 公顷，其中水浇地 1.8 公顷。二是本国粮食安全保障程度（本国产品占日常市场需求消费值的比重）较低，面包仅占 42.8%，植物油占 31.7%，糖占 9.1%，肉占 56.4%，水果和浆果等占 21.8%，对进口农产品和食品的依赖程度较大。三是缺乏对粮食和食品生产的预警和监管措施，对粮食和食品的产量和质量缺乏有效调控和监督，转基因食品和假冒伪劣食品所占比重逐年增加，食品安全形势愈加严峻。四是农业合作社合作化程度较低。尽管国家给予农业合作社免征增值税、销售税、利润税等

---

① Министерство сельского хозяйства и мелиорации Кыргызской Республики，《 Стратегия развития сельского хозяйства Кыргызской Республики до 2020 года 》.

税收优惠，但受缺乏资金和管理人才、进入市场成本高等因素影响，吉国内的农业合作社（相当于中国的合伙企业，一般由 7~50 人组成）数量较少（2004 年底 301 家，2006 年底 1240 家，2011 年底 426 家），而且大都集中在生产环节（2011 年约占合作社总数的 88%），缺乏以农业服务（如兽医、种子化肥站、农机站、技术咨询、市场营销等）为主的合作。五是农资应用率低。比如 2009~2011 年使用化肥的耕地分别占耕地总面积的 35.9%、33.7% 和 32.1%。全国共有 200 多家种子站，但仅能保障小麦和大麦种子需求量的 35%~40%、棉花种子需求量的 50%~60%。农业机械设备的数量仅能满足需求的 50%~60%，并且其中 90% 以上的设备服役年龄超过 20 年。

表 5-11　吉尔吉斯斯坦《2020 年前农业发展战略》指标

农业生产主要指标		2015 年	2017 年	2020 年
农业生产总值增长率(2011 年价格 = 100%)(%)		119	124	149
农产品加工在农业总产值中的比重(%)		18	21	26
生态农产品在农业总产值中的比重(%)		2	3	7
农业领域居民年均收入与全国平均收入的比值(%)		71	75	85
农业劳动生产率(2011 年 = 100%)(%)		117	121	142
农业劳动基金装备率(2011 年 = 100%)(%)		124	136	162
种植业单产量(千克/公顷)	2012 年	2015 年	2017 年	2020 年
小麦	1680	2090	2170	2260
大麦	1450	1770	1820	2000
粮用玉米	5580	5830	5950	6220
土豆	15900	16450	16590	17830
蔬菜	18110	19210	19290	19810
瓜果	21680	21690	21970	22280
水果和浆果	4810	5290	5600	5920
葡萄	1430	1450	1520	1800
棉花	2740	2930	3000	3130
烟草	2180	2550	2570	2640
糖用甜菜	19230	25000	26260	27760
油料作物	1070	1110	1180	1270
畜牧业单产量	2011 年	2015 年	2017 年	2020 年
每头奶牛年均产奶量(千克)	2030	2380	3260	3500
每只羊年均产毛量(千克)	2.6	3.1	3.5	3.6
每只鸡年均产蛋量(枚)	122	140	150	170

续表

牲畜家禽数量	2011 年	2015 年	2017 年	2020 年
牛（万头）	133.88	147.23	154.59	165.41
其中：奶牛（万头）	68.41	75.25	79.01	84.54
羊（万只）	528.81	592.26	627.8	684.3
其中：母羊（万只）	363.49	407.1	431.53	470.37
马（万匹）	38.89	42	43.68	46.3
猪（万头）	5.92	6	8	10
牦牛（万头）	3.11	3.5	3.8	4.2
家禽（万只）	481.53	500.79	510.8	526.13
蜜蜂群（万个）	9.11	10.34	10.95	11.82

资料来源：Министерство сельского хозяйства и мелиорации Кыргызской Республики，《Стратегия развития сельского хозяйства Кыргызской Республики до 2020 года》。

四 外国劳动力管理

吉尔吉斯斯坦对外国劳动力移民实行配额和许可证制度。配额的数量根据上年用人单位申请数量，劳动和社会保障部门负责确定，具体核发则由移民部门负责。2014 年配额为 1.2990 万人，其中需求量最大的地区是比什凯克市（5120 人），最大的行业是工业和建筑业（4992 人）。

第三节　农业生产

独立 20 年来，吉尔吉斯斯坦的国内经济呈波动式发展：第一阶段（1991 ~ 1995 年），受苏联解体影响，苏联时期原有的经济联系中断，另外，经济体制改革全面铺开，实行产权私有化和价格自由化的"休克疗法"，企业原料供应和产品销售秩序出现混乱，导致经济大幅衰退，1991 年 GDP 增幅 - 8%，1992 年增幅 - 14%，1993 年增幅 - 15%，1994 年增幅 - 20%，1995 年增幅 - 5%。1995 年 GDP 大约是 1991 年的 2/5，而且伴随严重通胀。第二阶段（1996 ~ 2005 年），随着新经济体制已经基本建立并运行一段时间，新经济联系逐渐形成并走向成熟，吉经济开始止跌回升（1996 年 GDP 增幅 7%），尽管期间曾一度因俄罗斯经济危机而稍有反复，但总体保持增长态势。10 年间 GDP 总量增

长 58%，年均增长 4.7%，人均 GDP 增长 45%，年均增长 3.8%。第三阶段
（2006 年至今），尽管吉经济遭遇国内政局动荡（2005 年"颜色革命"和
2010 年"4 月革命"、"6 月南部骚乱"）和 2008 年国际金融危机冲击，但仍
是吉经济增长相对较快的时期（尤其是巴基耶夫执政时期），从增长率看，
2006 年同比增长 3.1%，2007 年 8.5%，2008 年 8.4%，2009 年 2.9%，2010
年 - 0.5%，2011 年占 5.7%。从绝对值看，GDP 2006 年 1138 亿索姆（合
28.34 亿美元），2011 年 2859.89 亿索姆（合 62 亿美元），2012 年 3104.71 亿
索姆（合 66 亿美元），2013 年 3500 亿索姆（合 72 亿美元），人均国民生产总
值（GNI）6.41 万索姆（合 1323 美元）。

一　农业总产值

独立以来，尽管工业、农业和服务业的生产绝对值总体增长，但农业产值
占 GDP 的比重却总体下降，服务业比重总体上升，工业比重变化不大。农业
产值比重 1993 年占 40%，2012 年占 19.5%。服务业产值比重 1993 年占
28.5%，2011 年占 52.4%。工业产值比重 2000 年至今在 19% ~31% 区间，并
呈波浪形波动，其中 2000 年占 31.3%，然后一直下降到 2007 年最低达
18.7%，2008 年起又逐渐上升，2011 年占 27.9%（见表 5 - 12）。

吉农业以种植业和畜牧业为主，渔业和林业产值微乎其微。农业总产出
中，种植业产值占 50% ~60%，畜牧业占 40% ~46%，农业服务约占 2%，林
渔业约占 0.2%。2000 年以来，果蔬、粮食、肉类、鲜奶这四项产值约占吉农
业总产出的 80% 以上，是吉农业的最主要增长点。

2012 年，吉农林牧业总产值 1675.05 亿索姆（合 35.64 亿美元），其中农
业总产值 1646.65 亿索姆（合 35.04 亿美元），占 GDP 的 53%。农业总产值
中，种植业 845.26 亿索姆（合 17.98 亿美元），占农业总产值的 51%，畜牧
业 801.39 亿索姆（合 17.05 亿美元），占农业总产值的 49%，狩猎和林业总
产值 2.18 亿索姆（见表 5 - 14）。

2013 年，吉农林牧业产出为 1719.8 亿索姆（约合 35.5 亿美元），主要是
天气状况良好带来粮食丰收。其中，种植业产出约占 50.3%，畜牧业产出约
占 47.5%，林业和相关服务业各占 0.1% 和 2.1%。

种植业产出结构（占种植业产值的比重）中，土豆、水果和蔬菜约占50%，粮食和豆类占25%～35%，甜菜、烟草和棉花等经济作物占5%～10%，饲料作物占10%～20%。畜牧业产值结构（占畜牧业产值的比重）中，肉类生产占55%～60%，奶及其制品占35%～40%，其余（蛋、毛、皮等）产值较小，占5%～10%。

从地区结构看，南部的贾拉拉巴德州和奥什州以及北部的楚河州和伊塞克湖州四个地区是吉最主要农产区，年产出各4亿～6亿美元。2010年各州占吉农业总产出的比重分别是：楚河州占24.1%，贾拉拉巴德州占18.6%，奥什州和奥什市占18.3%，伊塞克湖州占14.0%，塔拉斯州占9.6%，巴特肯州占7.8%，纳伦州占7.3%，比什凯克市占0.3%。

表5-12　吉尔吉斯斯坦 GDP 的产业结构（各产业占 GDP 比重）

单位：%

	2010 年	2011 年	2012 年		2010 年	2011 年	2012 年
GDP(亿索姆)	2203.693	2859.891	3104.713	工业	26.9	27.9	25.1
农业	19.9	19.7	19.5	服务业	53.1	52.4	55.5

资料来源：ADB, Key Indicators for Asia and the Pacific 2013。

表5-13　吉尔吉斯斯坦汇率

	2010 年	2011 年	2012 年		2010 年	2011 年	2012 年
美元年度均价	45.96	46.14	47.00	坚戈年度均价	0.31	0.31	0.32
欧元年度均价	61.06	64.27	60.44	苏姆年度均价	0.03	0.02	0.02
卢布年度均价	1.51	1.57	1.51				

注：卢布是俄罗斯货币，坚戈是哈萨克斯坦货币，苏姆是乌兹别克斯坦货币。

资料来源：Национальный Статистический Комитет Кыргызской Республики, Разделы статистики, Внешнеэкономическая деятельность, 4.02.00.01 Номинальный курс отдельных валют。

二　种植面积

吉尔吉斯斯坦全国种植总面积约115万公顷，其中50%～60%是粮食作物，主要是小麦、大麦、玉米和豆类；25%～30%是饲料，主要是青草和青贮玉米等；10%～15%是瓜果蔬菜；10%～15%是经济作物，主要是向日葵等油

表 5 - 14　吉尔吉斯斯坦农业总产出统计

单位：亿索姆

	2009 年	2010 年	2011 年	2012 年
农林牧总产出	1112.839	1150.683	1492.216	1675.053
其中:1. 农业服务	22.887	25.279	26.222	26.222
2. 狩猎和林业	2.104	0.451	2.181	2.181
3. 农产品	1087.848	1124.953	1463.814	1646.650
3.1 种植业	595.479	596.204	752.997	845.262
粮食和豆类	175.800	135.549	—	143.825
土豆	128.111	116.943	—	
蔬菜	101.026	111.295	—	
籽棉	9.927	26.846	—	
烟草	4.47	3.828	—	
甜菜	1.073	3.201	—	
瓜果	15.66	13.782	—	
浆果	46.739	58.738	—	
葡萄	1.208	1.238	—	
其他	111.465	124.784	—	
3.2 畜牧业	492.369	528.749	710.817	801.388
肉类	281.500	315.892	—	
鲜奶	181.153	171.802	—	
鸡蛋	17.328	17.021	—	
兽毛	2.724	2.840	—	
其他	9.663	21.194	—	
其中:家庭农场	622.619	692.356	881.467	1007.734
个体副业	437.232	405.053	549.157	607.132
国有和集体农场	27.997	27.544	33.189	31.784
农业生产结构(%)	100	100	100	100
1. 种植业	53.5	51.8	50.46	50.46
2. 畜牧业	44.2	46.0	47.63	47.84
3. 农业服务	2.1	2.2	1.76	1.57
4. 狩猎和林业	0.2	0	0.15	0.13

注：农业总产出的俄文是 Валовой выпуск продукции。

资料来源：Национальный статистический комитет Кыргызской Республики，Разделы статистики，Сельское хозяйство，1.04.02.01 Валовой выпуск продукции сельского хозяйства охоты и лесного хозяйства по категориям，http：//stat.kg。

料作物、棉花、烟草和甜菜等。自 2008 年以来，吉种植面积总体发展趋势是减少小麦种植面积，增加玉米、食用豆类和饲料草的种植面积，为提高畜牧生产服务。

2012 年, 吉种植面积总计 116.57 万公顷, 其中粮食作物 62.52 万公顷 (占 54%), 饲料作物 31 万公顷 (占 27%), 水果、蔬菜、土豆共 13.59 万公顷 (占 12%), 经济作物 9.46 万公顷 (占 8%)。从具体农作物看, 大麦和玉米的种植面积增加, 冬小麦的种植面积减少。种植面积较大的农作物 (占总种植面积的比重) 分别是: 小麦 32.45 万公顷 (28%)、草料 25.22 万公顷 (占 22%), 大麦 14.74 万公顷 (占 13%), 食用玉米 9.53 万公顷 (占 8%), 土豆 8.16 万公顷 (占 7%), 油料作物 5.45 万公顷 (占 4.7%), 食用豆类 4.92 万公顷 (占 4%), 蔬菜 4.54 万公顷 (占 3.9%) (见表 5 - 15)。

表 5 - 15　吉尔吉斯斯坦主要农作物种植面积统计

单位: 万公顷

	2010 年	2011 年	2012 年	2012 年种植面积比重(%)
种植面积	114.57	115.92	116.57	100
粮食	62.58	63.02	62.52	53.63
小麦	37.67	37.74	32.45	27.84
其中:冬小麦	25.74	24.77	17.77	15.24
春小麦	11.92	12.97	14.68	12.59
大麦	12.54	12.33	14.74	12.64
其中:冬大麦	1.30	1.12	1.21	1.04
春大麦	11.24	11.20	13.53	11.61
食用玉米	7.33	7.44	9.53	8.18
食用豆类	4.21	4.62	4.92	4.22
大米	0.66	0.64	0.73	0.63
燕麦	0.12	0.13	0.09	0.08
黍	0.004	0.03	0.004	0.00
荞麦	0.01	0.01	0.004	0.00
经济作物	9.48	10.44	9.46	8.12
油料作物	5.53	5.46	5.45	4.67
其中:甜菜	0.84	0.81	0.56	0.48
棉花	2.67	3.74	3.10	2.66
烟草	0.41	0.41	0.34	0.29
甜菜	0.84	0.81	0.56	0.48
水果、蔬菜、土豆	13.36	13.47	13.59	11.66
土豆	8.43	8.49	8.16	7.00

	2010 年	2011 年	2012 年	2012 年种植面积比重（%）
蔬菜	4.19	4.28	4.54	3.89
瓜果	0.73	0.70	0.89	0.76
饲料作物	29.15	28.98	31.00	26.59
其中:多年生草	25.18	25.72	25.22	21.64
青贮玉米和青饲料	0.37	0.29	0.27	0.23
纯休闲地	0.45	0.25	0.33	0.28

资料来源：Национальный статистический комитет Кыргызской Республики，Разделы статистики，Сельское хозяйство，посевная площадь сельскохозяйственных культур（в хозяйствах всех категорий），http：//stat. kg。

表 5 - 16 2012 年吉尔吉斯斯坦种植面积统计（按所有权类型）

单位：万公顷

	总面积	粮食作物	经济作物	土豆、水果、蔬菜	饲料作物
总面积	116.57	62.52	9.46	13.59	31.00
国有农场	0.91	0.39	0.21	0.05	0.26
集体农场	5.09	3.49	0.33	0.18	1.09
个人副业	9.97	3.65	0.32	4.58	1.42
家庭农场	100.60	54.99	8.60	8.78	28.23

资料来源：Национальный статистический комитет Кыргызской Республики，Разделы статистики，Сельское хозяйство，Посевные площади сельскохозяйственных культур по категориям хозяйств в 2011г.，Сельское хозяйство，Посевные площади сельскохозяйственных культур по категориям хозяйств в 2012г.，http：//stat. kg。

三 种植业

吉尔吉斯斯坦主要农作物是小麦、玉米、大麦、土豆、蔬菜、水果、甜菜、棉花、向日葵等。实践证明，吉境内多山地，缺乏大面积的平整耕地，不适合发展类似俄罗斯和哈萨克斯坦那样的大规模农业机械化种植，而适合发展小型和多样化的种植业，例如果蔬等，是吉农业增长的有效途径之一，不仅占地相对少，而且出口前景好，产值效益高。

从总量看，2008～2012 年粮食年均产量 161 万吨（最高是 2009 年 193 万吨，最低是 2007 年 149 万吨），其中小麦占一半（计 79 万吨，最高 2009 年

106 万吨，最低 2012 年 54 万吨），食用玉米占 25%（48 万吨），大麦占 15%（24 万吨），食用豆类占 5%（7.5 万吨），大米产量只有 2 万吨。经济作物中，甜菜、籽棉和葵花籽是主要品种，其中甜菜年均产量 9 万吨，籽棉 8 万吨，土豆 135 万吨，蔬菜 83 万吨，各类瓜果、浆果等 36 万吨（见表 5 - 17）。

从单位产量看（见表 5 - 18），2008～2012 年每公顷粮食年均产量 2528 千克，其中小麦 2112 千克，大麦 1836 千克，食用玉米 5942 千克，食用豆类 1680 千克，甜菜 1332 千克，籽棉 2814 千克，土豆 1.59 万千克，蔬菜 1.80 万千克。

表 5 - 17 吉尔吉斯斯坦主要农作物产量

单位：万吨

	2008 年	2009 年	2010 年	2011 年	2012 年	2008～2012 年均
粮食	151.09	192.92	158.38	158.07	143.83	160.86
小麦	74.62	105.67	81.33	79.98	54.05	79.13
大麦	21.06	28.97	23.15	23.38	21.27	23.57
燕麦	0.27	0.39	0.29	0.29	0.15	0.28
食用玉米	46.21	48.66	44.09	44.64	57.83	48.29
食用豆类	7.09	7.13	7.36	7.61	8.13	7.46
大米	1.77	2.07	2.09	1.94	2.31	2.04
黍	0.01	0.02	0.006	0.05	0.01	0.02
荞麦	0.01	0.005	0.01	0.008	0.01	0.01
甜菜	—	5.4	13.92	15.88	10.20	9.08
籽棉	9.51	4.92	7.4	10.13	8.47	8.09
烟草	1.36	1.2	0.99	0.99	0.74	1.06
油料作物	6.65	7.33	6.07	5.66	5.86	6.31
土豆	133.49	139.31	133.94	137.92	131.27	135.19
蔬菜	82.26	83.25	81.21	82.09	86.59	83.08
瓜果	12.44	13.72	15.73	15.16	19.32	15.27
浆果	18.54	20.05	19.31	21.51	22.27	20.34
葡萄	1.05	1.23	0.45	0.67	0.79	0.84

注：粮食、小麦、大麦、大米的产量属初加工后产量，籽棉和烟草属计算重量。

资料来源：Национальный статистический комитет Кыргызской Республики, Разделы статистики, Сельское хозяйство, 1.05.02.01 Производство основных видов сельскохозяйственной продукции по категориям хозяйств Кыргызской Республики, http://stat.kg。

表 5 – 18　吉尔吉斯斯坦主要粮食作物的单位产量统计

单位：千克/公顷

	2008 年	2009 年	2010 年	2011 年	2012 年	2008 ~ 2012 年年均
粮食	2320	2930	2530	2520	2340	2528
小麦	1940	2630	2170	2140	1680	2112
大麦	1580	2340	1890	1920	1450	1836
燕麦	1620	2690	2490	2190	1760	2150
食用玉米	5860	6000	5930	5900	6020	5942
食用豆类	1660	1710	1740	1650	1640	1680
大米	2840	3070	3050	2990	3170	3024
黍	1920	2170	1710	1690	1790	1856
荞麦	950	790	1370	1270	1430	1162
甜菜	—	1109	1657	1971	1923	1332
籽棉	2910	2910	2790	2720	2740	2814
烟草	2490	2480	2450	2420	2180	2404
油料作物	990	1080	1070	1040	1070	1050
土豆	15700	15900	15800	16100	15900	15880
蔬菜	17700	17800	18000	18200	18110	17962
瓜果	19900	20400	21300	21300	21680	20916
水果和浆果	4260	4540	4330	4720	4810	4532
葡萄	1660	2020	750	1100	1430	1392

注：粮食、小麦、大麦、大米的产量属初加工后产量，籽棉和烟草属计算重量。

资料来源：Национальный статистический комитет Кыргызской Республики，Разделы статистики，Сельское хозяйство，Основные показатели（Статистический сборник Кыргызстан в цифрах 2007 – 2011），Валовой сбор и урожайность сельскохозяйственных культур，Валовой сбор и урожайность отдельных зерновых культур，Площадь плодово – ягодных и виноградных насаждений，Валовой сбор и урожайность винограда плодов и ягод，http：//stat. kg。

四　畜牧业

吉尔吉斯斯坦具有发展畜牧业的良好条件。境内没有沙漠，全国 83% 土地（计 960 万公顷）适合发展天然牧场，而且牧场上 60% ~ 90% 的天然牧草可作为牲畜饲料（年产 300 万 ~ 400 万吨）。天然牧场分布在海拔 600 ~ 4000 米的山地上。高山牧场（海拔 2600 ~ 4000 米）面积约 410 万公顷，其中近一半（190 万公顷）分布在海拔 3000 ~ 4000 米的高山上。

截至 2013 年 1 月，吉牲畜和家禽存栏量具体是：牛 136.75 万头（其中奶牛 69.93 万头），猪 5.54 万头，羊 542.39 万只，马 39.88 万匹，家禽 507.66 万只（见表 5 - 19）。2008 ~ 2012 年这五年的年均产量分别是：肉类 19 万吨，奶 134 万吨，蛋 3.84 亿枚，兽毛 1 万吨（见表 5 - 20）。2013 年，吉共产肉 35.5 万吨，奶 140.8 万吨，蛋 4.2 亿枚，兽毛 1.16 万吨。

吉市场上肉类价格居高不下，主要是由于本土养殖成本高，产量不足，需大量依赖进口造成的。其后果之一是居民肉类消费结构发生改变，由过去以牛羊等大牲畜肉类为主转为以鸡肉等家禽为主（尤其是鸡腿）。本土养殖成本高的原因主要有：（1）极端气候增多，饲料价格上涨；（2）本土农户的畜牧养殖规模小，竞争力明显弱于大型农场；（3）草场退化，养殖户不得不迁往更远处的草场放牧；（4）销售环节增多，以前是养殖户直接去市场销售，现在则是卖给批发商，再由批发商去市场销售；（5）养殖户为追求更高利润而将肉类出口，造成本土市场供应量短缺。

据统计，2012 年吉从美国和巴西进口 5.5 万吨鸡肉；从中国进口 0.8 万吨猪肉、570 吨牛肉和 1 万吨鸡肉；从印度进口 520 吨牛肉；从蒙古进口 135 吨马肉和 20 吨羊肉；从俄罗斯和荷兰进口 0.4 万吨鱼及其制品；另外还从印度少量进口水牛肉。[①]

表 5 - 19　吉尔吉斯斯坦牲畜和家禽存栏量（当年年底）

单位：万头/只/匹

	2008 年	2009 年	2010 年	2011 年	2012 年
牛	122.46	127.81	129.88	133.86	136.75
奶牛	63.56	66.43	66.65	68.42	69.93
猪	6.33	6.13	5.98	5.92	5.54
马	36.24	37.30	37.84	38.90	39.88
羊	450.27	481.55	503.77	528.81	542.39
家禽	436.48	453.58	474.99	481.53	507.66

资料来源：Национальный статистический комитет Кыргызской Республики, Разделы статистики, Сельское хозяйство, 1.05.02.12 Поголовье скота и птицы по категориям хозяйств Кыргызской Республики, http：//stat. kg。

---

① Екатерина Иващенко, 《Китайские яблоки и американская говядина или Что происходит с сельским хозяйством Кыргызстана》, http：//www.fergananews.com/articles/7750.

表 5 – 20   吉尔吉斯斯坦主要畜牧产品产量

	2008 年	2009 年	2010 年	2011 年	2012 年	2008 ~ 2012 年年均
畜牧产品						
肉类(万吨)	18.42	18.55	18.78	19.04	19.35	18.83
鲜奶	127.35	131.47	135.99	135.81	138.24	133.77
鸡蛋(亿枚)	3.693	3.693	3.731	3.928	4.168	3.84
兽毛(万吨)	1.09	1.1	1.09	1.11	1.13	1.10
单产量						
奶(每头奶牛年均,千克)	2069	2041	2036	2030	2023	2039.80
兽毛(每只羊,千克)	3.1	2.9	2.6	2.6	2.5	2.74
蛋(每只鸡,枚)	124	121	116	122	88	114.20

资料来源：Национальный статистический комитет Кыргызской Республики, Разделы статистики, Сельское хозяйство, 1.05.02.01 Производство основных видов сельскохозяйственной продукции по категориям хозяйств Кыргызской Республики, Основные показатели (Статистический сборник Кыргызстан в цифрах2007 – 2011), Продуктивность скота и домашней птицы, http：//stat.kg。

第四节   粮食消费

吉尔吉斯斯坦粮食年消费量 100 万 ~ 150 万吨，若天气正常，本国产量通常可满足自身需求。蔬菜产量不仅足够本国需求，还有剩余可出口。但吉旱田所产小麦不适合加工成高级面粉，每年仍需从国外进口，主要进口国是哈萨克斯坦（每年 40 万 ~ 50 万吨）。因品种关系，自产水果仅可满足国内市场 40% ~ 50% 需求，但每年进口量不大。因国内加工能力较弱，植物油和糖分别能满足国内市场需求的 30% 和 10%，其余依靠进口，主要从俄罗斯和哈萨克斯坦进口。[①]

根据吉国家统计委员会数据，2011 年吉本国农产品产量可满足国内市场需求量的程度（本国产量/消费量）分别是：谷物 88.9%，土豆 161%，蔬菜 130.8%，牛奶 112.0%，水果 21.7%，鸡蛋 38.5%，糖 12.2%，肉类

[①] 《Зависимость от импорта сельхозпродукции все еще актуальна – Минсельхоз Кыргызстана》, http：//www. kazakh-zerno. kz/index. php？ option = com_ content&task = view&id = 68574&Itemid = 109.

56.8%，植物油 34.2%。同期，根据人均农产品消费量计算，则本国农产品可满足居民消费需求（产量/居民消费量）的程度分别是：谷物 145.3%，土豆 161%，蔬菜 131.4%，牛奶 112.0%，水果 25.7%，鸡蛋 43.6%，糖 66.1%，肉类 77.8%，植物油 90.2%。从上述两组数据可以看出：第一，吉食品加工业较落后，农产品主要用于居民食用消费；第二，即使全部用于居民消费（不包括食品加工、饲料等消费），鸡蛋、水果、肉（主要是牛羊肉）、植物油和糖等农产品和食品仍需进口保障，尤其是糖和植物油。

一　居民的粮食购买力

根据吉国家统计委员会数据，2007～2012 年，吉居民名义月收入从 1417 索姆（合 38 美元）提高到 3216 索姆（合 68 美元），职工月均工资从 3970 索姆（合 106 美元）提高到 10726 索姆（合 228 美元），月均退休金从 1120 索姆（合 30 美元）提高到 4274 索姆（合 91 美元）。同期，居民生活必需品标准（菜篮子最低生活保障线）从 1788 索姆（合 48 美元）增加到 4341 索姆（合 92 美元），居民月均日常消费支出从 1371 索姆（合 37 美元）增加到 2171 索姆（合 46 美元）（见表 5－22）。从全国平均看，吉居民平均收入仅略高于日常消费支出，而职工平均工资则是日常消费支出水平的 3～5 倍。2012 年，吉政府确定的贫困线标准是年收入低于 26182 索姆（月均 2182 索姆），极端贫困线是 15434 索（月均 1286 索姆）。

2007～2012 年六年间，吉消费物价水平总体呈上涨趋势。其中影响物价涨幅的最大因素是食品，如新鲜水果价格上涨 180%，新鲜蔬菜 80%，白糖 80%，植物油 1 倍。2012 年，吉居民每月实际消费肉及其制品 1.7 千克，奶及其制品 6.1 千克，鱼及其制品 0.1 千克，鸡蛋 5 枚，白糖 1.2 千克，植物油 1 千克，土豆 3.8 千克，面包 10.5 千克。

受高物价和低收入影响，2008～2012 年，吉居民日均能量摄取量分别是 2297.2 千卡、2358.2 千卡、2318.6 千卡、2280.6 千卡、2189 千卡，这个水平略高于世界卫生组织关于成年人维持健康水平所需的最低标准（日均 2100 千卡）。

表 5 – 21　吉尔吉斯斯坦的消费品通货膨胀统计（与上年同期相比）

单位：%

	2010 年	2011 年	2012 年	2013 年
通胀率	108.0	116.6	102.8	106.6
食品和不含酒精饮料	107.2	118.2	95.9	105.3
含酒精饮料和烟草	107.8	111.4	109.5	110.7
非食品	111.4	110.7	110.1	107.4
服务	107.2	111.6	110.2	106.8
电、气和燃料	113.9	100.0	105.8	100.4
面制品和米	100.8	126.9	92.5	108.0
肉和肉制品	110.3	133.7	106.7	102.0
鱼	109.8	112.1	118.4	108.6
蛋和奶制品	101.1	112.7	106.0	107.4
油脂	110.0	127.7	99.3	100.2
蔬菜	95.1	127.9	75.8	109.3
水果	107.0	119.1	99.0	124.5
白糖、咖啡、茶	120.6	117.7	93.7	98.8

资料来源：Национальный стититический комитет Кыргызской Республики, Разделы статистики, Цены и тарифы, 1.08.00.01 Индекс потребительских цен по видам товаров и услуг（Классификатор расходов на потребительскиетовары и услуги по назначению）；1.08.01.01 Индекс цен производителей по видам экономической деятельности（ГКЭД）。

表 5 – 22　吉尔吉斯斯坦的居民收入统计

	2010 年	2011 年	2012 年
居民月收入(索姆)	2494.4	2936.4	3215.8
其中：劳动和个体经营所得	1532.2	1827.4	2105.6
社会保障	339.8	418.5	536.6
农产品销售所得	433.0	516.8	428.3
个人资产所得	30.1	34.9	16.0
其他收入	159.4	138.8	129.3
最低工资标准(索姆)	340.0	690	
职工月均工资(索姆)	7189	9304	10726
其中：农林牧	4360	4784	5309
渔业	3655	3595	4919
月均退休金标准(索姆)	2886.0	3853.0	4274.1
退休人口(当年年底, 万人)	57.5	59.4	61.3
人均月最低生活保障线(菜篮子法, 索姆)	3502.65	4390.02	4341.15

续表

	2010 年	2011 年	2012 年
居民月消费支出(索姆)	2111.93	2378.60	2171.54
食品	1105.70	1298.58	1228.75
酒精饮料	8.78	7.10	4.98
非食品	574.17	639.95	522.50
服务	423.28	432.97	415.40
全国贫困人口比例(%)	33.7	36.8	38.0
城市	23.6	30.7	35.4
农村	39.5	40.4	39.6
基尼系数(按收入)	0.371	0.382	0.420
贫困深度(%)	7.5	7.5	7.7
城市	5.4	6.3	—
农村	8.7	8.1	—
贫困强度(%)	2.5	2.2	2.4
城市	1.9	1.8	—
农村	2.8	2.4	—
人均每日获取食物热量(千卡)	2318.6	2280.6	2189.0
人均每日获取蛋白质(克)	61.3	60.3	58.8
人均每日获取脂肪(克)	62.7	61.1	58.9
居民月收入的购买力	2010 年	2011 年	2012 年
肉及其制品(千克)	13.9	11.1	11.4
当年每月实际消费	1.7	1.7	1.7
奶及其制品(千克)	122.6	120.6	123.6
当年每月实际消费	7.5	6.9	6.1
鸡蛋(枚)	437.9	471.6	494.7
当年每月实际消费	5.2	5.1	5.0
糖及其制品(千克)	49.1	48.4	61.8
当年每月实际消费	1.3	1.2	1.2
植物油(千克)	34.5	30.7	34.3
当年每月实际消费	1.0	0.9	1.0
土豆(千克)	195.7	173.6	207.9
当年每月实际消费	4.0	3.9	3.8
面包及其制品(千克)	86.6	85.7	89.3
当年每月实际消费	10.6	10.5	10.5
鱼及其制品	22.8	22.5	22.2
当年每月实际消费	0.1	0.1	0.1

资料来源：Национальный Статистический Комитет Кыргызской Республики, Разделы статистики, Уровень жизни населения, http://stat.kg。

表 5 – 23　2012 年吉尔吉斯斯坦部分农产品消费统计

单位：万吨

	粮食及其制品	小麦及其制品	土豆	蔬菜瓜果	水果	肉及其制品	奶及其制品	蛋（亿枚）	植物油	糖及其制品
年初库存	129.56	84.47	73.34	24.23	2.06	0.48	3.95	3.63	2.64	1.04
本国生产	143.83	54.05	131.27	105.92	22.27	19.37	138.24	38.72	0.06	1.33
进口	68.19	61.94	0.02	0.64	4.16	8.26	2.23	4.14	4.01	8.98
供应总量	341.58	200.46	204.63	130.79	28.49	28.11	144.42	46.49	6.71	11.35
种子消费	14.25	8.88	28.55	0	—	—	—	0.85	—	—
饲料消费	92.50	27.93	20.59	8.48	0.50	0	11.34	0.14	—	—
损失	5.92	1.80	6.13	1.61	0.65	0.03	0.17	0	0	0.01
出口	9.66	1.63	2.35	11.70	9.44	7.16	12.01	0.02	0	0.07
居民消费	100.96	90.33	53.05	81.03	15.63	20.44	114.99	43.26	5.78	10.71
总消费	223.29	130.57	131.82	102.82	26.22	27.63	138.51	44.27	5.78	10.79
年底库存	118.29	69.89	72.81	27.97	2.27	0.48	5.91	2.22	0.93	0.56

资料来源：Национальный статистический комитет Кыргызской Республики，《Информационный бюллетень Кыргызской Республики по продовольственной безопасности и бедности》，4/2012 Бишкек 2013，Приложение 3. Продовольственный баланс по базовым продуктам питания。

二　粮食进口

独立后，吉尔吉斯斯坦开始自主行使对外经济合作权利，将对外开放视为其融入世界经济体系的重要措施之一。吉摒弃苏联时期由国家垄断外贸的做法，奉行"多元化"和"开放性"战略，既全方位又有重点地开展对外联系，强调在发展和维系与独联体国家经济联系的同时，逐渐向世界市场体系靠拢，主张对外贸易自由化和非集中化，实施全面对外开放政策，赋予国内所有法人（不论所有制形式）和自然人从事内外贸易活动的权利，一般无须履行专门的资格注册审核等繁杂手续。为进一步规范和促进对外贸易发展，吉颁布一系列法律法规，如《外国投资法》《海关法》《对外贸易管理法》《外商租赁企业经营法》《自由经济区法》等。

吉于 1998 年 12 月 20 日加入世界贸易组织，是独联体国家中的第一个。入世对吉外贸的影响表现在两个方面：一是平均进口关税税率降至 5.1%。与 2010 年建成的俄白哈三国关税联盟平均进口税率 10.6% 相比，吉关税在独联体成员中处于较低水平，这也是吉国内关于是否加入俄白哈三国关税联盟问题争论不休的主要原因之一。二是吉与非独联体成员的外贸额开始超过与独联体成员的外贸额，二者总值在 1997 年分别是 5.81/7.82 亿美元，1998 年分别是 7.11/6.93 亿美元。

独立以来，吉外贸进口规模增幅较大，除 1999~2003 年和 2009~2010 年因外部经济冲击而下降外，其他时间均保持增长态势。2010 年进口总值 32.22 亿美元，2011 年 42.61 亿美元，2012 年 55.76 亿美元（见表 5-24）。

吉进口规模较大（进口值超过 0.3 亿美元）的商品：第一是能源（如成品油），第二是粮食和食品，第三是化工产品（如药品、轮胎、化肥等），第四是机械设备（如矿山采掘设备、汽车配件等），第五是木材。

吉主要进口对象国首先是独联体国家，尤其俄罗斯、哈萨克斯坦和乌兹别克斯坦是该国能源和粮食产品的最主要来源地。其次，中国是其日用品和家电的最主要来源地。

2012 年，吉共进口小麦 9356 万美元，小麦和面粉 3321 万美元，肉及其制品 7634 万美元，奶及其制品 2053 万美元，植物油 6109 万美元，糖 6293 万美元，巧克力 8364 万美元，啤酒 1404 万美元，烟草 2.2409 亿美元，茶 863 万美元。

三 粮食出口

独立以来，吉外贸出口规模增幅较大，除 1998~2002 年和 2009~2010 年因外部经济冲击而短暂下降外，其他时间均保持增长态势，2011 年出口总值 22.42 亿美元，2012 年 19.28 亿美元。

从产品大类看，吉出口商品始终以原材料和低附加值商品为主，工业制成品和高附加值商品所占比重较小。历年出口规模较大的商品（出口值超过 1000 万美元）主要有黄金等矿产品（约占出口总值的一半），电力，服装、灯具等轻工产品，农产品。

2008 年以来，吉每年出口超过千万美元的农产品主要是蔬菜、水果、奶制品、棉花、烟草，不足千万但超百万美元的农产品主要有整头牲畜和肉制品。水果蔬菜近些年出口值增长较快，主要得益于哈萨克斯坦等周边国家需求

表 5 - 24 吉尔吉斯斯坦主要进口商品的进口值和进口量统计

单位：万美元

进口	2010 年	2011 年	2012 年
进口总计	322277	426123	557626.41
活动物、动物产品	9668.52	9540.89	10142.70
植物产品	12164.42	16631.73	19069.07
动、植物油、脂及其分解产品；精制的食用油脂；动、植物蜡	5972.20	7266.25	7619.61
食品；饮料、酒及醋；烟草、烟草及烟草代用品的制品	26734.31	37634.72	59038.13
肉及肉制品	7730	7251	7634.84
进口量(吨)	99233	84284	76631.5
奶及奶制品	1465	1437	2053.91
进口量(吨)	8162	8749	11420.2
茶叶	548	691	863.69
进口量(吨)	3847	3952	4899.4
玉米	18	114	47.73
进口量(吨)	49	562	1778.6
小麦面	785	4570	3321.93
进口量(吨)	25796	136572	119645.2
小麦	6231	6695	9356.44
进口量(吨)	349241	289896	438400.1
大米	1239	840	1253.30
进口量(吨)	23921	15915	25987.4
植物油	4757	5812	6109.72
进口量(吨)	39976	37141	43083.1
糖	4648	7730	6293.40
进口量(吨)	61874	86121	82683.5
巧克力	4867	6724	8364.23
进口量(吨)	15412	19300	19958.2
啤酒	1525	1731	1404.17
进口量(万升)	2069	2146	1746.94
烟	2550	3869	22409.13
亿支	23.06	37.08	41.10
化肥	2944	4246	5417.04
进口量(万吨)	14.8729	12.5191	13.7051
汽油	29524.52	39364.54	51555.28
进口量(万吨)	42.3826	55.8718	70.9620
煤油	22903.65	11141.95	10540.29
进口量(万吨)	32.0896	11.7558	10.2085
柴油	14872.24	26853.26	36734.50
进口量(万吨)	24.7890	35.4106	46.8526

资料来源：Национальный Статистический Комитет Кыргызской Республики, Разделы статистики, Внешнеэкономическая деятельность, 4.03.00.12 Импорт основных видов товаров (тыс. долларов), 4.03.00.04 Импорт товаров по разделам Товарной Номенклатуры Внешнеэкономической Деятельности (ТНВЭД), 4.03.00.22 Импорт основных видов товаров в натуральном выражении (тонн), http://stat.kg。

量加大。2012 年，吉共出口蔬菜 8669 万美元，水果 4775 万美元，奶及其制品 2781 万美元，棉花 3388 万美元，烟草 1193 万美元，整头牲畜 441 万美元，肉及其制品 609 万美元（见表 5 - 25）。

吉最主要出口对象国是瑞士，它是吉黄金的主要销售和加工地。其次是周边国家，包括俄罗斯、哈萨克斯坦、乌兹别克斯坦、塔吉克斯坦、中国、土耳其、阿联酋等。吉农产品出口的主要对象是周边国家。据吉海关 2011 年统计，奶制品 98% 出口至哈萨克斯坦；蔬菜水果 61.5% 出口至哈萨克斯坦，13.1% 出口至土耳其，16.2% 出口至俄罗斯；棉花 90% 出口至俄罗斯；羊毛制品几乎全部出口至中国。

表 5 - 25　吉尔吉斯斯坦主要农产品的出口值和出口量统计

单位：万美元

出口	2010 年	2011 年	2012 年
出口总值	175592	224217	192762.32
活动物、动物产品	4348.81	3849.36	3391.51
植物产品	10408.89	13853.15	14763.52
动、植物油、脂及其分解产品；精制的食用油脂；动、植物蜡	105.70	4.63	2.56
食品；饮料、酒及醋；烟草、烟草及烟草代用品的制品	4518.87	4631.44	4290.90
奶及奶制品	3490	3117	2781.16
出口量（吨）	35554	26863	26935.9
蔬菜	6571	9396	8669.11
出口量（吨）	273623	297303	225189.9
水果	2811	3225	4774.67
出口量（吨）	90202	79909	85340.0
烟草	2105	1313	1193.12
出口量（吨）	6792	4361	3577.5
棉纤维	2779	3101	3387.82
出口量（吨）	19843	21206	26931.7
大牲畜	172	413	440.88
出口量（头）	4911	6753	6554
肉及其制品	620	257	609.49
出口量（吨）	1138	344	565.4
玉米	20	21	—
出口量（吨）	1728	599	—
糖	0.22	0.86	0.42

续表

出口	2010 年	2011 年	2012 年
出口量(吨)	1	7	1.9
麦芽糖	71	60	71.45
出口量(吨)	5799	5159	5507.0
黄金	66830	100619	56231.12

资料来源:Национальный Статистический Комитет Кыргызской Республики,Разделы статистики,Внешнеэкономическая деятельность,4.03.00.10 Экспорт основных видов товаров(тыс. долларов),4.03.00.02 Экспорт товаров по разделам Товарной Номенклатуры Внешнеэкономической Деятельности(ТНВЭД),4.03.00.21 Экспорт основных видов товаров в натуральном выражении(тонн),http://stat. kg。

表 5 - 26 吉尔吉斯斯坦从哈萨克斯坦进口粮食的到岸价格

单位:美元/吨

	2014 年 1 月 10 日	一个月前	一年前
三等小麦	217.0	219.0	343.5
筋度 23% ~24%	228.0	230.0	359.5
筋度 27% ~30%	—	—	—
高等面粉	365.0	365.0	497.0
一等面粉	347.0	347.0	473.0
二等面粉	325.0	325.0	451.0

资料来源:ОАО《Кыргызская агропродовольственная корпорация》,《Данные об экспортных ценах на пшеницу и муку Республики Казахстан(условия поставки DAP – Луговая)на 10.01.2014 года》,http://www.agrocorp.kg/deny/yeksportnye-deny-na-pshenicu-i-juku-respublik-kazakstan-na-10 – 01 – 2014-goda. html。

第六章　塔吉克斯坦的粮食安全

塔吉克斯坦（以下简称"塔"）是位于中亚东南部的内陆国，西部与乌兹别克斯坦、北部同吉尔吉斯斯坦、东部与中国新疆、南部与阿富汗接壤，境内多山地和高原，约占国土的4/5，其中约一半位于海拔3000米以上，有"高山国"之称。全国人口共计783.90万（截至2013年1月1日），其中城市人口占26.4%，农村人口占73.6%。塔全国面积14.25万平方千米，东西长700千米，南北长350千米。行政区划共分为5个州级行政区，其中1个直辖市（杜尚别市）、1个中央直属区和3个州（戈尔诺－巴达赫尚州、索格特州、哈特隆州）。

第一节　土地、气候和水资源

塔吉克斯坦属山地国家，境内93%位于山区，海拔300～7495米。北部的山脉属天山山系，中部属吉萨尔－阿尔泰山系，东南部为冰雪覆盖的帕米尔高原，全国最高处为共产主义峰，海拔7495米。北部是费尔干纳盆地的西缘，西南部有瓦赫什谷地、吉萨尔谷地和喷赤河谷地等。境内土壤大体分为四大类，分别是灰钙土（海拔300～900米）、山区棕色土（海拔900～2800米）、高山草甸土（海拔2600～4000米）、雪原土（4800～4900米）。

一　土地

塔于1996年12月13日通过《土地法典》，后于2004年8月发布《土地利用规划》，对各类土地现状和未来规划做出具体利用方案。①《土地法典》第九条规定：塔境内所有土地均属于国家资产，任何人不得向国家索取先人的土地。所有土地均属统一的国家土地储备体系，并根据用途分为七种类型：一是农用地；二是住宅用地；三是工业、交通、通信和国防用地；四是自然保护区；五是林地；六是水利用地；七是国家储备用地（见表6－1）。变更土地用途需由政府根据法律规定程序进行。将耕地、林地、草场和牧场转为农业用地的非农类型，将耕地和林地转为草场和牧场，以及将水浇地转为旱地均由中央政府决定。将草场、牧场和其他土地转为耕地和林地（无论面积大小），将耕地转为林地，以及将林地转为耕地由地方政府决定。

《土地法典》第11～14条规定：土地利用期限分为永久使用、终生使用、定期使用和租用四种方式。其中永久使用是国家提供给公民和法人的生产生活用地，可无限期使用。终生使用是国家提供给公民或集体组织的、用于从事农业和手工业生产的土地，以及提供给公民的宅旁地块。终生使用的土地在权利人去世后需重新登记。公民的宅旁地块转让给法人后，该地块转为永久使用。定期使用是自然人和法人在一定期限内使用地块的权利，分为短期（三年以内）和长期（三年及以上，20年以下）。土地原始使用人可根据约定，出租自己的地块，租期不得超过20年，且不得变更土地使用性质。

《土地法典》第25条规定：外国的自然人和法人可使用塔吉克斯坦土地，期限不得超过50年。特别保护区的土地不得提供给外国的自然人和法人。另外，塔《外国投资法》第五章"外国投资者利用土地和其他财产的权利"中第32条规定：外国投资者和外商投资企业可以依法利用土地，包括租赁土地。建筑和设施及其附属物所有权转移时，其所在地块的土地利用权力依照法律规定的程序和条件同时转移。第33条规定：外国投资者和外商投资企业在获得塔吉克斯坦政府颁发的相关许可证后，有权勘探、开发和利用经济区内的自然资源。第34条规定：出租人向外国投资者和外商

---

① 　Закон РТ №498 от 12 декабря 1997 г. 《Земельный Кодекс》（в редакции с дополнениями и изменениями №23 от 28 февраля 2004, №57 от 5 января 2008 г, № 405 от 18 июня 2008 г. постановление Правительства Республики Таджикистан от 31 августа 2004 года №349 《Концепция использования земель в Республике Таджикистан》.

投资企业出租财产，依照与租赁有关的法律规定需签订合同。第 35 条规定：外国投资者和外商投资企业勘探、开发和利用可再生自然资源和不可再生自然资源需同塔吉克斯坦政府相关授权单位签订特许协议。特许协议还规定了外国投资者的活动条件。①

独立后至今，塔各类土地的变化特点主要表现在：一是森林面积减少。2000～2010 年减少 1.2 万～1.3 万公顷。据统计，塔国内约 70% 的居民（主要是农村地区）将木材作为主要生活燃料，尤其在冬季缺乏能源时，只能砍树烧火取暖。二是工业用地面积减少，主要是工业在内战期间遭受破坏，一些企业用地已转为其他用途。三是自然保护区面积增加，共计 263 万公顷，主要是政府成立"国家公园"（占地 260 万公顷）。四是居民区面积增长，主要是人口增长所致。五是农用地和水源地面积变化不大。

塔吉克斯坦农用地包括耕地、多年生植物用地（果园）、荒地、草场和牧场、农业生产、储存和初加工所需的道路、公用设施、水库水塘、水利设施等占用的土地，以及上述用地范围内的非农业用地（见表 6 - 2）。独立后，塔农用地的开发利用出现新特点：一是人均耕地面积缩小。全国可耕地面积 1990～1999 年年均 78.32 万公顷，2000～2005 年年均 72.97 万公顷，其中 70% 是水浇地（2000～2005 年年均 50.41 万公顷）。随着人口增长，塔人均耕地面积 1970 年 0.17 公顷，2004 年缩小到 0.12 公顷，2010 年 0.08 公顷。二是土壤退化现象较严重，尤其是土壤沙化、盐碱化和水土流失，实际可利用耕地面积减少。主要原因是灌溉系统在独立后内战期间遭受破坏、灌溉技术比较原始、气候变暖，水分蒸发量加大等。全国约 15%（11 万公顷）的耕地出现盐碱化，造成棉花种植面积和产量连年减少。在全部水浇地中（2004 年），约 8 万公顷土壤质量差、9.1 万公顷出现石质土、15 万公顷低度盐碱化、2.1 万公顷重度盐碱化。三是旱地和荒地未能得到有效开发利用（2004 年分别是 21.74 万公顷和 2.3 万公顷），部分土地闲置。四是牧场面积增加。1990～1999 年年均 357.96 万公顷，2000～2005 年年均 373.75 万公顷。

---

① Закон Республики Таджикистан от 1.02.1996г. N223 《Об иностранных инвестициях в Республике Таджикистан》（в редакции 2.12.2002 г. № 65）.

表 6 - 1　塔吉克斯坦的土地类型

单位：万公顷

	2004 年		2004 年
国土总面积	1425.54	工业、交通、通信、国防等用地	17.76
水浇地	72.22		
农用地	764.51	水利用地	3.90
国家储备用地	280.38	自然保护区、名胜古迹、康复用地	263.15
林地	88.84		
居民用地	6.99		

资料来源：постановление Правительства Республики Таджикистан от 31 августа 2004 года № 349 《Концепция использования земель в Республике Таджикистан》. UNDP，отчёт 《Интегрированная оценка состояния окружающей среды в Таджикистане》，Распределение единого государственного земельного фонда Республики Таджикистан по категориям на 01.01.2004г。

表 6 - 2　塔吉克斯坦农用地类型统计（当年 1 月 1 日）

单位：万公顷

	1999 年	2004 年
耕地	73.99	72.02
水浇地	51.24	50.28
果园（水果、葡萄、桑树等）	10.29	10.24
荒地	2.61	2.30
草场	2.35	2.23
牧场	369.26	376.15
已被利用的夏季牧场	—	159.13
冬季牧场	—	65.99
春秋牧场	—	59.01
全年牧场	—	22.24
宅旁地块	17.32	—
水浇地	10.77	—
林地	32.63	—

资料来源：постановление Правительства Республики Таджикистан от 31 августа 2004 года № 349 《Концепция использования земель в Республике Таджикистан》. UNDP，отчёт 《Интегрированная оценка состояния окружающей среды в Таджикистане》，Распределение единого государственного земельного фонда Республики Таджикистан по категориям на 01.01.2004г.。

二 气候

塔吉克斯坦属大陆性气候，具有两大特征：一是因境内多山地，气温和降水随海拔高度变化；二是境内南北两地因被吉萨尔山脉和帕米尔高原分割，呈现不同气候特征，降水和温差较大。塔年均日照时间 2100 ~ 3170 小时，山区较少，吉萨尔山脉和泽拉夫尚河谷地最多。

谷地和平原地区 7 月平均气温 30 ~ 32℃，1 月平均气温 – 16 ~ – 20℃，无霜期 250 ~ 260 天。山区气温随海拔高度而变化，海拔 2500 米以上地区，1 月平均气温 – 17 ~ – 26℃，最低可达 – 63℃，7 月平均气温 14℃，无霜期 111 天。

塔年均降水量 150 ~ 250 毫米，境内大部分降水集中在冬季和春季，夏秋季节相对干燥。降水较少的地区主要是西南部的山区谷地、东部的帕米尔高原、北部的费尔干纳盆地和土尔克斯坦山麓等地，年降水量 50 ~ 300 毫米。其他地区降水较多，年均降水量可达 900 毫米，吉萨尔山区个别地方超过 1500 毫米。帕米尔高原海拔 3500 米以上地区可终年积雪。

根据 1940 ~ 2005 年的气象观察，塔年均气温平均每 10 年升高 0.1 ~ 0.2℃。在 65 年间，大部分地区平均升温为 0.5 ~ 0.8℃，山区升幅 0.3 ~ 0.5℃。升幅最高的地区是丹加拉（1.2℃）和杜尚别（1℃），升幅最低的地区是北部的苦盏（0.3℃）。升幅低主要得益于该地区灌溉发达，修建了凯拉库姆水库，可有效调节气候和降水。预计 2050 年前，塔全境年均气温可能再升高 1.8 ~ 2.9℃。[①]

三 水资源

塔吉克斯坦水源主要来自冰川融水。境内大部分海拔 3500 ~ 3600 米的高山终年积雪。境内共有冰川 9550 座，总面积达 8476 平方千米（约占国土面积的 6%，占中亚冰川总面积的 60%），其中约 6200 平方千米集中在帕米尔地区。这些冰川所蕴藏的水资源高达 4600 亿立方米，约占中亚地区全部水资源的一半。最大的冰川是费琴科冰川，长 77 千米。

---

① 《the second national communication of the republic of tajikistan under the UN framework convention on climate change》，Третье Национальное Сообщение Республики Таджикистан по рамочной Конвенции ООН об Изменении Климата（РКИК ООН）．

塔境内有 1300 多处湖泊，平均海拔 3500 米，主要分布在帕米尔高原，总面积为 705 平方千米，约占领土面积的 0.5%，最大的湖泊卡拉库利湖（即邻近中国新疆的喀拉湖）为盐水湖，面积 380 平方千米；海拔最高的湖泊是恰普达拉湖（海拔 4529 米）。

塔境内长度超过 10 千米的大小河流有 947 条，流程总长度超过 2.85 万千米，年径流量高达 780 亿立方米。大部分河流属咸海水系，分别属于阿姆河流域、泽拉夫尚河流域及锡尔河流域，其中长达 500 千米以上的河流有 4 条，长度在 100~500 千米的河流有 15 条，主要河流有喷赤河（921 千米）、泽拉夫尚河（877 千米）、瓦赫什河（524 千米）、锡尔河（110 千米）。

塔水电资源总储量为 5270.6 亿千瓦时/年，居世界第八位（排在中国、俄罗斯、美国、巴西、扎伊尔、印度和加拿大之后），约占世界水电资源总储量的 4%。若按年人均占有量计算，居世界第二位（排在冰岛之后），约为 9043 千瓦时。若按国家领土单位面积计算，居世界第一位，平均每平方千米的水电储量为 383.72 千瓦时/年。据测算，在水电总储量中，塔具有经济开发价值的储量每年约有 880 亿千瓦，但是目前只开发利用约 160 亿千瓦时。

塔每年水资源消费量为 190 亿 ~ 220 亿立方米，基本结构是：灌溉占84%，居民饮用占 8.5%，工业占 4.5%，渔业占 3%。因交通和通信基础设施落后，水资源利用往往难以达到合理状态，如水文监测设备不足，造成各灌溉区难以实现水量调节。塔约 40% 的灌溉区建有泵站（其中 64% 在索格特州），其中约 30% 的泵站属 5~7 级提水设施，汲水 250~300 米及以上。①

第二节　农业主管部门和农业发展战略

塔吉克斯坦的粮食安全涉及若干部门。2006 年 11 月 9 日，塔在政府系统内成立"粮 食 安 全 工 作 组"（Рабочая группа по продовольственной безопасности），负责协调国内粮食安全，由经济发展和贸易部牵头，组长也

---

① постановление Правительства Республики Таджикистан от 1 декабря 2001 года № 551 《Концепция по рациональному использованию и охране водных ресурсов в Республике Таджикистан》.

由该部部长兼任，成员来自经济发展和贸易部、农业和自然保护部（Министерство сельского хозяйства и охраны природы）、土壤和水利部（Министерство мелиорации и водных ресурсов）、卫生部、财政部、劳动和社会保障部、教育部、国家统计委员会、土地规划和测绘局、战略研究中心、经济研究所、农业科学院等多个部委和研究机构，负责协调、监管、研究分析、制定发展规划和相关政策等所有与粮食安全有关的宏观事务。2011 年 8 月 1 日，塔将工作组升格为"粮食安全委员会"（Совет по продовольственной безопасности при Правительстве Республики Таджикистан），由政府总理牵头，协调相关部门。① 据悉，促成该委员会成立的最直接原因，是当年塔遭受严重干旱，国内粮食减产（小麦产量同比约下降 25%），粮食进口量增加，需要国家制定统一的农业发展战略，提高农民种粮积极性，发展本国农业生产，减少进口依赖。②

塔吉克斯坦农业部曾经历多次改组。2006 年 11 月，原农业部同国家环境保护和林业委员会两个部门合并成"农业和自然保护部"，2008 年 2 月，农业和自然保护部又被拆分成农业部和国家环境保护委员会两个机构。农业部负责农业生产、农产品加工和食品工业等领域的政策制定、组织生产等事务，国家环境保护委员会负责环境保护、水文、森林、自然保护区等事务。

表 6 - 3　塔吉克斯坦农业部机构设置

农业部内设机构	
机关事务管理司	Управление делами
干部和法律保障司	Управление кадров и правового обеспечения
财务和会计核算司	Управление финансов и бухгалтерского учёта
科研国际关系和深化科技成果司	Управление международных отношений науки и внедрения научных достижений

---

① постановление Правительства Республики Таджикистан от 1 августа 2011 года №359 《Положение о Совете по продовольственной безопасности при Правительстве Республики Таджикистан》.

② Умар Худояров, 《17% населения Таджикистана страдает от критической нехватки продовольствия》, http://ru.kloop.tj/2011/10/03/russkiy-17-naseleniya-tadzhikistana-stradaet-ot-kriticheskoy-nehvatki-prodovolstviya/.

续表

农业部内设机构	
植物司	Управление растениеводства
种子和育种司	Управление семеноводства и селекционных достижений
畜牧、家禽、渔业和养蜂司	Управление животноводства птицеводства рыбоводства и пчеловодства
农业政策和粮食安全监察司	Управление аграрной политики и мониторинга продовольственной безопасности
技术政策和农业设施发展处	Отдел технической политики и развития сельскохозяйственной инфраструктуры
出版和信息处	Отдел печати и информации
内部审计处	Отдел внутреннего аудита
农业部直属机构	
国家兽医监察局	Служба государственного ветеринарного надзора
国家植物检验检疫局	Служба государственной инспекции по фитосанитарии и карантину растений
国家种子监督局	Государственная инспекция по контролю семян
国家农业机械技术监督局	Государственная инспекция по техническому надзору сельскохозяйственных машин
国家畜种局	Государственная племенная служба
农业部下属企业和组织	
塔吉克斯坦家禽工业公司	Государственное унитарное предприятие "Таджикптицепром"
塔吉克斯坦水果蔬菜工业公司	Государственное унитарное предприятие "Таджикплодоовощпром"
塔吉克斯坦农作物等级种子公司	Государственное унитарное предприятие "Сортовых семян сельхозкультур Таджикистана"
机关办公房产服务公司	Государственное унитарное предприятие "Контора по обслуживанию административных зданий"
塔吉克斯坦蜂蜜公司	Государственное унитарное предприятие пчеловодства "АсалиТочикистон"
塔吉克斯坦农业科学院	Академия сельскохозяйственных наук Таджикистана
塔吉克斯坦农业大学	Таджикский аграрный Университет
国家劳动标准试验站	Государственное учреждение "Республиканская нормативно-исследовательская станция по труду"
马特钦农业学校	Государственное учебное учреждение "Матчинский сельскохозяйственный колледж"
波赫达尔专门学校	Государственное учебное учреждение "Бохтарский специализированный колледж"

续表

	农业部下属企业和组织
国家农作物品种试验和保护品种公司	Государственное учреждение "Государственная комиссия по сортоиспытанию сельскохозяйственных культур и охране сортов"
国家机器试验站	Государственное учреждение "Таджикская государственная машинаиспытательная станция"
国家育种事务、生产、人工育种、购买和销售畜牧种子公司	Республиканское учреждение по племенному делу, породистости, искусственному осеменению, закупке и реализации племенных животных
国家耕地土壤改良托拉斯	Государственное учреждение "Пастбищно – мелиоративный трест"
国家植物保护和化肥企业	Государственное учреждение по защите растений и химизации сельского хозяйства
国家免疫监控实验室	Государственное учреждение "Республиканская лаборатория иммуногенетического контроля"

资料来源：Постановление Правительства Республики Таджикистан от 26 апреля 2008 года №191 《О Министерстве сельского хозяйства Республики Таджикистан》 （В редакции Постановлений Правительства Республики Таджикистан от 27.02.2009 г. №139, 29.04.2009 г. №277, 02.09.2010 г. №434, 30.04.2011 г. №236, 08.10.2012 г. №570, 02.11.2013 г. №498）。

一 农业生产主体

塔吉克斯坦的农业生产主体主要有两种形态：一是农业企业，具有法人资格，一般实行公司制管理；二是农户（дехканское хозяйство，又称 фермерское хозяйство，英文是 dehkan farm），是农民个人、家庭或若干人在其自有或租赁土地上共同从事农业生产经营，共享劳动成果的生产经营形式，不具有法人资格，但需在相关部门登记注册。"Дехкане"是中亚、阿富汗和伊朗地区所用的词语，最初意思是"土地所有者""耕种土地的人"，后来泛指农民。塔《农户（家庭农场）法》规定，根据劳动主体构成，农户又具体分为三种形式：一是个体农户（индивидуальное дехканское хозяйство），由一个农民构成；二是家庭农场（семейное дехканское хозяйство），由一个农民家庭构成；三是合伙农户（товарищеское дехканское хозяйство），由多人或多个家庭签订合伙协议形成。[①]

---

① Закон Республики Таджикистан от 19 мая 2009 года №526 《О дехканском (фермерском) хозяйстве》.

从生产主体看，塔农业以农户生产为主，产值约占农业总产值的90%，其余是国有和集体农工企业等。2010年塔全国共有5.14万农户，5家国有农业企业（共0.17万名员工）和1家集体企业（共1.32万名员工）。塔大型农工企业主要有"粮食集团"（ГУП《Галла》）、"肉奶集团"（ГУП《Гуштушир》）、"食品集团"（ГУП《Хуроквори》），均是塔吉克斯坦能源和工业部的下属国有企业。

塔食品工业主要是蔬菜和水果加工，如罐头、膏、果汁、葡萄酒、肉制品、奶制品、矿泉水、烟草等。产值规模较大的食品加工企业主要有：一是苦盏罐头厂（АООТ《Худжантский консервный комбинат》），生产各类罐头食品；二是塔吉克斯坦烟草集团（АООТ《Табак》）；三是杜尚别烟厂（АООТ《Душанбинская табачная фабрика》）；四是"希林"集团（ОАО《Ширин》。Ширин是塔吉克语，意思是"甜的、满足的"），主产糖果；五是"西约马"集团（АООТ《Сиёма》），主产矿泉水和饮料；六是"沙赫里瑙"集团（АООТ《Шахринау》），主产香槟、葡萄酒、白兰地等葡萄制品；七是"奥比祖洛尔"饮料集团（СП《Оби-Зулол》，塔语，意为"纯净水"），主产饮料和矿泉水。[①]

表6-4　塔吉克斯坦农业机械（截至2014年1月1日）

单位：台，辆，%

农用机	总计	其中:状态良好	状态良好的机械设备的占比
拖拉机	11003	7613	69
其中:耕地	2181	1417	65
货车	3360	1443	43
粮食联合收割机	495	253	51
拖拉机拖斗	5657	3958	70
犁	3087	2335	76
播种机	2351	1751	74
其中:棉花播种机	1898	1449	76
中耕机	3033	2230	74

资料来源：Агентство по статистике при Президенте Республики Таджикистан,《Социально-экономическое положение республики Таджикистан》，2014，сельское хозяйство，стр. 151。

---

① Министерство энергетики и промышленности РеспубликиТаджикистан,《Пищевая промышленность》，http：//www. minenergoprom. tj/barnoma/ass1. doc.

二 农业发展战略

塔吉克斯坦独立后不久便陷入内战，直至 1998 年签署民族和解协议后才实现和平（残余武装分子 2001 年才被消灭），国家工作开始真正以经济社会建设为中心。为更好指导规划未来经济社会发展，塔政府陆续出台若干发展战略，其中涉及农业的文件主要有以下几种。[①]

一是系列《减贫战略文件》,[②] 是塔在世界银行指导下，规划本国经济发展和减贫工作的指导文件，该文件确定四个基本方向：（1）促进既快又公平的经济增长，发掘劳动力潜力和出口潜力；（2）提供高效且公正的社会服务；（3）对最贫困居民实行专门救济；（4）提高国家安全水平。第一期减贫战略 2002 年 5 月 30 日发布，部署 2002～2006 年工作，此后每三年制定一次具体落实措施，包括《2007～2009 年减贫战略》和《2010～2012年减贫战略》。

二是 2007 年 4 月 3 日发布的国家总体发展战略文件《2015 年前国家发展战略》。该文件出台后，《减贫战略文件》便成为其落实措施的组成部分。《国家发展战略》共涉及三大板块：（1）基础领域，主要是国家管理、投资环境、宏观经济政策、私营企业和中小企业发展、区域合作等；（2）生产领域，主要是确保经济发展的物质条件，如粮食安全、基础设施、能源和工业。（3）社会领域，主要是教育、卫生医疗、科技、饮用水安全、社会保

---

① postanovlenie Правительства Республики Таджикистан от 30 мая 2002 года №209 《Документа стратегии сокращения бедности》（ДССБ）, 《Стратегия сокращения бедности Республики Таджикистан на 2010 – 2012 годы（ССБ）》, postanovlenie Правительства Республики Таджикистан от 1 марта 2004 года № 86 《Программа экономического развития Республики Таджикистан на период до 2015 г.》, postanovlenie Правительства Республики Таджикистан от 3 апреля 2007 года № 167 《Национальная стратегия развития Республики Таджикистан на период до 2015 года》（НСР）, postanovlenie Правительства Республики Таджикистан от 01 октября 2007 года №500 《Концепция перехода республики таджикистан к устойчивому развитию》.

② 《减贫战略文件》是世界银行《综合发展框架》确定的新型发展模式成果之一，由低收入国家在世界银行指导下，根据国情而制定其自身的减贫规划。文件以"结果"为导向，注重可以惠及贫困人口的成果，编制后由各个国家主导实施，并鼓励公民社会和民营部门广泛参与。2002 年以来，世界银行以《减贫战略文件》为依据，针对低收入国家编制《国别援助战略》及援助计划。

障、性别平等、生态和环境保护等。《国家发展战略》的主要经济目标根据 GDP 年均增幅5%、7%和9%三种情况制定，计划到2015年实现以下目标：（1）GDP 从2005年的72.01亿索莫尼增长到117.30亿索莫尼（增速5%）、141.66亿索莫尼（增速7%）或166.61亿索莫尼（增速9%）；（2）通胀率从2005年的7.1%降到3%～5%；（3）财政收入从2005年的13亿索莫尼增长到49.61亿～70.46亿索莫尼；（4）国家外债占 GDP 的比重从2005年的53.3%降到39%～36.9%；（5）贫困率（日均收入按购买力平价低于2.15美元）从2003年的64%降到32%。

三是2008年12月31日塔颁布的《农业政策构想》。[①] 该文件旨在发展种植、种子、棉花、畜牧、养马、水产、养蜂、水果、园林、葡萄等，提高农业生产效率，保证国内粮食安全。该文件对国内农业生产现状做出深刻分析，指明了未来发展规划和基本原则，是未来出台具体应对和落实措施的重要指导文献。

四是2010年12月29日塔颁布的《粮食安全法》。该文件规定国家粮食安全的衡量指标：（1）主要食品年产量不低于该商品居民年消费量的80%；（2）供应市场的食品质量、热量和安全符合国家技术标准和技术规范；（3）消费市场上的食品供应量足以满足居民需求，且不低于相关消费指标。[②]

五是2011年4月塔农业部提交的《2011～2020年农业改革纲要》（Программа реформирования аграрного сектора Республики Таджикистан на 2011–2020 годы）。该纲要计划分三个阶段对塔农业实行现代化改造升级。2011～2012年是准备阶段，重点是调整和修订相关法律和政策；2012～2015年是深化阶段，重点是改善农业管理，发展多种生产和经营，建立农产品市场基本框架结构；2015～2020年是收获阶段，重点是提高农业产量和利润。

---

① постановление Правительства Республики Таджикистан от 31 декабря 2008 года № 658 《Концепция аграрной политики Республики Таджикистан》.

② Закон Республики Таджикистан от 29 декабря 2010 года №671 《О продовольственной безопасности》.

表6-5 2010年塔吉克斯坦农业预算统计

单位：万索莫尼

	中央预算			地方预算		
	预算	执行	执行占预算的比重(%)	预算	执行	执行占预算的比重(%)
1. 农业	8040	6980	87	—	—	—
农业土地的管理和发展	650	580	89	—	—	—
农业改革和土地盐碱化	0	0	0	—	—	—
农业生产发展	1490	1370	92	—	—	—
兽医服务	450	450	100	—	—	—
农业病虫害防治	450	450	100	—	—	—
灌溉系统	4220	3560	84	—	—	—
其他	780	570	73	—	—	—
2. 其他农业服务	14020	13890	99	—	—	—
渔业和狩猎管理和监督	—	—	—	1120	1060	95
农、渔、牧的调查和评估	60	60	100	—	—	—
3. 专项资金、捐助等	13960	13830	99	—	—	—
农、渔、牧预算总计	22060	20870	95	1120	1060	95

资料来源：Танзила Рустамовна Ергашева，《 продовольственная безопасность и устойчивое развитие, политика и институциональная среда в Таджикистане 》, 2. Политическая экономия продовольственной безопасности, Расходы государственного бюджета на отрасли сельского хозяйства, рыболовства и охоты, http：//eofs.mau.ru/docs/wb_conf/PB_TJ.pdf。

表6-6 塔吉克斯坦预算执行情况统计

	实际执行额度(亿索莫尼)			占GDP比重(%)		
	2010年	2011年	2012年	2010年	2011年	2012年
1. 税收	44.4389	58.9216	71.0216	18.0	19.6	19.6
所得税和利润税	7.7872	9.8551	13.0629	3.2	3.3	3.6
社会费	5.6730	7.8273	8.6590	2.3	2.6	2.4
工资基金税	x	x	x	x	x	x
财产税和土地税	1.5116	1.7128	1.9094	0.6	0.6	0.5
商贸服务税	23.6402	31.9678	38.5666	9.6	—	10.7
国际贸易和活动税	1.6841	1.8928	1.8625	0.7	0.6	0.5
其他税	4.1428	5.6657	6.9611	1.7	1.9	1.9
2. 非税收入	3.2906	5.0115	6.7903	1.3	1.7	1.9
财产和经营活动所得	0.4695	1.3017	1.5815	0.2	0.4	0.4
行政收费	0.3776	0.3951	0.4823	0.2	0.1	0.1
罚款和罚金	0.8368	1.4016	2.3579	0.3	0.5	0.7

续表

	实际执行额度（亿索莫尼）			占 GDP 比重（%）		
	2010 年	2011 年	2012 年	2010 年	2011 年	2012 年
其他非税收入	1.6067	1.9130	2.3687	0.7	0.6	0.7
3. 资本所得	x	—	—	x	—	—
4. 捐助资助	1.7497	1.6158	0.9578	0.7	0.5	0.3
总收入	70.2435	89.3789	96.7347	28.4	29.7	26.8
1. 国家管理	3.8433	6.9184	7.0154	1.6	2.3	1.9
2. 教育	9.8995	14.4314	15.4061	4.0	4.8	4.3
3. 卫生	3.5493	5.6399	6.8344	1.4	1.9	1.9
4. 社会保障	8.6022	11.2975	17.8196	3.5	3.8	4.9
5. 住宅和公用事业	3.7736	6.8679	5.8539	1.5	2.3	1.6
6. 大众传媒、保健、宗教等活动	2.9734	3.7621	4.4356	1.2	1.3	1.2
7. 能源综合体	6.9193	11.3884	11.2017	2.8	3.8	3.1
8. 农林渔牧	0.9259	3.0030	2.3538	0.4	1	0.7
9. 采掘和建筑	0.4934	0.8248	0.8953	0.2	0.3	0.2
10. 交通和通信	1.0961	10.4585	4.6418	0.4	3.5	1.3
11. 其他经济活动和服务	0.4479	0.3029	0.3150	0.2	0.1	0.1
总开支	67.1258	85.6203	91.0786	27.2	28.5	25.2

资料来源：Агентство по статистике при Президенте Республики Таджикистан，аналистические таблицы，Фискальный сектор，Исполнение государственного бюджета РТ，2000－2012。

三　外国劳动力管理

塔吉克斯坦对外国劳动力移民实行配额、许可证和保证金制度。配额的数量根据上年用人单位申请，由劳动和社会保障部门确定，具体核发则由移民部门负责。《外国劳动移民实施办法》的主要规定有三个方面：（1）劳务许可证的有效期通常与所签劳动合同期限一致；（2）雇主在交纳担保押金后，持银行出具的相关证明，方可到劳动部门领取雇用外国劳工许可证；（3）外资企业中，外籍员工比例不能超过 30%。

2012 年，塔外国劳务配额共 4800 人，实际办理 5221 个。人数存在差异的原因主要在于许多外国劳务人员在塔从事期限不足三个月的季节性工作，而塔相关部门仅对劳务活动超过三个月的劳工发放许可证。

第三节 粮食生产

塔吉克斯坦农业生产具备一定良好条件：一是日照充足，全国各地年均日照时间达 2500~3000 小时；二是水资源丰富，水量和水能储量大。不过，塔土壤以灰钙土为主（属暖温带荒漠草原区弱淋溶的干旱土，表层弱腐殖化）。目前主要有三种利用方式：一是作为天然放牧场，但放牧过度会引起土壤侵蚀和土壤退化；二是开垦为旱作农田，适合种植春小麦，但需做好水分和地温保护，减少土壤表面蒸发，抵抗风蚀；三是开辟为灌溉农田，可获得较高生产力，但需合理轮作，增施肥料，以提高土壤肥力和作物产量。

新疆农业大学的专家运用农村发展和农业资源可持续利用评价模型，遵循社会效益、生态效益和经济效益"三效"同步评价原则，通过在生态—社会—经济环境的复合耦合系统中对农业资源可持续利用进行整体思考，采用"极差法＋线性综合法"对塔国家农业资源利用可持续性进行评价（其中极差法用于确定评价指标体系权重，线性综合法用于测算各农业资源利用可持续性指数）。他们以 2000 年为评价基准年，根据评价模型计算 2001~2011 年塔吉克斯坦农业资源持续利用水平的综合指数，最后得出以下结论：（1）塔农业用地资源有限，其利用状况对农业资源可持续利用起着决定性作用；（2）塔水资源丰富，但其低效高耗的使用状况威胁农业资源可持续利用的稳定程度；（3）塔现阶段农业生产仍属于低效高耗方式，并未能高效使用土地、水、电等农业资源，农业产值低，资源产出效益低；（4）塔现阶段农村和农业发展主要依靠国际组织和外国政府的资金与技术援助，以及海外劳动力的大量汇款来推动农村和农业发展，当前面临的主要问题是农业技术落后、农村有大量剩余劳动力、农业资源利用效率低、农业发展资金短缺；（5）为实现农业和农村可持续发展，塔需要转变农业资源利用方式，建立集约化农业生产体系；提高农业科技化水平；控制人口数量，缓解农村人口就业压力，减轻农业资源承载负荷；培养科技农民，建立农民科技教育培训体系。①

---

① 宋耀军、马惠兰、戴泉：《塔吉克斯坦农业资源利用综合评价研究》，《科技和产业》2013 年第 7 期。

表 6 - 7　农业资源可持续利用评价指标体系

目标层	功能层		评价内容		指标层	
	组成要素	权重	评价内容	权重	指标内容	权重
塔吉克斯坦农业资源利用可持续性	社会要素	0.17	社会资源	0.17	农业用电量	0.069
					农村恩格尔系数	0.057
					农业从业人员比重	0.040
	生态要素	0.43	土地资源	0.15	耕地占土地面积比重	0.021
					人均耕地面积	0.046
					未利用土地面积	0.079
			水资源	0.04	农业用淡水抽取量占淡水总抽取量比重	0.004
					人均可再生水资源	0.025
					耕地可灌溉面积	0.007
			生物资源	0.25	森林面积	0.006
					再造林面积	0.145
					人工造林面积	0.097
	经济要素	0.40	经济资源	0.40	农业总产值	0.097
					农业支出占财政预算比重	0.184
					化肥使用量	0.122

资料来源：宋耀军、马惠兰、戴泉：《塔吉克斯坦农业资源利用综合评价研究》，《科技和产业》2013 年第 7 期。

一　农业产值

自 1998 年以来（塔内战结束后），塔 GDP 始终保持增长态势，2011 年 GDP 总值为 300.69 亿索莫尼（按年度均价合 65.22 亿美元），人均 3905 索莫尼（合 847 美元）。2012 年 GDP 共计 361.61 亿索莫尼（合 75.93 亿美元），人均 4567 索莫尼（合 959 美元）。另外，2012 年塔在俄罗斯的劳动移民共向塔汇款 36 亿美元（约占塔当年 GDP 总额的 48%）。

农业是塔重要经济部门之一，约占 GDP 的 1/4，从业人口约占全国就业人口的 70%，农产品出口约占全国出口总值的 1/3。从 GDP 结构看，2006 ~ 2012 年，农业占 20% ~ 30%，受收成影响，所占比重时高时低，但始终不足 1/3。工业总体呈下降趋势，从 2006 年初的 30.5% 降到 2012 年的 25.8%，主要原因在于国内能源和投资不足，工业增长乏力，而且主要工业品（尤其是铝）受世界市场行情影响较大。服务比重占 40% ~ 50%，总体呈上升态势，从 2006 年的 45.6% 增长到 2012 年的 47.8%（见表 6-8）。塔农业以种植业为主，2012 年，塔农业总产值 84.33 亿索莫尼（合 17.75 亿美元），其中种植业占 98%，畜牧业占 2%（见表 6-10、表 6-11）。

表 6-8　塔吉克斯坦的 GDP 产业结构（GDP 总值：亿索莫尼，产业比重:%）

	2006 年	2007 年	2008 年	2009 年	2010 年	2011 年	2012 年
GDP 总值	93.352	128.044	177.069	206.285	247.047	300.711	361.611
农业	23.9	21.9	22.5	20.6	21.8	27.0	26.4
工业	30.5	29.8	27.8	27.2	27.9	22.4	25.8
服务	45.6	48.3	49.7	52.2	50.3	50.6	47.8

资料来源：Asian Development Bank，Key indicators for Asia and the Pacific，2013 Tajikistan。

表 6-9　塔吉克斯坦本币索莫尼汇率（外币兑换索莫尼，当年 1 月 1 日）

	2006 年	2007 年	2008 年	2009 年	2010 年	2011 年	2012 年	2013 年
美 元	3.1995	3.4265	3.4649	3.4556	4.3714	4.4029	4.7585	4.7639
欧 元	3.7837	4.5470	5.1007	4.8682	6.3102	5.9480	6.1565	6.3014
人民币	0.3965	0.4388	0.4743	0.5058	0.6403	0.6646	0.7540	0.7646
卢 布	0.1111	1.3013	0.1411	0.1122	0.1435	0.1464	0.1474	0.1571

资料来源：Национальный Банк Таджикистана，Статистика Внешнеэкономический сектор，Курс валют，http://www.nbt.tj/ru/statistics/external_ sector.php。

表 6-10　塔吉克斯坦 GDP 统计（生产法）

	现值(亿索莫尼)			GDP 比重		
	2010 年	2011 年	2012 年	2010 年	2011 年	2012 年
GDP 总值	247.05	300.71	361.61	100	100	100
工业	31.13	43.69	52.13	14.7	14.6	14.4
农业	46.26	71.68	84.33	19.6	23.8	23.3
建筑	25.24	23.88	30.36	10.2	7.9	8.4
商业	47.11	39.49	54.18	20.0	13.1	15.0
交通和通信	19.01	43.56	54.21	11.2	14.5	15.0
物资技术供应	0.32	—	—	0.2	—	—
初加工	—	—	—	0.0	—	—
其他物资生产	0.21	—	—	0.1	—	—
市场和非市场服务	51.78	41.14	44.57	12.7	13.7	12.3
间接税	25.98	37.28	41.84	11.3	12.4	11.6

资料来源：Агентство по статистике при Президенте Республики Таджикистан，аналистические таблицы，Реальный сектор，Номинальный ВВП по отраслям происхождения，1995 - 2012。

表 6-11　塔吉克斯坦农业生产总值（以 2000 年不变价值计算）

单位：亿索莫尼

	2007 年	2008 年	2009 年	2010 年	2011 年	2012 年
农业总产值	12.67	10.03	11.08	11.79	12.73	14.06
种植业	12.54	9.87	10.91	11.61	12.54	13.84
畜牧业	0.14	0.16	0.17	0.18	0.20	0.21

资料来源：Агентство по статистике при Президенте Республики Таджикистан, аналистические таблицы, Реальный сектор, Производство сельскохозяйственной продукции, 1980 – 2012。

二　种植面积

自 2000 年以来，塔吉克斯坦每年农作物种植面积约 90 万公顷，占国土总面积的 5% ~6%。其中粮食约 40 万公顷，经济作物约 50 万公顷。粮食作物中，种植面积最大的是小麦（春小麦和冬小麦总计约 30 万公顷），其次是大麦 4 万~5 万公顷，玉米和稻米各约 1.3 万公顷。经济作物主要是棉花（约 20 万公顷）、饲料作物（约 10 万公顷）、土豆（3 万~4 万公顷）、蔬菜（4 万~5 万公顷）、瓜果（约 2 万公顷）。

从种植面积发展趋势看，2000 年以来，塔棉花和水果种植面积总体下降，同期，小麦、蔬菜和饲料玉米产量增加。2012 年，塔种植总面积 86.01 万公顷，其中冬季作物 24.77 万公顷（冬小麦 22.62 万公顷），春季作物 17.66 万公顷（小麦 7.75 万公顷，大麦 5.15 万公顷，玉米 1.39 万公顷），棉花 19.92 万公顷，土豆 4.17 万公顷，蔬菜 4.90 万公顷，饲料 9.49 万公顷，瓜果 1.84 万公顷（见表 6-12）。

多年来，棉花是塔吉克斯坦仅次于铝锭的第二大出口商品，对出口创汇和财政收入贡献较大。自 2010 年以来，塔逐步放松对棉花生产监控，由国家指定任务向根据订单种植转变，逐步减少棉花种植（为保证经济发展，每年仍维持 20 万公顷种植），既降低了水资源消耗，又可将让出来的土地种植粮食和蔬菜等农作物，保障了本国粮食安全。

表 6−12　塔吉克斯坦 2012 年各类农作物种植面积统计

	总面积(公顷)	占比(%)	国有土地	居民个人	家庭农场
总种植面积	860147	100	149865	200832	509450
其中:灌溉面积	577153	67	97892	111871	367390
冬季作物	247728	29	35543	72940	139245
冬小麦	226215	26	32375	67845	125995
黑麦	155	0	76	33	46
大麦	21358	2	3092	5062	13204
春季作物	176604	21	33795	49782	93027
小麦	77462	9	12316	28029	37117
大麦	51497	6	13740	7508	30249
玉米	13914	2	1875	6280	5759
大米	13177	2	3318	2264	7595
燕麦	2396	0	805	15	1576
其他粮食和粮用豆类	17759	2	1470	5682	10607
棉花	199254	23	42331	0	156923
亚麻	18927	2	4563	5400	8964
烟草	482	0	3	63	416
土豆	41738	5	3305	21084	17349
蔬菜	48995	6	3654	27411	17930
饲料	94881	11	21909	18406	54566
瓜果	18409	2	2630	3860	11919
其他经济作物	12976	2	2083	1886	9007

　　资料来源：Агентство по статистике при Президенте Республики Таджикистан, аналистические таблицы, Реальный сектор, Распределение сельскохозяйственных угодий в 2012 г.

三　种植业

从总产量看，塔吉克斯坦农作物主要是小麦、玉米、土豆、蔬菜、水果、棉花。2012 年，塔共产粮食 123 万吨，饲料玉米 85 万吨，食用玉米 17.5 万吨，籽棉 42 万吨，土豆 99 万吨，蔬菜 134 万吨，水果 31 万吨，葡萄 17 万吨，干草 64 万吨。

从单位产量看，总体上各类作物的单产都逐年提高。2012 年各类作物每公顷单产分别为：小麦 2905 千克，籽棉 2097 千克，食用玉米 12567 千克，饲料玉米 36853 千克，大米 6252 千克，土豆 23744 千克，蔬菜 27398 千克，水果 3990 千克，葡萄 5285 千克，干草 4879 千克（见表 6−13）。

表6-13　塔吉克斯坦农作物产量

单位：万吨

	2008 年	2009 年	2010 年	2011 年	2012 年	2008~2012 年均
籽棉	35.3	29.6	31.0	41.6	41.7	35.84
粮食	94.3	129.4	126.1	109.8	123.2	116.56
甜玉米	13.6	14.3	15.1	15.5	17.5	15.2
饲料玉米	66.2	68.3	91.5	79.4	85.1	78.1
大米	5.4	6.3	7.7	7.7	8.2	7.06
土豆	68.0	69.1	76.0	86.3	99.1	79.7
蔬菜	90.8	104.7	114.3	124.2	134.2	113.64
水果	26.2	21.4	22.5	26.3	31.3	25.54
葡萄	11.8	13.9	12.4	15.5	16.7	14.06
干草	28.7	39.7	40.9	35.0	64.2	41.7

农作物单位产量

单位：千克/公顷

	2008 年	2009 年	2010 年	2011 年	2012 年	2008~2012 年均
籽棉	1560	1780	1930	2041	2097	1882
小麦	2090	2520	2410	2571	2905	2499
甜玉米	3840	3780	4060	12123	12567	7274
饲料玉米	12420	12640	13450	35654	36853	22203
大米	3150	3070	3440	5819	6252	4346
土豆	22690	22310	22970	23504	23744	23044
蔬菜	19880	20800	20580	26491	27398	23030
水果	3530	2920	3040	3395	3990	3375
葡萄	3690	4410	4080	4956	5285	4484
干草	1480	1800	2189	2661	4879	2602

资料来源：Агентство по статистике при Президенте Республики Таджикистан, Аналитические таблицы, Реальный сектор, Производство и сбор основных видов сельскохозяйственных культур 1985 - 2012, http://www.stat.tj/ru/analytical-tables/real-sector/。

四　畜牧业

塔吉克斯坦居民大部分信仰伊斯兰教，畜牧业以羊和牛为主，猪和马的存栏量不大。自2000年以来，肉牛和奶牛及绵羊和山羊的存栏量增长较多，猪和马基本维持原状。截至2012年底的牲畜存栏量分别是：绵羊和山羊473.3万头，肉牛99.5万头，奶牛104.9万头，马7.7万头，猪0.1万头，鸡491万只。2012年，塔共产肉16.2万吨（其中牛肉3.65万吨，羊肉4万吨，鸡肉0.1万吨），奶77.8万吨，蛋2.9亿枚，兽毛6354吨（见表6-14、表6-15）。

表 6 – 14　塔吉克斯坦牲畜存栏量（截至当年年底）

单位：万头

	2005 年	2010 年	2011 年	2012 年
肉牛	65.2	91.2	97.8	99.5
奶牛	71.98	98.49	103.7	104.9
猪	0.06	0.05	0.1	0.1
绵羊	189.34	272.85	289.4	296.0
山羊	116.02	166.56	172.4	177.3
马	7.54	7.64	7.7	7.7

资料来源：Агентство по статистике при Президенте Республики Таджикистан Аналитические таблицы Реальный сектор Животноводство 1985 – 2012，http：//www.stat.tj，《Таджикистан в цифрах 2011》。

表 6 – 15　塔吉克斯坦畜牧产量统计

单位：万吨

		2010 年	2011 年	2012 年	2010～2012 年年均
畜牧产量	鲜肉	7.16	7.54	8.10	7.6
	牛肉	2.60	3.06	3.65	3.1
	羊肉	3.69	3.74	4.01	3.8
	鸡肉	0.11	0.44	0.10	0.2
	其他肉类	0.32	0.30	0.34	0.3
	奶	66.08	69.59	77.83	71.2
	蛋（亿枚）	2.319	2.547	2.916	2.6
单位产量	奶（千克/每头奶牛）	1403	1437	1506	1449
	蛋（枚/每只鸡）	163	168	191	174

资料来源：Агентством по статистике при Президенте Республики Таджикистан，《Продовольственная безопасность и бедность》，2.1.4. Животноводство，Таблица 4：Основные показатели продукции животноводства по Республике。

第四节　粮食消费

塔吉克斯坦总体上属于缺粮国家。一般情况下，土豆、蔬菜、瓜果等基本能够自给自足，但谷物、肉、蛋、奶、水果、植物油等需要依靠进口才能满足国内消费需求。2010～2012 年，塔谷物年产量 110 万～126 万吨，年初库存 25

万~41万吨，同期年消费146万~188万吨，其中口粮消费118万~170万吨，种子和饲料消费15万~42万吨，工业消费几乎为零（见表6-16）。这说明，塔自产谷物尚不能满足口粮需求，这一点与很多国家大量进口粮食作为面粉加工不同。正常情况下，塔每年约进口谷物50万吨，逢天灾严重的年份可能超过100万吨。

表6-16　塔吉克斯坦部分农产品消费量统计

	粮食产品（转化为谷物计，万吨）			土豆（万吨）		
	2010年	2011年	2012年	2010年	2011年	2012年
年初库存	40.61	25.81	36.50	31.17	26.32	71.28
本国生产	126.10	109.80	123.26	76.00	86.30	99.02
进口	47.03	47.10	122.09	2.57	1.26	3.31
供应总量	213.74	182.68	121.85	109.74	113.88	173.61
作为种子	10.97	6.82	9.67	31.27	11.80	13.85
作为饲料	4.65	9.02	32.05	—	—	—
损失	2.15	2.63	4.77	14.10	5.75	8.99
出口	0.02	0.02	0.06	0.05	—	0.01
居民消费	170.14	127.70	118.23	31.19	25.10	27.87
其他消费	—	—	2.60	6.81	—	1.32
消费总量	187.93	146.15	167.38	83.42	42.60	52.04
年底库存	25.81	36.53	114.47	26.32	71.28	145.76

	蔬菜瓜果（万吨）			水果和浆果等（万吨）		
	2010年	2011年	2012年	2010年	2011年	2012年
年初库存	45.37	63.84	145.76	1.35	0.28	21.82
本国生产	115.78	158.20	180.69	22.50	41.64	42.81
进口	0.08	0.44	1.38	1.76	1.90	2.27
供应总量	161.23	222.40	327.83	25.61	43.82	66.91
作为种子	—	0.03	0.27	—	—	—
作为饲料	8.20	0.14	6.23	—	—	—
损失	0.37	2.74	54.48	1.40	—	14.31
出口	19.91	8.43	6.30	1.79	1.48	1.40
居民消费	63.41	65.33	57.45	18.64	20.51	23.96
其他消费	5.50	—	3.59	3.50	—	3.59
消费总量	97.39	76.67	128.32	25.33	21.99	43.26
年底库存	63.84	145.76	199.51	0.28	21.83	23.65

续表

	肉及其制品（万吨）			奶及其制品（万吨）		
	2010 年	2011 年	2012 年	2010 年	2011 年	2012 年
年初库存	18.91	22.50	28.26	54.90	67.05	86.93
本国生产	5.34	7.54	8.11	66.07	69.60	77.81
进口	6.98	6.65	6.07	0.74	1.21	0.98
供应总量	31.23	36.69	42.44	121.71	137.85	165.72
作为种子	—	—	—	—	—	—
作为饲料	—	—	—	2.98	0.63	18.91
损失	—	—	—			14.51
出口	—	—	—	—	—	—
居民消费	8.23	8.43	8.75	50.43	47.90	43.23
其他消费	0.50	—	—	1.25	2.41	11.92
消费总量	8.73	8.43	8.75	54.66	50.92	88.57
年底库存	22.50	28.26	33.69	67.05	86.93	77.15

	鸡蛋（亿枚）			植物油（万吨）		
	2010 年	2011 年	2012 年	2010 年	2011 年	2012 年
年初库存	0.049	0.116	0.361	0.29	0.69	1.16
本国生产	2.319	2.548	2.916	0.44	0.23	1.94
进口	0.061	0.635	0.112	7.50	8.80	7.94
供应总量	2.429	3.292	3.389	8.23	9.72	11.04
作为种子	—	—	—	0.00	—	—
作为饲料	—	0.014	0.207	—	—	—
损失	0.016	—	0.128	—	—	0.15
出口	—	—	—	—	—	—
居民消费	2.097	2.924	2.862	7.54	8.56	11.54
其他消费	0.200	—	0.192	—	—	—
消费总量	2.313	2.938	3.389	7.54	8.56	11.69
年底库存	0.116	0.361	—	0.69	1.16	0.65

续表

	糖及其制品（万吨）			鱼及其制品（万吨）		
	2010 年	2011 年	2012 年	2010 年	2011 年	2012 年
年初库存	18.33	16.99	20.58	15.09	47.36	130.40
本国生产	—	—	0.46	68.80	84.32	111.30
进口	11.69	12.61	12.91	72.91	109.60	142.72
供应总量	30.02	29.60	33.95	156.80	241.30	313.97
作为种子	—	—	—	—	—	—
作为饲料	—	—	—	—	—	—
损失	—	0.01	0.03	—	—	19.96
出口	—	—	—	—	—	—
居民消费	8.68	9.01	9.55	89.44	110.90	118.10
其他消费	4.35	—	5.00	—	—	28.93
消费总量	13.03	9.02	14.58	89.44	110.90	166.99
年底库存	16.99	20.58	19.37	47.36	130.40	146.98

资料来源：Агентство по статистике при Президенте Республики Таджикистан，《Продовольственная базопасность и бедность》，№4 – 2011，Приложение 5. Продовольственный баланс за 2008 – 2011 гг. Стр. 121，《Продовольственная базопасность и бедность》，№4 – 2012，Приложение 5. Продовольственный баланс за 2009 – 2012 гг.

一　居民粮食消费

塔民众生活水平总体不高，虽能满足基本生活需求且总体呈不断改善趋势，但较独立前和独立初期（1991 年）有较大差距。人均每日能量摄入量略高于世界卫生组织的最低标准（日均能量摄入量不得低于 2100 千卡），具体摄入量是：2009 年 2246.40 千卡，2010 年 2209.05 千卡，2011 年 2213.54 千卡，2012 年 2198.03 千卡。从食品消费实物量看，自 2000 年以来，肉、蛋、植物油、蔬菜的消费量总体呈上升趋势，面包、土豆、奶、糖等变化不大，水果总体呈下降趋势。

2012 年，塔全国居民月均收入为 258.81 索莫尼（合 54 美元），职工月均工资 555.29 索莫尼（合 117 美元），居民月均消费支出是 195.9 索莫尼（合 41 美元），其中食品支出是 112.8 索莫尼（合 24 美元，占消费总支出的 57.6%）。塔全国贫困率为 38.3%。从食品消耗实物量看，塔居民人均年消费面包 88 千克，鸡蛋 55 枚（每周 1 枚），奶和奶制品 58 千克，肉和肉制品

11.2 千克，土豆 35 千克，蔬菜和瓜果 88 千克，水果 33 千克，糖及其制品
13.6 千克。若按收入划分的话，则各阶层居民食物消费差距极大。2012 年，
其中占 10% 收入最高居民的肉类及其制品消费是占 10% 最低收入居民的 3.1
倍，鸡蛋消费是 2.7 倍，水果消费是 2.6 倍，土豆消费是 1.34 倍。

表 6 – 17 塔吉克斯坦人均食物消费统计

单位：千克/年

	1991 年	2000 年	2005 年	2010 年	2011 年	2012 年
肉和肉制品	26.1	4.4	8.3	11	11.8	11
奶和奶制品	171	64.9	48.2	60.9	54.5	58
鸡蛋（枚）	88	19	24	40	46	60
糖及其制品	12.6	6.7	11.0	12	12.5	14
谷物和面包	155	148	155	160.6	159.6	154
土豆	33.2	37.8	32.2	35	34	35
蔬菜和瓜果	94.2	98.5	79.4	70.7	72.8	88
水果	31.9	50.8	38.4	33.2	40	33
植物油	13.3	10.2	12.4	14.4	14.3	15

资料来源：Агентство по статистике при Президенте Республики Таджикистан，База данных，
Потребление продуктов питания на душу населения 1991 – 2011，www. stat. tj. Агентство по статистике
при Президенте Республики Таджикистан，《Продовольственная базопасность и бедность》，№4 – 2011，
Приложение 5. Продовольственный баланс за 2008 – 2011 гг.，Таблица 7：Потребление продуктов
питания на душу населения，Стр. 91。

表 6 – 18 塔吉克斯坦 2012 年人均食物消费统计

单位：千克/月

	总计	城市	农村
肉和肉制品	0.93	1.20	0.83
奶和奶制品	4.83	3.38	5.36
鸡蛋（枚）	5	5	4
糖及其制品	1.13	1.00	1.35
谷物和面包	12.84	11.54	13.30
土豆	2.89	3.0	2.84
蔬菜和瓜果	7.34	7.53	7.27
水果	2.74	2.01	3.01
植物油和奶油	1.22	1.20	1.23

资料来源：Агентство по статистике при Президенте Республики Таджикистан，《Продовольственная
базопасность и бедность》，№4 – 2011，№4 – 2012，Приложение 9. Среднедушевое потребление
продукутов питания в домашних хозяйствах по республике Таджикистан（по данным выборочного
обследования домашних хозяйств）。

表 6 - 19　塔吉克斯坦食品支出占家庭消费支出的比重

单位：%

	2010 年	2011 年	2012 年
全国平均	56. 8	60. 3	57. 6
城市	58. 1	61. 2	59. 0
农村	56. 3	59. 8	56. 9
杜尚别	60. 4	60. 9	61. 6
戈尔诺 - 巴达赫尚自治州	71. 6	64. 0	65. 8
索格特州	44. 8	51. 7	46. 1
哈特隆州	62. 6	68. 7	64. 6
中央直属区	61. 8	61. 5	63. 6

资料来源：Агентство по статистике при Президенте Республики Таджикистан ，《Продовольственная базопасность и бедность》，№4 - 2011，Таблица 10：Доля потребительских расходов домашних хозяйств на продукты питания。

表 6 - 20　塔吉克斯坦居民收入的支出结构

	2010 年	2011 年	2012 年	2010 年	2011 年	2012 年
	支出额（索莫尼）	支出额（索莫尼）	支出额（索莫尼）	占比（%）	占比（%）	占比（%）
消费支出	136. 5	172. 3	195. 9	100. 0	100. 0	100. 0
1. 食品支出	77. 7	103. 8	112. 8	56. 9	60. 3	57. 6
1.1　日常食物	76. 8	102. 4	111. 0	56. 3	59. 4	56. 6
面包	27. 5	37. 2	38. 7	20. 1	21. 6	19. 7
土豆	3. 2	4. 0	5. 2	2. 4	2. 3	2. 7
蔬菜	7. 1	9. 9	10. 6	5. 2	5. 8	5. 4
水果和浆果	3. 9	4. 6	5. 2	2. 9	2. 6	2. 7
肉和肉制品	11. 7	15. 5	18. 1	8. 6	9. 0	9. 2
鱼和鱼制品	0. 1	0. 1	0. 2	0. 1	0. 1	0. 1
奶和奶制品	2. 9	3. 5	3. 6	2. 1	2. 0	1. 8
糖和糖果	8. 9	11. 5	12. 4	6. 5	6. 5	6. 3
鸡蛋	1. 4	1. 9	2. 4	1. 0	1. 1	1. 2
植物油	7. 6	11. 1	11. 3	5. 6	6. 5	5. 7
茶、咖啡、非酒精饮料	2. 4	2. 9	3. 3	1. 8	1. 7	1. 7
1.2　非日常用食物	0. 9	1. 5	1. 8	0. 6	0. 9	0. 9
酒类	0. 2	0. 2	0. 3	0. 1	0. 1	0. 1
2. 非食品支出	40. 1	47. 4	56. 3	24. 5	27. 5	28. 7
3. 服务支出	18. 5	20. 8	26. 6	11. 3	12. 1	13. 6

资料来源：Агентство по статистике при Президенте Республики Таджикистан, База данных, Структура потребительских расходов домашних хозяйств 1998 - 2012，http：//www. stat. tj。

表 6 – 21　塔吉克斯坦农产品市场价格统计

单位：索莫尼/千克

	2010 年 均价	2011 年 均价	2012 年 均价	2011 年 12 月均价	2012 年 12 月均价
牛肉	19.85	24.27	28.81	26.69	30.24
植物油	7.52	9.17	8.45	9.44	7.92
牛奶	2.04	2.37	2.95	2.57	3.11
蛋（10 枚）	6.05	6.61	6.83	7.43	6.86
白糖	5.77	6.22	5.40	6.03	5.10
盐	0.76	0.76	0.77	0.76	0.78
一等小麦面	2.36	2.54	2.67	2.40	3.20
一等小麦面面包	2.29	2.57	2.97	2.85	3.11
大米	5.15	5.88	6.72	7.05	6.35
土豆	1.40	1.72	2.15	1.87	2.24
洋葱	1.76	1.78	1.60	1.81	1.56
胡萝卜	0.95	1.42	1.51	1.18	1.06
居民月均收入（索莫尼）	160.50	196.08			
职工月均名义工资（索莫尼）	354.77	446.23			
居民月均支出（索莫尼）	150.66	190.31			

资料来源：Агентство по статистике при Президенте Республики Таджикистан,《Продовольственная базопасность и бедность》, №4 – 2011,　《Продовольственная базопасность и бедность》, №4 – 2012, Приложение 5. Продовольственный баланс за 2008 – 2011 гг., Таблица 8: Уровень средних цен на отдельные продукты питания в потребительском секторе в среднем по республике, Таблица 9: индикаторы обеспечения стр. 95. Обследование бюджетов домашних хозяйств。

二　农产品进出口

2008～2012 年，塔吉克斯坦主要农作物的自给率（国内产量/国内消费量）通常是：谷物粮食年消费量 150 万～190 万吨，自给率 65%～75%；蔬菜瓜果年消费量 70 万～100 万吨，自给率 110%～130%；水果年消费量 20 万～30 万吨，自给率100%；糖及其制品年消费量约 10 万吨，自给率为 0；肉及其制品年消费量 8 万～9万吨，自给率 80%～90%，奶及其制品年消费量 50 万吨，自给率 120%；鸡蛋年消费量 2.5 亿枚，自给率 90%；植物油年消费量 6 万～9 万吨，自给率 1%。①

---

① Агентство по статистике при Президенте Республики Таджикистан, Продовольственная базопасность и бедность, №4 – 2011, Приложение 5. Продовольственный баланс за 2008 – 2011 гг. Стр. 121, Продовольственная базопасность и бедность, №4 – 2012, Приложение 5. Продовольственный баланс за 2009 – 2012 гг.

塔农产品出口额占出口总值的 5% ~ 10%，主要出口品种有蔬菜、水果及其制品（如罐头、果汁等），谷物几乎为零。2012 年，农产品出口额约占出口总值的 4.4%，出口总量 17 万吨，其中蔬菜 6.3 万吨（计 3033 万美元），水果 1.4 万吨（计 1483 万美元）（见表 6 – 22）。另外，还出口棉纤维 14.4 万吨（计 2.24 亿美元）。

塔粮食和食品进口约占进口总值的 20%，主要进口品种有小麦、面粉、糖、植物油、面食品（如挂面、通心粉、面包、饼干）等本国产能不足的农产品，另外还因需求多元化而进口奶制品、蔬菜、水果和饮料等食品。2012 年，农产品进口额占进口总值的 20.2%，进口总量 169 万吨，其中小麦 75.77 万吨、小麦面粉 36.03 万吨、糖 11.94 万吨、植物油 6.64 万吨、面制食品 3.1 万吨、奶和奶制品 0.98 万吨、茶 0.54 万吨、土豆 3.31 万吨、蔬菜 1.38 万吨、水果 2.27 万吨。

塔于 2001 年向世界贸易组织递交入世申请书，2012 年 12 月 10 日，塔总统拉赫蒙和世界贸易组织总干事拉米签署入世议定书，2013 年 6 月 7 日成为世贸组织第 159 位正式成员，是继吉尔吉斯斯坦、亚美尼亚、摩尔多瓦、乌克兰、格鲁吉亚和俄罗斯之后第七个加入世界贸易组织的独联体国家。

表 6 – 22　塔吉克斯坦农产品进出口量统计

单位：万吨

	2011 年	2012 年	2011 年	2012 年
	出口	出口	进口	进口
农产品总计	17.6	16.92	126.90	168.90
小麦	0	0	44.25	75.77
小麦面粉	—	0.01	34.60	36.03
糖	—	—	11.86	11.94
通心粉、面条	0	0	1.59	3.10
植物油	0	0	7.48	6.64
奶及奶制品	0	0	0.85	0.98
蛋	—	—	0.38	0.78
茶	0	0	0.66	0.54
土豆	0	0	1.26	3.31
蔬菜	8.41	6.30	0.43	1.38
水果	1.48	1.40	1.85	2.27
果蔬饮料	0.17	0.10	0.09	0.08
果蔬罐头	0.03	0	0.20	0.20

资料来源：Агентство по статистике при Президенте Республики Таджикистан，《Продовольственная базопасность и бедность》，№4 – 2012，Таблица 6：Экспорт，импорт основных продуктов питания и их доля в общем объем торговли за 2011 – 2012 гг. Стр. 89。

表 6 – 23 塔吉克斯坦农产品进出口值统计

单位：亿美元

年份	总计	出口	进口
2000	1. 1932	0. 5535	0. 6397
2001	1. 1788	0. 6622	0. 5166
2002	1. 4510	0. 6893	0. 7617
2003	1. 2871	0. 5830	0. 7041
2004	1. 9310	0. 9603	0. 9708
2005	1. 6328	1. 0721	0. 5608
2006	2. 8735	2. 3949	0. 4786
2007	4. 3213	3. 3885	0. 9328
2008	5. 0421	3. 9338	1. 1083
2009	3. 9237	2. 9457	0. 9780
2010	5. 0089	3. 8460	1. 1629
2011	6. 1036	4. 5924	1. 5111
2012	6. 5459	4. 8764	1. 6695

资料来源：Агентство по статистике при Президенте Республики Таджикистан, База данных, Показатели реальной экономики 2000 – 2012, http：//www. stat. tj。

表 6 – 24 塔吉克斯坦农产品进口关税税率

单位：%

	2006 年	2009 年	2010 年	2012 年
全部商品	6. 49	6. 58	6. 45	6. 14
农产品	12. 24	13. 36	12. 29	8. 33
工业品	6. 09	6. 10	6. 04	5. 98

资料来源：《Внешняя торговля и внешнеторговый режим Таджикистан》, Таблица 5. Средние тарифы Таджикистана в отношении импорта продукции, http：//www. export. gov. kz/cn/page – 298-vneshnyaya_ torgovlya_ i_ vneshnetorgovii_ rezhim_ tadzhikistan. МТЦ, MarketAccessMap。

第七章　中国的粮食安全

粮食安全是关系中国国民经济发展、社会稳定和国家自立的全局性重大战略问题。确保国家粮食安全，保障重要农产品的有效供给，是发展现代农业的首要任务，是全面建设小康社会和和谐社会的基础。当前，中国粮食安全基本形势总体良好。2013 年，中国粮食生产实现了自 2004 年以来的"十连增"，粮食综合生产能力稳步提高，品种日益丰富。

与此同时，随着新情况和新问题不断出现，中国粮食安全挑战日渐凸显。表现之一，是粮食需求量呈刚性增长。受人口增长、城镇化进程推进、居民消费结构升级，以及粮食用途多元化和工业用粮增多等因素影响，国内的粮食生产已难以满足粮食需求，粮食贸易逆差进一步扩大，粮食进口呈"不可逆式"上升。之二，是粮食供求长期处于"紧平衡"状态。从中长期发展趋势来看，耕地减少、水资源短缺、气候变化、农田水利基础设施薄弱、科技支撑能力不足、粮食比较收益长期偏低、农村劳动力投入质量下降、国际市场外部累积冲击等因素叠加，粮食安全基础仍较脆弱。之三，是粮食质量问题不容忽视。受水污染、土壤重金属污染以及农药残留等因素影响，食品安全问题日益增多，备受各界关注。[1]

中国西部地区包括四川、重庆、贵州、云南、西藏、陕西、甘肃、青海、宁夏、新疆、广西和内蒙古 12 个省、自治区和直辖市，总面积 685 万平方千米，占全国国土面积的 71.4%。截至 2014 年 1 月 1 日共有 3.7 亿人口，占全国总人口的 29%。西部具有重要的战略地位。西部自然资源丰富，市场潜力大，是中国通向欧亚大陆的门户和战略大后方，是国家稳定与发展的重要基础。

受自然、历史、社会等原因的影响，西部地区经济发展水平整体较为落

---

① 李经谋主编《2012 中国粮食市场发展报告》，中国财政经济出版社，2012，"序"。

后，成为中国全面实现小康社会任务目标的短板。根据农村居民家庭人均年收入低于2300元的贫困标准计算，中国贫困人口规模为1.28亿，其中80%位于西部地区。2001~2009年，西部地区的贫困人口比例从61%增加到66%，民族地区从34%增加到40.4%，贵州、云南和甘肃三地从29%增加到41%。与此同时，西部地区的儿童营养不良状况也呈高发趋势。2011年12月1日发布的21世纪第二个十年的扶贫战略《中国农村扶贫开发纲要（2011~2020）》将贫困线标准（确保每天2100千卡食物热量）从1196元提高到1500元。根据这一标准，中国贫困人口超过1.28亿（每9个人中就有1个贫困人口）。未来，如何加快推行西部大开发、推动经济社会全面发展和改善粮食安全等问题，是西部大开发需要面对的严峻问题之一。

目前，受地理和气候变化等自然条件影响，西部粮食生产和安全面临一定威胁，而区域国际合作则提供了诸多发展机遇。上海合作组织是维护中国西部安全稳定和经济发展的重要合作平台，是西部大开发的重要外部依托基地和市场。

西部地域辽阔，农业气候资源多样化，是中国的小麦、杂粮、薯类、棉花等作物的主产区，是中国的畜牧业和乳业基地。与此同时，因气候、自然和地理环境复杂，西部农业生产条件和基础设施整体较差，属粮食生态脆弱区。另外，大量进城务工人员使得农业生产老龄化，土地撂荒现象较多，粮食安全形势更具复杂性和挑战性。

第一节　国家粮食安全战略与粮食生产支持政策

当前，中国粮食安全形势总体较好。粮食产量保持稳定增长态势，确保了国内粮食供给稳定。2002~2012年十年间，中国年均粮食总产量达5.09亿吨，年均粮食净进口为2561万吨（包括大豆），约占粮食总产量的5.9%。不过，受资源、环境、市场、制度等诸多因素影响，未来继续稳定增产的难度加大，需求增长过快，中国粮食供需缺口将进一步拉大，中国粮食安全将面临多重挑战，粮食供需关系可能长期处于紧平衡状态，个别农产品的需求将主要依靠进口（如大豆）。

一　未来影响中国粮食安全的制约因素

一是由于耕地制约，扩大粮食种植面积的空间有限。受工业化和城镇化占地、自然灾害、环境污染（土地沙化、肥力下降、"三废"污染、重金属超标等）等因素影响，确保18亿亩耕地"红线"面临极大挑战。目前，中国人均耕地面积为1.38亩（0.09公顷），约为世界平均水平的40%，而且约2/3的农田属中低产田。

二是水资源短缺和极端气候增多。中国每年农业生产缺水200多亿立方米，并且水资源分布不均，北方地区水资源短缺尤为突出。由于过度开采地下水，华北平原已经形成9万多平方千米世界最大地下水开采漏斗区。此外，随着全球气候变化，极端气候频发，洪涝和干旱交替出现，农业生产面临诸多不利。[1]

三是粮食供需区域性矛盾突出。随着东部沿海和南方的工业化、城镇化发展，中国粮食生产重心北移。2012年13个粮食主产区产量占全国总产量的75.7%，比2011年提高4.7%。2004～2012年，中国只有河北、江苏、山东、河南、宁夏五省实现"九连增"，包括东三省在内的其他省区粮食产量呈波动起伏。

四是种粮比较收益偏低。由于化肥、农药、燃油、土地租金等生产资料价格和人工成本上升，种粮成本大幅增加。2012年，中国每亩粮食的平均总成本为792元，比2010年上涨119元，涨幅18%。但是，粮食平均产量为每亩450千克，按每千克2元价格折算，收入为900元，收益108元。随着城镇化、工业化发展，中国转型社会也使中国农业劳动力结构发生改变。农村外出务工人员增多，粮食生产机会成本提高。加上中国家庭承包经营面积小，分散化经营，粮食生产不具备规模生产效益，在农业生产条件仍然"靠天吃饭"的情况下，农业劳动力投入不够，在不少地区劳动力出现老龄化，粮食生产呈"兼业化"发展趋势。

五是品种结构矛盾突出。既表现在主要粮食作物内部，也表现在粮食作物

---

[1]　殷培红：《气候变化与中国粮食安全脆弱区》，中国环境科学出版社，2011，第3页。

同油料、棉花、烟草、蔬菜、水果等经济作物之间。如受市场价格、种植收益、产业政策调整等因素的影响，农民会选择种植经济收益较高的作物，2011年中国每亩玉米、小麦和大豆的种植收益分别是293元、118元和122元，东北地区选择种植大豆的农户逐渐减少，玉米种植增多。2012年玉米成为中国第一大粮食作物。[①]

六是政策激励难度加大。一方面，提高粮食单产水平的空间较小，依靠提高单产增加粮食产量的难度加大，这会影响农业科研投入。另一方面，同世界整体水平相比，中国的农业支持力度已达高位，进一步加大财政投入的压力较大。

二 中国的粮食支持政策[②]

为支持粮食生产，保证国内粮食安全，新中国成立至今，中国粮食支持政策大体经历了四个阶段：一是1949~1978年实施较为单一的粮食支持政策，国家对粮食实行统购统销、对国营农机站实行"机耕定额、亏损补贴"政策。二是1978~1993年实施流通环节补贴和消费者补贴。通过"减购提价、价格双轨、保量放价"等措施，逐步取消统购统销，自1990年起对粮食收购实行最低保护价制度，同时建立调节供求和市场价格的粮食专项储备制度。三是1993~2004年主要实行粮食流通环节补贴。从1993年起放开粮食销售价格，建立粮食风险基金，粮食补贴由补贴粮食企业经营费用和购销差价转向补贴粮食收购（按保护价敞开收购）和粮食储备企业。四是2004年至今形成对农民直接收入、粮食生产和粮食价格支持体系，建立"四取消"（即取消农业特产税、农业税、牧业税、屠宰税）、"四补贴"（粮食直接补贴、农资综合补贴、良种补贴、农机具购置补贴）、"一支持"（最低收购价支持）、"一保险"（农业保险）、"一奖励"（直接奖励产粮大县）等粮食支持制度。这些制度对稳定和激发农民种粮积极性起着积极作用。2012年，国家农业支出达到1.2286万亿元，比2011年增长17%（增加1789亿元），其中"四项直接补贴"金额为1600亿元（见表7-1）。

---

① 国家发改委价格司：《2012年全国农产品成本收益资料汇编》，中国统计出版社，2012，第125~144页。

② 国家粮食局课题组：《粮食支持政策与促进国家粮食安全研究》，经济管理出版社，2009，第11~33页。

农业税是国家对从事农业生产且有农业收入的单位和个人征收的一种税，其计税依据是农业收入（包括按常年产量和按产品收入两种方式计算农业收入），取消前的全国平均税率是常年产量的 15.5%。中国政府 2004 年开始实行减征或免征农业税的惠农政策，2005 年 12 月 29 日全国人大常委会通过"自 2006 年 1 月 1 日起废止《农业税条例》"的决议（同日经国家主席签署生效），将这项惠农政策上升为国家法律，也让这项在中国大地上延续近 2600 年的"皇粮国税"彻底成为历史。

良种补贴是对某一地区种植主要优质粮食作物的农户，根据品种给予一定的资金补贴，目的是支持农民积极使用优良作物种子，提高良种覆盖率。截至 2013 年底，中国良种补贴主要有：（1）水稻、小麦、玉米、棉花在全国 31 个省（区、市）实行全覆盖；（2）大豆在辽宁、吉林、黑龙江、内蒙古等 4 个省（区）实行全覆盖；（3）冬油菜在长江流域 10 个省市和河南信阳、陕西汉中和安康地区实行全覆盖；（4）马铃薯原种（脱毒种薯）在内蒙古、黑龙江、甘肃、四川、贵州、重庆、云南、宁夏、青海、河北、吉林、山西、湖北、陕西等 14 个省（区、市）实行生产补贴；（5）青稞在藏区实施良种补贴；（6）在部分花生产区继续实施花生良种补贴。在补贴方式上，水稻、玉米、油菜采取现金直接补贴方式，小麦、大豆、棉花可采取现金直接补贴或差价购种补贴方式。2013 年的补贴标准是（按每亩计算）：小麦 10 元（新疆地区 15 元）；玉米、大豆、油菜、青稞 10 元；稻谷、棉花 15 元；马铃薯一级和二级种薯 100 元，微型薯（每粒）0.1 元；花生良种繁育 50 元，大田生产 10 元。

截至 2013 年底，农机购置补贴覆盖全国所有农牧业县（场），补贴机具种类涵盖 12 大类 48 个小类 175 个品目，各地可在此基础上再自行增加最多 30 个品目。中央财政实行定额补贴，即同一种类、同一档次农业机械在省域内实行统一的补贴标准。

中国分别从 2004 年起和 2006 年起对稻谷和小麦实行最低收购价格，从 2009 年起对玉米和大豆实行临时收储价格制度等"托市收购"政策。2013 年，中央财政安排 151 亿元对种粮农民实行直接补贴，并继续在粮食主产区实行最低收购价政策，其中，早籼稻 1.32 元/斤，小麦 1.12 元/斤（见表 7 -

2）；玉米临时收储价格分别为：内蒙古、辽宁 1.13 元/斤，吉林 1.13 元/斤，黑龙江 1.13 元/斤。

表 7 - 1　2000~2012 年中国国家财政用于农业的支出情况

单位：亿元

年份	农业支出	支援农村生产支出和各项农业事业费	四项补贴（粮食、农资、良种、农机具）	农村社会事业发展支出	农业支出占财政支出的比重（%）
2000	1231.5	766.9	—	—	7.8
2001	1456.7	918.0	—	—	7.7
2002	1580.8	1102.7	—	—	7.2
2003	1754.5	1134.9	—	—	7.1
2004	2337.6	1693.8	—	—	8.2
2005	2450.3	1792.4	—	—	7.2
2006	3173.0	2161.4	—	—	7.9
2007	4318.3	1801.7	513.6	1415.8	8.7
2008	5955.5	2260.1	1030.4	2072.8	9.5
2009	7253.1	2679.2	1274.5	2723.2	9.5
2010	8579.7	3427.3	1225.9	3350.3	9.5
2011	10497.4	4089.7	1406.0	4381.5	9.6
2012	12286.6	—	1600.0	—	—

资料来源：2000~2011 年的数据来源于国家统计局农村社会经济调查司编著《2012 中国农村统计年鉴》，中国统计出版社，2012，第 77 页；2012 年的数据来源于《中央财政"三农"投入稳定增长保障机制逐步完善》，《中国财经报》2012 年 10 月 25 日。

表 7 - 2　2004~2013 年中国小麦和稻谷最低收购价

单位：元/斤

		2004年	2005年	2006年	2007年	2008年	2009年	2010年	2011年	2012年	2013年
稻谷	早籼稻	0.7	0.7	0.7	0.7	0.77	0.9	0.93	1.02	1.2	1.32
	中晚籼稻	0.72/0.75	0.72	0.72	0.72	0.79	0.92	0.97	1.07	1.25	1.35
	粳米	—	0.75	0.75	0.75	0.82	0.95	1.05	1.28	1.4	1.5
小麦	白小麦	—	—	0.72	0.72	0.77	0.87	0.9	0.95	1.02	1.12
	红小麦	—	—	0.69	0.69	0.72	0.83	0.86	0.93	1.02	1.12
	混合小麦	—	—	0.69	0.69	0.72	0.83	0.86	0.93	1.02	1.12

资料来源：历年国家发展和改革委员会关于小麦和稻谷最低收购价格的通知，国家发展和改革委员会网站：http://www.sdpc.gov.cn/zcfb/zcfbtz/default.htm。

三　粮食安全战略

当前，指导中国粮食安全的战略规划文件主要有四部。

一是《国家粮食安全中长期规划纲要（2008～2020年）》，由国家发展和改革委员会于2008年11月13日公布。提出保障粮食安全的六大任务和八大政策措施。其中，主要任务是：（1）提高粮食生产能力；（2）利用非粮食物资源；（3）加强粮油国际合作；（4）完善粮食流通体系；（5）完善粮食储备体系；（6）完善粮食加工体系。主要措施是：（1）强化粮食安全责任；（2）严格保护生产资源；（3）加强农业科技支撑；（4）加大支持投入力度；（5）健全粮食宏观调控；（6）引导科学节约用粮；（7）推进粮食法制建设；（8）制定落实专项规划。①

二是《全国新增1000亿斤粮食生产能力规划（2009～2020年）》（以下简称《规划》），由国务院办公厅2009年11月3日正式印发。提出全国粮食生产目标是2020年达到5.5亿吨以上，比现有产能增加0.5亿吨。《规划》根据中国农业区划特点、生产技术条件和增产潜力等因素，将全国粮食生产区划分为核心区、非主产区产粮大县、后备区和其他地区四类。其中，（1）粮食生产核心区是从13个粮食主产省（区）选出的680个粮食生产大县（市、区、场），功能定位是提高商品粮调出能力；（2）非主产区产粮大县是从11个非粮食主产省（区）选出的120个粮食生产大县，功能定位是提高区域自给能力；（3）后备区是吉林等省区的部分适宜地区，功能定位是加强国家粮食战略储备；（4）其他地区是指上述三类区域以外的地区，功能定位是提高粮食生产总体水平。《规划》提出调整种植结构的主要思路是：（1）大力发展玉米生产，扩大玉米种植面积；（2）合理释放小麦、水稻产能。引导社会公众调整膳食结构，增加小麦、大米及米面制食品消费；开发小麦多种用途，加快发展以小麦为原料的方便食品；在保证口粮消费需求的前提下，积极鼓励发展以小麦为原料的饲料加工；（3）调控粮食加工转化，适度控制以玉米为原料的深加工业规模；（4）加强粮食市场价格调控，根据粮食分品种供需情况，

---

① 国家发展和改革委员会：《国家粮食安全中长期规划纲要（2008～2020年）》，2008年11月13日。

合理确定粮食品种间比价关系，并必要时通过国际市场进行品种调剂，实现粮食供需品种平衡。①

三是2013年12月10~13日中央经济工作会议决议。提出2014年经济工作主要有六大任务：（1）切实保障国家粮食安全；（2）大力调整产业结构；（3）着力防控债务风险；（4）积极促进区域协调发展；（5）着力做好保障和改善民生工作；（6）不断提高对外开放水平。其中，关于粮食安全的基本政策原则是：（1）实施以我为主、立足国内、确保产能、适度进口、科技支撑的国家粮食安全战略；（2）依靠自己保口粮，集中国内资源保重点，做到谷物基本自给、口粮绝对安全；（3）坚持数量、质量并重，更加注重农产品质量和食品安全，注重生产源头治理和产销全程监管；（4）注重永续发展，转变农业发展方式，发展节水农业、循环农业；（5）抓好粮食安全保障能力建设，加强农业基础设施建设，加快农业科技进步。②

四是2014年一号文件《关于全面深化农村改革 加快推进农业现代化的若干意见》（以下简称《文件》），2014年1月19日由中共中央、国务院发布。《文件》以全面深化农村改革为动力，以加快推进农业现代化为目标，以解决好"地怎么种"为导向加快构建新型农业经营体系，以解决好"地少人多水缺的资源环境约束"为导向深入推进农业发展方式转变，以满足"吃得好、吃得安全"为导向大力发展优质安全农产品，努力走出一条生产技术先进、经营规模适度、市场竞争力强、生态环境可持续的中国特色新型农业现代化道路。③

《文件》提出八个方面，共33条政策措施：第一部分是"关于完善国家粮食安全保障体系"。要求构建国家粮食安全新战略，明确集中力量确保"谷物基本自给，口粮绝对安全"，同时提出完善粮食等重要农产品价格形成机制、探索推进农产品价格形成机制与政府补贴脱钩的改革、逐步建立农产品目标价格制度、健全农产品市场调控制度、合理利用国际农产品市场、强化农产品质量安全监管等改革发展举措。第二部分是"关于强化农业支持保护制

① 国务院办公厅：《全国新增1000亿斤粮食生产能力规划（2009~2020年）》，2009年11月3日。
② 新华网：《2013年中央经济工作会议》，http://www.xinhuanet.com/fortune/2013zyjjgzhy.htm。
③ 中共中央、国务院印发《关于全面深化农村改革 加快推进农业现代化的若干意见》，《人民日报》2014年1月20日第1版。

度"。提出健全"三农"投入稳定增长机制、完善农业补贴政策、加快建立利益补偿机制、整合和统筹使用涉农资金、完善农田水利建设管护机制、推进农业科技创新、加快发展现代种业和农业机械化、加强农产品市场体系建设等政策措施。第三部分是"关于建立农业可持续发展长效机制"。提出促进生态友好型农业发展、开展农业资源休养生息试点、加大生态保护建设力度等措施。第四部分是"关于深化农村土地制度改革"。提出稳定农村土地承包关系并保持长久不变，在落实农村土地集体所有权的基础上，稳定农户承包权、放活土地经营权，允许承包土地的经营权向金融机构抵押融资，还提出引导和规范农村集体经营性建设用地入市、完善农村宅基地管理制度、加快推进征地制度改革等重要举措。第五部分是"关于构建新型农业经营体系"。提出发展适度规模经营、扶持发展新型农业经营主体、健全农业社会化服务体系、加快供销合作社改革发展等要求。第六部分是"关于加快农村金融制度创新"。提出强化银行业金融机构服务"三农"职责、发展新型农村合作金融组织、加大农业保险支持力度等政策举措。第七部分是"关于健全城乡发展一体化体制"。提出开展村庄人居环境整治、推动城乡基本公共服务均等化、加快推动农民工市民化等政策举措。第八部分是"关于改善乡村治理机制"。提出加强农村基层党的建设、健全基层民主制度、创新基层管理服务等要求。

《文件》认为，新形势下构建国家粮食安全战略，必须坚持的基本方针是"把饭碗牢牢端在自己手上，确保谷物基本自给、口粮绝对安全"，实施"以我为主、立足国内、确保产能、适度进口、科技支撑"的国家粮食安全战略，综合考虑国内资源环境条件、粮食供求格局和国际贸易环境变化，任何时候都不能放松国内粮食生产，严守耕地保护红线，划定永久基本农田，提升农业综合生产能力，主销区也要确立粮食面积底线、保证一定的口粮自给率；要更加积极地利用国际农产品市场和农业资源，有效调剂和补充国内粮食供给，制定重要农产品国际贸易战略，加强进口农产品规划指导，优化进口来源地布局，建立稳定可靠的贸易关系；同时，加快实施农业"走出去"战略，培育具有国际竞争力的粮棉油等大型企业；支持到境外特别是与周边国家开展互利共赢的农业生产和进出口合作；鼓励金融机构积极创新金融品种和方式，为农产品国际贸易和农业走出去提供服务；探索建立农产品国际贸易基金和海外农业发展基金。

表 7 - 3　中国粮食安全主要指标

类别	指标	2007 年	2010 年	2020 年	属性
生产水平	耕地面积(亿亩)	18.26	≥18.00	≥18.00	约束性
	其中:用于种粮的耕地面积	11.2	>11.00	>11.00	预期性
	粮食播种面积(亿亩)	15.86	15.8	15.8	约束性
	其中:谷物	12.88	12.7	12.6	预期性
	粮食单产水平(千克/亩)	316.2	325	350	预期性
	粮食综合生产能力(亿千克)	5016	≥5000	≥5400	预期性
	其中:谷物	4563	≥4500	>4750	约束性
	油料播种面积(亿亩)	11.7	1.8	1.8	预期性
	牧草地保有量(亿亩)	39.3	39.2	39.2	预期性
	肉类总产量(万吨)	6800	7140	7800	预期性
	禽蛋产量(万吨)	2526	2590	2800	预期性
	牛奶总产量(万吨)	3509	4410	6700	预期性
供需水平	国内粮食生产与消费比例(%)	98	≥95	≥95	预期性
	其中:谷物	106	100	100	预期性
物流水平	粮食物流"四散化"比重(%)	20	30	55	预期性
	粮食流通环节损耗率(%)	8	6	3	预期性

注:换算指标:1 亩≈0.067 公顷,1 公顷 = 10000 平方米 = 15 亩。

资料来源:2008 年 11 月 13 日新华社发:《国家粮食安全中长期规划纲要 (2008~2020 年)》。其中粮食物流体系 "四散化" 是指散装、散卸、散存、散运。保障粮食等重要食物基本自给是指粮食自给率稳定在 95% 以上,到 2020 年达到 5400 亿千克以上。其中,稻谷、小麦保持自给,玉米、畜禽产品和水产品等重要品种基本自给。

第二节　粮食生产

2000~2011 年,中国粮食作物种植面积从 1.08 亿公顷扩大到 1.11 亿公顷,增幅4% (计 200 万公顷) (见表 7 - 4)。据国家统计局数据,2012 年粮食种植面积较 2011 年增加近 70 万公顷,因种植面积扩大而增加粮食产量 358 万吨,对粮食增产的贡献率为 19.5% 。

2000~2011 年,从粮食作物品种看,玉米种植面积增幅较大,稻谷基本持平,小麦、豆类和薯类的种植面积减少。玉米种植面积扩大约 1000 万公顷,增幅45% ,自 2007 年起玉米已成为中国种植面积最大的粮食作物。稻谷种植面积增加约 10 万公顷。小麦种植面积减少 238 万公顷（下降 9%），豆类种植面积减少 211 万公顷（下降 16%）；薯类种植面积减少 163 万公顷（下降 15%）。玉米种植面积增加的主要原因是单位生产效益高，随着饲料和生物燃料原料需求增加，农民种植玉米更加有利可图。豆类种植面积减少的主要原因是受进口大豆冲击，成本相对较高的国产大豆需求持续下降。小麦和薯类种植面积减少主要是食品需求结构改变所致，部分需求被其他食品代替（如肉禽蛋奶、蔬菜、水果等）。

表 7-4　2000~2011 年中国主要粮食作物种植面积

单位：万公顷

年份	全部农作物	粮食	谷物	稻谷	小麦	玉米	豆类	薯类
2000	15630	10846	8526	2996	2665	2306	1266	1054
2005	15549	10428	8187	2885	2279	2636	1290	950
2010	16068	10988	8985	2987	2426	3250	1128	875
2011	16228	11057	9102	3006	2427	3354	1065	891

资料来源：国家统计局《2012 中国统计年鉴》，中国统计出版社，2012，十三：农业，13-13 "农作物总播种面积"。

自 2000 年以来，中国粮食生产总体呈现稳定增长态势，从 2000 年 4.62 亿吨，到 2007 年首次突破 5 亿吨大关（5.02 亿吨），2012 年达到 5.90 亿吨，2013 年达到 6.02 亿吨。2004~2013 年被誉为农业发展的"黄金十年"，中国粮食生产实现"十连增"，有效保障了粮食供给。

2000~2012 年，中国粮食作物的生产结构变化较大。三大主粮（稻谷、小麦和玉米）产量总体保持增长（但是增幅不同），大豆和薯类产量则出现下降。玉米产量 2012 年达到 2.08 亿吨，不仅比 2000 年的 1.06 亿吨几乎增产一倍，而且产量首次超过稻谷（约多 400 万吨），成为中国第一大粮食品种。稻谷产量从 2000 年 1.88 亿吨增加到 2012 年 2.04 亿吨，增幅为 8.5%。小麦产量从 2000 年 9964 万吨增加到 2012 年的 1.21 亿吨，增长了 22%。大豆产量 2012 年 1280 万吨，比 2000 年减产 730 万吨。薯类产量 2011 年 3273 万吨，较 2000 年减产 412 万吨（见表 7-5）。

2012 年每公顷粮食作物单位产量 5299 千克，比 2011 年增加 133 千克，单产提高对当年粮食增产的贡献率为 80.5%（增产 1478 万吨）。其中，玉米单位产量是 5956 千克，稻谷 6744 千克，小麦 4995 千克，大豆 1896 千克。

2000～2012 年，得益于技术进步和农业投资加大，中国粮食单产水平逐年提高。各类粮食作物的每公顷单产水平增幅分别是：玉米 1357 千克（增长 29%），稻谷 480 千克（增长 8%），小麦 1257 千克（增长 34%），大豆 240 千克（增长 15%）（见表 7-6）。

表 7-5　中国主要粮食作物产量

单位：万吨

年份	粮食产量	同比增长（%）	稻谷	小麦	玉米	大豆	薯类
2000	46218	—	18791	9964	10600	2010	3685
2005	48402	3.1	18059	9745	13937	2158	3469
2010	54648	2.94	19576	11518	17725	1897	3114
2011	57121	4.53	20100	11740	19278	1908	3273
2012	58957	3.21	20429	12058	20812	1280	

资料来源：国家统计局《2012 中国统计年鉴》，中国统计出版社，2012，十三：农业，13-15 "主要农产品产量"。2012 年数据来源于国家统计局网站报告《2012 年全国粮食生产再获丰收》。

表 7-6　中国主要粮食作物单产水平

单位：千克/公顷

	2000 年	2005 年	2010 年	2011 年	2012 年
玉米	4599	5288	5460	5748	5956
稻谷	6264	6253	6548	6686	6744
小麦	3738	4275	4749	4838	4995
大豆	1656	1704	1771	1836	1896

资料来源：国家统计局《2012 中国统计年鉴》，中国统计出版社，2012，十三：农业，13-16 "主要农产品单位面积产量"。2012 年的数据来源于国家统计局网站报告《2012 年全国粮食生产再获丰收》。

2011 年，西部地区粮食种植面积 3403 万公顷，粮食总产量 1.48 亿吨，占全国总产量的 26%。以全国年人均粮食消费量 400 千克计算，西部 3.6 亿人口每年需要 1.44 亿吨粮食。这意味着，西部地区粮食总产量基本可以满足本地需求。但是，粮食安全问题仍不容忽视，中国西部粮食生产呈现以下三个特点：

一是产量不稳定。2004～2013年，与全国粮食总产量实现"十连增"不同的是，西部粮食产量呈现年际波动，其中2003年和2006年同比下滑。

二是内蒙古和新疆两个大区的粮食产量增长较大。2011年，内蒙古粮食种植面积556万公顷，产量2388万吨，比2000年增产859万吨，增长56%；新疆粮食种植面积205万公顷，产量1225万吨，比2000年增产441万吨，增长56%（见表7-7、表7-8）。

三是西部各地粮食作物种植结构差异较大。按产量从高到低排序的话，主要粮食作物2007年前依次为稻谷、玉米、小麦和豆类，从2007年起，玉米超过稻谷成为西部地区产量最高的粮食作物。2011年，西部地区玉米产量达到5288万吨，稻谷4372万吨，小麦2157万吨，豆类610万吨，分别占全国总产量的22%、18%、27%和20%（见表7-9）。

表7-7 西部地区粮食种植面积

单位：万公顷

	2005年	2010年	2011年
四川	656	640	644
重庆	250	224	226
贵州	307	304	306
云南	425	427	433
西藏	18	17	17
陕西	326	316	313
甘肃	259	280	283
青海	25	27	28
宁夏	78	84	85
新疆	149	203	205
广西	350	306	307
内蒙古	437	550	556
西部	3280	3378	3403

资料来源：国家统计局2004～2012年历年《中国统计年鉴》，中国统计出版社，十三：农业，13-13"农作物总播种面积"。

表7-8　中国西部粮食产量

单位：万吨

	2000 年	2005 年	2010 年	2011 年
四川	3372	3211	3223	3292
重庆	1107	1168	1156	1127
贵州	1161	1152	1112	877
云南	1468	1515	1531	1674
西藏	96	93	91	94
陕西	1089	1043	1165	1195
甘肃	713	837	958	1015
青海	83	93	102	103
宁夏	253	300	357	359
新疆	784	877	1171	1225
广西	1242	1662	1412	1430
内蒙古	1529	1487	2158	2388
西部产量比重(%)	28	28	26	26
西部	12896	13439	14436	14776
全国	46218	48402	54648	57121

资料来源：国家统计局 2001～2012 年历年《中国统计年鉴》，中国统计出版社，十三：农业，13-15 "主要农产品产量"。

表7-9　中国西部地区稻谷、小麦、玉米和豆类产量

单位：万吨

	2000 年	2005 年	2010 年	2011 年
稻谷	4736	4586	4504	4372
小麦	2307	2038	2120	2157
玉米	3351	4095	5147	5288
豆类	460	618	559	610

资料来源：根据国家统计局数据计算得出。国家统计局 2001～2012 年历年《中国统计年鉴》，中国统计出版社，十三：农业，13-15 "主要农产品产量"。

第三节　粮食利用

粮食利用一般分为三类：食用消费、饲料、其他用途（包括种子、工业利用、各种情况造成的损耗和浪费等）。粮食安全的首要任务是保障居民食用粮食

（口粮）消费。在粮食产量确定的情况下，饲料和工业用粮增加必然会对居民粮食消费形成挤压。这意味着，中国需要在保证口粮和发展工业这两项任务之间做好协调，既利用好国外资源（进口粮食在某种程度上意味着节约国内土地），又避免国内农产品被国外农产品过度冲击。2012 年 2 月 24 日，工业和信息化部、农业部联合发布《粮食加工业发展规划（2011～2020 年）》，规定粮食生产和消费发展目标是确保 2015 年和 2020 年口粮供给不低于 2.575 亿吨（5150 千克）和 2.525 亿吨（5050 千克）；饲料用粮不低于 2 亿吨（4000 千克）和 2.275 亿吨（4550 千克）；严格控制玉米深加工占玉米消费总量的比例。[①]

当前，中国粮食利用的主要特点：一是口粮消费量随着人口增加而增加；二是居民生活水平提高和膳食结构改变促使动物性食物消费增多（肉、禽、蛋、奶等），造成饲料用粮增加（特别是蛋白饲料）；三是粮食损耗和浪费现象较严重。

从粮食损耗和浪费看，收获、储存、运输、加工过程中的损耗和餐桌浪费均比较严重。据国家粮食局有关负责人介绍（2013 年），受自然条件等诸多因素限制，中国粮食生产约有 10% 的上升空间，而流通消费环节则有 20% 的节粮空间，每年仅储藏、运输、加工等环节损失损耗就达 700 千克以上。[②]全国政协委员、湖北省政协原副主席郑楚光估算，中国每年餐桌浪费折合粮食约为 500 亿千克，占全国总产量的 1/10。[③]另据中央电视台 2013 年 1 月 23 日报道，中国人每年在餐桌上浪费的粮食价值高达 2000 亿元，被倒掉的食物相当于 2 亿多人一年的口粮。[④]

从食用消费看，一方面，随着人口总量增长，粮食食用消费总量持续增加；另一方面，随着居民膳食结构改善，居民饮食结构中的粮食比重逐渐下降（肉禽蛋奶等高蛋白类食品比重上升），年人均粮食食用消费量总体呈下降趋

---

①　工业和信息化部、农业部：《粮食加工业发展规划（2011～2020 年）》。

②　《节粮减损从技能开始 流通消费环节有 20% 节粮空间》，中国经济网，http：//district. ce. cn/zg/201305/27/t20130527_ 24422417. shtml。

③　李松：《我国每年浪费粮食约 500 亿千克 占总产量 1/10》，《瞭望新闻周刊》，http：//www. cnr. cn/gundong/201301/t20130105_ 511705496. shtml。

④　《中国人每年餐桌浪费 2000 亿》，http：//news. 163. com/13/0123/05/8LSNJF7700014 AED. html。

势。据国家统计局数据，2000～2011 年城镇居民食品年消费量分别是：粮食从 82.3 千克下降到 80.7 千克，猪肉从 16.7 千克增加到 20.6 千克，牛羊肉从 3.3 千克增加到 4.0 千克，禽类从 5.4 千克增加到 10.6 千克，水产品从 11.7 千克增加到 14.6 千克，鲜奶从 9.9 千克增长到 13.7 千克（见表 7 - 10）。同期，农村居民食品年消费量分别是：粮食从 250 千克下降到 171 千克，猪肉从 13.28 千克增加到 14.42 千克，牛羊肉从 1.13 千克增加到 1.90 千克，禽类从 2.81 千克增加到 4.54 千克，水产品从 3.92 千克增加到 5.36 千克，鲜奶从 1.06 千克增加到 5.16 千克（见表 7 - 11）。

从饲料用粮看，中国饲料产量 2011 年 1.8 亿吨，2012 年 1.91 亿吨，约占全球商品饲料总产量的 1/4，是世界第一大饲料生产国。根据农业部颁布的《饲料工业"十二五"发展规划》，计划"十二五"期间饲料总产量达到 2 亿吨，其中配合饲料产量 1.68 亿吨，浓缩饲料产量 2600 万吨，添加剂预混合饲料产量 600 万吨；主要饲料添加剂品种全部实现国内生产；饲用秸秆量增加 1000 万吨，饲用秸秆处理利用率达到 50%；杂粮、糟渣、食品加工副产品等存量较大的非粮饲料资源优质化处理利用水平明显提高。饲料用粮增加是近几年大豆、玉米和小麦进口增加的主要原因之一。

粮食是重要的工业原料。近年来，一些国家的粮食深加工和生物燃料快速发展，致使粮食消耗量大增，尤其是玉米深加工乙醇项目。为压缩玉米深加工企业利润，利用税收杠杆限制玉米深加工，优先保障口粮和饲料用粮需求，中国 2012 年 12 月发布《关于部分玉米深加工产品增值税税率问题的公告》，规定玉米浆、玉米皮、玉米纤维（喷浆玉米皮）和玉米蛋白粉不属于初级农产品，其深加工适用 17% 增值税税率。

针对饲料工业发展需求，中国根据不同区域的资源特点、养殖业基础及发展趋势，优化饲料工业布局，促进东部、中部、西部和东北等不同地区饲料工业协调发展。其中，针对西部地区的主要原则是：（1）推进草原生态保护，发展人工种草和饲草加工业，发展与草食动物舍饲、半舍饲养殖配套的配合饲料、浓缩饲料和精料补充料产品，积极推进牧区畜牧业养殖方式转变和南方草山草坡资源合理开发利用；（2）发挥本地区饲料资源优势，大力发展饲料原料生产，进一步提升饲料生产水平。（3）发展秸秆养畜。发挥秸秆养畜在农牧结合中的关键节点作用，推动粮食产区实现"牛羊增产、农业增效、农牧增收、环境友好"的可持续发展目标。具体措施是发展秸秆养畜联户、规模养殖场秸秆养畜、秸秆青黄贮饲料专业化生产、秸秆成型饲料产业化加工等示范区。

表 7 – 10　中国城镇居民家庭人均年购买主要农产品数量

单位：千克

	2000 年	2005 年	2010 年	2011 年
粮食	82.3	77.0	81.5	80.7
鲜菜	114.7	118.6	116.1	114.6
食用植物油	8.2	9.3	8.8	9.3
猪肉	16.7	20.2	20.7	20.6
牛羊肉	3.3	3.7	3.8	4.0
禽类	5.4	9.0	10.2	10.6
鲜蛋	11.2	10.4	10.0	10.1
水产品	11.7	12.6	15.2	14.6
鲜奶	9.9	17.9	14.0	13.7
鲜瓜果	57.5	56.7	54.2	52.0

资料来源：国家统计局历年《中国统计年鉴》，第十篇：人民生活，10 – 9 "城镇居民家庭平均每人全年购买主要商品数量"。粮食消费量为纯原粮消费量，不含禽肉、植物油等折算。

表 7 – 11　中国农村居民家庭人均主要食品消费量

单位：千克/年

	1990 年	1995 年	2000 年	2005 年	2010 年	2011 年
粮食(原粮)	262.08	256.07	250.23	208.85	181.44	170.74
小麦	80.03	81.49	80.27	68.44	57.52	54.75
稻谷	134.99	129.25	126.82	113.36	101.91	97.09
大豆		2.28	2.53	1.91	1.61	1.38
蔬菜	134.00	104.62	106.74	102.28	93.28	89.36
食油	5.17	5.80	7.06	6.01	6.31	7.48
植物油	3.54	4.25	5.45	4.90	5.52	6.60
肉禽及制品	12.59	13.56	18.30	22.42	22.15	23.30
猪肉	10.54	10.58	13.28	15.62	14.40	14.42
牛肉	0.40	0.36	0.52	0.64	0.63	0.98
羊肉	0.40	0.35	0.61	0.83	0.80	0.92
禽类	1.25	1.83	2.81	3.67	4.17	4.54
蛋及制品	2.41	3.22	4.77	4.71	5.12	5.40
鲜奶	1.10	0.60	1.06	2.86	3.55	5.16
水产品	2.13	3.36	3.92	4.94	5.15	5.36

资料来源：国家统计局农村社会经济调查司编著《2012 中国农村统计年鉴》，中国统计出版社，11 – 3 "农村居民主要食品消费量"。粮食消费量为纯原粮消费量，不含禽肉、植物油等折算。

第四节　粮食对外贸易

中国粮食贸易发展具有阶段性：1977～1996 年总体上为粮食净进口；1997～2008 年转变为粮食净出口（其中仅 2004 年为粮食净进口）；2009 年至今又成为粮食净进口国。值得关注的是，在夏粮产量连年增长的大好形势下，粮食进口规模不断打破纪录。2001～2007 年，除 2004 年出现 13.89 亿美元贸易逆差外，中国三大主粮（稻谷、小麦和玉米）基本保持贸易顺差，年均出口 1100 万吨。从 2008 年开始，三大主粮出口规模持续缩减。当年共出口 186 万吨，比 2007 年 991 万吨减少 805 万吨（下降 81%）（见表 7－13）。

从 2012 年起，三大主粮全部出现净进口，其中玉米进口 521 万吨（同比增长 197%），出口 25.7 万吨；小麦进口 370 万吨（同比增长 195%），出口 28.6 万吨；稻米进口 237 万吨（同比增长 305%，稻米进口量 12 年首次超过百万吨大关），出口 27.9 万吨（见表 7－14）。受国家产业政策调整的影响，中国 1996 年放开大豆进口市场，从此大豆进口呈现"井喷"之势，当年进口便超过出口。2012 年大豆进口 5838 万吨（国内产量只有 1280 万吨），进口值 350 亿美元，贸易逆差 347 亿美元，占全部农产品贸易逆差的 70%（见表 7－15）。

粮食进口有三种基本类型：一是调剂性进口，即国家粮食基本处于供求平衡或紧平衡状态，为调节短时间内的粮食短缺而进行的进口；二是战略性储备进口，即利用国际粮价波动，在粮价走低时进口粮食，作为战略储备；三是市场自发需求性进口，即没有政府调控，完全依靠市场需求决定。从目前情况看，虽然粮食进口规模呈扩大趋势，但三大主粮进口仍以调剂性进口为主，并非因为口粮不足。稻米（主要是大米）进口主要用于调剂口味（如泰国香米），玉米和小麦进口主要用于满足工业原料需求（生物燃料、饲料和食品加工工业），大豆进口主要是市场需求和市场自动调节的结果。

西部地区的农产品对外贸易规模较小。2012 年，西部地区农产品出口总值 74.5 亿美元，比 2011 年增长 27.44%，占全国农产品出口总值的 12%；进口总值 84.24 亿美元，同比增长 52%，占全国农产品进口总值的 7%（见表 7－17）。

表 7 - 12　中国农产品进口统计

单位：亿美元

	2000 年	2005 年	2010 年	2011 年	2012 年
总额	268.2	562.9	1219.6	1556.2	1757.7
出口	156.2	275.8	494.1	607.5	632.9
进口	112	287.1	725.5	948.7	1124.8
逆差	44.2	-11.3	-231.4	-341.2	-491.9

资料来源：中国商务部网站，对外贸易司/专题信息/农产品贸易专题/农产品贸易月度统计报告，历年《中国农产品进出口月度统计报告》。

表 7 - 13　2000 ~ 2012 年中国三大主粮（稻谷、小麦和玉米）进出口统计

年份	出口数量（万吨）	进口数量（万吨）	出口值（亿美元）	进口值（亿美元）	贸易逆差（亿美元）
2000	1379.76	314.82	16.98	5.95	11.03
2001	876.94	344.4	11.03	6.35	4.68
2002	1483.73	285.12	17.22	4.95	12.27
2003	2200.38	208.68	26.71	4.58	22.13
2004	479.51	975.35	8.43	22.32	-13.89
2005	1017.49	627.2	15.32	14.09	1.23
2006	609.88	359.5	11.73	8.41	3.32
2007	991.17	155.75	22.09	5.36	16.73
2008	186.11	154.05	7.84	7.32	0.52
2009	137.1	315.1	7.39	8.98	-1.59
2010	124.33	570.84	6.93	15.28	-8.35
2011	121.48	544.68	8.12	20.44	-12.32
2012	101.61	1398.30	6.3	47.88	-41.58

资料来源：历年《中国农产品进出口月度统计报告》，中国商务部网站，对外贸易司/专题信息/农产品贸易专题/农产品贸易月度统计报告，http：//mms. mofcom. gov. cn/article/ztxx/ncpmy/。

表 7 - 14　2003 ~ 2012 年中国三大主粮进出口情况统计

单位：万吨

年份	小麦		稻谷		玉米	
	出口	进口	出口	进口	出口	进口
2003	223.7	42.4	258.9	25.7	1638.9	92.2
2004	78.4	723.0	89.6	76.2	231.0	0.0
2005	60.5	353.8	68.6	52.2	864.2	0.4
2006	151.0	61.3	125.3	73.0	310.0	6.5
2007	307.3	10.1	134.3	48.7	491.8	3.5

续表

年份	小麦		稻谷		玉米	
	出口	进口	出口	进口	出口	进口
2008	12.6	3.2	94.7	28.9	25.2	4.9
2009	89.4	29.0	76.1	20.6	12.9	8.0
2010	28.0	123.1	62.2	38.8	12.7	157.3
2011	33.0	126.0	28.0	39.0	15.0	175.0
2012	28.6	370.1	27.9	236.9	25.7	520.8

资料来源：历年《我国农产品进出口情况》，中国农业信息网，http：//www. agri. gov. cn/V20/SC/jcyj_ 1/my/。

表 7 – 15 1993～2012 年中国大豆进出口情况

年份	出口数量（万吨）	进口数量（万吨）	出口值（亿美元）	进口值（亿美元）	贸易逆差（亿美元）
1993	37.32	9.92	1.02	0.27	0.75
1994	83.26	5.24	2.23	0.14	2.09
1995	37.58	29.78	1.00	0.77	0.23
1996	19.29	111.44	0.67	3.22	− 2.55
1997	18.79	288.55	0.75	8.45	− 7.70
1998	17.24	320.14	0.65	8.07	− 7.42
1999	20.65	432.02	0.63	8.91	− 8.28
2000	21.53	1041.94	0.67	22.70	− 22.03
2001	26.23	1393.99	0.83	28.10	− 27.27
2002	30.54	1131.53	0.88	24.83	− 23.95
2003	29.48	2074.11	0.99	54.17	− 53.18
2004	34.86	2022.99	1.53	69.79	− 68.26
2005	41.34	2659.06	1.78	77.79	− 76.01
2006	39.47	2827.00	1.54	74.89	− 73.35
2007	47.46	3082.14	2.07	114.72	− 112.65
2008	48.44	3743.56	3.66	218.14	− 214.48
2009	35.63	4255.17	2.45	187.87	− 185.42
2010	17.30	5479.73	1.26	250.81	− 249.55
2011	21.41	5263.97	1.67	298.34	− 296.67
2012	32.11	5838.48	2.80	349.89	− 347.09

资料来源：《历年大豆进口总值变化情况》，中国农业信息网，http：//www. agri. gov. cn/V20/cxl/sjfw/tjsj/dd_ 1/jckzk/。

表 7 - 16　1980～2012 年中国粮食贸易的主要出口对象国和进口来源国

粮食品种	主要出口对象	主要进口来源
小麦	中国香港、朝鲜等亚洲其他国家和地区,占出口总量的 85% 以上,其中中国香港近年来占一半以上	美国、澳大利亚、加拿大等国,占进口总量的 90% 以上
玉米	朝鲜、日本、韩国等亚洲其他国家以及中国台湾,占出口总量的 90% 以上	美国、老挝、缅甸、泰国等国,占进口总量的 80% 以上
大米	韩国、日本、南非、尼日利亚,占出口总量的 60% 以上,其中韩国和日本约占一半	泰国,占进口总量的 90% 以上,多年保持在 98% 以上
大豆	韩国、日本、美国等,占大豆出口总量 80%	美国、巴西、阿根廷,占进口总量的 95% 以上,其中美国、巴西占 70% 以上

资料来源:根据中国农业部网站相关统计数据整理计算。

表 7 - 17　西部各省区农产品进出口情况统计

单位:亿美元

出口					进口				
位次		2012 年	2011 年	同比增长（%）	位次		2012 年	2011 年	同比增长（%）
1	云　南	21.82	16.37	33.31	1	广　西	52.22	30.39	71.81
2	广　西	11.56	7.86	47.09	2	云　南	12.06	9.30	29.73
3	四　川	7.99	7.12	12.20	3	重　庆	5.78	3.93	46.97
4	新　疆	7.85	7.56	3.77	4	四　川	4.18	3.77	10.83
5	陕　西	7.59	5.72	32.72	5	新　疆	3.86	4.03	- 4.40
6	内蒙古	6.41	5.18	23.77	6	内蒙古	2.54	2.27	11.66
7	甘　肃	4.48	3.28	36.45	7	陕　西	1.84	1.30	41.00
8	贵　州	2.77	1.98	40.40	8	甘　肃	0.64	0.10	524.79
9	重　庆	2.44	1.94	26.13	9	贵　州	0.41	0.30	37.23
10	宁　夏	0.97	0.88	9.97	10	宁　夏	0.38	0.01	3910.39
11	西　藏	0.42	0.39	6.60	11	青　海	0.17	0.02	717.67
12	青　海	0.20	0.18	8.61	12	西　藏	0.16	0.00	6192.40
	西　部	74.50	58.46	27.44		西　部	84.24	55.42	52.00
	全　国	632.89	543.28	16.49		全　国	1124.79	840.77	33.78

资料来源:《全国农产品分省（市、区）出口总值情况》和《全国农产品分省（市、区）进口总值情况》,中国农业信息网, http://www.agri.gov.cn/V20/xl/sjfw/tjsj/。

表 7 - 18　2007～2012 年中国与俄罗斯和中亚国家的农产品进出口统计

单位：万美元

出口总值	2007 年	2008 年	2009 年	2010 年	2011 年	2012 年
俄罗斯	122351	144205	119035	153698	194743	193997
哈萨克斯坦	9268	13899	13734	14158	17919	19871
吉尔吉斯斯坦	7832	9349	9622	12745	12125	13098
塔吉克斯坦	677	980	1229	1346	1363	1278
土库曼斯坦	256	613	510	593	968	1017
乌兹别克斯坦	2890	4725	4019	3989	5742	7329
独联体总计	162713	202000	164665	208961	259205	262973
进口总值	2007 年	2008 年	2009 年	2010 年	2011 年	2012 年
俄罗斯	144145	132615	128770	138717	169291	155411
哈萨克斯坦	3478	2610	1910	3396	2910	8237
吉尔吉斯斯坦	3414	4276	1041	1406	1471	1458
塔吉克斯坦	144	381	327	581	161	1568
土库曼斯坦	2146	2472	2764	4350	2761	2337
乌兹别克斯坦	31731	29052	18974	71664	53453	71819
独联体总计	184716	171059	152800	220129	238537	253918

注：本表数据仅保留原表数据的整数部分。

资料来源：商务部《中国进出口月度统计报告——农产品》2008 年 10 月，2010 年 12 月，2012 年 12 月。

表 7 - 19　2010～2012 年中国与俄罗斯和中亚国家的主要农产品贸易统计

出口品类	对象国	2010 年		2011 年		2012 年	
		数量（吨）	金额（万美元）	数量（吨）	金额（万美元）	数量（吨）	金额（万美元）
番茄酱罐头	俄罗斯			106471	7723	94565	6932
烤鳗	俄罗斯	2765	5128	3369	9266	4475	17051
蘑菇罐头	俄罗斯	50063	6260	55444	8541	44539	6426
苹果	俄罗斯	178903	11563	164867	11863	147750	10609
苹果汁	俄罗斯	76455	6719	—	—	—	—
鸡肉	吉尔吉斯斯坦	—	—	5300	1231	5592	1473
猪肉	吉尔吉斯斯坦	12421	3751	6616	2367	6742	2749
进口品类	对象国	2010 年		2011 年		2012 年	
		数量（吨）	金额（万美元）	数量（吨）	金额（万美元）	数量（吨）	金额（万美元）
冻鱼	俄罗斯	850451	121766	979158	153724	897256	128216
锯材	俄罗斯	4366	89695	6073	132132	6215	128318
原木	俄罗斯	14035	182039	14070	211530	11182	156202
棉花	乌兹别克斯坦	345328	69332				

注：1. 本表数据仅保留原表数据的整数部分。2. 原木和锯材不属于农产品统计范围，此处列出的目的是供参考。

资料来源：商务部《中国进出口月度统计报告——农产品》2010 年 12 月，2012 年 12 月。

表7-20　2012年中国向俄罗斯和中亚国家出口农产品统计

		俄罗斯		哈萨克斯坦		乌兹别克斯坦	
		数量 (吨)	金额 (万美元)	数量 (吨)	金额 (万美元)	数量 (吨)	金额 (万美元)
	中国出口总值	—	4405595.6445	—	1100072.8268	—	178333.8724
	农产品;动物产品(1~24章)	—	183924.0315	—	19046.6800	—	6497.441
第一类	活动物;动物产品						
第1章	活动物	1.336	2.5000	—	—	—	—
第2章	肉及食用杂碎	2900.220	1024.5947	576.473	112.2506	—	—
第3章	鱼、甲壳动物、软体动物及其他水生无脊椎动物	52297.997	19932.3672	948.545	317.3084	—	—
第4章	乳品;蛋品;天然蜂蜜;其他食用动物产品	256.140	62.5828	24.750	25.9875	96.000	11.8000
第5章	其他动物产品	185.574	300.8801	—	—	8.024	99.9175
第二类	植物产品						
第6章	活树及其他活植物;鳞茎、根及类似品;插花及装饰用簇叶	385.226	169.7207	13.665	10.5507	10.873	3.4020
第7章	食用蔬菜、根及块茎	376865.236	22402.6293	20975.586	1535.8349	137.500	37.3476
第8章	食用水果及坚果;柑橘属水果或甜瓜的果皮	373307.725	28886.0248	114920.425	10706.4684	173.084	14.5661
第9章	咖啡、茶、马黛茶及调味香料	17496.478	5759.0139	1166.037	251.7760	25856.342	5114.0762
第10章	谷物	4001.500	270.4000	590.000	38.1100	—	—
第11章	制粉工业产品;麦芽;淀粉;菊粉;面筋	12340.716	741.6117	201.000	18.7620	2457.300	123.5384
第12章	含油子仁及果实;杂项子仁及果实;工业用或药用植物;稻草、秸秆及饲料	13155.375	3045.1090	179.125	24.6853	0.900	2.2252
第13章	虫胶;树胶、树脂及其他植物液、汁	2964.672	2918.3572	73.245	74.0681	—	—
第14章	编结用植物材料;其他植物产品	423.938	35.3145	41.946	2.1945	15.000	0.7800

续表

	俄罗斯		哈萨克斯坦		乌兹别克斯坦	
	数量（吨）	金额（万美元）	数量（吨）	金额（万美元）	数量（吨）	金额（万美元）
第三类 动、植物油、脂及其分解产品；精制的食用油脂；动、植物蜡	—	—	—	—	—	—
第15章 动、植物油、脂及其分解产品；精制的食用油脂；动、植物蜡	3462.154	725.3974	—	—	173.760	29.8609
第四类 食品；饮料、酒及醋；烟草、烟草及烟草代用品的制品	—	—	—	—	—	—
第16章 肉、鱼、甲壳动物、软体动物及其他水生无脊椎动物的制品	32242.303	37028.6722	642.229	250.2713	—	—
第17章 糖及糖食	53021.535	4227.3789	1141.945	94.8671	3105.010	187.7575
第18章 可可及可可制品	1144.148	360.7918	408.225	83.1077	14.000	4.9000
第19章 谷物、粮食粉、淀粉或乳的制品；糕饼点心	10763.280	1653.4398	2425.686	488.3010	670.362	55.6508
第20章 蔬菜、水果、坚果或植物其他部分的制品	306560.924	40568.1858	37689.953	3668.6798	4286.079	287.8761
第21章 杂项食品	29339.247	7107.9252	7152.274	1316.0407	2316.343	519.3824
第22章 饮料、酒及醋	9767.875	1253.2182	348.991	21.8241	—	—
第23章 食品工业的残渣及废料；配制的动物饲料	41975.730	3894.6187	14.000	5.5900	4.000	4.3600
第24章 烟草及烟草代用品的制品	7916.025	1553.2976	—	—	—	—
第41章 41012019－41151000 皮革	21.976	11.7371	6.758	1.0257	—	—
第84章 84321000－84389000 农机具（台）	688091	12353.4585	527549	1056.1755	4710	993.9726

续表

	吉尔吉斯斯坦		塔吉克斯坦		土库曼斯坦	
	数量（吨）	金额（万美元）	数量（吨）	金额（万美元）	数量（吨）	金额（万美元）
中国出口总值	—	507336.7177	—	174787.0228	—	169911.7414
农产品出口总值（1~24章）	—	12877.49	—	956.3676	—	1013.181
第一类 活动物;动物产品	—	—	—	—	—	—
第1章 活动物	—	—	—	—	—	—
第2章 肉及食用杂碎	23475.263	8284.7419	312.832	97.9571	—	—
第3章 鱼、甲壳动物、软体动物及其他水生无脊椎动物	25.443	3.7352	0.085	0.0890	0.132	0.1665
第4章 乳品;蛋品;天然蜂蜜;其他食用动物产品	244.086	27.3718	—	—	—	—
第5章 其他动物产品	78.780	316.7930	0.918	24.5558	1.450	23.8734
第二类 植物产品	—	—	—	—	—	—
第6章 活树及其他活植物;鳞茎、根及类似品;插花及装饰用簇叶	6.797	3.5227	3.812	1.0295	0.110	0.0350
第7章 食用蔬菜、根及块茎	1337.280	148.7441	64.000	6.4000	92.000	12.8800
第8章 食用水果及坚果;柑橘属水果或甜瓜的果皮	25201.338	2402.1191	1346.880	152.2461	257.522	15.2585
第9章 咖啡、茶、马黛茶及调味香料	1268.709	301.1534	2128.130	400.8756	2938.008	522.2722
第10章 谷物	221	156.3300	985.000	71.6084	—	—
第11章 制粉工业产品;麦芽;淀粉;菊粉;面筋	2609.000	133.2076	1105.000	53.8140	11.000	5.4120
第12章 含油子仁及果实;杂项子仁及果实;工业用或药用植物;稻草、秸秆及饲料	55.296	47.0016	—	—	—	—
第13章 虫胶;树胶、树脂及其他植物液、汁	—	—	—	—	—	—
第14章 编结用植物材料;其他植物产品	—	—	—	—	—	—

续表

		吉尔吉斯斯坦		塔吉克斯坦		土库曼斯坦	
		数量（吨）	金额（万美元）	数量（吨）	金额（万美元）	数量（吨）	金额（万美元）
第三类	动、植物油、脂及其分解产品；精制的食用油脂；动、植物蜡	—	—	—	—	—	—
第15章	动、植物油、脂及其分解产品；精制的食用油脂；动、植物蜡	1702.850	223.0489	—	—	—	—
第四类	食品；饮料、酒及醋；烟草、烟草及烟草代用品的制品	—	—	—	—	—	—
第16章	肉、鱼、甲壳动物、软体动物及其他水生无脊椎动物的制品	249.396	121.7761	—	—	—	—
第17章	糖及糖食	305.133	22.3530	72.080	4.8138	32.965	21.0788
第18章	可可及可可制品	64.000	7.0400	—	—	—	—
第19章	谷物、粮食粉、淀粉或乳的制品；糕饼点心	332.244	26.2219	788.774	86.9280	2301.000	146.0296
第20章	蔬菜、水果、坚果或植物其他部分的制品	1867.991	187.6439	622.376	56.0503	1893.976	255.9236
第21章	杂项食品	2179.250	431.5558	—	—	45.000	10.2509
第22章	饮料、酒及醋	—	—	—	—	—	—
第23章	食品工业的残渣及废料；配制的动物饲料	132.000	18.4441	—	—	—	—
第24章	烟草及烟草代用品的制品	195.000	14.6836	—	—	—	—
第41章	41012019－41151000 皮革	—	—	—	—	—	—
第84章	84321000－84389000 农机具（台）	11991	428.2918	883	477.1264	86	119.5164

资料来源：根据海关总署《2012 中国海关统计年鉴》（中华人民共和国海关出版社，2013 年 11 月）数据整理。

表7-21 2012年中国从俄罗斯和中亚国家进口农产品统计

		俄罗斯		哈萨克斯坦		乌兹别克斯坦	
		数量（吨）	金额（万美元）	数量（吨）	金额（万美元）	数量（吨）	金额（万美元）
	中国进口总值	—	4415503.4757	—	1468084.3167	—	109184.9043
	中国农产品进口总值（1~24章）	—	155216.9749	—	7055.6465	—	2162.8293
第一类	动物；动物产品	—	—	—	—	—	—
第1章	活动物	8.864	184.7538	—	—	—	—
第2章	肉及食用杂碎	—	—	—	—	—	—
第3章	鱼，甲壳动物，软体动物及其他水生无脊椎动物	909440.479	134244.5080	264.000	33.3658	—	—
第5章	其他动物产品	1766.370	1460.6473	681.040	122.3230	—	—
第二类	植物产品	—	—	—	—	—	—
第6章	活树及其他活植物；鳞茎、根及类似品；插花及装饰用簇叶	4.538	38.2858	—	—	—	—
第7章	食用蔬菜、根及块茎	778.146	186.9668	—	—	—	—
第8章	食用水果及坚果；柑橘属水果或甜瓜的果皮	17679.879	6147.2951	1323.275	546.2862	8830.773	741.7917
第9章	咖啡、茶、马黛茶及调味香料	1.623	17.3086	—	—	—	—
第10章	谷物	4638.420	123.1840	204845.012	4409.1710	—	—
第11章	制粉工业产品；麦芽；淀粉；菊粉；面筋	2509.509	112.1389	—	—	—	—
第12章	含油子仁及果实；杂项子仁及果实；工业用或药用植物；稻草、秸秆及饲料	92584.621	3660.0902	14641.140	1581.4075	7982.921	1010.0523
第13章	虫胶；树胶、树脂及其他植物液、汁	—	—	99.900	64.5751	122.400	75.9901
第14章	编结用植物材料；其他植物产品	719.500	307.7734	2102.418	133.2848	5465.039	334.9952

续表

		俄罗斯		哈萨克斯坦		乌兹别克斯坦	
		数量（吨）	金额（万美元）	数量（吨）	金额（万美元）	数量（吨）	金额（万美元）
第三类	动、植物油、脂及其分解产品；精制的食用油脂；动、植物蜡	—	—	—	—	—	—
第15章	动、植物油、脂及其分解产品；精制的食用油脂；动、植物蜡	874.198	215.3859	19.240	2.3088	—	—
第四类	食品；饮料、酒及醋；烟草、烟草及烟草代用品的制品	—	—	—	—	—	—
第16章	肉、鱼、甲壳动物、软体动物及其他水生无脊椎动物的制品	40.356	8.1120	—	—	—	—
第17章	糖及糖食	38.789	4.0729	16.030	3.2350	—	—
第18章	可可及可可制品	7.926	4.3040	294.114	105.4961	—	—
第19章	谷物、粮食粉、淀粉或乳的制品；糕饼点心	9.288	1.0646	39.694	7.2332	—	—
第20章	蔬菜、水果、坚果或植物其他部分的制品	0.072	0.0485	17.658	3.2825	—	—
第21章	杂项食品	376.286	45.1477	0.015	0.0157	—	—
第22章	饮料、酒及醋	53108.872	8449.2613	65.940	2.0568	—	—
第23章	食品工业的残渣及废料；配制的动物饲料	377.367	6.6261	3735.100	41.6050	—	—
第24章	烟草、烟草及烟草代用品的制品	689.783	615.7903	10312.693	1098.4792	12248.957	1540.8458
第41章	41012019－41151000 皮革	14	12.6264	1	0.1585	—	—
第84章	84321000－84389000 农机具（台）	—	—	—	—	—	—

续表

	吉尔吉斯斯坦		塔吉克斯坦		土库曼斯坦	
	数量（吨）	金额（万美元）	数量（吨）	金额（万美元）	数量（吨）	金额（万美元）
中国出口总值	—	8894.8687	—	10882.8584	—	867338.2453
农产品出口总值（1～24章）	—	162.6890	—	8.3425	—	1970.9496
第一类　活动物；动物产品	—	—	—	—	—	—
第1章　活动物	—	—	—	—	—	—
第2章　肉及食用杂碎	—	—	—	—	—	—
第3章　鱼、甲壳动物、软体动物及其他水生无脊椎动物	—	—	—	—	—	—
第4章　乳品；蛋品；天然蜂蜜；其他食用动物产品	—	—	—	—	—	—
第5章　其他动物产品	—	—	—	—	—	—
第二类　植物产品	—	—	—	—	—	—
第6章　活树及其他活植物；鳞茎、根及类似品；插花及装饰用簇叶	—	—	—	—	—	—
第7章　食用蔬菜、根及块茎	419.980	39.4096	0.021	0.0210	—	—
第8章　食用水果及坚果；柑橘属水果或甜瓜的果皮	—	—	—	—	—	—
第9章　咖啡、茶、马黛茶及调味香料	—	—	—	—	—	—
第10章　谷物	—	—	—	—	—	—
第11章　制粉工业产品；麦芽；淀粉；菊粉；面筋	—	—	—	—	—	—
第12章　含油子仁及果实；杂项子仁及果实；工业用或药用植物；稻草、秸秆及饲料	521.840	40.0621	110.420	8.2815	490.471	66.2846
第13章　虫胶；树胶、树脂及其他植物液、汁	—	—	—	0	1255.904	730.1743
第14章　编结用植物材料；其他植物产品	—	—	—	0	23428.548	1174.4907

续表

	吉尔吉斯斯坦		塔吉克斯坦		土库曼斯坦	
	数量（吨）	金额（万美元）	数量（吨）	金额（万美元）	数量（吨）	金额（万美元）
第三类 动、植物油、脂及其分解产品；精制的食用油脂；动、植物蜡	—	—	—	—	—	—
第15章 动、植物油、脂及其分解产品；精制的食用油脂；动、植物蜡	268.560	76.5128	—	—	—	—
第四类 食品；饮料、酒及醋；烟草、烟草及烟草代用品的制品	—	—	—	—	—	—
第16章 肉、鱼、甲壳动物、软体动物及其他水生无脊椎动物的制品	—	—	—	—	—	—
第17章 糖及糖食	23.183	6.7045	0.020	0.0100	—	—
第18章 可可及可可制品	—	—	—	—	—	—
第19章 谷物、粮食粉、淀粉或乳的制品；糕饼点心	—	—	—	—	—	—
第20章 蔬菜、水果、坚果或植物其他部分的制品	—	—	0.076	0.0146	—	—
第21章 杂项食品	—	—	—	—	—	—
第22章 饮料、酒及醋	—	—	0.048	0.0154	—	—
第23章 食品工业的残渣及废料；配制的动物饲料	—	—	—	—	—	—
第24章 烟草及烟草代用品的制品	—	—	—	—	—	—
第41章 41012019－41151000 皮革	45399.405	2541.3482	521.669	67.6123	45.150	1.3274
第84章 84321000－84389000 农机具（台）	—	—	—	—	—	—

资料来源：根据海关总署《2012中国海关统计年鉴》（中华人民共和国海关出版社，2013年11月）数据整理。

第八章　中国农业对外合作与
西部农业布局

当前，国际农产品市场不确定性增加，农业国际竞争日益复杂。农产品生产和贸易出现的新趋势表现在：一是受全球气候变化影响越来越重。极端天气增多，农业生产不确定性增加，农产品供应波动加剧。二是农业"能源化"趋势越发凸显。农膜、化肥、成品油等农资主要来自石化产品，生物能源发展要求增加玉米、糖料、大豆、油菜籽等原料生产。能源市场波动带动农业生产成本增加和动荡，可能改变全球粮食供给格局。三是农业"金融化"趋势难以逆转。农业生产需要高投入，对信贷的依赖加大，另外，国际投机资本全球流动，农产品价格波动不确定性增加。四是农业经营集中度进一步提高。大型农企依靠资金、技术、管理和品牌等优势，加快纵向和横向整合，打造农产品生产、加工、贸易、仓储、物流等"全产业链"布局。

国际经验表明，大多数发展中国家随着经济发展和对外开放的深入，其农产品进口量会增加，人多地少的国家进入中等收入阶段后，其农业自给率长期下降是大概率事件。在农业资源相对短缺的国家，当其经济发展到一定阶段后，农产品进口通常会快速增长，农业对外依存度上升，农产品贸易逆差加大，待工业化完成后，农产品消费会进入稳定增长阶段，进口趋于稳定。[①]

针对中国人多地少水缺的基本国情，合理利用国外资源，适当进口水资源和耕地资源密集型农产品，可在一定程度上缓解国内农业资源短缺的压力。农业生产经营活动必须以不破坏生态环境为前提，需在保持生态资源的基础上实

---

① 程国强：《全球农业战略：基于全球视野的中国粮食安全框架》，中国发展出版社，2013，第一章"导论"；程国强：《中国粮食调控：目标、机制与政策》，中国发展出版社，2012；何秀荣：《中国农产品贸易：最近 20 年的变化》，《中国农村经济》2002 年第 6 期；叶兴庆：《中国农业亦应"走出去"》，《瞭望》2007 年第 20 期。

现经济社会发展的连续性和稳定性。中国是一个人均资源稀缺的国家，人均耕地、牧场、水资源和森林资源都远远低于世界平均水平。"十二五"期间，随着工业化和城镇化推进，耕地和水资源的非农占用增加几乎成为不可逆转之势，与此同时，既有的草场退化、森林缩减、水土流失、土壤沙化、局部缺水和水位下降等问题也日趋严重，使得人口、资源、环境之间关系越来越紧张，对可持续经济发展和国民生活质量造成不利影响。

无论是地缘条件和政治关系，还是合作基础，周边国家都是中国调整资源利用战略、实现农业"走出去"的首选。中国需要调整资源利用战略，改变过分依赖国内资源的发展战略，转而积极扩大外部资源利用空间。另外，随着中国经济发展和科技进步，部分农产品、农机和农资企业出现产能过剩现象，开拓海外市场和扩大出口成为摆脱困境的重要渠道之一。由此，加强上海合作组织农业合作正是破解中国农业困境、提高粮食安全保障、落实"丝绸之路经济带"的有效途径之一。

第一节 "丝绸之路经济带"与中国中亚新政策

随着自身实力增强，周边外交已成为中国外交的最优先方向，周边外交工作目标已从最初的以"保内"为主（为国内发展创造稳定的周边环境）发展为"保内"与"惠外"相结合（让中国的发展惠及更多周边国家）。2013年是中国对外政策大调整的一年。国家主席习近平于2013年9月7日在哈萨克斯坦纳扎尔巴耶夫大学演讲时，提出共同建设"丝绸之路经济带"倡议；10月4日在印度尼西亚国会演讲时，提出共同建设"21世纪海上丝绸之路"；10月24~25日在党中央召开的周边外交工作座谈会上，提出"让命运共同体意识在周边国家落地生根"。[①]

习主席的倡议和讲话表明，十八大后，新一届中国领导人外交工作的抓手和切入点是"丝绸之路"，包括陆上的"丝绸之路经济带"和海上的"21世

---

① 张宁：《"保内"而"惠外"：丝绸之路经济带的全方位建设》，《中国社会科学报》2014年5月16日。

纪海上丝绸之路"（简称"一带一路"）。尽管各界理解不一，但几乎一致认为，该战略将为中国对外关系发展注入新动力。

一　新版"中亚政策"

1994 年 4 月李鹏总理访问中亚四国期间，首次正式和明确地宣布中国的中亚政策。他在塔什干阐述了中国中亚政策的四项原则：坚持睦邻友好，和平相处；开展互利合作，促进共同繁荣；尊重各国人民的选择，不干涉别国内政；尊重独立主权，促进地区稳定。接着又在阿拉木图就发展同中亚国家的经贸关系提出六点主张：坚持平等互利原则，按经济规律办事；合作形式要多样化；从实际出发，充分利用当地资源；改善交通运输条件，建设新的"丝绸之路"；中国向中亚国家提供少量经济援助是一种友谊的表示；发展多边合作，促进共同发展。上述"四项原则"和"六点主张"是中国与新独立的中亚国家的交往合作基础。[①]

2013 年 9 月 4 日习近平主席应邀在哈萨克斯坦纳扎尔巴耶夫大学演讲时，第二次正式和明确地发表了中国中亚政策，主要内容有：中亚是对外政策的优先方向；坚持世代友好；坚持相互支持；不谋求地区主导权和势力范围；建设"丝绸之路"经济带；与欧亚经济共同体等其他区域合作机制共同致力于地区繁荣和发展。[②]

与 1994 年相比，2013 年提出的中亚政策是适应 21 世纪新形势的政策。二者的不变之处在于：双方始终坚持世代友好和相互支持，始终追求平等互利和共同繁荣。这是合作的前提和基础。而其变化之处：一是提升中亚在中国外交中的分量，成为对外政策优先方向；二是强调"不谋求地区主导权和势力范围"；三是提出建设"丝绸之路经济带"。中国希望借助积累千年的友好情意与合作经验，维护周边稳定和发展。

政策调整的背后，对应的是时隔 20 年，国际环境与合作形势已发生巨大

---

① 《中亚关系四项基本政策和六点主张》，新华网，http：//news. xinhuanet. com/ziliao/2003 - 02/19/content_ 735901. htm。

② 《习近平在纳扎尔巴耶夫大学的演讲（全文）》，新华网，http：//news. xinhuanet. com/world/2013 - 09/08/c_ 117273079. htm。

变化。简而言之，前者的背景是"中国怎么成为 GDP 世界第二"，后者的背景是"中国已经成为 GDP 世界第二"。具体包括以下几个方面。

第一，中国成为世界第二大经济体后，对外投资和对外援助的能力增强，引起美国、俄罗斯、欧盟、日本、印度的警惕。大国对华戒心增加，加紧围堵中国，遏制中国实力快速增长，使中国同中亚开展合作时需考虑的因素增多。美将战略重心从欧洲转往亚太，通过在中国东部和西部不断制造麻烦，牵制中国精力，遏制中国崛起。当外界认为未来中俄美在中亚的争夺可能加剧的时候，中国"不谋求地区主导权和势力范围"的表态是一个郑重承诺，即在中亚地区，中国与中亚国家和其他大国之间只有合作与竞争，不存在"非此即彼，有你无我"的势力争夺。

第二，俄罗斯实力快速恢复和增长，谋求主导后苏联空间，甚至恢复"苏联"时期的大国雄风。俄罗斯视中亚为其传统盟友、"南大门"和重要战略缓冲区，不愿其他大国在此地区影响力过大。近年来，俄罗斯加快推进独联体一体化进程，除独联体自由贸易区外，还通过集体安全条约组织和欧亚经济共同体，以及俄白哈三国统一经济空间（2014 年已升级为欧亚经济联盟）整合区域资源，力争将中亚国家捆绑在俄发展轨道上。俄对中国友好的同时，也存在防范和焦虑。如担心中国能源管道可能削弱中亚国家对经俄管道向欧洲出口油气的依赖，中国与中亚国家的铁路运输可能减少俄罗斯铁路公司的业务量等。另外，在乌克兰犹豫是否加入欧盟的关键时期，中国推动"丝绸之路经济带"，在一定程度上使俄产生"东边中国，西边欧盟"双面夹击挤压其生存空间的错觉。鉴于中俄战略伙伴关系极其重要，中国不愿与俄罗斯在中亚问题上产生误解或矛盾。正因如此，习主席在阐述中亚政策时，特别强调"愿同俄罗斯和中亚各国加强沟通和协调，共同为建设和谐地区做出不懈努力"，"欧亚经济共同体和上海合作组织成员国，观察员国地跨欧亚、南亚、西亚，通过加强上海合作组织同欧亚经济共同体合作，我们可以获得更大的发展空间"。

第三，中国与中亚国家之间，以及中亚各国之间的发展差距拉大，利益整合难度加大。据世界银行在线数据库数据，2012 年中国 GDP 总值 8.2271 万亿美元，是中亚五国 3032.42 亿美元的 27 倍，而 1994 年中国 GDP 总值 5592.24 亿美元，是中亚五国 397.38 亿美元的 14 倍。2012 年中亚各国 GDP 总值和人均 GDP 分别是：哈萨克斯坦 2035.21 亿美元，人均 12116 美元；乌兹别克斯坦 511.13 亿美元，人均 1717 美元；土库曼斯坦 351.64 亿美元，人均 6798 美元；塔吉克斯坦 69.72 亿美元，人均 871 美元；吉尔吉斯斯坦 64.74 亿美元，人均 1160 美元。

哈萨克斯坦已于 2012 年进入世界前 50 强国家行列，成为中亚国家的"领头羊"和发展榜样，开始谋求提高自己在中亚地区和突厥语地区的影响力，希望在区域一体化进程中有更多发言权。吉尔吉斯斯坦和塔吉克斯坦发展缓慢，对大国（尤其是俄罗斯）需求增多，两国已确定优先发展同俄罗斯的一体化，希望尽快加入俄白哈三国统一经济空间。乌兹别克斯坦与独联体和中亚一体化机制渐行渐远，甚至有被中亚国家边缘化的趋势。土库曼斯坦经济仍然主要依靠石油和天然气生产，受俄罗斯减少天然气订购量影响，能源多元化战略使其对中国的需求加大。

第四，中国与中亚国家的相互需求增多。中亚国家把中国视为其对外政策的优先方向，比较容易理解。中亚国家是内陆国，维护国内稳定和发展，离不开与周边国家的合作。中国作为一个大国和邻国，未来发展潜力巨大，自然是首选合作对象。"中国好，中亚国家好"，中亚各国都希望搭乘中国经济快车，实现本国快速发展。另外，大部分中亚国家都存在领导人长期执政和威权政治，为确保现政权安全并实现政权平稳交接，必须得到俄罗斯、美国、中国等大国的理解和支持，否则可能出现"阿拉伯之春"革命那样的动荡局面。

中国对中亚五国的重视程度大幅提高，是适应国内和国际环境变化的双重需要。从国内看，中国需要牢牢抓住 21 世纪前 20 年的战略机遇期，稳定周边环境，大力发展西部，让西部承接东部的产业转移，同时成为向西开放（经欧亚大陆腹地通往大西洋）的前沿。从国际看，随着美国战略重心从欧洲转往亚太，逐渐对中国形成包围之势。如果中亚失守，中国将被迫面临东西两线作战压力。

二 "丝绸之路经济带"战略构想[①]

丝绸之路从公元前 138 年张骞出使西域算起，截至 2014 年已有 2152 年历

---

① 张宁：《"保内"而"惠外"：丝绸之路经济带的全方位建设》，《中国社会科学报》2014 年 5 月 16 日。

史，原指欧亚大陆上的贸易通道，后来泛指该地区所有商品和人员往来通道。中国周边外交工作之所以选择"丝绸之路"作为突破口，主要基于以下考虑。

一是强调历史传承。丝绸之路历史悠久，说明中国与周边国家等外部世界的交流并非始于今日，而是古已有之，且已传承千年不断。周边外交不是新话题，而是中国历朝历代对外交往的重点工作。尽管与欧亚大陆某些国家正式建交的时间不长，但双方的合作交流关系已有千年历史。2000多年前的条件落后时期都能合作良好，软硬件都很发达的今天更有理由合作成功。

二是体现"丝路精神"。丝绸之路不仅是商业通道，而且是人文社会的交往平台，多民族、多种族、多宗教、多文化在此交汇融合，在长期交往过程中形成"团结互信、平等互利、包容互鉴、合作共赢，不同种族、不同信仰、不同文化背景的国家可以共享和平，共同发展"的丝路精神。这也是现代国际社会交往的最基本原则之一，是塑造国际政治经济新秩序的必然要求。这个古老的合作原则，在今天不仅不能丢弃，更应发扬光大。

三是具有现实必要性和可行性。古代陆上丝绸之路主要有三条：经云贵通往南亚的茶马古道；经新疆通往中亚、西亚、波斯湾和地中海的沙漠丝绸之路；经蒙古和俄罗斯的草原丝绸之路。今天，这三条通道依然是中国最重要的陆上对外合作通道，分别联系着南亚的印度和巴基斯坦、西部的中亚五国、北部的蒙古和俄罗斯。复兴丝绸之路，可进一步加强中国同这些重要邻国的关系。

当前，中国对外政策的主要任务目标仍是维护和发展战略机遇期，为国内发展创造良好的外部环境，为实现"两个百年"目标保驾护航。习近平提出：做好周边外交工作就是要坚持与邻为善、以邻为伴，坚持睦邻、安邻、富邻，突出体现亲、诚、惠、容的理念，要深化互利共赢格局，要找到利益的共同点和交汇点，坚持正确义利观，多向发展中国家提供力所能及的帮助；建设"丝绸之路经济带"是一项造福沿途各国人民的大事业，可以从"五通"做起（政策沟通、道路联通、贸易畅通、货币流通、民心相通），以点带面，从线到片，逐步形成区域大合作。①

---

① 《习近平：让命运共同体意识在周边国家落地生根》，新华网，http：//news. xinhuanet. com/politics/2013 – 10/25/c_ 117878944. htm；《习近平在纳扎尔巴耶夫大学的演讲（全文）》，新华网，http：//news. xinhuanet. com/world/2013 – 09/08/c_ 117273079. htm。

"丝绸之路经济带"战略是应对当前国内外环境的重要举措之一，是调整经济结构和布局的需要，是抓住历史机遇的需要，为中国对外政策指明了方向。这可以从以下四个方面理解。

第一，因已有"21世纪海上丝绸之路"，"丝绸之路经济带"不是中国的海洋战略，不是海上通道合作，而是陆上的合作战略。从地域看，它面向欧亚大陆腹地，包括两部分：一是"C"形稳定周边带，即从南亚，经中亚，到俄罗斯的围绕中国陆路周边的合作区。二是"V"形欧亚大陆腹地经济繁荣带，是从中国西部出发，经南亚和中亚，沿里海南岸（通往波斯湾、土耳其、中南欧）和北岸（通往俄罗斯、北欧和东欧）的欧亚大陆腹地的合作区。

第二，"丝绸之路经济带"是全国一盘棋的对外合作战略，其任务是统筹国内和国际两项资源，在为国内发展创造良好外部条件的同时，借助国外资源更好地发展国内。它无论是东部还是西部，无论是贸易、投资，还是人员交流，全国各地均可发挥自己的优势，借助"丝绸之路经济带"寻找不同合作机遇。这是"丝绸之路经济带"与国内区域发展战略"西部大开发"的不同之处。

第三，"丝绸之路经济带"虽冠名"经济带"，但合作内容非常广泛，将不限于经济和人文。凡是有助于推动区域经济稳定繁荣、促进区域民众交流合作的内容措施，均可涵盖进来。如为经济发展保驾护航需要维护地区安全、提高政治互信、加强各区域国际合作机制间的协调等。

第四，"丝绸之路经济带"的目标是着力深化互利共赢格局，打造"命运共同体"和"利益共同体"。尽管习近平主席在周边外交工作中指出：要同有关国家共同努力，加快基础设施互联互通，建设好"丝绸之路经济带"和"21世纪海上丝绸之路"，要以周边为基础加快实施自由贸易区战略，扩大贸易、投资合作空间，构建区域经济一体化新格局。[①] 但不能因此简单地将中国周边外交工作目标等同于建立自由贸易区。一切合作都要服从于稳定和发展的大局，自贸区仅是互利共赢格局诸多选项之一。各地情况有差异，在某

---

① 钱彤：《为我国发展争取良好周边环境　推动我国发展更多惠及周边国家》，《人民日报》2013年10月26日。

些地区推进自贸区可能效果适得其反。如俄罗斯和中亚国家担心中国巨大人口冲击其就业，以及巨大经济规模吞并其市场，因此总是避谈建立自由贸易区话题。

三　中国与中亚国家共建"丝绸之路经济带"面临机遇和挑战

当前，中国在南部周边已规划中国—东盟经济走廊、孟中缅印经济走廊和中巴经济走廊。由此，需要在西部周边打造"中国—上海合作组织经济走廊"（或"中国—中亚经济走廊"和"中蒙俄经济走廊"）。待条件成熟后，再将各个经济走廊连为一体，形成统一的"丝绸之路经济带"。中亚国家所处的地理位置，恰是中国向西陆路发展的必经之地，是"丝绸之路经济带"迈出国门的首选合作对象。当前，中国与中亚国家共建"丝绸之路经济带"面临良好机遇。[①]

一是中国奉行"睦邻、安邻和富邻"的周边外交政策，与中亚各国的友好合作关系不断深化。在 2013 年 5 月 20 日、9 月 3 日、9 月 11 日，中国与塔吉克斯坦、土库曼斯坦和吉尔吉斯斯坦三国的"伙伴关系"分别提升为"战略伙伴关系"。加上之前中国与哈萨克斯坦在 2005 年 7 月 4 日（2011 年 6 月 14 日发展为"全面战略伙伴关系"）、与乌兹别克斯坦于 2012 年 6 月 7 日建立的战略伙伴关系，中亚五国已全部是中国的"战略伙伴"。尽管未建立伙伴关系不意味着双方互信低，但能够建立战略伙伴关系，一定说明双方关系匪浅，说明中国与中亚国家已相互将对方置于本国对外政策的优先发展对象。另外，2013 年 9 月习近平访问中亚四国并出席上海合作组织比什凯克元首峰会，期间，从各国给予史无前例的高规格接待可以看出，中亚国家与中国的友好情谊已经不是一般的好伙伴、好邻居，而是挚友和兄弟。

二是各国均将发展经济和改善民生置于首要发展任务，各国的发展战略规划具有诸多共性和共同的目标。中国十八大提出"两个百年目标"，哈萨克斯坦在落实"2050 年战略"，吉尔吉斯斯坦在贯彻《2013～2017 年国家可持续

---

① 张宁：《"保内"而"惠外"：丝绸之路经济带的全方位建设》，《中国社会科学报》2014 年 5 月 16 日。

发展战略》，塔吉克斯坦正在执行《2015 年前国家发展战略》，土库曼斯坦致力于推进《2011～2030 年社会经济发展国家纲要》，乌兹别克斯坦的国家发展目标是进入世界发达国家行列，虽然该国未有国家整体综合性发展战略规划，但各具体行业或地区的发展战略不断出台。各国战略的共同之处在于：均将经济建设作为国家发展的重中之重，努力实现国家富强和人民幸福；均致力于调整经济结构、发展社会生产、努力改善民生、维护社会稳定、加强区域国际合作；在具体措施方面均重视基础设施建设、促进就业和吸引外资。

三是上海合作组织顺利发展，为中国与中亚合作提供了良好的多边合作平台。中亚地区的区域国际合作机制众多，上合组织是其中唯一一个中国可以发挥主导作用的区域性国际组织。如果该组织的作用发挥不好，中国与中亚国家和俄罗斯的合作将不得不主要依靠双边关系。上合组织自 2001 年成立以来，总体上发展较顺利，提出的"上海精神"、"新安全观"和"新合作观"，是反对霸权主义和干涉主义、重塑国际关系格局的重要实践和理论基础。该组织积极推动重大务实合作项目，深受中亚国家欢迎，这些项目成为与其他区域合作机制相区别的最大亮点。

同时应指出，中国与周边国家建立"丝绸之路经济带"面临的难点主要有以下几点。

一是商品贸易结构不平衡，需求增长主要依靠原材料等大宗商品，这在一定程度上限制了贸易发展空间。中亚国家市场容量有限，2012 年中亚五国对外贸易总额约 2000 亿美元，其中出口约 1250 亿美元，进口约 750 亿美元。即使只有中国一个贸易对象，也仅占中国 3.8 万亿美元进出口总值的 5%。除能源、矿产、棉花等原材料商品外，中亚国家缺少中国感兴趣的商品。同时，中亚国家主要从中国进口日用消费品、电子产品、机械设备等，而对于其大量进口的成品油、矿产品、化工产品、食品等，无论是从成本还是消费偏好考虑，主要来源地仍是俄罗斯，中国短期内难以取代。

原材料是中国从中亚进口的主要商品。2012 年中国与中亚五国贸易总额创新高，达 459 亿美元，其中出口 213 亿美元，进口 246 亿美元。据中国海关统计，原油约占中国从哈萨克斯坦进口总值的 50%～60%（2011 年占 56%，共 1103 万吨位，合计 86 亿美元；2012 年占 57%，共 1070 万吨，约合 87 亿美元）。棉花约占中国从乌兹别克斯坦进口总值的70%（2011年占69%，2012年占72%）。铝锭占中国从塔吉克斯坦进口总值的60%～70%（2011年占64%，计1.63亿美元；2012年占69%，计1.254亿美元）。依照阿拉山口到岸价每立方米2.46元计算，天然气占中国从土库曼斯坦进口商品总值的90%以上（2011年占93%，计155亿立方米；2012年占96%，计213亿立方米）。中国从吉尔吉斯斯坦进口量很小，每年都不足1亿美元，主要是皮革、粗毛、铜铝等。

二是存在基础设施滞后的瓶颈，大规模经贸合作缺乏运力支撑。当前，新疆与中亚国家共有17个一类口岸，其中仅有乌鲁木齐和喀什两个航空口岸，阿拉山口属公路、铁路和石油管道三位一体的一级口岸，霍尔果斯属铁路、公路和天然气管道三位一体的一级口岸，其余均是公路口岸。当前，中国与中亚国家的铁路只与哈萨克斯坦连接。铁路运输需经哈萨克斯坦路网才能到达其他国家。受轨距和商品结构限制，运输途中需要换装且空驶率较高。

当前，中亚地区的电信线缆网络呈单线的链状系统，不是闭合的环线系统，一旦某处中断，整个系统都将中断，而且各流经国只管理本国的网络且传输宽带规格不一，难以实现全网的统一管理和调度，导致线路效率低下，安全性差。中方曾建议修建从中国喀什到塔吉克斯坦杜尚别和从哈萨克斯坦的阿亚古兹到中国博乐这两条线路，使中国经中亚到欧洲的通信形成三个环网，但该倡议至今未能实现。

三是面临大国竞争。当前，一些世界和地区大国围绕中亚已或明或暗地出台多个合作战略，包括美国的"新丝绸之路"战略，通过阿富汗将南亚和中亚连为一体；俄罗斯的"欧亚联盟"战略，将中亚和高加索国家纳入俄罗斯主导的一体化体系，打通通往印度洋和波斯湾的中间环节；土耳其希望借助其"突厥语国家"和"伊斯兰国家"双重身份，在中亚和高加索发挥影响力；印度希望通过与中亚国家加强关系，打造通往俄罗斯和欧洲的合作走廊，同时挤压巴基斯坦的战略空间；伊朗积极发展同中亚（尤其是塔吉克斯坦和土库曼斯坦）和高加索（尤其是阿塞拜疆）国家的关系，打破美国的制裁和封锁，改善北部安全环境，避免陷入腹背受敌的险境。

可以说，当众多大国均伸出橄榄枝的时候，中亚国家的合作要价自然也会水涨船高，如计划修建的中吉乌铁路项目充满变数。2013 年 12 月 19 日，吉媒体曝光吉总统阿坦巴耶夫在一次新闻发布会上表示"中吉乌铁路无法为吉解决国内任何问题"，他更倾向于修建纵贯俄、哈、吉、塔四国的"南北"铁路，联通北部的楚河谷地和南部的费尔干纳谷地。

四　增强"命运共同体"和"利益共同体"意识，共建"丝绸之路经济带"

"丝绸之路经济带"不是为了发展中国自身，而是造福整个区域，提升"命运共同体"和"利益共同体"意识，寻求共赢的理念和目标。在此，可以借鉴 2013 年 10 月 23 日习近平主席在会见到访的印度总理辛格时就中印关系提出的"四点建议"，即"推动双方关系同国际大势相结合，增进战略互信；推动双方关系同各自发展需求相结合，深化务实合作；推动双方关系同国家复兴进程相结合，妥善管控分歧；将双方关系同振兴东方文明相结合，扩大交流对话"。[①]

中国与中亚国家和俄罗斯的"共同命运"体现在国家稳定富强和人民幸福安康，大家同属东方文明，同样肩负国家发展重任，同样需要顺应国际大势，同样尊重多样文明。双方的"共同利益"是巩固主权和独立、增强互信和互利、维护地区安全和稳定秩序、发展经济和民生、促进民众往来和包容、扩大国际交流与合作。为打造互利共赢的命运和利益共同体，需要本着"亲、诚、惠、容"的原则，从共同的兴趣、共同的任务目标、共同的历史责任、共同的资源环境、共同的发展战略等各个方面寻找共同点，"将政治关系的优势、地缘比邻的优势、经济互补的优势，转化为务实合作的优势、持续增长的优势"。

实践中，打造"命运共同体"和"利益共同体"应注意"三个避免"，即避免承担与自身实力不符的责任；避免卷入地区矛盾冲突；避免"中国威胁论"泛起。中国要做一个负责任的大国，但这个责任不是无限责任。中国不是世界领袖，不能提供充分的公共产品，尚无力全面担当地区矛盾的调停者

---

① 《习近平会见印度总理辛格》，新华网，http：//news. xinhuanet. com/politics/2013 - 10/23/c_117844534. htm。

（如水资源纠纷、乌吉飞地问题等），中国也不是奶牛，不能无原则地提供援助，开展对外合作的基本原则是符合经济规律和市场原则的互利共赢。同时，因中国在中亚的投资以资源项目居多，特别是油气和矿产，所以容易被别有用心的势力炒作成"新殖民主义""掠夺资源""破坏环境"等"中国威胁论"，诋毁中国形象，利用民粹破坏驻在国民众对中国的好感。对此，中国需要做好公关宣传工作，多承担社会责任，让当地民众切实感受到中国投资的好处。

另外，还需要坚持从易到难的原则，从便利化入手（即习主席提出的"五通"），慎提"自由贸易区"目标。多年实践证明，中国与中亚国家建立自由贸易区是个长期目标，短期内并不能现实。俄罗斯和中亚国家对中国在中亚推动自由贸易区极其敏感，有时甚至反感，尤其担心劳动力自由流动。上合组织成立后不久，中方便提出建立自由贸易区倡议，但未获其他成员响应。2003年写入《多边经贸合作纲要》的目标也未提及自由贸易区，而是"中期内（2010 年前）任务是共同努力制定稳定的、可预见和透明的规则和程序，在上海合作组织框架内实施贸易投资便利化，并以此为基础开展大规模多边经贸合作。长期内（2020 年前），致力于在互利基础上最大效益地利用区域资源，为贸易投资创造有利条件，以逐步实现货物、资本、服务和技术的自由流动"。与此同时，中亚国家十分欢迎中国的务实合作项目。上合组织的 9 亿美元优惠买方信贷和 100 亿美元反危机基金也主要用于中亚成员的基础设施项目。

第二节　中国境外农业资源利用现状

进入 21 世纪以来，中国农业和农村发展持续向好，稳中有进，农村改革不断深化，新农村建设扎实推进，农村社会和谐稳定。粮食生产自 2004 年起实现"十连增"，2013 年粮食产量 12038.7 千克（6.02 亿吨），再创历史新高，农民增收实现"十连快"，农民人均纯收入增速快于城镇居民。与此同时，工业化、信息化、城镇化快速发展对农业现代化的要求更为紧迫，保障粮食等重要农产品供给与资源环境承载能力的矛盾日益尖锐。

国际经验表明，农产品进口大体分为两种形式：一是直接的农产品进出口贸易；二是农业企业"走出去"，又称为"开发性进口"，即在海外建立稳定的农产品生产基地，如通过租赁或购买国外耕地，从事农业生产并将产品返销国内；通过签订长期供应合同等方式直接从国外农户手中购买农产品；通过收购国外的农产品龙头企业直接获取农产品；通过收购仓储、运输等物流系统，间接控制农产品的产销等。

一 中国农产品直接进口的主要形式和特点[①]

农产品一般分为"土地密集型"（如小麦、玉米等谷物；大豆、油菜籽等油料作物；棉花等）和"劳动密集型"（如蔬菜、水果、茶叶等园艺产品；肉禽等畜产品；水产品等）。自2001年加入世界贸易组织以来，中国农产品贸易快速增长，2004年起至今始终保持高额逆差，进入"逆差时代"。但中国的农产品贸易结构总体上符合比较优势理论，即进口土地密集型农产品，出口劳动密集型农产品。与此同时，中国至今缺乏渠道控制力和价格话语权，贸易方式主要以FOB或CIF形式从国际粮商那儿直接采购，价格以国际期货市场为基准，合同范本以跨国公司的格式合同为主，农产品信息主要来自联合国贸发会议。

从农产品直接进口的原因看，近年大体分为五种类型：一是国内难以生产，历史上便依赖进口的农产品，如啤酒大麦等；二是满足需求多样化要求的进口，如泰国香米、强筋小麦等；三是满足工业增长需求的进口，如棉花；四是市场化和专业化分工造成的进口增加，如大豆、油菜籽等，国内农民愿意种植经济效益高的玉米，导致国外较便宜的大豆进口激增；五是供给与消费扩张相互作用拉动的进口增加，如人口增加→肉类消费增长→饲料需求增长→大豆进口增加→饲料供应增加→畜牧业增长→人均肉类消费提高。

国内对于大量进口国外农产品的利弊得失，有两种截然相反的声音。赞成者认为，进口农产品相当于节约土地，中国农业资源有限，首先要保障基本口粮安全，然后在此基础上考虑其他农产品，如棉花、油料、糖料等。利用国外资源调剂余缺是现实国情下的必然选择。如果中国不进口农产品而完全依靠国内生产的话，则至少需要30亿亩（即2亿公顷）的农作物耕种面积，而2012

---

① 程国强：《全球农业战略：基于全球视野的中国粮食安全框架》，中国发展出版社，2013。

年中国农作物耕种面积只有 20.27 亿亩，2013 年 16.79 亿亩（合 1.12 亿公顷）。过分强调依靠国内资源保障粮食安全将付出极大的资源、环境和经济代价。从战略上看，进口国外农产品和利用国外农业资源不可避免。[①]反对者认为，中国是一个大国，若农产品对外依存度过高，国内产业被打败，将来再想恢复会很难，如果农产品供给和价格被外部控制，届时中国将任人宰割。

二 中国的境外农业投资与合作特点[②]

改革开放前，中国境外农业投资与合作主要是服务于国家整体外交，承担对外援助项目。改革开放后，尤其是 2001 年加入世界贸易组织后，中国境外农业投资与合作取得较快进展，合作渠道不断拓宽，多边与双边合作日益活跃。这主要体现在以下五个方面。

一是投资与合作的规模扩大、速度加快。目前，中国已与联合国粮农组织、世界粮食计划署、国际农业发展基金会、世界银行、国际农业研究磋商小组等主要国际农业和金融组织以及 140 多个国家和地区建立了农业科技交流和经济合作关系，并同 50 多个国家和地区建立了近 60 个双边农业或渔业合作工作组。2003～2011 年，中国农林牧渔的对外直接投资存量从 3.32 亿美元增加到 34.17 亿美元，同期，当年直接投资流量从 0.81 亿美元增加到 7.98 亿美元。

二是从投资与合作的内容看，已从最初的以远洋捕捞为主，发展到涵盖农林牧渔各业，涉及生产、加工、仓储、物流、贸易等多个环节，如农作物种植、畜禽养殖、农产品加工、仓储和物流体系建设、林木资源的开发与利用、水产品生产与加工、农村能源与生物质能源等。种植的品种有大豆、玉米、水稻、棕榈油、天然橡胶、木薯、剑麻、甘蔗等。中国远洋渔业现已形成"两区（非洲和东南亚）、三洋（太平洋、大西洋、印度洋）、多国（俄罗斯、委内瑞拉、澳大利亚等）"的生产格局，2011 年，中国远洋渔业总产量 118 万

---

① 陈锡文：《中国农业既要坚定不移对外开放又要把握适度》，《农村工作通信》2009 年第 17 期；陈锡文：《农产品要全部自给将有 20% 播种面积缺口》，财经年会 2013：预测与战略，2012 年 11 月 29 日。

② 程国强：《我国境外农业资源利用的现状与问题》，《中国经济时报》2014 年 1 月 21 日。

吨，作业渔船近 2300 艘，运回水产品 63 万吨，成为世界主要远洋渔业国家之一。

三是从投资与合作的地域看，据商务部境外投资企业（机构）名录统计，截至 2012 年 5 月，中国的海外农业企业共有 596 家。其中，在亚洲有 354 家，主要分布在老挝、印度尼西亚、韩国、越南、柬埔寨、中国香港、泰国、缅甸等国家和地区；在非洲有 78 家，主要分布在赞比亚、埃塞俄比亚、坦桑尼亚、莫桑比克、马里等国；在欧洲有 80 家，主要分布在俄罗斯、法国、德国、英国等国；在大洋洲有 34 家、北美洲有 30 家，南美洲有 20 家。这种布局特征符合比较优势原则和中国境外农业投资由近及远的发展变动规律。

四是从投资与合作的主体看，20 世纪 80 年代以前，中国境外农业投资与合作的主体主要是农业科研单位和国有农业企业，大多是承担国家的对外援助项目。现在参与主体日益多元化（见表 8－1），有中国农业发展集团、中粮集团、重庆粮油集团等中央和地方国有企业，有天津聚龙集团、浙江卡森集团、青岛瑞昌等民营企业，还有一些到境外兴办养殖场和农场的个体农户，如广东、浙江等地农民境外开发农业资源的足迹已遍布乌拉圭、俄罗斯、巴西、美国、日本等 40 多个国家和地区。[①]

五是从投资与合作形式看，中国境外农业企业已从最初的以独资形式为主，发展成独资、合资、合作等多种形式，由单纯的合作开发资源发展到资本联合经营，推动国际产业并购。企业根据各国具体特点，采取不同的合作模式，如"公司＋农户"，直接新建、收购或租用生产基地或加工厂，直接利用当地成熟的农业生产服务体系等。

与此同时，中国至今未能建立有效利用境外农业资源和市场资源的战略机制，利用境外农业资源尚处于初级阶段。2011 年，中国农林牧渔对外直接投资存量仅占当年全国总存量的 0.8%，直接投资流量仅占当年全国总流量的 1.07%；海外农企尚未形成安全、持续、稳定的全球供应网络，保障国内供给

---

① 宋洪远、徐雪等：《扩大农业对外投资 加快实施"走出去"战略》，《农业经济问题》2012 年第 7 期。

仍存在风险；政府缺乏对全球农业资源利用战略的顶层设计与总体规划，农业海外贸易战略和对外投资管理体制仍不完善，维护海外投资利益的保障机制和支持机制仍有不足；另外，行业缺乏自律机制，部分地区和企业推进农业"走出去"时大多各自为战，无序竞争问题比较突出。

表 8-1 中国部分企业境外农业投资涉及的行业和领域

企业名称	投资行业和领域
中粮集团	大宗粮油商品贸易、食糖加工、葡萄种植及葡萄酒酿造、木材砍伐和加工等
中储粮总公司	水稻种植、高产科技示范区
黑龙江农垦	大豆、水稻、玉米、棕榈油、蔬菜、小麦等农作物的种植和加工、贸易及相关物流设施建设
中农发集团	大豆、水稻、玉米、棕榈油等农作物的种植和加工、仓储物流设施建设
重庆粮食集团	大豆、油菜籽种植和加工，物流仓储设施建设
吉林粮食集团	大豆、水稻、玉米、棉花等农作物的种植和加工、种子繁育、相关物流仓储设施建设
天津聚龙	棕榈油种植和加工
浙江卡森集团	大豆的种植和加工、贸易
青岛瑞昌	棉花的种植、收购和加工、相关仓储物流设施建设
广垦橡胶集团	天然橡胶种植和加工
山东冠丰种业科技有限公司	棕榈油生产和加工
中兴能源	棕榈油生产和加工
中鲁远洋渔业	外海、远洋捕捞；水产品养殖、冷冻、冷藏、加工、销售；批准范围的商品进出口业务；机冰制造、销售；制冷设备制造、安装、维修；装卸搬运
广东广远渔业集团有限公司	海洋捕捞、水产养殖、水产品收购与销售、渔轮仪器仪表、渔业机械、渔具

资料来源：国务院发展研究中心课题组根据相关公司资料整理《2013 中国境外农业投资分析报告概要》；程国强：《全球农业战略：基于全球视野的中国粮食安全框架》，中国发展出版社，2013，第48 页。

三 中国与俄罗斯的农业合作项目

俄罗斯农业部部长费奥多罗夫 2013 年在接受新华社记者专访时表示：（1）中俄农业合作近年来发展迅速，扩大中俄农业合作拥有良好的条件。（2）两国交界地区成为农业合作领跑者。阿尔泰边疆区、外贝加尔边疆区、滨海边疆区、伊尔库茨克州、犹太自治州等地区与中方农业合作发展较快。

（3）在俄罗斯欧洲部分地区也开始出现一些成功的合资项目。例如，中方在伏尔加格勒地区种植蔬菜，在奔萨地区种植玉米，在沃罗涅日建立一个兔肉年产量达 5000 吨的合资企业等。[①]

中俄两国动植物检验检疫标准有所不同，动物流行病是妨碍两国农产品贸易的重要因素。自 2004 年 9 月以来，中国对俄罗斯产小麦和动物源产品（含乳制品）实施禁令，俄则禁止进口中国冷冻畜肉及熟制加工肉产品，2006 年12 月起还全面暂停大米进口。2013 年 3 月 22 日，在中国国家主席习近平访俄期间，双方签署多项农业合作文件，其中包括《中华人民共和国国家质量监督检验检疫总局和俄罗斯联邦农业部关于互供粮食及加工品植物检疫要求协议》，为双方开展粮食贸易提供有力保障。

中国从俄罗斯进口的农产品主要是水产品。2011 年，中国从俄罗斯的水产品进口额为 16.6 亿美元，占中国从俄罗斯进口农产品总额的98.5%，水产品进口量为 103 万吨，占进口总量的 99%。进口水产品中以冻黄鱼、冻鲳鱼和冻罗非鱼为主。此外，中国还从俄罗斯进口 0.1 亿美元畜产品，占进口总额的 0.8%。[②]

与此同时，中国出口到俄罗斯的农产品主要集中在劳动密集型产品上，主要有蔬菜、水产品和水果，2011 年分别占对俄农产品出口总额的 26.1%、25.3% 和 22.5%，三者合计占 74%。蔬菜主要有番茄酱罐头、洋葱及青葱、番茄、卷心菜、蘑菇罐头、西兰花等蔬菜及其制品，水果主要有鲜苹果、柑橘和葡萄柚等，水产品主要有叉尾鮰鱼片和冻对虾等。

中国在俄罗斯的农业合作项目很多，主要有以下几个领域。

一是种植和养殖领域：主要是承租俄罗斯土地开展种植，自我管理，自负盈亏。项目集中在俄罗斯远东地区，主要种植品种为大豆、西红柿、茄子等。黑龙江和吉林两省在中俄农业合作领域占据主导地位，截至 2012 年初在俄投资已累计约 2 亿美元。[③]

---

① 轩子：《扩大中俄农业合作万事俱备　前景看好》，《中亚信息》2013 年第 5 期。
② 曾寅初、刘君逸、梁筱筱：《俄罗斯加入世界贸易组织对中俄农产品贸易的影响》，《经济纵横》2012 年第 9 期。
③ 骆晓丽：《中俄农业经贸合作的障碍分析》，《北方经贸》2012 年第 4 期。

吉林省从 1989 年开始就已经与苏联有关地区开展蔬菜种植合作。2006 年，中国农业部和俄罗斯奔萨州政府签订有关在奔萨州建立"中俄农业合作示范园区"协议，由吉林省独立承担，主要种植玉米、蔬菜、草莓等。2007 年 7 月，吉林省与伏尔加格勒州政府签订农业种植合作项目，涉及劳务人员 900 多人，耕地近 2000 公顷。

截至 2012 年 10 月，黑龙江省已有 40% 的县（市）组织企业和农民"走出去"，分别与俄阿穆尔州、滨海边疆区、犹太自治州、哈巴罗夫斯克边疆区等远东 10 个州区政府建立长期稳定的农业合作关系（其中以滨海边疆区、阿穆尔州、犹太自治州种植居多，占全省境外种植的 87%），发展境外粮食、蔬菜种植、畜牧养殖和农产品加工等项目 293 个，涉及过境大型农业机械 1 万余台（件），每年对俄劳务输出 2 万余人次，人均创收 3 万元以上。

2012 年 10 月 25 日，"黑龙江省对俄农业产业联盟"在哈尔滨成立，该联盟致力于加强会员间的交流协作，促进对俄农业合作向有组织、规模化、集约化、规范化方向发展，树立了中国企业良好形象，提升了中俄农业合作水平。该联盟属非营利联合体，由 66 家在俄罗斯境内有农业生产、开发、合作项目的黑龙江籍企业和个体经营者自发组成，其中综合性企业 4 家、加工型企业 9 家、种植企业 53 家。联盟成员在俄罗斯共拥有 520 万亩土地（约 348 万公顷）经营权，2013 年种植面积已达 360 多万亩（约 241 万公顷）。[①]

另外，四川绿科集团等八家四川企业在俄罗斯斯摩棱斯克州合作经营一个面积达 5000 多公顷的"俄罗斯—中国四川农业经济开发园区"，种植蔬菜、蘑菇、香菌等农作物，还有猪肉生产、饲料加工、红茶分装、亚麻加工等。南京天环食品公司（原南京肉联厂）等三家江苏企业在俄罗斯伊万诺沃州开办养猪场，年出栏生猪近万头。

三是农产品加工领域：最大的投资者是广西农垦集团。该集团 2004 年在俄罗斯注册了"十万大山"公司和"十万大山"品牌，并分别在诺夫哥罗德市和莫斯科兴办了茶叶分装加工厂和"十万大山"农产品展示窗，2007 年在

---

① 《黑龙江成立对俄农业产业联盟　促进中俄农业合作》，新华网，2012 年 10 月 25 日，http：//news. xinhuanet. com/world/2012 – 10/25/c_ 113495172. htm。《中俄农业领域的合作正方兴未艾》，光明网，2013 年 9 月 26 日，http：//www.db980. com/new_ view. asp？id＝6019。

诺夫哥罗德州投资建设"十万大山农产品加工及物流基地",包括茶叶加工车间、罐头、果蔬脆片、果脯和淀粉分装车间,鲜果与蔬菜保鲜仓库,以及相关配套设施和商品配送体系,占地 16 万平方米。[①]2013 年 3 月中俄两国的农业部门签署《关于兔业领域长期合作的谅解备忘录》。中国兔业协会计划在俄罗斯沃罗涅日州建设年产 5000 吨兔肉生产线。

四是农业科技领域:(1)中国农学会与俄罗斯农业科学院签署农业科技交流和合作纪要;(2)中国农业科学院原子能利用研究所与季米里亚捷夫农学院签订关于核电站事故发生后,采用农业措施、航天育种机理、植物对矿质营养的吸收等内容的合作研究协议;(3)苏州农业学校花卉园艺场与季米里亚捷夫农学院花卉试验场达成有关利用该院温室、土地、能源、劳力,中方投入种质资源、技术和资金,合作开发花卉产业的意向,以及交换优良作物种子的协议;(4)黑龙江省农业科学院与俄罗斯科学院系统所属及农业科学院系统所属 20 多个科研单位于 1989 年建立科技交流与合作关系,引进多项俄先进农业技术,如种子处理剂、生物表面活化剂、蜡蚧轮枝菌株、脱毒马铃薯品种、大豆早熟品种、大果沙棘良种、五色樱桃新树种等。[②]

四　中国与中亚国家的农业合作项目

在农产品贸易方面,中国与中亚国家的农产品贸易符合双方比较优势,其中,从中亚国家进口的主要是棉花、干鲜果品以及皮、丝、毛等畜牧产品;向中亚国家出口的主要是时令或反季节的蔬菜、水果、花卉等鲜活农产品和食品。市场需求扩大是推动中国农产品出口中亚的主要因素。[③]向中亚出口的大宗农产品、蔬菜和林果等几乎全部集中在哈萨克斯坦和吉尔吉斯斯坦两国,分

---

①　凌激:《中俄农业合作　优势互补》,中国农贸网,2007 年 5 月 17 日,http://wms. mofcom. gov. cn/article/zt_ ncp/subjectdybg/200705/20070504639060. shtml。《马铁山一行访问俄罗斯和意大利取得可喜成果》,广西新闻网,2005 年 6 月 23 日,http://www. gxnews. com. cn/staticpages/20050623/newgx 42b9e7c5 - 395956. shtml。

②　佟光霁、智建伟:《中俄农业合作的政府政策问题研究》,《求是学刊》2013 年第 5 期。

③　吴学君:《中国和俄罗斯农产品贸易:动态及展望》,《经济维度》2010 年第 2 期;张国华:《中国和俄罗斯农产品贸易现状及特征》,《俄罗斯东欧中亚市场》2010 年第 4 期;曹守峰、张姣:《中国农产品出口哈萨克斯坦的增长效应分析》,《新疆农垦经济》2011 年第 2 期。

别占上述农产品出口中亚总额的 80% 以上、90% 以上和 90% 以上。畜产品出口主要集中在吉尔吉斯斯坦，比重占 90% 以上。

在农业机械方面，中国在小型农机、小型加工设备等方面水平较高，对中亚出口较多。如新疆新联科技有限责任公司作为中国收获机械总公司在新疆的主要生产和销售基地，曾向乌兹别克斯坦、哈萨克斯坦等销售小麦收割机、捆草机等农机设备。中国一拖集团于 2009 年在哈萨克斯坦阿拉木图成立组装厂，在中亚生产全套农业机械，组装"AR-LAN-YTO"牌拖拉机以及配套农具。2011 年由吉尔吉斯斯坦农业银行以银行资产做抵押，中国国家开发银行提供融资贷款定向购买"东方红"牌拖拉机，再由吉尔吉斯斯坦农业银行通过融资租赁方式销售给当地农民。另外，四川省吉峰农机连锁股份有限公司计划与塔吉克斯坦国有农机经销企业"马达特"公司合作，在中亚地区销售农机。

在农业科技方面，中国与中亚国家的农业科技合作涵盖种植、养殖、农资、农产品加工业、农业技术等诸多领域，如种子交流、高产栽培技术、食用菌高产栽培技术、畜牧高效养殖技术、植物保护技术、节水灌溉、土壤改良、农业机械应用与推广、资源管理与规划等。在农业生产技术方面，新疆在节水灌溉（如地膜覆盖技术和膜下滴灌技术等）、设施农业、优质品种的培育与推广、科学种植、病虫害防治等方面具有优势，中亚国家在品种资源的收集和保管、棉花生理生化、遗传育种、灌溉制度等方面具有优势。双方具体合作项目很多，如中国农业科学院下属的微生物所同哈萨克斯坦科学院微生物及病毒学研究所交换生物农药，粮食所从哈萨克斯坦引进小麦品种资源，植物保护研究从乌兹别克斯坦引进赤眼蜂和茧蜂等蜂种；新疆畜牧科学院与哈萨克斯坦共同开展荒漠半荒漠区无灌溉条件下建立人工草地及管理模式技术、干旱区优质牧草种子选育和推广利用、共建"中国新疆—哈萨克斯坦畜牧研究中心"、羊毛羊绒生产质量控制技术体系、动物胚胎移植技术示范推广等项目合作。[①]

在农业示范区方面，主要是通过租赁土地或企业与中亚国家一起从事农业种植、养殖和农产品加工进行合作，既给中亚国家带去先进技术和设备，又丰

---

① 李豫新、朱新鑫：《中国新疆与中亚五国地区农业区域发展研究》，硕士学位论文，石河子大学区域经济学，2011。

富其市场供应，增加其就业。主要项目有：

（1）新疆轻工国际投资有限公司 1997 年在阿拉木图投资 326 万美元成立"新康番茄制品厂"（Синькан）。2000 年初建成并开始投入生产，现已拥有四大类、50 多种产品的全套生产线，年产番茄制品 5000 吨，在哈市场占有率近 1/4。

（2）新疆伊犁州农业考察团 2003 年 11 月 10～20 日赴哈萨克斯坦阿拉木图州阿拉湖区（Алакольский район）考察时，双方同意成立中哈合资"阿拉湖—伊犁农工商有限责任公司"，合作开发阿拉湖区 10.5 万亩（即 7000 公顷）耕地，租期从 2004 年春季开始共 10 年，中方负责平整土地、维修水渠、管理种植等农业开发。初步估算，伊犁州在该租赁合同执行过程中可向哈萨克斯坦输出 3000 余名劳务人员。[1]

（3）新疆野马国际集团在哈萨克斯坦东哈州租赁 76.7 平方千米的土地，49 年使用权，用于造纸原料芦苇的采割和农业开发利用，注册成立"野马 – 斋桑"有限公司，总投资 1000 万美元，进行芦苇生产、纸浆加工等。

（4）新疆屯河集团股份公司依托林果业资源开发管理优势，在吉尔吉斯斯坦贾拉拉巴德州投资建设野苹果浓缩汁加工厂。

（5）新疆天业集团的节水灌溉产品和技术性能国际一流，2014 年 3 月，该集团与吉尔吉斯斯坦贾拉拉巴德州签订 600 亩节水农业示范园区项目协议。

（6）山东大成集团 2002 年兼并吉尔吉斯斯坦托克玛克市一个大型禽业养殖场，投资成立"楚河禽业有限公司"，发展成为中亚地区最大的禽类养殖基地和最大的肉鸡供应商。

（7）河南省经研银海种业有限公司分别在塔吉克斯坦和哈萨克斯坦建设农业示范园区，共同开展优良品种研发、高新技术推广示范、农业生产资料和农业机械引进配套、建设农产品深加工基地以及教育科研等方面合作。2011 年 9 月，经研银海种业有限公司与塔吉克斯坦农业部签署《农业领域全面合作协议书》，租赁塔南部三个地区（район Абдурахмони Джоми，район Яван，район Джалолиддини Руми）5170 公顷土地（其中已

---

[1] 关剑：《中国租用哈萨克斯坦土地 获准耕种 7000 公顷农田》，《青年参考》2003 年 12 月 24 日。

租 609.3 公顷，计划增加 4560 公顷），租期为 49 年，建立农业科技示范园区，从事种植和种子加工。[①]

（8）2012 年 12 月 23 ~ 30 日，以河南省外事侨务办公室副主任郭俊峰为团长，省商务厅、农业厅、畜牧局、农业科学院，一拖集团公司、省黄泛区农场等单位负责人组成的河南省农业合作考察团赴吉尔吉斯斯坦和塔吉克斯坦考察期间，河南省科技学院、河南天一生物技术有限公司、河南省国际科学技术合作协会与吉尔吉斯斯坦国立农业大学签署四项合作协议：《关于在吉尔吉斯斯坦建立育种基地的合作协议书》《关于在吉尔吉斯斯坦建立温室大棚、生产反季节蔬菜的合作协议书》《关于在吉尔吉斯斯坦建立水产养殖基地的合作协议书》《关于在吉尔吉斯斯坦建立中草药种植基地及建立兽药厂的合作协议书》，分别在吉尔吉斯斯坦建立 150 ~ 4500 亩的玉米、小麦、棉花、蔬菜育种基地，150 ~ 225 亩的反季节（温室大棚）蔬菜生产基地、水产养殖基地，75 ~ 1500 亩的中草药种植基地以及建立一个中草药兽药厂。[②]

（9）黑龙江宝泉岭农垦太非华援农业开发有限公司与哈萨克斯坦库鲁斯泰有限公司在哈萨克斯坦阿拉木图州建设"农业高新技术综合开发园区"，是集种植、养殖、示范、实验、科研、教育、培训、推广、服务为一体的综合园区，是从生产、加工到包装、销售的闭合运营产业链。双方于 2010 年 8 月 27 日签订合作协议书等法律文件。根据协议，园区规划核心区 100 公顷，示范区 1000 公顷，辐射区 1 万公顷，分为农业园、养殖园、技术服务中心、科研教学实习基地等四类功能区。中方负责提供种植和养殖相关技术和技术人员，以及整个园区的规划设计，哈方负责提供土地、机械、建材、资金，以及办理园区有关文件及手续。[③]

---

① Рамзия Мирзобекова，《Земли – китайцам, проблемы – дехканам》，27.03.2014，http：// news.tj/ru/newspaper/article/zemli-kitaitsam-problemy-dekhkanam；Андрей Герасимов，《Великая китаизация Таджикистана. Старт дан...》，15.05.2014，http：//www.centrasia.ru/newsA.php? st = 1400132400.《河南省与塔吉克斯坦开展农业合作》，《河南日报》2012 年 5 月 15 日。

② 河南省外事侨务办公室：《郭俊峰副主任率团出访吉塔取得积极成果》，http：// www.henan.gov.cn/zwgk/system/2013/01/14/010359740.shtml。

③ 黑龙江宝泉岭农垦太非华援农业开发有限公司：《中哈（哈萨克斯坦共和国）合资农业高新技术示范园区建设规划》，http：//www.bqltfhy.com/index.php? c = msg&id = 257&。

（10）中国科学院新疆生态与地理研究所与塔吉克斯坦科学院动物研究所于 2013 年 5 月启动"中塔棉花有害生物综合治理及示范"项目。计划利用三年时间，中方将新疆较完善的棉花种植技术和有害生物防治技术输入塔吉克斯坦，帮助塔建立 10~12 个虫害监测站，基本建成棉花有害生物预警及防控平台，同时大力推广生物防治和物理防治技术，在塔吉克斯坦建立一套完整的棉花有害生物综合技术体系，并在塔建设示范区，培训科技人员，扩大应用范围，为塔棉花增产提供技术支持。由于农业技术、生产管理、机械化水平和病虫害防治能力等原因，塔皮棉亩产量约 60 千克，而新疆皮棉亩产量为 120~150 千克。

表 8-2　新疆与中亚国家、俄罗斯的农产品贸易主要品种统计

贸易对象国	主要贸易品种
哈萨克斯坦	从哈进口：(1)羊毛和动物毛；(2)生革及皮；(3)棉花、棉短绒 向哈出口：(1)水果(香蕉、菠萝、橙、柑橘、柚、鲜葡萄、苹果、梨、桃等)；(2)蔬菜(马铃薯、番茄、洋葱、蒜、卷心菜、胡萝卜、萝卜、黄瓜、茄子、辣椒、干蔬菜、什锦蔬菜等)；(3)食品(主要是各类罐头、谷物制品、糖、调味品等)
吉尔吉斯斯坦	向吉出口：(1)水果(菠萝、橙、柑橘、鲜葡萄、苹果、梨、梅、李等)；(2)蔬菜(马铃薯、番茄、洋葱、蒜、黄瓜、辣椒等)；(3)各类冻肉；(4)食品(罐头、谷物制品、糖、调味品等) 从吉进口：(1)生革及皮(通常约占 80%以上)；(2)羊毛及动物毛；(3)干果(巴旦木、核桃、杏干、葡萄干、杏仁)；(4)甘草；(5)棉短绒
乌兹别克斯坦	从乌进口：(1)棉花(通常占 80%以上)；(2)水果 向乌出口：(1)水果(柑橘、苹果、梨等)，通常占一半以上；(2)活动物和动物产品(鱼、蚕种等)；(3)食品(罐头、谷物制品、糖等)
塔吉克斯坦	从塔进口：(1)生革及皮(通常占 80%以上)；(2)生丝及废丝 向塔出口：(1)精米；(2)水果(柑橘、苹果、梨等)；(3)动植物产品(鸡蛋、蚕种等)；(4)食品(罐头、谷物制品、糖、调味品等)
土库曼斯坦	从土进口：(1)植物产品(棉花、甘草等)；(2)生革及皮 向土出口：(1)植物产品(茶、干果等)；(2)活动物和动物产品(观赏鱼、禽蛋等)
俄罗斯	从俄进口：(1)木材；(2)水产品 向俄出口：(1)水果；(2)蔬菜

　　资料来源：李豫新、朱新鑫：《中国新疆与中亚五国地区农业区域发展研究》，硕士学位论文，石河子大学，2011。

第三节　西部大开发的农业发展布局

1999 年 6 月 17 日，时任国家主席江泽民同志在西安主持召开西北地区国有企业改革和发展座谈会讲话时指出，西部开发的时机已经成熟，必须抓紧实施，否则就会犯历史性错误。① 1999 年 11 月 15 ~ 17 日，中共中央和国务院在北京举行召开中央经济工作会议，明确提出要实施西部大开发战略。

2000 年 1 月，国务院成立了西部地区开发领导小组，并先后颁布了《关于实施西部大开发若干政策措施的通知》《关于西部大开发若干政策措施实施意见》《"十五"西部开发总体规划》等文件，加大中央对西部的政策支持和投资力度，为西部提供更多优惠政策，如放宽税收、外商投资、进出口商品经营范围、进出口配额、许可证管理、人员往来、签证等方面限制。

"十一五"期间（2006 ~ 2010 年），国务院共编制实施了《西部大开发"十二五"规划》《成渝经济区发展规划》《关中—天水经济区发展规划》《呼包银榆经济区发展规划》《天山北坡经济带发展规划》《宁夏内陆开放型经济试验区规划》等一批西部地区重要规划，研究制定了《关于进一步支持甘肃经济社会发展的若干意见》《关于进一步促进贵州经济社会又好又快发展的若干意见》《关于支持云南省加快建设我国向西南开放桥头堡的若干意见》《兰州新区建设指导意见》等推动西部省区发展的重要文件，同时，组织编制了《西部地区鼓励类产业目录》，支持广西桂东、重庆沿江、宁夏银川承接东部产业转移示范区建设，累计新开工 95 项重点工程，投资总规模 2.4 万亿元。②

西部大开发战略加快了西部地区的改革开放步伐，推动了中国西部地区同毗邻国家或地区相互开放市场，逐步形成了沿边（边境）、沿桥（亚欧大陆

---

① 《认清形势　明确任务　抓住机遇　开拓进取　坚定信心　团结奋斗——中央经济工作会议在京召开（1999 年）》，《人民日报》1999 年 11 月 18 日第 1 版；江泽民：《不失时机地实施西部大开发战略》，《江泽民文选》第二卷，人民出版社，2006。
② 国务院研究室：《我国区域协调发展取得哪些新成绩？》，中国政府网，2013 年 3 月 29 日，http://www.gov.cn/2013zfbgjjd/content_2365364.htm。

桥）和沿交通干线向国际、国内拓展的全方位、多层次、宽领域的对外开放格局，为西部与外部世界的经济合作提供了广阔合作平台。

一 中国的农业开发格局①

2010 年 12 月 21 日，国务院正式印发《全国主体功能区规划》（以下简称《规划》），这是优化国土空间开发格局的重要举措。《规划》根据不同区域的资源环境承载能力、现有开发强度和发展潜力，统筹谋划人口分布、经济布局、国土利用和城镇化格局，确定不同区域的主体功能，并据此明确开发方向，完善开发政策，控制开发强度，规范开发秩序，逐步形成人口、经济、资源环境相协调的国土空间开发格局。依据不同标准，主体功能区分为以下种类：按开发方式分为优化开发区域、重点开发区域、限制开发区域和禁止开发区域；按开发内容分为城市化地区、农产品主产区和重点生态功能区；按层级分为国家和省级两个层面。

其中，农产品主产区即耕地较多、农业发展条件较好的地区，尽管也适宜工业化城镇化开发，但从保障农产品安全以及永续发展的需要出发，须将增强农业综合生产能力作为发展的首要任务，限制进行大规模高强度工业化与城镇化开发的区域。这样做是为了切实保护这类农业发展条件较好区域的耕地，使之能集中各种资源发展现代农业，提高农业综合生产能力，同时，也可使国家强农惠农政策更集中地落实到这类区域，确保农民收入不断增长，农村面貌不断改善。此外，通过集中布局、点状开发，在县城适度发展非农产业，可以避免过度分散发展工业而对耕地过度占用等问题。

《规划》确定的全国空间开发格局具体是：（1）"两横三纵"为主体的城市化战略格局，集中全国大部分人口和经济总量；（2）"七区二十三带"为主体的农业战略格局，保障农产品供给安全；（3）"两屏三带"为主体的生态安全战略格局，保障生态安全；（4）海洋主体功能区战略格局，促进海洋资源开发、海洋经济发展和海洋环境保护。

其中，"七区二十三带"为主体的农业战略格局即东北平原、黄淮海平原、长

---

① 《〈全国主体功能区规划〉正式发布》，新华网，2011 年 6 月 8 日，http://news.xinhuanet.com/politics/2011－06/09/c_ 121509954. htm。

江流域、汾渭平原、河套灌区、华南和甘肃、新疆等农产品主产区为主体，以基本农田为基础，以其他农业地区为重要组成的农业战略格局。该格局是根据全国陆地国土空间的开发强度控制在 3.91%、城市空间控制在 10.65 万平方千米以内、农村居民点占地面积减少到 16 万平方千米以下、各类建设占用耕地新增面积控制在 3 万平方千米以内、工矿建设空间适度减少、耕地保有量不低于 120.33 万平方千米（18.05 亿亩），其中基本农田不低于 104 万平方千米（15.6 亿亩），林地保有量增加到 312 万平方千米，草原面积占陆地国土空间面积的比例保持在 40% 以上，河流、湖泊、湿地面积有所增加等优化空间结构基本指标而构建的全国农业功能区。

具体情况如下：（1）东北平原农产品主产区，建设优质水稻、专用玉米、大豆和畜产品产业带；（2）黄淮海平原农产品主产区，建设优质专用小麦、优质棉花、专用玉米、大豆和畜产品产业带；（3）长江流域农产品主产区，建设优质水稻、优质专用小麦、优质棉花、油菜、畜产品和水产品产业带；（4）汾渭平原农产品主产区，建设优质专用小麦和专用玉米产业带；（5）河套灌区农产品主产区，建设优质专用小麦产业带；（6）华南农产品主产区，建设优质水稻、甘蔗和水产品产业带；（7）甘肃、新疆农产品主产区，建设优质专用小麦和优质棉花产业带。

二 西部大开发的农业布局①

国家发展和改革委员会 2012 年 2 月发布的《西部大开发"十二五"规划》指出：西部地区要充分发挥光热水土资源和生物资源丰富优势，结合特殊自然条件，构建以农产品主产区为主体，以其他农业地区为重要组成的农业发展战略格局。鼓励和支持农产品主产区集中发展粮食、棉花、油料、糖料、畜产品等大宗农产品；其他农业地区大力发展优势特色农业，形成一批农产品产业带，引导加工、流通、储运设施建设向优势产区聚集。切实做好农村土地整治。建设一批现代农业示范区。概括起来便是打造"粮食主产区" + "特色农业区" + "农业示范区" + "牧业经济区" + "林业经济区" + "沿边开放区"。

第一，发展"农产品主产区"的具体内容包括：（1）农田水利建设。中

---

① 国家发展和改革委员会：《西部大开发"十二五"规划》，《经济日报》2012 年 2 月 21 日；国家发展和改革委员会：《西部大开发》全文，2012 年 2 月，http://news.cnwest.com/content/2012 - 02/21/content_ 6023756. htm。

低产田改造；建设基本口粮田；推进旱涝保收高标准农田建设；大力推广良种良法；加快推进农业机械化。（2）强化农业补贴和主产区投入，建设高产稳产商品粮生产基地。（3）推进农业结构调整，优化生产布局，促进农产品向优势产区集中。（4）加快发展设施农业，推进蔬菜、水果、茶叶、蚕茧、烟草、花卉等作物标准化生产。（5）全面落实扶持生猪生产的政策措施，稳定生猪生产，保护生猪养殖积极性，保障市场供应。（6）发挥陕西杨凌农业高新技术产业示范区和甘肃河西走廊星火产业带高效节水示范工程作用，推进现代农业、旱作节水农业和节水灌溉工程建设。（7）推进农业产业化经营，扶持一批大型龙头企业和农民专业合作社，提升农业产业化水平。（8）支持良种繁育体系建设，加强基层农技推广、动植物疫病防控和农产品质量安全监管。

"农业产业提升促进工程"包括：（1）新增千亿斤粮食生产能力工程。加强水利设施、基本农田、良种繁育和技术推广体系等建设，将四川、内蒙古、云南、陕西、广西等省区164个产粮大县建设成为国家级商品粮基地。（2）特色优势产业推进工程。实施名优品牌推进战略，加大政策扶持力度，不断提高区域性优势产业、地方性特色产品的知名度和市场份额。（3）山地高效立体农业工程。在西南丘陵山地及青藏高原东南缘地区因地制宜调整农作物种植结构，实行间种、套种、混种、复种、轮种的种植方式，形成多作物、多层次、多时序的立体交叉种植结构。（4）现代种业工程。重点在甘肃、四川建设国家级制种基地，在种子生产优势区建设区域性良种繁育基地、畜禽水产品种资源场及良种场，建设国家重点保护农业野生植物、水生生物自然保护区和水产种质资源保护区。（5）现代农业示范工程。发挥陕西关中、四川盆地、黔南低热河谷、宁蒙沿黄灌区、河西走廊、青海东部农业区等地区气候和资源优势，以及新疆生产建设兵团农业科技优势，培育一批现代农业产业强县，建成全国重要的优质特色农产品供应基地。（6）节水灌溉工程。加强高效农田节水技术的综合集成，建设新疆、新疆生产建设兵团、甘肃中东部、宁夏中部干旱带、阴山北麓等节水灌溉和旱作节水示范基地，新增高效节水灌溉面积2000万亩，推广旱作节水技术，适当发展设施种植业，力争亩均节水达到80立方米以上。（7）"五小水利"工程。加快推进农村小塘坝、小水窖（池、柜）、小堰闸、小泵站和小渠道工程建设，启动实施西南五省区小型水利设施建设规划。

第二，"振兴牧业经济"的具体内容有：（1）改善牧民生活。加大牧区基础设施建设力度，加快实施游牧民定居工程和牧区饮水安全工程，改善牧民生产生活条件，切实提高牧民收入水平。（2）完善草原承包经营制度。加快推进草原承包到户和基本草原划定。（3）生态保护。全面实施草原生态保护补助奖励机制；加大沙化草地和黑土滩治理力度；加强鼠虫害生物防治。（4）牧区水利试点，建设一批节水灌溉饲草示范基地。（5）转变牧业发展方式，优化生产布局。推进传统放牧向舍饲、半舍饲和划区轮牧、季节性休牧相结合的方式转变。（6）发展草原或草地畜牧业。在内蒙古东部、新疆伊犁和阿勒泰等草原水土条件较好地区推行划区轮牧，发展规模化和现代化的草原畜牧业；在青藏高原东部、内蒙古中部、新疆天山南北坡、黄土高原等地区适度发展草原畜牧业；在贵州、云南稳步发展草地畜牧业。

"牧区重点工程"的具体内容有：（1）水利设施。因地制宜建设小型水利设施和饲草基地。（2）支撑保障。良种基地、鼠虫害和毒草害防治、草原防火。（3）牧区畜牧业转型示范。启动实施内蒙古及周边牧区草原畜牧业提质增效示范工程、新疆牧区草原畜牧业转型示范工程、青藏高原牧区特色畜牧业发展示范工程；支持肉牛（羊）标准化养殖小区（场）等建设。（4）畜牧产业化。畜产品加工业，形成千万吨鲜奶、百万吨肉类和万吨羊绒生产加工能力。（5）游牧民定居。加快西藏、青海、四川、云南、甘肃、新疆、内蒙古7个省区的游牧民定居房、牲畜棚圈（暖棚）、饲草基地、贮草棚、青稞基地建设，争取到2015年未定居的游牧民全部实现定居。

第三，"发展林业"的具体内容有：（1）增加森林资源总量。加大造林绿化力度。（2）加强森林经营。提高森林蓄积量和林地生产力。（3）发展现代林业。构建林业产业体系，增加林业产值，发展林产工业和木材精深加工，继续实施重点地区速生丰产用材林、生物质能源林建设，在有条件的地区发展林浆纸一体化产业。（4）依法合理利用林地资源，开发特色林下种养业，发展森林旅游。（5）深化集体林权制度改革。全面启动国有林场改革，探索推进内蒙古等重点国有林区改革。（6）完善森林生态效益补偿基金制度，健全造林、抚育、保护、管理投入补贴制度。

"林业重点产业"包括：（1）木本粮油生产。以提高产量和优化品种结构为重点，在广西、四川、贵州、云南、陕西、新疆、甘肃等省区建设油茶、核桃、板栗、枣、柿子、油橄榄等木本粮油基地，加快山区综合开发步伐。（2）速生丰产用材林。重点在内蒙古东部、云南南部、秦巴山、武陵山等地建立高效木材生产基地，增强木竹等原材料供应能力。（3）林产化工业。在广西、四川、重庆、贵州、云南等省（区、市）发展松香、松节油、紫胶、香精香料深加工，提高产品档次和质量。（4）林下经济。充分利用林下空间资源发展种植业、养殖业，实现林草、林药、林畜、林禽等多种模式相结合。（5）林浆纸一体化。利用西南地区林竹资源，建设林浆纸一体化生产加工基地。

第四，"重点沿边开放地区"包括：（1）向北开放重要桥头堡。深化内蒙古与俄罗斯、蒙古等国家的经贸合作与技术交流，发挥内引外联的枢纽作用。（2）向西开放门户。深化新疆与中亚、西亚、南亚及欧洲国家的合作，加快与内地及周边国家物流大通道建设，发挥上海合作组织的作用。（3）东盟合作高地。以广西为核心，建设并完善与东盟合作平台，在中国—东盟自由贸易区中发挥更大作用，增强参与国际经济合作和竞争的能力。（4）向西南开放重要桥头堡。深化大湄公河次区域合作，加强云南与东南亚、南亚、印度洋沿岸国家合作，建设西南出海战略通道。

"开放合作"的具体内容包括：（1）推进重点口岸、重点开发开放试验区和外贸转型升级示范基地建设。（2）推动边境（跨境）经济合作区加快发展，推动中国—哈萨克斯坦霍尔果斯国际边境合作中心加快建设。（3）培育一批边境地区中心城市，打造沿边对外开放桥头堡和经济增长极。（4）加强沿边口岸和城镇基础设施建设，构建沿边地区与国内中心城市和周边国家的交通、能源资源大通道。（5）加强多边和双边经贸合作，进一步扩大出口规模。引导、鼓励和支持西部地区企业大力发展服务贸易，积极参与对外投资和承接服务外包。（6）加快实施国家自由贸易区战略，深化与周边国家的务实合作，实现互利和共同发展。（7）充分利用两个市场、两种资源，把"引进来"与"走出去"结合起来，拓宽优势资源转换的实施空间，依托内地广阔市场、投资能力和制造业体系，发展面向周边的特色外向型产业群和产业基地。

2011年9月30日国务院发布《国务院关于支持喀什霍尔果斯经济开发区建设的若干意见》（国发〔2011〕33号），决定把喀什和霍尔果斯两个经济开发区建设成为我国向西开放的重要窗口，即充分发挥喀什地区和伊犁州对外开放的区位优势，拓展对外联结通道，发挥口岸和交通枢纽的作用，加强与中亚、南亚、西亚和东欧的紧密合作，实现优势互补、互利互惠、共同发展，努力打造"外引内联、东联西出、西来东去"的开放合作平台。①

喀什经济开发区面积约 50 平方千米（含新疆生产建设兵团），其中包括喀什市 40 平方千米左右，伊尔克什坦口岸 10 平方千米左右。喀什经济开发区重点发展商贸物流、出口机电产品配套组装加工、农副产品深加工、纺织、建材、冶金、进口资源加工、机械制造、旅游、文化、民族特色产品加工、生物技术、可再生能源、新能源、新材料等产业。其中，喀什市重点建设区域性商贸物流中心、金融贸易区和优势资源转化加工区，伊尔克什坦口岸重点建设进出口商品物流仓储集散中心、进出口产品加工区。

霍尔果斯经济开发区面积约 73 平方千米（含新疆生产建设兵团），包括霍尔果斯口岸 30 平方千米左右（含国务院已批准的中哈霍尔果斯国际边境合作中心 13.16 平方千米）、伊宁市 35 平方千米左右、清水河配套产业园区 8 平方千米左右。霍尔果斯经济开发区重点发展化工、农产品深加工、生物制药、可再生能源、新能源、新材料、建材、进口资源加工、机械制造、商贸物流、旅游、文化及高新技术等产业。其中，伊宁市重点建设区域性商贸物流中心和优势资源转化加工区，霍尔果斯口岸重点建设中哈霍尔果斯国际边境合作中心中方中心区及配套区，清水河配套产业园区重点建设农副产品深加工和出口机电产品配套组装加工基地。

第五，对西部鼓励类产业给予税收优惠。财政部 2011 年 7 月 27 日发布《关于深入实施西部大开发战略有关税收政策问题的通知》（财税〔2011〕58 号）（以下简称《通知》），该《通知》规定：（1）自 2011 年 1 月 1 日至 2020 年 12 月 31 日，对设在西部地区的鼓励类产业企业减按 15% 的税率征收企业所得税。（2）对西部地区内资鼓励类产业、外商投资鼓励类产业及优势产业的项目在投资总额内进口的自用设备，在政策规定范围内免征关税。（3）鼓励类产业企业是指以《西部地区鼓励类产业目录》（见表 8-3）中规定的产业项目为主营业务，且其主营业务收入占企业收入总额 70% 以上的企业。

---

① 《国务院关于支持喀什霍尔果斯经济开发区建设的若干意见》（国发〔2011〕33 号），2011 年 9 月 30 日。

表 8 – 3 《西部地区鼓励类产业目录》中与农业有关的产业

一、农林业	1. 粮食中低产田综合治理与稳产高产基本农田建设
	2. 国家级农产品基地建设
	3. 蔬菜、花卉无土栽培
	4. 优质、高产、高效标准化栽培和养殖技术开发及应用
	5. 重大病虫害及动物疾病防治
	6. 农作物、家畜、家禽及水生动植物、野生动植物遗传工程及基因库建设
	7. 动植物优良品种选育、繁育、保种和开发
	8. 种(苗)脱毒技术开发及应用
	9. 旱作节水农业、保护性耕作、生态农业建设、耕地质量建设以及新开耕地快速培肥技术开发
	10. 生态种(养)技术开发与应用
	11. 农用薄膜无污染降解技术及农田土壤重金属降解技术开发及应用
	12. 绿色无公害饲料及添加剂研究开发
	13. 内陆流域性大湖资源增殖保护工程
	14. 远洋渔业
	15. 奶牛养殖
	16. 牛羊胚胎(体内)及精液工厂化生产
	17. 农业克隆技术研发
	18. 耕地保养管理与土、肥、水速测技术开发
	19. 农、林作物种质资源保护地、保护区建设以及种质资源收集、保存、鉴定、开发和应用
	20. 农作物秸秆还田与综合利用(包括青贮饲料、秸秆氨化养牛、还田、气化、培育食用菌等)
	21. 农村可再生资源综合利用开发工程(沼气工程、生态家园等)
	22. 平垸行洪退田还湖恢复工程
	23. 食(药)用菌菌种培育
	24. 草原、森林灾害综合治理工程
	25. 利用非耕地的退耕(牧)还林(草)及天然草原植被恢复工程
	26. 动物疫病的新型诊断试剂、疫苗及低毒低残留新药开发
	27. 高产牧草人工种植
	28. 天然橡胶种植生产
	29. 无公害农产品及其产地环境的有害元素监测技术开发及应用
	30. 有机废弃物无害化处理及有机肥料产业化技术开发及应用
	31. 农牧渔产品的无公害、绿色生产技术开发及应用
	32. 农林牧渔产品储运、保鲜、加工及综合利用
	33. 天然林等自然资源保护工程
	34. 植树种草工程及林木种苗工程
	35. 水土保持综合技术开发及应用
	36. 生态系统恢复与重建工程
	37. 森林、野生动植物、湿地、荒漠、草原等类型自然保护区建设及生态示范工程
	38. 防护林工程
	39. 石漠化防治及防沙治沙工程
	40. 固沙、保水、改土新材料生产

续表

一、农林业	41. 抗盐与耐旱植物的培植 42. 速生丰产林工程、工业原料林工程及名特优新经济林建设 43. 竹藤基地建设及竹藤新产品生产技术开发 44. 中幼林抚育工程 45. 野生经济林树种保护、改良及开发利用 46. 珍稀濒危野生动植物保护工程 47. 林业基因资源保护工程 48. 次小薪材、沙生灌木和三剩物的深度加工及系列产品开发 49. 野生动植物种源繁育、培植基地及疫源疫病监测预警体系建设 50. 地道中药材和优质、丰产、濒危或紧缺动植物药材的种(养)殖 51. 香料、野生花卉等林下资源的人工培育及开发 52. 木基复合材料的技术开发 53. 竹质工程材料、植物纤维工程材料生产及综合利用 54. 林产化学品深加工 55. 人工增雨防雹等人工影响天气技术开发和应用
二、水利	1. 大江、大河、大湖治理及干支流控制性工程 2. 跨流域调水工程 3. 水资源短缺地区水源工程 4. 农村饮水及改水工程 5. 海堤防维护及建设 6. 江河湖库清淤疏浚工程 7. 病险水库和堤防除险加固工程 8. 堤坝隐患监测与修复技术开发和应用 9. 城市积涝预警和防洪工程 10. 牧区水利工程 11. 淤地坝工程 12. 水利工程用土工合成材料及新型材料开发制造 13. 大中型灌区改造及配套设施建设 14. 高效输配水、节水灌溉技术及设备制造 15. 水情水质自动监测及防洪调度自动化系统开发
十、机械	31. 种、肥、水、药高效施用和保护性耕作等农机具制造 32. 5 吨/时以上种子加工成套设备开发制造 33. 禽、畜类自动化养殖成套设备制造 34. 设施农业设备制造 35. 农、林、渔、畜产品深加工及资源综合利用设备制造 36. 秸秆综合利用关键设备制造 37. 农业(棉花、水稻、小麦、玉米、豆类、薯类、草饲料等)收获机械制造 38. 营林及人工植被工业化生产设备制造技术开发
十三、轻工	1. 符合经济规模的林纸一体化木浆、纸和纸板生产 2. 高新技术制浆造纸机械成套设备开发制造 5. 农用塑料节水器材和农用多层薄膜开发、生产 9. 天然香料、合成香料新技术开发和产品制造

十九、其他服务业	1. 电子商务、现代物流服务体系建设及以连锁经营形式发展的中小超市、便利店、专业店等新型零售业态
	2. 粮食、棉花、食糖、食用油、化肥、石油等重要商品的现代化仓储等物流设施建设
	3. 现代化的农产品市场流通设施及农产品贸工农一体化设施建设
	4. 闲置设备、旧货、旧机动车调剂交易市场建设
	5. 中小企业社会化服务体系建设
	6. 农、林业社会化服务体系建设

资料来源：国家发展和改革委员会：《西部地区鼓励类产业目录》。

第四节　新疆的农业布局

新疆位于中国西部边陲，是中国与上海合作组织成员国合作的最前沿，也是中国与中亚国家农业合作的最主要承担者和执行者。2007年9月28日下发的国务院第32号文件《关于进一步促进新疆经济社会发展的若干意见》指出，新疆是我国重要的能源资源战略基地，是西部地区经济增长的重要支点，是我国向西开放的重要门户，是我国西北边疆的战略屏障。2010年5月17~19日党中央国务院在北京举行新疆工作座谈会，提出"实现跨越式发展和长治久安"的战略方针，具体要求如下：（1）加快推进以改善民生为重点的社会建设，着力扶持贫困地区发展；（2）加强基础设施和生态环境建设；（3）大力发展特色优势产业；（4）从战略层面扩大新疆内外开放，努力打造我国向西开放的桥头堡；（5）努力提高新疆生产建设兵团综合实力，发挥其在稳疆兴疆中的特殊作用。明确提出新疆经济社会发展的战略重点是：（1）实施以市场为导向的优势资源开发战略；（2）加强薄弱环节的基础能力建设战略；（3）南北互动的区域协调发展战略；（4）面向中亚的扩大对外开放战略。[①]

一　新疆的资源条件和主体功能区[②]

新疆维吾尔自治区发展和改革委员会2013年制定并发布的《新疆维吾尔自

[①] 国务院第32号文件：《关于进一步促进新疆经济社会发展的若干意见》，2007年9月28日下发。

[②] 新疆维吾尔自治区发展和改革委员会：《新疆维吾尔自治区主体功能区规划》，2013年5月15日，http://www.xjdrc.gov.cn/20130515.doc-2014-7-16。

治区主体功能区规划》认为，新疆国土空间具有以下特点：第一，国土面积广阔，人均可利用土地资源丰富，但适宜建设用地面积较少，土地利用空间结构不合理。建设用地开发受水资源约束，且与农业用地、生态用地矛盾突出；第二，水资源总量较丰富，但水资源时空分布不均衡，且利用效率低下，地均水资源匮乏；第三，能源和矿产资源丰富，但利用效率低下；第四，生态类型多样，生态系统极度脆弱，受损严重，生态服务功能退化；第五，环境质量总体良好，局部地区环境容量轻度超载，环境问题开始显现；第六，自然灾害频发，灾害威胁性较大。

新疆土地总面积中，山地占 38.7%，平原占 38.7%，沙漠占 21.3%，湖、塘、水库等水源占 0.4%。境内地貌总轮廓是"三山夹两盆"。北部有阿尔泰山，南部有昆仑山，中部横亘天山山脉。阿尔泰山与天山中间（俗称北疆）为准噶尔盆地，其间有古尔班通古特沙漠（中国第二大沙漠）；天山与昆仑山中间（俗称南疆）为塔里木盆地，其间有塔克拉玛干沙漠（中国第一大沙漠）。沙漠和戈壁构成荒漠系统，山脉和盆地构成山盆体系，高山冰雪融水形成的河流和湖泊在山盆体系内发育出绿洲系统。山地系统、绿洲系统和荒漠系统相互作用，形成新疆干旱区典型的"山地－绿洲－荒漠"生态系统。

新疆远离海洋，三面环山，属典型的大陆性干旱气候，具有夏季干热、冬季寒冷、干燥少雨、蒸发强烈、冷热悬殊、日较差大、日照时间长、光资源丰富等鲜明特征。其中，北疆为温带大陆性干旱气候，南疆为暖温带大陆性干旱气候。新疆降水少且分布不均，全疆年均降水量 147 毫米，其中北疆平原地区约为 277.3 毫米，南疆仅为 66.2 毫米左右。全疆年均蒸发量 1000～4500 毫米，比中国同纬度地区高 500～1000 毫米。全年日照 2600～3600 小时，是中国日照时数最多的地区之一。

新疆水资源总量丰富，水源主要来自高山融雪和山区降水。（2001 年）全疆地表水平均年径流量 882 亿立方米（径流年均变幅小于 20%），其中境内产流 794 亿立方米，国外来水 88 亿立方米，出区水量 244 亿立方米（其中出境水量 240 亿立方米，流入青海省 4 亿立方米），地下水可采储量 252 亿立方米（占全国地下水资源总量的 7%，居全国第六位）。全疆共有国际河流 48 条，与周边相邻七国（俄罗斯除外）均存在跨界河流关系。境内有塔里木河、伊犁河、额尔齐斯河、乌伦古河等多条大型河流，有博斯腾湖、布伦托海、艾比湖、赛里木湖和天池等多个湖泊。河流径流量随季节变化较大，水资源在空间上北部多于南部、西部多于东部，水资源时空分布不均衡导致新疆存在季节性缺水或区域性缺水问题。

根据 2011 年 9 月 23 日新疆维吾尔自治区党委、自治区政府印发的《关于监会水利改革发展的意见》，计划至"十二五"末，全疆经济社会年用水总量控制在 515 亿立方米以内，万元国内生产总值和万元工业增加值用水量分别降低到 875 立方米和 55 立方米，灌溉水利用系数提高到 0.52 以上，农业用水比重下降到 93% 以下。①

新疆地域辽阔，土地资源丰富，可垦荒地资源约 7 万平方千米，其中宜农

---

① 另据中国工程院院士侯立安 2012 年 8 月 15 日在新疆资源环境与发展高端学术研讨会上所做《新疆可持续发展水资源面临的挑战及对策》报告，新疆多年人均水资源量为 4698 立方米，是全国人均数的 2.27 倍。2010 年新疆水资源量为 1113.1 亿立方米，约占全国的 3.6%，人均水资源量为 5125.2 立方米，是全国人均数的 2.22 倍，属丰水年。但新疆水资源时间分布不均匀，大多数河流年内季节变化悬殊。新疆水资源空间分布也不均衡，2011 年全区平均降水量 217.6 毫米，北疆、南疆和东疆地区分别为 299.7 毫米、142.5 毫米和 36 毫米，北疆地区和东疆地区相差 8 倍多。新疆国土面积虽为全国的 1/6，但水资源总量不足全国的 1/25，并且新疆万元 GDP 用水量高于全国水平。2010 年，新疆万元 GDP 用水量约为全国水平的 6.6 倍。《中国工程院院士侯立安建言新疆水资源》，亚心网，2012 年 8 月 16 日，http：//news. iyaxin. com/content/2012 - 08/16/content_ 3583045. htm。

2014 年 7 月 24 日，新疆维吾尔自治区人大常委会副主任董新光在自治区第十二届人大常委会第九次会议上，在做关于检查《自治区地下水资源管理条例》实施情况的报告时介绍说：2012 年新疆经济社会用水总量 590 亿立方米，水资源开发利用程度达到 71%，超出了国际认定的 40% 警戒线。除伊犁、阿勒泰两地外，其他地区的地表水开发利用率为 76.5%，地下水开采率 73.1%，其中东疆达 164.8%，属区域性地下水严重超采区；北疆达 98.5%，属区域性超采区；南疆为 49%。对新疆来讲，关键是建立水资源开发利用的控制红线，严格实行用水总量控制，新疆红线确定的地下水开采量为 75 亿立方米，而全疆地下水实际开采量从 2006 年的 57 亿立方米增加到 2012 年的 111 亿立方米。导致地下水严重超采的一个原因还在于：水资源的经济杠杆作用发挥不够，全疆平均水价仅为 0.047 元/立方米，仅达到 2010 年供水成本的 31%，低水价导致了水资源的极大浪费，最终影响到水资源的优化配置和高效利用。《新疆水资源开发利用超国际警戒线 地下水开采年增 11 亿立方米》，亚心网，http：// xj. people. com. cn/n/2014/0725/c188514 - 21773443. html。

中国工程院 2011 年 11 月 16 日召开《新疆可持续发展中有关水资源的战略研究》项目研究成果发布会。该成果认为，与世界同类干旱区相比，新疆水资源相对丰富，可支持社会经济的可持续发展。但目前，新疆水利建设过程中，存在着水资源过度开发、用水效益低等诸多问题。其中，无序开荒、灌溉面积过度扩张造成农业用水量过大、用水比例过高，是新疆水资源开发利用过度的根本原因。报告建议：1. 新疆的耕地政策应与其他省、市、自治区不同，其耕地总量需适当压缩，不宜作为国家粮食基地；2. 新疆农业发展应采取扎实措施，推进现代化农业建设，将农业节水工程作为重大水利基础设立项；3. 新疆应全面有序地安排水利建设，水利工程建设应向南疆三地倾斜，并在部分地区进行农业用水的水权置换，以推进工业化和城市化进程。《中国工程院新疆水资源战略研究成果发布》，新民网，http：// cqcb. com/cbnews/instant/2010 - 11 - 18/476693. html。

荒地有 4.87 万平方千米，占全国宜农荒地的 13.8%，扩大耕地有可靠的土地资源保证。现有耕地 4.12 万平方千米，人均占有耕地 3 亩（0.2 公顷），为全国人均水平的两倍多。草原面积大，草地类型多，人均占有草地 51 亩（3.4 公顷），为全国平均值的 16.3 倍。

新疆境内地质构造复杂，地层齐全，是我国矿产资源最为丰富的省区之一。其矿产种类多，资源储量大，人均拥有量较大。目前发现的矿产有 138 种，约占全国总数的 80%，探明储量的有 83 种，保有储量居全国首位的有 6 种，居前十位的有 41 种。石油、天然气、煤、铁、铜、金、铬、镍、稀有金属、盐类矿产、建材非金属等蕴藏丰富。据全国第二次油气资源评价，新疆石油预测资源量 208.6 亿吨，占全国陆上石油资源量的 30%；天然气预测资源量 10.3 万亿立方米，占全国陆上天然气资源量的 34%；煤炭预测储量 2.19 万亿吨，占全国预测储量的 40%。

新疆动植物资源较丰富，即使在自然条件十分严酷恶劣的干旱荒漠生态环境中，仍有多种独特的珍稀荒漠动、植物物种分布。疆内分布的脊椎动物近 700 种，约占全国种类的 11%，共有国家重点保护动物 116 种，约占全国保护动物的 1/3。疆内分布的高等植物有 3500 多种，森林资源有乔、灌木等 140 种。新疆物种多样性从其特殊性、复杂性来说，是我国生物多样性中非常重要的组成部分。

新疆自然灾害种类较多，分布较广泛，发生较频繁，季节性明显，灾害共生性和伴生性较显著。主要的灾害包括地震、洪水、冰雹、风灾、干旱、雪灾、风沙、霜冻、冷害、干热风等，以及病虫害、鼠害、草害等次生灾害，这对新疆的生态环境产生了一定的威胁，也给农业、牧业生产造成较大损失。

在综合考虑上述自然条件基础上，新疆将区内国土空间分为三大主体功能区：一是"一核两轴多组团"城镇化战略格局，即以乌昌为核心，以南北疆铁路和主要公路干线为发展轴，以城镇组团为支撑的城镇化战略格局；二是"三屏两环"为主体的生态安全战略格局，即以阿尔泰山地森林、天山山地草原森林和帕米尔—昆仑山—阿尔金山荒漠草原为屏障，以环塔里木和准噶尔两大盆地边缘绿洲区为支撑，以点状分布的省级以上自然保护区域、重点风景区、森林公园、地质公园、重要水源地以及重要湿地组成的生态格局；三是"天北和天南两带"农业战略格局，即以天山北坡、天山南坡为主体，以基本农田为基础、以林牧草地为支撑的农业生产格局，共涉及 23 个县市，总面积41.4266 万平方千米，占全区国土总面积的 24.89%。其中，天山北坡主产区涉及 13 个县市，这些农产品主产区县市的城区或城关镇及其境内的重要工业园区是国家级重点开发区域，但这些县市以享受国家农产品主产区的政策为主。天山南坡主产区涉及 10 个县市，这些农产品主产区县市的城区或城关镇和重要工业园区是自治区级的重点开发区域，但这些县市以享受国家农产品主产区的政策为主（见表 8 - 4）。

表 8 - 4　新疆农产品主产区范围

级别	区域	覆盖范围	主要目标任务
国家级	天山北坡主产区	23.4643 万平方千米,涉及 13 个县市:霍城县*、察布查尔县*、伊宁县*、精河县*、沙湾县*、玛纳斯县*、呼图壁*、吉木萨尔县*、奇台县*、吐鲁番市*、鄯善县*、托克逊县*、哈密市*	1. 建设以优质专用小麦、优质蛋白玉米、水稻、豆类为主的粮食产业带 2. 优质棉花产业带 3. 以葡萄、枸杞、小浆果、苹果和其他时令果品为主的特色林果产品产业带 4. 以肉牛、肉羊、奶牛、生猪、家禽为主的畜产品产业带 5. 以加工番茄、枸杞、酿酒葡萄等为主的区域特色农产品产业带
	天山南坡主产区	17.9623 万平方千米,涉及 10 个县市:库尔勒市*、尉犁县*、轮台县*、库车县*、拜城县*、新和县*、沙雅县*、阿克苏市*、温宿县*、阿拉尔市*	1. 建设以香梨、红枣、核桃、葡萄、巴旦木、酸梅、苹果、杏等为主的特色林果产品产业带 2. 优质棉花产业带 3. 以小麦为主的粮食产业带 4. 以肉牛、肉羊、奶牛、家禽为主的畜产品产业带 5. 以加工番茄、红花、色素辣椒、芳香植物等为主的区域特色农产品产业带

注：标注 * 的县市，在计算其面积与人口时，扣除县城关镇（或市建成区）以及重要工业园区的面积和人口。

资料来源：新疆维吾尔自治区发展和改革委员会《新疆维吾尔自治区主体功能区规划》，2013 年 5月 15 日，http：//www.xjdrc.gov.cn/20130515.doc - 2014 - 7 - 16。

从自然条件看，新疆具有发展农业的有利条件和潜力。其耕地、水资源、日照等独特的自然生态环境孕育了多样性的农作物品种资源，在国内外市场上具有竞争优势的农产品有 100 多种。葡萄、哈密瓜、番茄、啤酒花、枸杞等特色农产品以特有的品质饮誉国内外，是全球最适合番茄生长的地区之一。与此同时，新疆不利于农业发展的主要因素是生态环境脆弱，以及沙尘、大风、干旱、洪害、雪灾、寒流霜冻、病虫害等自然灾害频发，对农业生产造成极大损失。绿洲经济区占全区国土总面积不到 10%；森林覆盖率仅 4.02%；沙化土地面积已占全区国土总面积的 40% 以上；每年有 900 多万亩农田遭受风沙危害；虽然地下水可开采量为 153 亿立方米，但地下水天然补给量仅为 44 亿立方米。

从经济地理条件看，新疆具有发展农业国际合作的潜力。全疆共与 8 个国家接壤，边境线长达 5600 多千米，约占中国与邻国边境线总长度的 1/4，是中国与中西亚连接的陆上大通道和枢纽核心，目前，已有 17 个一类口岸对外开放。与此同时，新疆当前农业竞争能力相对较弱。从国内市场看，新疆远离东部农副产品消费发达省区，陆路交通距离内地中心消费城市都在 3000 千米以上，农副产品运输成本高，市场半径过大严重限制农产品销售，造成的损耗也很大。从国外市场看，目前农产品进口关税已降到较低水平，国外农产品进口压力加大，农产品出口面临的贸易摩擦增多，技术壁垒增强。另外，新疆尚未与周边国家建立农副产品绿色通道或签订农副产品贸易协议，限制新疆农副产品大量进入中亚市场。

截至 2012 年底，新疆的农业生产格局表现在以下几个方面：（1）面积超 200 万亩以上的粮食主产区 5 个，100 万亩以上的棉花主产区 5 个，15 万亩以上的油料主产区 4 个；（2）设施农业异军突起，反季节蔬菜、瓜果、食用菌、花卉等设施农业初具规模，2010 年面积达到 108.9 万亩，比 2005 年增加 1 倍多；（3）以酿酒葡萄、啤酒花、枸杞、红花、番茄、甜菜、油葵、亚麻等为主导产品的优势特色农产品在全国占有重要的份额；（4）已形成若干区域性优质高产特色产业带，成为国内外极具竞争力的无公害、绿色、有机农产品加工出口基地，其中番茄酱产量占全国总产量的 90%，占世界产量的 20%，出口量占国际贸易量的 1/4；红花种植面积和产量均占全国 60% 以上，啤酒花和枸杞产量分别占全国总产量的 70% 和 50% 以上。

二　新疆的农业发展规划[①]

根据《新疆维吾尔自治区农业（种植业）"十二五"发展规划》《新疆维吾尔自治区现代畜牧业"十二五"发展规划》《新疆维吾尔自治区农产品加工业"十二五"发展规划》，新疆农业在"十二五"期间的主要任务体现在以下几个方面。

一是种植业要坚持"区内平衡，略有结余"的方针，稳定发展粮食生产，加快国家粮食安全后备基地建设，提高粮食安全保障能力，提高粮食综合生产能力和加工转化能力，促进粮食生产能力稳定增长。目标是建设"五大基地"（粮食基地、优质棉基地、油料基地、甜菜基地、特色农产品基地），发展设施农业（大棚种植）、特色农业（甜瓜、辣椒、番茄、籽瓜、亚麻、香料）和外向型农业。

二是畜牧业要围绕构建现代畜牧产业体系和改善草原生态，以"四带三区"七大优势产业（即奶牛优势产业带、肉牛肉羊优势产业带、细毛羊优势产业带、优质牧草产业带、生猪产业区、家禽产业区、特色养殖产业区）、六大支撑体系、民生改善和草原生态建设为重点，构建现代畜牧业产业体系，因地制宜地推进都市城郊型、绿洲平原规模经营型、沿边口岸外向型等现代畜牧业生态区建设。

三是农产品加工业要按照"政府搭台、企业唱戏、市场运作、各方支持"的思路，以区外、国外市场为战略方向，以名优特新、精深加工农产品为战略重点，以展销会为重要形式，推动自治区林果、棉花、畜禽、特色农产品等大宗农产品长期稳定进入国内外大市场，将新疆建设成为面向国内外市场的特色农产品加工基地、西北地区农产品及加工品向西出口的集散地，和面向中亚、南亚、西亚乃至欧洲国家的区域性农产品贸易中心。其中，国内市场以北京、上海、广州为中心，辐射华北、东北、华东、华南以及港澳台、东南亚地区；国外市场主攻中亚和俄罗斯，以林果、蔬菜、花卉产品以及设施农业生产的其

① 新疆维吾尔自治区发展和改革委员会：《新疆维吾尔自治区农业（种植业）"十二五"发展规划》，《新疆维吾尔自治区现代畜牧业"十二五"发展规划》，《新疆维吾尔自治区农产品加工业"十二五"发展规划》，http://www.xjdrc.gov.cn/second.jsp?urltype=tree.TreeTempUrl&wbtreeid=10487。

他特色农产品为突破口。

具体目标任务和生产布局主要表现在以下几个方面。

第一，确保粮棉等主要农产品有效供给，主要农产品供应保持平稳增长。计划到2015年，粮食播种面积3000万亩，平均单产450千克/亩，生产能力保持在1350万吨，其中优质小麦面积稳定在1500万亩，单产400千克以上，产量达到600万吨以上；玉米种植面积扩大到1200万亩，单产600千克以上，产量达到720万吨以上，玉米精深加工企业大幅度提高附加值，订单玉米面积达到200万亩；棉花播种面积稳定在2000万亩左右，平均单产130千克/亩以上，比2010年增长近5%，总产260万吨以上，保持300万吨棉花生产能力；油料播种面积达到450万亩，产量达到75万吨；甜菜种植面积根据市场需求达到160万~180万亩，年生产甜菜640万~720万吨以上，制糖80万~90万吨。

第二，优化种植生产结构和品种结构。（1）重点发展自治区产粮大县和伊犁河谷流域国家新增千亿斤粮食工程，加大优质小麦生产比重；（2）南疆以棉花、设施农业、瓜果和特色园艺生产为重点；（3）北疆沿天山一带以棉花、加工番茄、设施蔬菜为发展重点，继续围绕畜牧业发展调优粮食产业结构；（4）东疆吐哈盆地以葡萄、哈密瓜、设施蔬菜为发展重点；（5）伊犁、塔额盆地、阿勒泰等区域以优质小麦、玉米、杂豆、设施蔬菜和籽用瓜为发展重点；（6）北疆五地州冷凉区域和拜城、乌什县的花芸豆、鹰嘴豆等杂豆生产；（7）北疆昌吉州、伊犁州、塔城地区、阿勒泰地区、哈密地区等地（州）优势啤酒大麦产区；（8）做大做强国家优质棉生产基地；（9）发展特色农业和设施农业，重点发展加工番茄、精细蔬菜、啤酒花、红花等特色农产品，建设环塔里木优势林果主产区，吐哈盆地、伊犁河谷、天山北坡特色林果基地。

第三，推进现代优质畜产品基地建设。其中，奶牛产业带以天山北坡、伊犁河谷、塔额盆地、焉耆盆地、额尔齐斯河流域以及哈密地区为重点；肉牛肉羊产业带以南疆铁路沿线、天山北坡、伊犁河流域、额尔齐斯河流域、塔额盆地为重点；细毛羊产业带以伊犁州直、塔城地区、博州、昌吉州、阿克苏地区、巴州为重点；生猪产业区以天山北坡、昌吉州东部至哈密地区、伊犁河谷、塔额盆地、焉耆盆地、库尔勒市至阿克苏市、喀什市、克拉玛依市为重点；家禽产业区以乌鲁木齐市、昌吉州、伊犁州直、博州、巴州、阿克苏地区、喀什地区、和田地区为重点；绒山羊产业区以阿勒泰地区、塔城地区、阿克苏地区为重点；毛驴产业区以和田地区、喀什地区、阿克苏地区和巴州为重点；马产业区以伊犁州、昌吉州、阿勒泰地区、塔城地区和哈密地区的部分县市为重点；牦牛产业区以巴州、克州和喀什地区昆仑山区为重点；马鹿产业区以伊犁州、昌吉州、巴州和阿勒泰地区为重点；养蜂业以伊犁州直、阿勒泰地区、巴州为重点；优质牧草产业带以天山北坡、伊犁河谷、塔额盆地、焉耆盆地、阿勒泰山南坡、吐鲁番盆地为重点。

第四，扩大农业对外交流合作领域。充分发挥新疆得天独厚的地理优势和资源优势，积极面向国际、国内两个市场，以哈萨克斯坦、吉尔吉斯斯坦、塔吉克斯坦、巴基斯坦、土库曼斯坦为中心目标市场，以伊犁、塔城、阿勒泰、喀什、巴州、吐鲁番为发展重点，加快设施蔬菜和花卉等农产品出口基地建设、物流通道建设和市场信息网络建设，大力推进现代化、规模化、标准化和集约化的外向型农业发展新模式，将新疆建设成面向中亚最大的农副产品生产、加工、贸易和集散中心。同时，新疆逐步在国内外形成优势互补、长期稳定的营销网络，具体包括以下几个方面：（1）哈萨克斯坦中亚展示中心项目。依托哈萨克斯坦塔拉兹友谊批发市场建立新疆农产品哈萨克斯坦中亚展示中心。（2）喀什市建设大型农产品批发市场，使其成为中南亚地区主要农产品集散中心。（3）霍尔果斯国际农产品批发市场，使其成为西北地区农产品东进西出的重要集散地。（4）北疆外销农副产品批发交易市场（依托乌鲁木齐北园春农产品中心批发市场），使其成为西北地区最大外销农产品采购中心。

第九章　中国与上合组织其他成员[*]的农业合作潜力

为研究某国农产品的国际竞争力、分析影响农产品进出口贸易波动的因素，学界通常采用六种经济模型。

一是 1965 年由巴拉萨（Balasa）提出的显性比较优势法（RCA：Revealed Compartive Advantage），指一个国家某种商品的出口值占该国出口总值的份额与世界此种商品出口值占世界出口总值的份额的比率，用以衡量该产品在国际贸易中的比较优势地位。

$$显性比较优势指数 = \frac{该国某商品出口值／该国出口总值}{某商品世界出口总值／世界出口总值}$$

二是全球贸易分析模型（GTAP：Global Trade Analysis Project）。由美国普渡大学教授托马斯 W. 博特（Thomas W. bertel）领导的"全球贸易分析计划"发展而来，是多国多部门的一般均衡模型。该模型将个别国家或地区的生产、消费、政府支出等子模型折算成参系数，通过量化数据描绘各国贸易关系。

三是名义保护系数（NPC：Nominal Protection Coefficient），指一国某商品国内价格与世界参考价格的比率，通过衡量国内价格与国际价格的偏差，确定某一产品的出口国际竞争力。其计算公式是：pci = Pid／lib × ER，其中 pci 表示 i 国某种商品的名义保护率，Pid 表示 i 国以本币表示的某一商品的国内价格，lib 表示以国际货币表示的某一产品的世界参考价格，ER 表示汇率。NPC 小于 1，表明本国某一商品在国际上具有竞争力；NPC 大于 1，表明该

---

[*] 本章中的"上海合作组织其他成员"包括除中国外的其他五个正式会员，还包括五个观察员和三个对话伙伴国，也包括土库曼斯坦。虽然土库曼斯坦不是上合组织成员，但该国地处中亚，是中国与中亚国家经济合作的重要一环，考虑到未来中国将与整个中亚地区开展农业合作，因此在分析计算时也将土库曼斯坦涵盖进来。

商品缺乏国际竞争力。

$$名义保护系数（NPC）= \frac{某商品的国内价格}{某商品的国际市场价格 \times 汇率}$$

四是贸易特化系数（TSC：Trade Specialization Coefficient），也称"贸易竞争优势指数"（TC：Trade Competitive Index）。计算公式为：sci =（Xi－Mi）/（Xi＋Mi），其中，sci 表示 i 产品的贸易特化系数，Xi、Mi 分别表示 i 产品的出口额和进口额。通过测量某产品的净出口比率，贸易特化系数反映世界市场上，同一种商品，本国相对于他国的竞争优势程度。

$$贸易特化系数（TSC）= \frac{出口额－进口额}{出口额＋进口额} = \frac{某商品的净出口}{某商品的进出口总额}$$

五是恒定市场份额模型（CMS：Constant Market Share Model）。1951 年由泰森斯基（Tyszynski）提出，后经多名学者多次修改完善，现被广泛用于分析出口贸易波动和产品出口竞争力，如农产品贸易、纺织品贸易等。该模型假定某种出口商品的国际竞争力不变，则其市场份额也保持不变；某商品出口额的变化，通常由于贸易规模、商品结构、竞争力等因素变化引起；通过研究某种商品的市场份额，可以推测该商品的国际竞争力。"虽然出口市场份额的变化不完全取决于竞争力的变化，但相对于国际市场而言，恒定市场份额模型（CMS）能够提供一个国家产品竞争力变化的可以接受的测度。"[1]

六是 GM（1，1）模型（grey model）。该模型是比较经典的灰色预测模型之一，属于一阶一个变量的灰微分方程模型，多用于近期、短期和中长期前景评估，预测未来某一时刻的特征量，或达到某一特征量的时间。

本章将借助三个经济模型，分析中国与上合组织其他成员的农业合作情况：一是贸易特化系数（TSC），分析中国农产品的比较优势；二是恒定市场份额模型（CMS），分析影响中国向上合组织其他成员出口农产品的因素；三是 GM（1，1）模型，预测 2020 年前中国与上合组织其他成员间的农产品贸易规模。

---

① 陈继勇、姚爱萍：《农产品国际竞争力研究文献综述》，《商贸流通》2014 年第 2 期；宗成峰：《我国农产品贸易逆差及其形成因素分析》，《农业经济导刊》2008 年第 1 期。

本章各模型使用的原始数据均采自联合国统计署"商品贸易统计数据库"（UN comrade），农产品类别依照《商品名称及编码协调制度的国际公约》确定的海关商品编码（HS: International Convention for Harmonized Commodity Description and Coding System），分为四大类。

第一类：活动物；动物产品

第二类：植物产品

第三类：动、植物油、脂及其分解产品；精制的食用油脂；动、植物蜡

第四类：食品；饮料、酒及醋；烟草、烟草及烟草代用品的制品

通过模型计算可知，中国与上合组织其他成员的农业生产资源和农业生产结构互补性较强。上合组织区域内各国的农产品供给品种相差不大，但自给水平差别明显，各国的农产品比较优势和贸易结构基本上反映各国农业资源禀赋特征。中国主要出口劳动密集型产品，进口大宗农产品等土地密集型产品。其他上合组织成员主要出口土地密集型产品，进口劳动密集型农产品。这种互补性为双方开展深层次农业合作提供良好契机，同时也有利于拉动中国农产品出口。2008~2012年，中国对上合组织其他成员的农产品出口额呈增长趋势，年均增长9.13%。预计2020年前仍将保持增长态势，到2020年，中国对上合组织其他成员的农产品出口额预计达到178.8319亿美元，该数额是2012年的5.68倍。

与此同时，中国对上合组织其他成员的农产品出口也存在若干障碍，包括中国农产品的市场竞争力较弱、农产品出口品种结构与上合组织其他成员的农产品进口结构匹配度不高等。当前，上合组织其他成员主要进口第一类、第二类和第四类农产品，而中国主要出口第二类农产品和第四类农产品。

第一节　基于贸易特化系数的模型（TSC）

贸易特化系数的数值介于 -1 和 1 之间。从 -1 到 1 的上升运动，反映从净进口到净出口的变化过程，从 1 到 -1 的下降运动，反映从净出口到净进口的变化过程。如某种产品的贸易特化系数为 0，表示该产品进出口平衡，此类商品竞争力与国际水平相当。如系数为正值，表明该类产品出口大于进口，越接近 1，越说明该产品的出口额大于进口额，产品的国际竞争力就越强。系数

为负值，表示该产品进口大于出口，越接近 -1，越说明该种产品的进口额大于出口额，产品的国际竞争力就越弱（见表9-1）。

表9-1　贸易特化系数通常代表的意义

-1 ←——某产品的进口大于出口				某产品的出口大于进口——→1		
TSC < -0.8	-0.8 ≤ TSC < -0.5	-0.5 ≤ TSC < 0	0	0 ≤ TSC < 0.5	0.5 ≤ TSC < 0.8	0.8 ≤ TSC
产品的比较劣势大	产品的比较劣势较大	产品的比较劣势较小	进出口平衡，本国竞争力处于世界平均水平	产品竞争力较低或比较优势较小	产品竞争力较强或比较优势较大	产品竞争力强或比较优势大

本节选取 2008～2012 年中国自身以及中国与上合组织其他成员的农产品进出口贸易数据，计算得出以下结论。

一　中国农产品的比较优势

从 2008～2012 年中国农产品贸易特化系数可知：（1）第一类农产品，进出口基本趋于平衡，虽略有优势，但不明显；（2）第二类农产品，出口劣势呈现逐步加大趋势；（3）第三类农产品基本处于纯进口状态；（4）第四类农产品的出口优势逐渐减小；（5）从整个农产品进出口情况看，进口数量逐渐加大，农产品对外依赖度逐渐增加，农产品安全问题逐渐凸显，需要保障基本农田面积，确保最低耕地面积"红线"，同时大力发展农业技术，促进农业增产增收（见表9-2）。

表9-2　2008～2012 年中国各类农产品的贸易特化系数

	2008 年	2009 年	2010 年	2011 年	2012 年
第一类	0.08	0.17	0.13	0.09	0.06
第二类	-0.39	-0.35	-0.35	-0.36	-0.45
第三类	-0.89	-0.92	-0.91	-0.91	-0.92
第四类	0.50	0.43	0.34	0.31	0.31
总　计	-0.13	-0.10	-0.13	-0.14	-0.19

资料来源：模型的原始数据来自联合国统计署"商品贸易统计数据库"（UN comrade）。表中数据根据计算所得。

二 中国相对上合组织其他成员的农产品比较优势

尽管中国农产品整体对外依赖程度越来越大，但具体到不同国家，农产品进出口的比较优势差异很大。从 2008～2012 年中国与上合组织其他成员（包括正式成员国、观察员国和对话伙伴国及土库曼斯坦）的农产品贸易特化系数可知：（1）中国与上合组织其他成员的农产品贸易整体处于均衡状态，说明双方的农产品贸易还有很大的上升空间；（2）与上合组织其他成员相比，中国的第二类和第四类农产品具有一定的比较优势，也是中国向上合组织其他成员出口最多的农产品，但第二类农产品的出口优势在减弱，第四类农产品的优势逐渐增强；（3）与上合组织其他成员相比，中国的第一类和第三类农产品具有比较劣势，也是中国从上合组织其他成员进口最多的农产品，其中第一类农产品的依赖程度逐渐减弱，第三类农产品的依赖程度逐渐增强（见表 9 - 3）。

表 9 - 3　2008～2012 年中国与上合组织其他成员的农产品贸易特化系数

	2008 年	2009 年	2010 年	2011 年	2012 年
第一类	- 0.84	- 0.75	- 0.73	- 0.75	- 0.70
第二类	0.59	0.70	0.52	0.54	0.31
第三类	- 0.28	- 0.84	- 0.84	- 0.84	- 0.88
第四类	0.41	0.48	0.36	0.46	0.64
总　计	- 0.01	0.02	- 0.02	- 0.01	0.00

资料来源：模型的原始数据来自联合国统计署"商品贸易统计数据库"（UN comrade）。表中数据根据计算所得。

三 中国与中亚五国的农产品比较优势

从 2008～2012 年中国与中亚国家的农产品贸易特化系数可得出以下结论。

（1）与哈萨克斯坦相比，中国农产品的比较优势明显。但第一类农产品的比较优势逐渐增大，第二类、第三类和第四类农产品的比较优势出现减小趋势（见表 9 - 4）。

（2）与吉尔吉斯斯坦相比，中国农产品具有较大优势。其中，第一类和第三类农产品具有绝对优势，第二类和第四类优势也较大，但第二类的比较优势逐渐减小，第四类的绝对优势逐渐增大（见表9-5）。

（3）与塔吉克斯坦相比，中国农产品比较优势总体明显。具体来看，第一类、第三类和第四类农产品几乎具有绝对优势，虽然第二类的绝对优势逐渐减弱，但优势仍然比较明显（见表9-6）。

（4）与乌兹别克斯坦相比，中国农产品具有一定比较优势，且呈逐渐加大趋势。其中，第一类、第三类和第四类农产品具有绝对优势，第二类具有相对比较优势，出现过波动，但总体依然有优势。第二类也是中乌两国贸易量最大的农产品（见表9-7）。

（5）与土库曼斯坦相比，中国农产品处于比较劣势。具体来看，第一类、第三类和第四类农产品具有绝对优势，第二类农产品具有比较劣势，且劣势较大。从进出口数量来看，主要是第二类农产品贸易额较大，且进口大于出口，使中国与土库曼斯坦的农产品进出口整体处于比较劣势（见表9-8）。

表9-4　2008~2012年中国与哈萨克斯坦的农产品贸易特化系数

	2008年	2009年	2010年	2011年	2012年
第一类	0.09	0.07	0.21	0.46	0.49
第二类	0.91	0.94	0.73	0.89	0.69
第三类	0.95	1.00	1.00	1.00	0.31
第四类	1.00	0.97	0.93	0.98	0.95
总　计	0.91	0.91	0.76	0.90	0.75

资料来源：模型的原始数据来自联合国统计署"商品贸易统计数据库"（UN comrade）。表中数据根据计算所得。

表9-5　2008~2012年中国与吉尔吉斯斯坦的农产品贸易特化系数

	2008年	2009年	2010年	2011年	2012年
第一类	1.00	1.00	1.00	1.00	1.00
第二类	0.97	0.96	0.95	0.98	0.86
第三类	1.00	1.00	1.00	1.00	1.00
第四类	0.41	0.89	0.96	0.99	0.98
总　计	0.95	0.98	0.98	0.99	0.96

资料来源：模型的原始数据来自联合国统计署"商品贸易统计数据库"（UN comrade）。表中数据根据计算所得。

表 9 – 6 2008～2012 年中国与塔吉克斯坦的农产品贸易特化系数

	2008 年	2009 年	2010 年	2011 年	2012 年
第一类	1.00	1.00	1.00	1.00	1.00
第二类	1.00	1.00	0.84	0.91	0.79
第三类	1.00	1.00	0.00	1.00	1.00
第四类	1.00	1.00	1.00	1.00	1.00
总　计	1.00	1.00	0.87	0.94	0.88

资料来源：模型的原始数据来自联合国统计署"商品贸易统计数据库"（UN comrade）。表中数据根据计算所得。

表 9 – 7 2008～2012 年中国与乌兹别克斯坦的农产品贸易特化系数

	2008 年	2009 年	2010 年	2011 年	2012 年
第一类	1.00	1.00	1.00	1.00	1.00
第二类	0.33	0.42	0.12	0.15	0.43
第三类	1.00	1.00	1.00	1.00	1.00
第四类	1.00	1.00	1.00	1.00	1.00
总　计	0.41	0.47	0.25	0.31	0.51

资料来源：模型的原始数据来自联合国统计署"商品贸易统计数据库"（UN comrade）。表中数据根据计算所得。

表 9 – 8 2008～2012 年中国与土库曼斯坦的农产品贸易特化系数

	2008 年	2009 年	2010 年	2011 年	2012 年
第一类	1.00	1.00	1.00	1.00	1.00
第二类	− 0.59	− 0.76	− 0.80	− 0.62	− 0.56
第三类	1.00	1.00	0.00	0.00	0.00
第四类	1.00	1.00	1.00	1.00	1.00
总　计	− 0.37	− 0.68	− 0.68	− 0.32	− 0.32

资料来源：模型的原始数据来自联合国统计署"商品贸易统计数据库"（UN comrade）。表中数据根据计算所得。

四　中国与俄罗斯的农产品比较优势

从 2008～2012 年中国与俄罗斯的农产品贸易特化系数可知：（1）总体看，中国与俄罗斯的农产品贸易基本均衡，中国有微弱优势，且逐渐加大；（2）中国的第一类农产品处于比较劣势，但劣势逐渐降低；（3）中国的第二类、第三类和第四类农产品具有比较优势，且优势明显，但第三类的比较优势呈逐渐降低趋势，第四类的比较优势呈逐渐加大趋势（见表 9 – 9）。

表9－9　2008～2012年中国与俄罗斯的农产品贸易特化系数

	2008 年	2009 年	2010 年	2011 年	2012 年
第一类	－0.88	－0.76	－0.75	－0.78	－0.73
第二类	0.94	0.86	0.96	0.97	0.71
第三类	0.99	0.97	1.00	0.90	0.50
第四类	0.81	0.77	0.74	0.86	0.84
总　计	0.00	－0.07	0.02	0.05	0.08

资料来源：模型的原始数据来自联合国统计署"商品贸易统计数据库"（UN comrade）。表中数据根据计算所得。

五　中国与上海合作组织观察员国的农业比较优势

从 2008～2012 年中国与上合组织观察员国的农产品贸易特化系数可得出以下结论。

（1）与蒙古相比，中国农产品比较优势虽明显，但逐年降低。其中，第一类农产品的贸易特化系数波动较大，2008 年、2009 年和 2012 年具有比较优势，但 2010 年和 2011 年具有比较劣势。第二类农产品的比较优势 2008～2010 年逐步加大，但 2010～2012 年又大幅下降。第三类农产品始终具有绝对比较优势。第四类农产品的比较优势也较明显，但略有下降趋势（见表 9－10）。

（2）与印度相比，中国农产品基本处于比较劣势，且劣势明显。其中，第一类和第三类农产品几乎处于完全比较劣势。第二类农产品贸易量波动较大，从 2008 年处于比较劣势，到 2009～2010 年具有比较优势，再到 2011～2012 年处于比较劣势。第四类农产品的贸易特化系数波动也较大，从 2008～2011 年处于比较劣势到 2012 年扭转为具有一定比较优势（见表 9－11）。

（3）与巴基斯坦相比，中国农产品总体具有比较优势，但优势从逐渐增强变到逐渐减弱。其中，第一类农产品具有比较劣势，且劣势明显。第二类农产品从比较优势明显到逐渐减弱。第三类农产品比较优势明显。第四类农产品略有比较优势，但略有波动（见表 9－12）。

（4）与伊朗相比，除 2010 年处于微弱比较劣势外，中国农产品基本处于比较优势，且优势相对明显。其中，第一类农产品除 2008 年外都具有比较优势，第三类和第四类农产品几乎具有绝对优势，第二类农产品波动相对较大，2008

年和 2010 年处于比较劣势，2009 年、2011 年和 2012 年处于比较优势，但优势不明显（见表 9 - 13）。

（5）与阿富汗相比，中国农产品具有比较优势。其中，第一类和第四类农产品具有绝对优势，第二类农产品波动较剧烈，从优势逐渐增大到逐渐减少，第三类农产品因交易额少而可以忽略（见表 9 - 14）。

表 9 - 10　2008～2012 年中国与蒙古的农产品贸易特化系数

	2008 年	2009 年	2010 年	2011 年	2012 年
第一类	0.77	0.12	− 0.43	− 0.68	0.79
第二类	0.68	0.63	0.89	0.57	0.38
第三类	1.00	1.00	1.00	1.00	1.00
第四类	1.00	1.00	0.97	0.96	0.96
总　计	0.85	0.76	0.76	0.68	0.69

资料来源：模型的原始数据来自联合国统计署"商品贸易统计数据库"（UN comrade）。表中数据根据计算所得。

表 9 - 11　2008～2012 年中国与印度的农产品贸易特化系数

	2008 年	2009 年	2010 年	2011 年	2012 年
第一类	− 0.84	− 0.89	− 0.91	− 0.90	− 0.91
第二类	− 0.15	0.52	0.15	− 0.05	− 0.21
第三类	− 0.57	− 0.97	− 0.97	− 0.98	− 0.97
第四类	− 0.70	− 0.49	− 0.49	− 0.59	0.30
总　计	− 0.54	− 0.22	− 0.46	− 0.53	− 0.48

资料来源：模型的原始数据来自联合国统计署"商品贸易统计数据库"（UN comrade）。表中数据根据计算所得。

表 9 - 12　2008～2012 年中国与巴基斯坦的农产品贸易特化系数

	2008 年	2009 年	2010 年	2011 年	2012 年
第一类	− 0.96	− 0.97	− 0.97	− 0.97	− 0.96
第二类	0.68	0.86	0.81	0.72	0.24
第三类	0.91	1.00	0.86	1.00	1.00
第四类	0.40	0.27	0.03	0.32	0.24
总　计	0.38	0.54	0.43	0.43	0.13

资料来源：模型的原始数据来自联合国统计署"商品贸易统计数据库"（UN comrade）。表中数据根据计算所得。

表 9 – 13 2008 ~ 2012 年中国与伊朗的农产品贸易特化系数

	2008 年	2009 年	2010 年	2011 年	2012 年
第一类	– 0. 15	0. 59	0. 20	0. 42	0. 32
第二类	– 0. 07	0. 48	– 0. 42	0. 16	0. 22
第三类	1. 00	1. 00	1. 00	1. 00	1. 00
第四类	0. 99	0. 99	0. 91	0. 98	0. 98
总 计	0. 19	0. 62	– 0. 05	0. 52	0. 43

资料来源：模型的原始数据来自联合国统计署"商品贸易统计数据库"（UN comrade）。表中数据根据计算所得。

表 9 – 14 2008 ~ 2012 年中国与阿富汗的农产品贸易特化系数

	2008 年	2009 年	2010 年	2011 年	2012 年
第一类	1. 00	1. 00	1. 00	1. 00	1. 00
第二类	0. 33	0. 78	0. 80	0. 94	0. 13
第三类	0. 00	1. 00	0. 00	0. 00	0. 00
第四类	1. 00	1. 00	1. 00	1. 00	1. 00
总 计	0. 49	0. 85	0. 95	0. 98	0. 65

资料来源：模型的原始数据来自联合国统计署"商品贸易统计数据库"（UN comrade）。表中数据根据计算所得。

六 中国与上海合作组织对话伙伴国的农产品比较优势

从 2008 ~ 2012 年中国与上合组织对话伙伴国的农产品贸易特化系数可得出以下结论。

（1）与白俄罗斯相比，中国农产品的比较优势呈逐步降低趋势。其中，第一类农产品比较优势波动明显，第二类逐步从明显比较优势发展为比较劣势，第三类具有绝对比较优势，第四类比较优势十分明显，接近绝对比较优势（见表 9 – 15）。

（2）与斯里兰卡相比，中国农产品总体上具有比较优势，但优势呈逐步降低趋势。其中，第一类农产品从比较优势逐步增强再到逐渐减弱。第二类产品比较优势逐渐减弱。第三类农产品的贸易特化系数波动较大，除 2011 年为比较优势外，其他年份均处于比较劣势，且劣势越来越大。第四类农产品比较优势相对明显，但 2012 年的比较优势较 2011 年下降明显（见表 9 – 16）。

（3）与土耳其相比，中土两国农产品贸易总体上处于均衡状态。除2009年略有劣势外，中国农产品总体略有优势。其中，第一类农产品处于比较劣势，但劣势逐渐减弱。第二类和第三类农产品比较优势明显，但2011～2012年波动幅度较大。第四类农产品比较优势明显，且程度逐渐加大（见表9－17）。

表9－15　2008～2012年中国与白俄罗斯的农产品贸易特化系数

	2008 年	2009 年	2010 年	2011 年	2012 年
第一类	1.00	0.14	0.70	0.95	0.56
第二类	0.96	0.80	0.84	− 0.19	− 0.24
第三类	0.00	1.00	1.00	1.00	1.00
第四类	0.98	0.98	1.00	0.99	0.99
总　计	0.98	0.65	0.87	0.66	0.60

资料来源：模型的原始数据来自联合国统计署"商品贸易统计数据库"（UN comrade）。表中数据根据计算所得。

表9－16　2008～2012年中国与斯里兰卡的农产品贸易特化系数

	2008 年	2009 年	2010 年	2011 年	2012 年
第一类	0.36	0.82	0.83	0.48	0.49
第二类	0.74	0.81	0.64	0.59	0.42
第三类	− 0.39	− 0.05	− 0.25	0.43	− 0.71
第四类	0.94	0.96	0.93	0.98	0.83
总　计	0.74	0.84	0.69	0.67	0.56

资料来源：模型的原始数据来自联合国统计署"商品贸易统计数据库"（UN comrade）。表中数据根据计算所得。

表9－17　2008～2012年中国与土耳其的农产品贸易特化系数

	2008 年	2009 年	2010 年	2011 年	2012 年
第一类	− 0.88	− 0.76	− 0.75	− 0.78	− 0.73
第二类	0.94	0.86	0.96	0.97	0.71
第三类	0.99	0.97	1.00	0.90	0.50
第四类	0.81	0.77	0.74	0.86	0.84
总　计	0.00	− 0.07	0.02	0.05	0.08

资料来源：模型的原始数据来自联合国统计署"商品贸易统计数据库"（UN comrade）。表中数据根据计算所得。

第二节 基于恒定市场份额模型(CMS)

恒定市场份额模型（CMS）的基本公式如下：

$$\Delta p = \sum_i \sum_j S_{ij}^0 \Delta Q_{ij} + \sum_i \sum_j \Delta S_{ij} Q_{ij}^0 + \sum_i \sum_j \Delta S_{ij} \Delta Q_{ij}$$

$$= S^0 \Delta Q + (\sum_i \sum_j S_{ij}^0 \Delta Q_{ij} - \sum_i S_i^0 \Delta Q_i) + (\sum_i \sum_j S_{ij}^0 \Delta Q_{ij} - \sum_j S_i^0 \Delta Q_j)$$

　（增长效应）　　（市场结构效应）　　　　（产品结构效应）

$$[(\sum_i S_i^0 \Delta Q_i - S^0 \Delta Q) - (\sum_i \sum_j S_{ij}^0 \Delta Q_{ij} - \sum_j S_j^0 \Delta Q_j)] + \Delta S Q^0$$

　（结构交互效应）　　　　（综合竞争效应）

$$+ (\sum_i \sum_j \Delta S_{ij} Q_{ij}^0 - \Delta S Q^0) + (\frac{Q^2}{Q^0} - 1) \sum_i \sum_j \Delta S_{ij} Q_{ij}^0$$

　（具体竞争效应）　　　　（纯二阶效应）

$$+ (\sum_i \sum_j \Delta S_{ij} \Delta Q_{ij} - (\frac{Q^2}{Q^0} - 1) \sum_i \sum_j \Delta S_{ij} Q_{ij}^0)$$

　（动态结构效应）

模型中 Q 为出口国对目标市场的商品出口总额，S 为出口国商品在目标市场商品总进口中所占份额，S_j 为出口国商品在目标市场 j 商品总进口中所占份额，S_i 为出口国 i 商品在目标市场商品总进口中所占份额，S_{ij} 为出口国 i 商品在目标市场 j 商品总进口中所占份额，Q 为目标市场商品总进口额，Q_j 为目标市场 j 商品进口额，Q_i 为目标市场 i 商品总进口额。上标 0 和 1 分别表示期初和期末年份，小标 i（表示出口产品）＝1，2，…，标 j（出口国别）＝1，2…。

单一产品的 CMS 模型

如果只研究单一出口产品，那么模型运用中可以不考虑产品结构效应，因此，单一产品的 CMS 模型如下：

$$\Delta p = \sum_j S_j^0 \Delta Q_j + \sum_j \Delta S_j Q_j^0 + \sum_j \Delta S_j \Delta Q_j$$

$$= S^0 \Delta Q + (\sum_j S_j^0 \Delta Q_j - S^0 \Delta Q) + \Delta S Q^0 + (\sum_j \Delta S_j Q_j^0 - \Delta S Q^0)$$

　（增长效应）　　（市场结构效应）（综合竞争效应）（市场竞争效应）

$$+ (\frac{Q^2}{Q^0} - 1) \sum_j \Delta S_j Q_j^0 + (\sum_j \Delta S_j \Delta Q_j - (\frac{Q^2}{Q^0} - 1) \sum_j \Delta S_j Q_j^0)$$

　（纯二阶效应）　　　　（动态结构残差）

模型中 Q 为中国对上合组织其他成员农产品出口总额，S 为中国农产品在上合组织其他成员农产品总进口中所占份额，S_j 为中国某类农产品在上合组织 j 成员该类农产品进口中所占份额，Q 为上合组织其他成员的农产品总进口额，Q_j 为上合组织 j 成员农产品进口额。上标 0 和 1 分别表示期初和期末年份，小标 j（表示出口国别）＝1，2，…，14（分别为俄罗斯、哈萨克斯坦、吉尔吉斯斯坦、乌兹别克斯坦、塔吉克斯坦……）。

单一市场的 CMS 模型

如果只研究单一出口市场，那么模型运用中可以不考虑市场结构效应，因此，单一市场的 CMS 模型如下：

$$\Delta p = \sum_i S_i^0 \Delta Q_i + \sum_i \Delta S_i Q_i^0 + \sum_i \Delta S_i \Delta Q_i$$

$$= S^0 \Delta Q + \left(\sum_i S_i^0 \Delta Q_i - S^0 \Delta Q \right) + \Delta S Q^0 + \left(\sum_i \Delta S_i Q_i^0 - \Delta S Q^0 \right)$$

（增长效应）（产品结构效应）（综合竞争效应）（产品竞争效应）

$$+ \left(\frac{Q^2}{Q^0} - 1 \right) \sum_i \Delta S_i Q_i^0 + \left(\sum_i \Delta S_i \Delta Q_i - \left(\frac{Q^2}{Q^0} - 1 \right) \sum_i \Delta S_i Q_i^0 \right)$$

（纯二阶效应）　　　　　　　（动态结构残差）

模型中 Q 为中国对上合组织其他成员农产品出口总额，S 为中国农产品在上合组织其他成员农产品总进口中所占份额，S_i 为中国 i 类农产品在上合组织其他成员 i 类农产品进口中所占份额，Q_i 为上合组织其他成员 i 类农产品进口额。上标 0 和 1 分别表示期初和期末年份，小标 i（表示农产品类别）＝1，2，…，4（农产品按照 HS92 分类法分为四大类，因此农产品总类别为4 个）。

综上所述，恒定市场份额模型简言之就是分解并分析可能影响出口国某类商品出口额变动的因素。这些因素主要有增长效应、市场结构效应、产品结构效应、结构交互效应、综合竞争效应、具体竞争效应、纯二阶效应、动态结构残差。其中，增长效应是指因目标市场商品总进口增长而引起的出口国商品出口额增长，即随着目标国的总进口规模扩大，即使出口国某出口商品在目标国的市场份额保持不变，该商品的出口规模也会随之扩大。

市场结构效应是指因目标市场的结构变化而引起的出口国对目标市场的出口额变动。在众多目标市场中，出口国通常会与增长较快、需求量较大的目标市场合作。如哈萨克斯坦是乌兹别克斯坦的传统蔬菜水果出口市场，但因俄罗斯市场需求增长快、规模大、利润高，乌兹别克斯坦的蔬菜水果更多出口到俄罗斯，造成对哈萨克斯坦出口的比重下降，俄罗斯比重上升。

产品结构效应是指因出口国对目标市场的商品出口品种结构变化而引起的出口国对目标市场的出口额变动。通常，目标国的贸易政策变化、国民收入变化、偏好变化等，可能造成目标国的商品消费结构和进出口商品结构发生变化，进而带动出口国某商品的出口规模变化。如随着收入提高，居民的粮食消费比重下降，而肉蛋奶等畜牧产品和水果蔬菜等经济作物的消费比重增加。中国为发展饲料业和食品工业，大量进口大豆、玉米、水产品等农产品，俄罗斯和哈萨克斯坦则增加蔬菜水果的进口量。

结构交互效应是指因产品结构效应和市场结构效应相互影响而引起的出口国对目标市场的出口额变动。如哈萨克斯坦向中国的小麦出口量逐年增长，从市场结构效应看，它是农产品对华出口比重总体增加的结果，中国市场在哈出口对象中占据越来越重要的位置；从产品结构效应看，它是中国进口粮食产品结构改变的结果。随着中国饲料工业发展，为节约成本，玉米替代大豆、小麦替代玉米作为饲料原料的趋势加快，玉米和小麦进口比重增加，进口增速快于大豆。

综合竞争效应是指因出口国商品在目标市场的市场竞争力变化而引起的出口国对目标市场的出口额变动。此处的市场竞争力是针对整个出口国而言。例如，随着经济和科技发展，中国商品的性价比明显提高，质优价廉的商品很受国际市场欢迎，不仅出口总额增加，而且海外市场占有率提高。

具体竞争效应是指因出口国某类商品在目标市场的市场竞争力变化而引起的出口国对目标市场的出口额变动。此处的市场竞争力是针对出口国的某类出口商品而言，如随着技术发展，中国产农机具的性价比越来越高，出口额增加，与此同时，随着人工和生产资料成本增加，中国的大豆、小麦等粮食生产成本高于美国、巴西、阿根廷等国家，从这些国家的进口量亦随之扩大。

纯二阶效应是指因出口国某商品出口竞争力及目标市场进口变动等双重因素引起的出口国对目标市场的出口额变动。如某国某商品性价比（竞争力）提高的同时，若恰逢目标市场经济繁荣，总进口需求增加，这双重利好因素将带动该商品出口规模扩大；若恰逢目标市场出现经济危机，总进口需求下降，则该商品对目标市场的出口规模将面临诸多挑战。

动态结构残差是指因出口国某类商品出口竞争力及目标市场同类商品进口变动等双重因素引起的出口国对目标市场的出口额变动。如哈萨克斯坦的小麦单产量逐年提高（竞争力增强），但向邻国吉尔吉斯斯坦的出口数量主要取决于吉本国的小麦产量，若吉农业丰收，则出口量下降；若吉遇上灾年，则出口量增加。

一 中国对上合组织其他成员的农产品出口增长分析

通过 CMS 模型计算可知，2008～2012 年的五年时间里，中国对上合组织其他成员（包括正式成员、观察员和对话伙伴国）的农产品出口规模增加9.9013 亿美元。出口增长主要归因于增长效应、市场结构效应、结构交互效应和具体竞争效应。其中，增长效应导致出口增长 13.9364 亿美元，贡献率为140.75%，原因是中国农产品出口额整体增加。市场结构效应导致出口增长2.5183 亿美元，贡献率为 25.43%，原因主要是中国与上合组织其他成员间的贸易种类逐渐增加。结构交互效应导致出口增长 20.6416 亿美元，贡献率为208.47%，主要是市场结构和产品结构优化的结果。具体竞争效应导致出口增长 6.2886 亿美元，贡献率为 63.51%，主要是第二类和第四类农产品比较优势较大，出口额增加较多所致。

与此同时，产品结构效应、综合竞争效应、纯二阶效应、动态结构效应等对出口具有阻碍作用。其中，产品结构效应阻碍作用最明显，导致出口减少 22.2299 亿美元，贡献率为 -224.52%，原因是中国农产品在上合组织其他成员中的市场占有率较低。综合竞争效应导致出口减少 7.7725 亿美元，贡献率为 -78.5%，说明中国农产品的综合竞争力为负。纯二阶效应导致出口减少 1.8662 亿美元，贡献率为 -18.85%，说明中国农产品向上合组织其他成员的出口规模增长率低于上合组织其他成员农产品进口增长水平。动态结构效应导致出口减少 1.6150 亿美元，贡献率为 -16.31%，说明中国农产品的竞争能力没能适应上合组织其他成员农产品进口增长的变化（见表 9 - 18）。

表 9 - 18　2008～2012 年中国对上合组织其他成员的农产品
出口增长分析

单位：亿美元

	出口额变动	增长效应	市场结构效应	产品结构效应	结构交互效应	综合竞争效应	具体竞争效应	纯二阶效应	动态结构效应
增加值	9.9013	13.9364	2.5183	- 22.2299	20.6416	- 7.7725	6.2886	- 1.8662	- 1.6150
贡献率（%）	100	140.75	25.43	- 224.52	208.47	- 78.5	63.51	- 18.85	- 16.31

資料来源：模型的原始数据来自联合国统计署"商品贸易统计数据库"（UN comrade）。表中数据根据计算所得。

二　中国对上合组织其他成员的四大类农产品出口增长因素分析

CMS 模型对各类农产品出口增长情况的分解结果如下（见表 9 - 19）。

第一类农产品：2008～2012 年，中国对上合组织其他成员的出口变动额为 1.7117 亿美元。其中，增长效应带来增加值 1.5076 亿美元，贡献率为 88.08%；市场结构效应带来增加值 1.1266 亿美元，贡献率为 65.82%；具体竞争效应带来增加值 1.0395 亿美元，贡献率为 60.73%；综合竞争效应导致出口减少 1.2096 亿美元，贡献率为 - 70.67%；纯二阶效应导致出口减少 0.2121 亿美元，贡献率为 - 12.39%；动态结构残差导致出口减少 0.5402 亿美元，贡献率为 - 31.56%。

第二类农产品：2008～2012 年，中国对上合组织其他成员的出口变动额为 4.4442 亿美元。其中，增长效应带来增加值 6.4341 亿美元，贡献率为 144.78%；市场结构效应带来增加值 0.5742 亿美元，贡献率为 12.92%；具体竞争效应带来增加值 0.7314 亿美元，贡献率为 16.46%；综合竞争效应导致出口减少 1.2302 亿美元，贡献率为 - 27.68%；纯二阶效应导致出口减少 0.3080 亿美元，贡献率为 - 6.93%；动态结构残差导致出口减少 1.7573 亿美元，贡献率为 - 39.54%。

第三类农产品：2008～2012 年，中国对上合组织其他成员的出口变动额为 - 0.5015 亿美元。其中，增长效应带来增加值 0.6176 亿美元，贡献率为 123.15%；动态结构残差带来增加值 0.1207 亿美元，贡献率为 24.07%；市场结构效应导致出口减少 0.1401 亿美元，贡献率为 -27.94%；综合竞争效应导致出口减少 0.6245 亿美元，贡献率为 -124.53%；纯二阶效应导致出口减少 0.4860 亿美元，贡献率为 -96.91%。

第四类农产品：2008~2012 年，中国对上合组织其他成员的出口变动额为 4.2469 亿美元。其中，增长效应带来增加值 3.7890 亿美元，贡献率为 89.22%；市场结构效应带来增加值 0.9576 亿美元，贡献率为 22.55%；具体竞争效应导致出口减少 0.4964 亿美元，贡献率为 -11.69%（见表 9-19）。

表 9-19　2008~2012 年中国对上合组织其他成员各类农产品出口增长 CMS 分解（增加值）

单位：亿美元

	第一类农产品		第二类农产品		第三类农产品		第四类农产品	
	增加值	%	增加值	%	增加值	%	增加值	%
出口额变动	1.7117	100	4.4442	100	-0.5015	100	4.2469	100
增长效应	1.5076	88.08	6.4341	144.78	0.6176	123.15	3.7890	89.22
市场结构效应	1.1266	65.82	0.5742	12.92	-0.1401	-27.94	0.9576	22.55
综合竞争效应	-1.2096	-70.67	-1.2302	-27.68	-0.6245	-124.53	0.2952	6.95
具体竞争效应	1.0395	60.73	0.7314	16.46	0.0108	2.15	-0.4965	-11.69
纯二阶效应	-0.2121	-12.39	-0.3080	-6.93	-0.4860	-96.91	-0.0830	-1.95
动态结构残差	-0.5402	-31.56	-1.7573	-39.54	0.1207	24.07	-0.2154	-5.07

资料来源：模型的原始数据来自联合国统计署"商品贸易统计数据库"（UN comrade）。表中数据根据计算所得。

三　中国向上合组织其他成员的农产品出口增长因素分析

从 2008~2012 年中国向上合组织其他成员的农产品出口增长 CMS 分解结果可知，出口增长主要得益于增长效应，但具体到各国时，还有其他影响因素。

（1）对俄罗斯的农产品出口增长主要得益于增长效应和产品竞争效应。其中，增长效应对中国农产品出口贡献最大，导致出口增长 13.1557 亿美元，贡献率为 232.81%；产品竞争效应导致出口增长 1.76 亿美元，贡献率为 31.15%。与此同时，阻碍出口的原因主要有综合竞争效应、产品结构效应、纯二阶效应和动态结构残差。

（2）对哈萨克斯坦的农产品出口增长主要得益于产品结构效应、综合竞争效应和增长效应。其中，综合竞争效应和产品结构效应贡献最大，分别增加出口 0.5141 亿美元和 0.3776 亿美元，贡献率分别为 69.63% 和 51.36%。与此同时，阻碍出口增长的因素主要是动态结构残差和产品竞争效应。

（3）对吉尔吉斯斯坦的农产品出口增长主要得益于增长效应和产品结构效应。二者分别使出口增加 0.1509 亿美元和 0.0565 亿美元，贡献率分别为 1151.91% 和 431.30%。与此同时，阻碍出口增长的因素主要是综合竞争效应、产品竞争效应、纯二阶效应和动态结构残差。

（4）对塔吉克斯坦的农产品出口增长主要得益于增长效应、产品结构效应和产品竞争效应。三者分别促进出口增长 0.1825 亿美元、0.1357 亿美元和 0.0207 亿美元，贡献率分别为 395.88%、294.36% 和 44.90%。与此同时，阻碍出口增长的因素主要是综合竞争效应、纯二阶效应、动态结构残差。

（5）对乌兹别克斯坦的农产品出口增长主要得益于增长效应、产品竞争效应、纯二阶效应和综合竞争效应。四者分别增加出口 0.2026 亿美元、0.0858 亿美元、0.0619 亿美元和 0.0377 亿美元，贡献率分别为 83.79%、35.48%、25.60% 和 15.59%。与此同时，阻碍出口增长的因素主要是产品结构效应和动态结构残差。

（6）对土库曼斯坦的农产品出口增长主要得益于产品竞争效应、纯二阶效应、增长效应和综合竞争效应。四者分别使出口增长 0.0544 亿美元、0.0262 亿美元、0.0243 亿美元和 0.0115 亿美元，贡献率分别为 121.43%、58.48%、54.24% 和 25.67%。与此同时，阻碍出口增长的因素主要是动态结构残差和产品结构效应。

（7）对蒙古的农产品出口增长主要得益于综合竞争效应、产品结构效应、纯二阶效应和增长效应，分别促进出口增长 0.3569 亿美元、0.0656 亿美元、0.0474 亿美元和 0.04 亿美元，贡献率分别为 143.16%、26.31%、19.01% 和 16.04%。与此同时，阻碍出口增长的因素主要是产品竞争效应和动态结构残差对出口有阻碍作用。

（8）对印度的农产品出口增长主要得益于增长效应、产品竞争效应和动态结构残差，分别促进出口增长 1.8461 亿美元、0.2155 亿美元和 0.0447 亿美元，贡献率分别为 153.71%、17.94% 和 3.72%。与此同时，阻碍出口增长的因素主要是综合竞争效应、纯二阶效应和产品结构效应。

（9）对巴基斯坦的农产品出口增长主要得益于综合竞争效应、增长效应、纯二阶效应和动态结构残差，分别促进出口增长 0.6915 亿美元、0.2331 亿美元、0.0677 亿美元和 0.0310 亿美元，贡献率分别为 109.45%、36.89%、10.72% 和 4.91%。与此同时，阻碍出口增长的因素主要是产品竞争效应和产品结构效应。

（10）对伊朗的农产品出口增长主要得益于综合竞争效应、增长效应和纯二阶效应，分别促进出口增长 0.2457 亿美元、0.2003 亿美元和 0.0788 亿美元，贡献率分别为 44.93%、36.63% 和 14.41%。与此同时，阻碍出口增长的因素主要是动态结构残差。

（11）对阿富汗的农产品出口增长主要得益于综合竞争效应和动态结构残差，分别促进出口增加 0.1504 亿美元和 0.0048 亿美元，贡献率分别为 730.10% 和 23.30%。与此同时，阻碍出口增长的因素主要是产品竞争效应、纯二阶效应、增长效应和产品结构效应。

（12）对白俄罗斯的农产品出口增长主要得益于增长效应、产品竞争效应和产品结构效应，分别促进出口增长 0.2186 亿美元、0.0514 亿美元和 0.0249 亿美元，贡献率分别为 267.89%、62.99% 和 30.51%。与此同时，阻碍出口增长的因素主要是综合竞争效应、动态结构残差和纯二阶效应。

（13）对斯里兰卡的农产品出口增长主要得益于综合竞争效应、动态结构残差和增长效应，分别促进出口增长 0.4889 亿美元、0.1016 亿美元和 0.0802 亿美元，贡献率分别为 111.32%、23.13% 和 18.26%。与此同时，阻碍出口增长的因素主要是产品竞争效应。

（14）对土耳其的农产品出口增长主要得益于增长效应和产品结构效应，分别促进出口增长 0.5476 亿美元和 0.2274 亿美元，贡献率分别为 812.46% 和 337.39%。与此同时，阻碍出口增长的因素主要是产品竞争效应、综合竞争效应、纯二阶效应和动态结构残差（见表 9 - 20）。

表 9 – 20　2008 ~ 2012 年中国对上合组织其他成员的农产品出口

单一市场 CMS 分析统计（增长值）

单位：亿美元

	增长值	增长效应	产品结构效应	综合竞争效应	产品竞争效应	纯二阶效应	动态结构残差
俄罗斯	5.65	13.16	− 2.74	− 4	1.76	− 2.23	− 0.3
	100%	233%	− 49%	− 71%	31%	− 39%	− 5%
哈萨克斯坦	0.74	0.06	0.38	0.51	− 0.01	0.02	− 0.22
	100%	8%	51%	70%	− 2%	3%	− 30%
吉尔吉斯斯坦	− 0.01	0.15	0.06	− 0.1	− 0.04	− 0.05	− 0.02
	100%	1152%	431%	− 799%	− 305%	− 400%	− 179%
塔吉克斯坦	0.05	0.18	0.14	− 0.05	0.02	− 0.06	− 0.18
	100%	396%	294%	− 113%	45%	− 134%	− 388%
乌兹别克斯坦	0.24	0.2	− 0.11	0.04	0.09	0.06	− 0.04
	100%	84%	− 46%	16%	35%	26%	− 15%
土库曼斯坦	0.04	0.02	0	0.01	0.05	0.03	− 0.07
	100%	54%	− 8%	26%	121%	58%	− 152%
蒙古	0.25	0.04	0.07	0.36	− 0.21	0.05	− 0.05
	100%	16%	26%	143%	− 85%	19%	− 20%
印度	1.2	1.85	− 0.03	− 0.54	0.22	− 0.33	0.04
	100%	154%	− 3%	− 45%	18%	− 27%	4%
巴基斯坦	0.63	0.23	− 0.09	0.69	− 0.3	0.07	0.03
	100%	37%	− 14%	109%	− 48%	11%	5%
阿富汗	− 0.02	− 0.04	0	0.15	− 0.09	− 0.04	0
	100%	− 180%	− 12%	730%	− 444%	− 217%	23%
伊朗	0.55	0.2	0.04	0.25	0.02	0.08	− 0.03
	100%	37%	7%	45%	4%	14%	− 6%
白俄罗斯	0.08	0.22	0.02	− 0.09	0.05	− 0.05	− 0.07
	100%	268%	31%	− 115%	63%	− 56%	− 90%
斯里兰卡	0.44	0.08	0.05	0.49	− 0.29	0.03	0.1
	100%	18%	5%	111%	− 65%	8%	23%
土耳其	0.07	0.55	0.23	− 0.22	− 0.23	− 0.18	− 0.08
	100%	812%	337%	− 324%	− 341%	− 265%	− 119%

资料来源：模型的原始数据来自联合国统计署"商品贸易统计数据库"（UN comrade）。表中数据根据计算所得。

四　中国从上合组织其他成员的农产品进口增长因素分析

从 2008 ~ 2012 年中国从上合组织其他成员的农产品进口增长 CMS 分解结果可知，进口增长主要得益于增长效应和产品结构效应，但具体到各国时，还有其他影响因素。

（1）从俄罗斯的农产品进口增长主要得益于增长效应和产品竞争效应。其中，增长效应贡献最大，促进出口增长 9.9077 亿美元，贡献率为 422.34%；产品竞争效应使出口增长 2.4864 亿美元，贡献率为 105.99%。与此同时，阻碍进口的主要因素是综合竞争效应、产品结构效应、纯二阶效应和动态结构残差。

（2）从哈萨克斯坦的农产品进口增长主要得益于综合竞争效应、纯二阶效应和增长效应。三者分别促进进口增加 0.0915 亿美元、0.0652 亿美元和 0.0462 亿美元，贡献率分别为 44.31%、31.57% 和 22.37%。与此同时，阻碍进口的主要因素是产品竞争效应。

（3）从吉尔吉斯斯坦的农产品进口增长主要得益于产品结构效应和增长效应，分别促进进口增加 0.4697 亿美元和 0.0188 亿美元，贡献率分别为 129.57% 和 5.19%。与此同时，阻碍进口的主要因素是综合竞争效应、产品竞争效应、纯二阶效应和动态结构残差。

（4）从塔吉克斯坦的农产品进口增长主要得益于综合竞争效应和纯二阶效应，分别促进进口增长 0.0046 亿美元和 0.0034 亿美元，贡献率分别为 57.5% 和 42.5%。与此同时，阻碍进口的主要因素是产品竞争效应。

（5）从乌兹别克斯坦的农产品进口增长主要得益于增长效应和产品结构效应，分别促进进口增长 0.1271 亿美元和 0.0037 亿美元，贡献率分别为 270.43% 和 7.87%。与此同时，阻碍进口的主要因素是综合竞争效应、纯二阶效应、产品结构效应和动态结构残差。

（6）从土库曼斯坦的农产品进口增长主要得益于增长效应和产品结构效应，分别促进进口增长 0.0993 亿美元和 0.0029 亿美元，贡献率分别为：153.24% 和 4.48%。与此同时，阻碍进口的主要因素是动态结构残差和产品结构效应对进口有阻碍作用。

（7）从蒙古的农产品进口增长主要得益于产品结构效应，促进进口增长 0.4888 亿美元，贡献率为 76.79%。与此同时，阻碍进口的主要因素是动态结构残差、综合竞争效应、增长效应、纯二阶效应和产品竞争效应。

（8）从印度的农产品进口增长主要得益于增长效应、产品结构效应及产品竞争效应，分别促进进口增长 4.702 亿美元、1.1187 亿美元和 0.7761 亿美元，贡献率分别为 131.70%、31.34% 和 21.74%。与此同时，阻碍进口的主要因素是动态结构残差和综合竞争效应。

（9）从巴基斯坦的农产品进口增长主要得益于增长效应、综合竞争效应、纯二阶效应，分别促进进口增长 0.4541 亿美元、0.4507 亿美元和 0.2671 亿美元，贡献率分别为 36.52%、36.25% 和 21.48%。与此同时，阻碍进口的主要因素是产品竞争效应。

（10）从伊朗的农产品进口增长主要得益于增长效应、产品结构效应，分别促进进口增长 0.3429 亿美元和 0.0167 亿美元，贡献率分别为 2286% 和 111.33%。与此同时，阻碍进口的主要因素是综合竞争效应、纯二阶效应、产品竞争效应和动态结构残差。

（11）从阿富汗的农产品进口增长主要得益于增长效应、产品竞争效应和产品结构效应，分别促进进口增长 0.0146 亿美元、0.0142 亿美元和 0.0083 亿美元，贡献率分别为 41.01%、39.89% 和 23.31%。与此同时，阻碍进口的主要因素是综合竞争效应。

（12）从白俄罗斯的农产品进口增长主要得益于综合竞争效应和纯二阶效应，分别促进进口增长 0.0304 亿美元和 0.0219 亿美元，贡献率分别为 55.37% 和 39.89%。与此同时，阻碍进口的主要因素是产品竞争效应。

（13）从斯里兰卡的农产品进口增长主要得益于综合竞争效应、纯二阶效应、动态结构残差和增长效应，分别促进进口增长 0.1114 亿美元、0.0771 亿美元、0.0691 亿美元和 0.0539 亿美元，贡献率分别为 36.48%、25.25%、22.63% 和 17.65%。与此同时，阻碍进口的主要因素是产品竞争效应。

（14）从土耳其的农产品进口增长主要得益于增长效应、综合竞争效应、纯二阶效应和产品结构效应，分别促进进口增长 0.1646 亿美元、0.1512 亿美元、0.0862 亿美元和 0.048 亿美元，贡献率分别为 38.32%、35.2%、20.07% 和 11.18%。与此同时，阻碍进口的主要因素是产品竞争效应（见表 9－21）。

表 9 – 21　2008 ~ 2012 年中国对上合组织其他成员的农产品进口

单一市场 CMS 分析（增长值）

单位：亿美元

	增长值	增长效应	产品结构效应	综合竞争效应	产品竞争效应	纯二阶效应	动态结构残差
俄罗斯	2.3459	9.9077	2.4864	– 4.3182	– 0.7936	– 3.8397	– 1.0966
	100.00%	422.34%	105.99%	– 184.07%	– 33.83%	– 163.68%	– 46.75%
哈萨克斯坦	0.2065	0.0462	0.0052	0.0915	– 0.0047	0.0652	0.0031
	100.00%	22.37%	2.52%	44.31%	– 2.28%	31.57%	1.50%
吉尔吉斯斯坦	0.3625	0.0188	0.4697	– 0.0112	– 0.0496	– 0.0456	– 0.0196
	100.00%	5.19%	129.57%	– 3.09%	– 13.68%	– 12.58%	– 5.41%
塔吉克斯坦	0.008	0	0	0.0046	– 0.0001	0.0034	0.0001
	100.00%	0.00%	0.00%	57.50%	– 1.25%	42.50%	1.25%
土库曼斯坦	0.0648	0.0993	0.0029	– 0.0197	– 0.0014	– 0.0158	– 0.0005
	100.00%	153.24%	4.48%	– 30.40%	– 2.16%	– 24.38%	– 0.77%
乌兹别克斯坦	0.047	0.1271	0.0037	– 0.0457	– 0.0015	– 0.0355	– 0.001
	100.00%	270.43%	7.87%	– 97.23%	– 3.19%	– 75.53%	– 2.13%
蒙古	0.6365	0.034	0.4888	0.0373	0.0014	0.0291	0.0458
	100.00%	5.34%	76.79%	5.86%	0.22%	4.57%	7.20%
印度	3.5701	4.702	1.1187	– 0.6464	0.7761	0.0975	– 2.4779
	100.00%	131.70%	31.34%	– 18.11%	21.74%	2.73%	– 69.41%
巴基斯坦	1.2433	0.4541	0.1133	0.4507	– 0.0951	0.2671	0.0532
	100.00%	36.52%	9.11%	36.25%	– 7.65%	21.48%	4.28%
阿富汗	0.0356	0.0146	0.0083	– 0.0082	0.0142	0.0045	0.0022
	100.00%	41.01%	23.31%	– 23.03%	39.89%	12.64%	6.18%
伊朗	0.015	0.3429	0.0167	– 0.1872	– 0.008	– 0.1466	– 0.0027
	100.00%	2286.00%	111.33%	– 1248.00%	– 53.33%	– 977.33%	– 18.00%
白俄罗斯	0.0549	0.0016	0.0007	0.0304	– 0.0012	0.0219	0.0014
	100.00%	2.91%	1.28%	55.37%	– 2.19%	39.89%	2.55%
斯里兰卡	0.3054	0.0539	0.0025	0.1114	– 0.0087	0.0771	0.0691
	100.00%	17.65%	0.82%	36.48%	– 2.85%	25.25%	22.63%
土耳其	0.4295	0.1646	0.048	0.1512	– 0.0365	0.0862	0.0158
	100.00%	38.32%	11.18%	35.20%	– 8.50%	20.07%	3.68%

　　资料来源：模型的原始数据来自联合国统计署"商品贸易统计数据库"（UN comrade）。表中数据根据计算所得。

第三节　基于 GM 模型

灰色系统是介于"白色系统"（系统信息全部已知）和"黑色系统"（系统信息全部未知）之间的过渡地带，即"部分信息已知和部分信息未知"的不确定性系统。灰色理论认为：尽管系统的行为现象朦胧复杂，但是有序，具有整体功能。灰数的生成，就是从杂乱中寻找出规律。通过对部分已知信息的生成和开发，可以了解和认识现实世界，把握与描述系统运行行为和演化规律。例如，可能导致物价上涨的因素很多，其中部分已知，部分未知，因此可以利用灰色预测方法，对物价这一灰色系统进行预测。

灰色预测是一种对含有不确定因素的系统进行预测的方法。灰色预测通过鉴别系统因素之间发展趋势的相异程度，即关联分析，并对原始数据进行生成处理，寻找系统变动的规律，生成有较强规律性的数据序列，然后建立相应的微分方程模型，从而预测事物未来发展趋势，预测未来某一时刻的特征量，或达到某一特征量的时间。

GM（1，1）模型（Grey Model，一阶一个变量的灰微分方程模型）是比较经典的灰色预测模型之一。该模型对试验观测数据及其分布没有特殊要求和限制，不需要大量样本，样本也无须规律性分布，预测精准度高，可用于近期、短期和中长期预测，对时间序列短、统计数据少、信息不完全系统的建模与分析具有较好功效，现已成为社会、经济、科教、技术等诸多领域进行预测、决策、评估、规划、控制、分析和建模的重要方法之一。

GM（1，1）的具体模型计算式：

设非负原始序列

$$X^{(0)} = \{x^{(0)}(1), x^{(0)}(2), \cdots, x^{(0)}(n)\}$$

对 $X^{(0)}$ 作一次累加

$$x^{(1)}(k) = \sum_{i=1}^{k} x^{(0)}(i); k = 1, 2, \cdots, n$$

得到生成数列为

$$X^{(1)} = \{ x^{(1)}(1), x^{(1)}(2), \cdots, x^{(1)}(n) \}$$

于是 $x^{(0)}(k)$ 的 GM（1, 1）白化微分方程为

$$\frac{dx^{(1)}}{dt} + ax^{(1)} = u \qquad (9-1)$$

其中 a、u 为待定参数，将上式离散化，即得

$$\Delta^{(1)}(x^{(1)}(k+1)) + az^{(1)}(x(k+1)) = u \qquad (9-2)$$

其中 $\Delta^{(1)}(x^{(1)}(k+1))$ 为 $x^{(1)}$ 在（k+1）时刻的累减生成序列，

$$\begin{aligned}
\Delta^{(1)}(x^{(1)}(k+1)) &= \Delta^{(0)}[x^{(1)}(k+1)] - \Delta^{(0)}[x^{(r)}(k)] \\
&= x^{(1)}(k+1) - x^{(1)}(k) = x^{(0)}(k+1)
\end{aligned} \qquad (9-3)$$

$z^{(1)}(x(k+1))$ 为在（k+1）时刻的背景值（即该时刻对应的 x 的取值）

$$z^{(1)}(x(k+1)) = \frac{1}{2}(x^{(1)}(k+1) + x^{(1)}(k)) \qquad (9-4)$$

将（9-3）和（9-4）带入（9-2）得

$$x^{(0)}(k+1) = a\left[-\frac{1}{2}(x^{(1)}(k) + x^{(1)}(k+1)) \right] + u \qquad (9-5)$$

将（9-5）式展开得

$$\begin{bmatrix} x^{(0)}(2) \\ x^{(0)}(3) \\ \vdots \\ x^{(0)}(n) \end{bmatrix} = \begin{bmatrix} -\frac{1}{2}(x^{(1)}(1) + x^{(1)}(2)) & 1 \\ -\frac{1}{2}(x^{(1)}(2) + x^{(1)}(3)) & 1 \\ \vdots & \vdots \\ -\frac{1}{2}(x^{(1)}(n-1) + x^{(1)}(n)) & 1 \end{bmatrix} \begin{bmatrix} a \\ u \end{bmatrix} \qquad (9-6)$$

令 $Y = \begin{bmatrix} x^{(0)}(2) \\ x^{(0)}(3) \\ \vdots \\ x^{(0)}(n) \end{bmatrix}$, $B = \begin{bmatrix} -\frac{1}{2}(x^{(1)}(1) + x^{(1)}(2)) & 1 \\ -\frac{1}{2}(x^{(1)}(2) + x^{(1)}(3)) & 1 \\ \vdots & \vdots \\ -\frac{1}{2}(x^{(1)}(n-1) + x^{(1)}(n)) & 1 \end{bmatrix}$, $\Phi =$

$[a\ \ u]^T$ 为待辨识参数向量，则（9 - 6）可以写成

$$Y = B\Phi \tag{9 - 7}$$

参数向量 Φ 可用最小二乘法求取，即

$$\hat{\Phi} = [\hat{a}, \hat{u}]^T = (B^T B)^{-1} B^T Y \tag{9 - 8}$$

把求取的参数带入（2—16）式，并求出其离散解为

$$\hat{x}^{(1)}(k + 1) = \left[x^{(1)}(1) - \frac{\hat{u}}{\hat{a}}\right]e^{-\hat{a}k} + \frac{\hat{u}}{\hat{a}} \tag{9 - 9}$$

还原到原始数据得

$$\hat{x}^{(0)}(k + 1) = \hat{x}^{(1)}(k + 1) - \hat{x}^{(1)}(k) = (1 - e^{\hat{a}})\left[x^{(1)}(1) - \frac{\hat{u}}{\hat{a}}\right]e^{-\hat{a}k} \tag{9 - 10}$$

其中，（9 - 9）式、（9 - 10）式称为 GM（1，1）模型的时间相应函数模型，是 GM（1，1）模型灰色预测的具体计算公式。

GM（1，1）模型检验

灰色预测检验一般有残差检验（相对误差检验）、关联度检验和后验差检验三种。残差检验是常用的检验方法（本文中我们使用残差检验）。残差检验的步骤和方法如下：

$$残差：\Delta k = X^{(0)}(k) - \overset{\Delta}{X^{(0)}}(k)$$

$$相对残差：\varepsilon(k) = \frac{X^{(0)}(k) - \overset{\Delta}{X^{(0)}}(k)}{X^{(0)}(k)} \times 100\%$$

$$平均残差：\varepsilon_{avg} = \frac{1}{n-1} \sum_{k=2}^{n} |\varepsilon(k)|$$

GM（1，1）建模精度 $P = (1 - \varepsilon_{avg}) \times 100\%$。$P > 0.95$ 为优；$P > 0.80$ 为良；$P > 0.70$ 为中；$P \leq 0.70$ 为差。如果 P 值大于 $P > 0.70$，我们就可以认为该预测结果可取。

在此，我们采用 GM（1，1）灰度预测模型，根据 2008 ~ 2012 年的进出口数据，利用 Matlab 进行编程运算，得到 2015 ~ 2020 年的中国进出口贸易规模、中国与上合组织其他成员（包括正式成员、观察员和对话伙伴国）间的农产品贸易情况，以及中国与各成员间四大类农产品进出口增长情况预测数据。根据相

对残差检验分析，得到的 2008～2012 年的预测数据均达到中及以上水平，这意味着，模型的预测结果合理有效，2015～2020 年的预测数据合理可信。

一 2020 年前中国农产品进出口规模预测

从中国农产品进出口规模预测结果可知，尽管中国农产品出口不断增加，但增幅和增速小于进口，农产品的对外依赖程度总体上将不断加剧，粮食安全依然严峻，不容忽视。

（1）到 2020 年，中国农产品进口总额将达到 4718.84 亿美元，比 2012 年增长 4.3 倍。其中：第一类农产品进口规模 842.42 亿美元，增长 4.9 倍；第二类农产品进口规模达到 2194.5 亿美元，增长 3.6 倍；第三类农产品进口规模为 667.92 亿美元，增长 3.6 倍；第四类农产品进口规模将达到 1014 亿美元，增长 5.8 倍。

（2）到 2020 年，中国农产品出口总额将达到 2193 亿美元，比 2012 年增长 2.59 倍。其中，第一类农产品的出口规模达到 549.39 亿美元，增长 2.4 倍；第二类农产品出口额 454.22 亿美元，增长 1.4 倍；第三类农产品出口规模 28.29 亿美元，增长 3.3 倍；第四类农产品出口额达到 1161.10 亿美元，增长 3.2 倍（见表 9-22）。

二 2020 年前中国与上合组织其他成员的农产品进出口规模预测

从中国与上合组织其他成员的农产品进出口增长预测结果中可知，中国从上合组织其他成员的农产品进口规模大于出口规模，到 2020 年逆差约 59.33 亿美元。进口增长主要来自第二类和第三类农产品，出口增长主要依靠第四类农产品。

（1）到 2020 年，中国从上合组织其他成员的农产品进口总额将达到 238.1607 亿美元，比 2012 年增长 6.57 倍。其中，第一类农产品的进口规模为 40.9361 亿美元，增长 0.62 倍；第二类农产品进口规模为 134.8021 亿美元，增长 20.3 倍；第三类农产品进口规模为 46.7521 亿美元，增长 8.9 倍；第四类农产品进口规模为 15.6704 亿美元，增长 0.6 倍。第二类和第三类农产品的进口增长率快于中国与世界的第二类和第三类农产品进口增长率。

（2）到 2020 年，中国向上合组织其他成员的农产品出口总额将达到 178.8319 亿美元，比 2012 年增长 4.68 倍。其中，第一类农产品的出口规模为 17.9311 亿美元，增长 1.6 倍；第二类农产品出口规模为 40.6312 亿美元，增长 0.6 倍；第三类农产品出口规模为 1.9846 亿美元，增长 3.1 倍；第四类农产品出口规模为 118.2850 亿美元，增长 4.9 倍。第四类农产品的出口增长率快于中国与世界的第四类农产品进口增长率（见表 9-23）。

（3）向俄罗斯、乌兹别克斯坦和斯里兰卡三国的出口增长率高于中国出口增长率，从哈萨克斯坦、吉尔吉斯斯坦、塔吉克斯坦、蒙古、巴基斯坦、白俄罗斯、斯里兰卡和土耳其八国的进口增长率高于中国进口增长率。这说明，中国与上合组织其他成员的出口额和进口额均有进一步提高的空间（见表 9-24～表 9-33）。

表 9-22　2020 年前中国的农产品进出口总额增长预测

单位：亿美元

		2016 年	2017 年	2018 年	2019 年	2020 年
进口	第一类	346.85	433.00	540.55	674.81	842.42
	第二类	1018.40	1233.90	1495.00	1811.30	2194.50
	第三类	310.53	376.06	455.42	551.53	667.92
	第四类	388.80	494.10	627.90	797.90	1014.00
	总　计	2064.58	2537.06	3118.87	3835.54	4718.84
出口	第一类	297.59	346.88	404.34	471.32	549.39
	第二类	292.94	326.89	364.77	407.05	454.22
	第三类	13.57	16.30	19.59	23.54	28.29
	第四类	568.40	679.60	812.40	971.20	1161.10
	总　计	1172.5	1369.67	1601.1	1873.11	2193

资料来源：模型的原始数据来自联合国统计署"商品贸易统计数据库"（UN comrade）。表中数据根据计算所得（以下表 9-23 到表 33 都是同一来源）。

表 9-23　中国与上合组织其他成员的农产品进出口总额增长预测结果

单位：亿美元

		2016 年	2017 年	2018 年	2019 年	2020 年
进口	第一类	23.7529	26.1271	29.3175	33.9037	40.9361
	第二类	26.9800	39.9662	59.6141	89.4260	134.8021
	第三类	14.2043	19.0946	25.6964	34.6265	46.7521
	第四类	6.9144	8.307	10.1336	12.5285	15.6704
	总　计	71.8516	93.4949	124.7616	170.4847	238.1607
出口	第一类	5.7872	7.2996	9.5168	12.8423	17.9311
	第二类	21.4341	23.9992	27.5433	32.7062	40.6312
	第三类	0.7315	0.9286	1.1878	1.5302	1.9846
	第四类	38.6890	50.4862	66.4215	88.1864	118.2850
	总　计	66.6418	82.7136	104.6694	135.2651	178.8319

资料来源：模型的原始数据来自联合国统计署"商品贸易统计数据库"（UN Comtrade）。表中数据根据计算所得。

表 9 - 24　中国从上合组织其他成员的农产品进口增长预测

单位：亿美元

		2016 年	2017 年	2018 年	2019 年	2020 年
正式成员国	俄罗斯	22.01	23.68	25.48	27.41	29.49
	哈萨克斯坦	1.06	1.55	2.27	3.32	4.85
	吉尔吉斯斯坦	0.07	0.10	0.15	0.21	0.29
	塔吉克斯坦	0.03	0.04	0.05	0.07	0.09
	乌兹别克斯坦	0.45	0.52	0.61	0.71	0.82
	土库曼斯坦	0.11	0.10	0.09	0.08	0.07
观察员国	蒙古	0.51	0.69	0.93	1.25	1.68
	印度	23.98	29.32	35.85	43.84	53.60
	巴基斯坦	6.66	9.31	13.03	18.24	25.52
	阿富汗	0.00	0.00	0.00	0.00	0.00
	伊朗	0.55	0.53	0.51	0.49	0.47
对话伙伴国	白俄罗斯	0.15	0.20	0.25	0.33	0.42
	斯里兰卡	1.94	3.03	4.73	7.39	11.54
	土耳其	1.81	2.31	2.94	3.75	4.78
总　计		59.33	71.38	86.89	107.09	133.62

资料来源：模型的原始数据来自联合国统计署"商品贸易统计数据库"（UN comrade）。

表 9 - 25　中国向上合组织其他成员的农产品出口增长预测

单位：亿美元

		2016 年	2017 年	2018 年	2019 年	2020 年
正式成员国	俄罗斯	36.76	43.08	50.48	59.15	69.32
	哈萨克斯坦	3.29	3.77	4.33	4.96	5.68
	吉尔吉斯斯坦	0.45	0.39	0.34	0.30	0.26
	塔吉克斯坦	0.12	0.12	0.12	0.12	0.12
	乌兹别克斯坦	1.84	2.40	3.13	4.09	5.33
	土库曼斯坦	0.28	0.35	0.44	0.56	0.71
观察员国	蒙古	1.20	1.37	1.55	1.77	2.01
	印度	2.48	2.42	2.35	2.29	2.23
	巴基斯坦	3.05	3.17	3.30	3.43	3.57
	阿富汗	0.04	0.04	0.03	0.03	0.03
	伊朗	1.62	1.70	1.78	1.87	1.96
对话伙伴国	白俄罗斯	0.31	0.33	0.35	0.37	0.39
	斯里兰卡	2.55	3.09	3.75	4.55	5.51
	土耳其	2.93	3.36	3.86	4.43	5.08
总　计		56.92	65.59	75.81	87.92	102.2

资料来源：模型的原始数据来自联合国统计署"商品贸易统计数据库"（UN comrade）。

表 9 – 26　中国向上合组织其他成员出口的第一类农产品规模预测

单位：亿美元

		2016 年	2017 年	2018 年	2019 年	2020 年
正式成员国	俄罗斯	3.1173	3.4201	3.7524	4.1169	4.5168
	哈萨克斯坦	0.0585	0.0621	0.0659	0.0699	0.0742
	吉尔吉斯斯坦	0	0	0	0	0
	塔吉克斯坦	0.0413	0.0568	0.0780	0.1072	0.1474
	乌兹别克斯坦	0.0259	0.0294	0.0335	0.0381	0.0433
	土库曼斯坦	0.0067	0.0067	0.0068	0.0069	0.0069
观察员国	蒙古	0.3193	0.5672	1.0075	1.7897	3.1793
	印度	0.0598	0.0576	0.0556	0.0536	0.0516
	巴基斯坦	0.0240	0.0308	0.0396	0.0508	0.0651
	阿富汗	0	0	0	0	0
	伊朗	0.8523	1.2488	1.8297	2.6809	3.9279
对话伙伴国	白俄罗斯	0.0702	0.0726	0.0752	0.0778	0.0806
	斯里兰卡	0.8760	1.3762	2.1621	3.3966	5.3362
	土耳其	0.3359	0.3713	0.4105	0.4539	0.5018
总　计		5.7872	7.2996	9.5168	12.8423	17.9311

资料来源：模型的原始数据来自联合国统计署"商品贸易统计数据库"（UN comrade）。

表 9 – 27　中国从上合组织其他成员进口的第一类农产品规模预测

单位：亿美元

		2016 年	2017 年	2018 年	2019 年	2020 年
正式成员国	俄罗斯	18.7840	19.9390	21.1640	22.4650	23.8460
	哈萨克斯坦	0.0058	0.0045	0.0035	0.0028	0.0022
	吉尔吉斯斯坦	1.4905	1.7149	1.9729	2.2698	2.6114
	塔吉克斯坦	0	0	0	0	0
	乌兹别克斯坦	0	0	0	0	0
	土库曼斯坦	0	0	0	0	0
观察员国	蒙古	0.0262	0.0249	0.0237	0.0225	0.0214
	印度	1.4830	1.4954	1.5079	1.5205	1.5332
	巴基斯坦	0.5934	0.6448	0.7006	0.7612	0.8271
	阿富汗	0.1027	0.1280	0.1595	0.1989	0.2480
	伊朗	0.4783	0.7172	1.0753	1.6123	2.4174
对话伙伴国	白俄罗斯	0.0004	0.0002	0.0001	0.0001	0
	斯里兰卡	0.7660	1.4336	2.6830	5.0212	9.3972
	土耳其	0.0226	0.0247	0.0270	0.0295	0.0322
总　计		23.7529	26.1271	29.3175	33.9037	40.9361

资料来源：模型的原始数据来自联合国统计署"商品贸易统计数据库"（UN comrade）。

表 9 - 28　中国向上合组织其他成员出口的第二类农产品规模预测

单位：亿美元

		2016 年	2017 年	2018 年	2019 年	2020 年
正式成员国	俄罗斯	9.7760	10.6320	11.5640	12.5770	13.6790
	哈萨克斯坦	2.1734	2.4898	2.8522	3.2673	3.7428
	吉尔吉斯斯坦	0.3038	0.2906	0.2781	0.2660	0.2545
	塔吉克斯坦	0.0649	0.0622	0.0597	0.0572	0.0549
	乌兹别克斯坦	1.3597	1.7515	2.2561	2.9062	3.7435
	土库曼斯坦	0.1007	0.1181	0.1385	0.1624	0.1905
观察员国	蒙古	1.0750	1.9570	3.5650	6.4930	11.8250
	印度	2.4578	2.4813	2.5050	2.5290	2.5532
	巴基斯坦	1.6500	1.6097	1.5703	1.5319	1.4944
	阿富汗	0.0082	0.0064	0.0050	0.0039	0.0030
	伊朗	0.5057	0.4939	0.4825	0.4713	0.4604
对话伙伴国	白俄罗斯	0.0268	0.0268	0.0267	0.0266	0.0265
	斯里兰卡	0.7320	0.7644	0.7982	0.8335	0.8704
	土耳其	1.2001	1.3156	1.4422	1.5810	1.7332
总　计		21.4341	23.9992	27.5433	32.7062	40.6312

资料来源：模型的原始数据来自联合国统计署"商品贸易统计数据库"（UN comrade）。

表 9 - 29　中国从上合组织其他成员进口的第二类农产品规模预测

单位：亿美元

		2016 年	2017 年	2018 年	2019 年	2020 年
正式成员国	俄罗斯	0	0	0	0	0
	哈萨克斯坦	1.6240	2.7480	4.6520	7.8750	13.3300
	吉尔吉斯斯坦	0.1033	0.1623	0.2550	0.4006	0.6292
	塔吉克斯坦	0.0276	0.0374	0.0508	0.0691	0.0938
	乌兹别克斯坦	0.4506	0.5240	0.6092	0.7084	0.8237
	土库曼斯坦	0.1141	0.0999	0.0874	0.0765	0.0670
观察员国	蒙古	0.5541	0.6464	0.7541	0.8797	1.0262
	印度	18.2340	27.1334	40.3763	60.0826	89.4067
	巴基斯坦	2.8238	4.3346	6.6539	10.2142	15.6790
	阿富汗	0	0	0	0	0
	伊朗	0.4231	0.3970	0.3726	0.3496	0.3281
对话伙伴国	白俄罗斯	0.5579	0.9850	1.7390	3.0702	5.4204
	斯里兰卡	0.9820	1.4028	2.0038	2.8624	4.0889
	土耳其	1.0855	1.4954	2.0600	2.8377	3.9091
总　计		26.9800	39.9662	59.6141	89.4260	134.8021

资料来源：模型的原始数据来自联合国统计署"商品贸易统计数据库"（UN comrade）。

表 9 - 30　中国向上合组织其他成员出口的第三类农产品规模预测

单位：亿美元

		2016 年	2017 年	2018 年	2019 年	2020 年
正式成员国	俄罗斯	0.2315	0.2986	0.3851	0.4967	0.6406
	哈萨克斯坦	0.0004	0.0004	0.0003	0.0002	0.0002
	吉尔吉斯斯坦	0.0460	0.0529	0.0609	0.0701	0.0807
	塔吉克斯坦	0.0026	0.0021	0.0018	0.0015	0.0013
	乌兹别克斯坦	0.0206	0.0258	0.0324	0.0407	0.0511
	土库曼斯坦	0	0	0	0	0
观察员国	蒙古	0	0	0	0	0
	印度	0.2218	0.3104	0.4344	0.6079	0.8507
	巴基斯坦	0.0394	0.0485	0.0597	0.0734	0.0904
	阿富汗	0	0	0	0	0
	伊朗	0.0541	0.0576	0.0614	0.0654	0.0697
对话伙伴国	白俄罗斯	0	0	0	0	0
	斯里兰卡	0.0024	0.0027	0.0031	0.0035	0.0039
	土耳其	0.1127	0.1295	0.1487	0.1708	0.1961
总　计		0.7315	0.9286	1.1878	1.5302	1.9846

资料来源：模型的原始数据来自联合国统计署"商品贸易统计数据库"（UN comrade）。

表 9 - 31　中国从上合组织其他成员进口的第三类农产品规模预测

单位：亿美元

		2016 年	2017 年	2018 年	2019 年	2020 年
正式成员国	俄罗斯	0	0	0	0	0
	哈萨克斯坦	0	0	0	0	0
	吉尔吉斯斯坦	0	0	0	0	0
	塔吉克斯坦	0	0	0	0	0
	乌兹别克斯坦	0	0	0	0	0
	土库曼斯坦	0	0	0	0	0
观察员国	蒙古	0.0021	0.0024	0.0027	0.0030	0.0034
	印度	14.1440	19.0030	25.5330	34.3060	46.0940
	巴基斯坦	0	0	0	0	0
	阿富汗	0	0	0	0	0
	伊朗	0	0	0	0	0
对话伙伴国	白俄罗斯	0	0	0	0	0
	斯里兰卡	0.0314	0.0668	0.1420	0.3019	0.6416
	土耳其	0.0267	0.0224	0.0187	0.0156	0.0131
总　计		14.2043	19.0946	25.6964	34.6265	46.7521

资料来源：模型的原始数据来自联合国统计署"商品贸易统计数据库"（UN comrade）。

表 9 – 32 中国向上合组织其他成员出口的第四类农产品规模预测

单位：亿美元

		2016 年	2017 年	2018 年	2019 年	2020 年
正式成员国	俄罗斯	26.4830	33.5330	42.4600	53.7630	68.0740
	哈萨克斯坦	1.0746	1.2437	1.4393	1.6658	1.9278
	吉尔吉斯斯坦	0.1805	0.2202	0.2687	0.3279	0.4002
	塔吉克斯坦	0.0414	0.0442	0.0472	0.0505	0.0539
	乌兹别克斯坦	0.4604	0.6416	0.8941	1.2459	1.7362
	土库曼斯坦	0.2475	0.3724	0.5604	0.8434	1.2693
观察员国	蒙古	2.4870	3.6330	5.3080	7.7550	11.3300
	印度	0.0000	0.0000	0.0000	0.0000	0.0000
	巴基斯坦	2.2654	2.9565	3.8584	5.0354	6.5716
	阿富汗	0.0453	0.0515	0.0585	0.0665	0.0756
	伊朗	0.6795	0.7137	0.7496	0.7873	0.8268
对话伙伴国	白俄罗斯	0.2154	0.2365	0.2596	0.2849	0.3128
	斯里兰卡	3.0620	5.0150	8.2160	13.4580	22.0460
	土耳其	1.4471	1.8250	2.3016	2.9027	3.6608
总 计		38.6890	50.4862	66.4215	88.1864	118.2850

资料来源：模型的原始数据来自联合国统计署"商品贸易统计数据库"（UN comrade）。

表 9 – 33 中国从上合组织其他成员进口的第四类农产品规模预测

单位：亿美元

		2016 年	2017 年	2018 年	2019 年	2020 年
正式成员国	俄罗斯	1.0978	1.1703	1.2476	1.3300	1.4178
	哈萨克斯坦	0.0382	0.0487	0.0620	0.0789	0.1005
	吉尔吉斯斯坦	0	0	0	0	0
	塔吉克斯坦	0	0	0	0	0
	乌兹别克斯坦	0	0	0	0	0
	土库曼斯坦	0	0	0	0	0
观察员国	蒙古	2.5036	3.2558	4.2340	5.5060	7.1603
	印度	1.1538	1.0899	1.0295	0.9725	0.9186
	巴基斯坦	0.9930	1.2003	1.4510	1.7539	2.1202
	阿富汗	0	0	0	0	0
	伊朗	0.0072	0.0067	0.0062	0.0058	0.0054
对话伙伴国	白俄罗斯	0.0005	0.0005	0.0005	0.0005	0.0005
	斯里兰卡	0	0	0	0	0
	土耳其	1.1203	1.5348	2.1028	2.8809	3.9471
总 计		6.9144	8.307	10.1336	12.5285	15.6704

资料来源：模型的原始数据来自联合国统计署"商品贸易统计数据库"（UN comrade）。表中数据根据计算所得。

第十章　中亚地区的区域国际合作机制

中亚地区的国际合作机制众多。按发起人或主导者划分，大体分为四类：（1）由独联体成员国发起建立的独联体区域内的合作机制，主要有独联体、集体安全条约组织、欧亚经济共同体；（2）由周边大国主导，如上海合作组织、欧安组织、伊斯兰会议组织、中西亚经济合作组织、突厥语国家元首会议、北约"和平伙伴关系"合作计划、与欧盟的"伙伴关系"合作计划、美国的"大中亚计划"和"新丝绸之路"计划等；（3）由联合国和国际金融组织主导，如亚洲开发银行发起的"中亚区域合作机制"、联合国经社理事会发起的"中亚经济专门计划"等；（4）由中亚国家自身主导，如哈萨克斯坦的亚信会议、世界和传统宗教领袖大会等。①

众多的合作机制之所以能够存在，说明每个机制都有其自身的特点，都能以不同的方式满足各成员国的需要。正因如此，众多区域合作机制并存的现象对上海合作组织来说，既是机遇，又是挑战。挑战在于这些机制加大了上海合作组织内部的协调难度。由于每个成员国都具有多重身份，都同时是几个双边或多边贸易协定的成员国，多重性会产生许多交织在一起的协定义务及对问题的不同处理方法，政府越来越需要在相同的政策领域应对不同的规定，可能降低工作效率，甚至丧失合作兴趣，这会给上海合作组织的经济合作带来一定的消极影响。机遇在于诸多领域存在相似性，如能源、交通、贸易、海关、基础设施建设、粮食安全、环保等，各合作机制之间可以相互合作。中亚合作组织与欧亚经济共同体两个组织合并就是明证。另外，国际金融机构和联合国机构也是上海合作组织的重要合作对象，不仅可以扩大融资渠道，还能增强该组织的国际影响力。

---

① 　张宁：《中亚一体化合作机制及其对上海合作组织的影响》，《俄罗斯中亚东欧研究》2006 年第 12 期。

粮食安全不单是一个国家或地区的责任，也是全球的共同使命，维护粮食安全需要全球和区域合作，建立国际粮食市场新秩序，重新审视和调整粮食、农业和农村发展路径，改进和创新国际合作形式。从实践看，当前欧亚地区的区域国际合作机制中，大部分都比较关注能源、交通、贸易等领域，除上海合作组织和欧亚经济共同体外，其余均未将农业合作作为重点。

第一节　独联体

独联体是"独立国家联合体"（英文 CIS：Commonwealth of Independent States，俄文 СНГ：Союз независимых государств）的简称。1991 年 12 月 8 日，苏联的三个加盟共和国——白俄罗斯、俄罗斯、乌克兰的领导人在白俄罗斯的别洛韦日签署关于成立独联体的协定。12 月 21 日，除波罗的海三国和格鲁吉亚外，其余 11 个苏联加盟共和国的领导人在阿拉木图会晤，通过了《阿拉木图宣言》和《关于武装力量的议定书》等文件，宣告苏联已不复存在，并正式成立独联体。12 月 25 日，戈尔巴乔夫宣布辞去苏联总统职务，苏联正式解体。

独联体秘书处设在白俄罗斯首都明斯克，工作语言为俄语，创立初期原有 12 个成员国，分别是阿塞拜疆、亚美尼亚、白俄罗斯、格鲁吉亚、吉尔吉斯斯坦、摩尔多瓦、哈萨克斯坦、俄罗斯、乌兹别克斯坦、乌克兰、塔吉克斯坦和土库曼斯坦。土库曼斯坦于 1995 年 12 月被联合国承认为永久中立国后，与独联体其他成员主要发展双边关系，基本不参加多边组织活动。2005 年 8 月 26 日，土库曼斯坦派副总理阿克耶夫出席在俄罗斯喀山举行的独联体元首峰会，并申请由独联体正式成员变为非正式成员。2009 年 8 月 18 日，格鲁吉亚宣布正式退出独联体，理由是 2008 年 8 月的格俄冲突属于"独联体的一个成员国对另一个合法成员国发动了战争，侵略其领土并承认其被占领土独立"。

成立独联体的初衷，是为防止苏联复辟。成员国将其设计成一个以主权平等为基础、为成员合作提供服务的机构，而不是凌驾于各国之上的实体，它没有中央领导机构、不具有国家性质，也未确定终极发展目标。但是，苏联解体造成原有的政治、经济、社会、人文、安全等各方面有机联系中断或削弱，这并不符合新独立国家利益，于是这些新独立国家（独联体成员国）又希望独联体能有效地发挥中轴作用。由此形成一个很尴尬的局面：一方面，成员不想让渡主权，以防止独联体成为超国家机构，另一方面，又想让独联体有效协调成员合作；一方面，成员国都想与俄罗斯加强合作，希望俄罗斯能发挥主导作用，另一方面，又想利用独联体机制遏制俄罗斯一家独大，加强自身独立与主权，避免成为俄罗斯的附庸。换句话说，独联体的功能定位和制度设计同成员对它的期待之间存在巨大落差，一旦不能满足成员的需要和期望，便会被扣上"缺乏效率"等标签，成员国便对它逐渐失去信心，越发不重视。独联体内部也不断发出改革呼声，但多年来一直没有实质性进展。

独联体的主要机构有国家元首理事会和政府首脑理事会、外交部部长理事会、国防部长理事会、联合武装力量总司令部、边防军司令理事会、集体安全委员会、经济法院、协调协商委员会、跨国议会大会、人权委员会、跨国经济委员会、跨国货币委员会，另外还有多个部门合作机构。国家元首理事会是最高机构，通常每年召开两次会议。政府首脑理事会每年召开四次会议。会议轮流在各成员国举行。

独联体的主要合作方向有七个：一是经济领域；二是财政金融领域；三是政治领域；四是人文社会领域；五是安全领域，包括国防、边境、反恐、打击有组织犯罪、反毒、应对新挑战等；六是成员国之间的地方和边境地区合作；七是司法合作。2005 年 8 月 26 日，喀山峰会决定独联体今后将集中精力发展经济、安全和人文三个领域合作。

独联体的合作难点在于，由于成员国已经渡过独立初期的难关，从克服危机转为稳定发展，各国的发展程度和利益需求相比独立初期时差距加大，因此在独联体范围内，出现不同层次的次区域合作机制，包括俄罗斯和白俄罗斯的俄白联盟；俄、白、哈三国关税联盟；俄、白、哈、吉、塔五国欧亚经济共同体；古阿姆集团等。可以说，独联体成员间的协调难度越来越大。要应对上述问题，主要是继续加强成员国双边、行业部门间、地方行政区间、边境地区等合作，如能源、交通、通信、基础设施、国防装备现代化、信贷支付体系、建立统一劳动力和农产品市场等。

在经济和人文领域，独联体已基本实现自由贸易，成员国间享受着关税优惠，另外还从俄罗斯获得价格优惠（如能源等原材料、国防装备、运输费率等）。如果脱离独联体，成员间的贸易壁垒和贸易成本势必增加。另外，成员国在教育、医疗卫生、劳动保护、体育、青年、文艺出版、传媒等各领域交流频繁，维护了苏联时期形成的传统联系。

一 独联体自由贸易区

因维持苏联时期的原有联系仍有必要，独联体成员国于 1993 年 9 月 24 日签署《建立经济联盟协议》，1994 年 4 月 15 日签署《独联体自由贸易区协议》（土库曼斯坦和摩尔多瓦未签署），10 月 21 日签署《建立独联体跨国经济委员会和支付联盟协议》（土库曼斯坦、阿塞拜疆未签署）。2000 年 6 月 20 日通过《2005 年前发展行动计划》，提出在 2005 年前建立自由贸易区（以下简称"自贸区"）。

由于各国的经济发展水平和资源禀赋不同、对经济自由化的承受能力也不同，加上受独立后初期经济衰退影响，独联体自贸区建设步伐缓慢。在此情况下，独联体成员根据自身条件，彼此间签订双边《自由贸易区协议》和各类《生产联合体协议》，作为独联体自贸区建立前的铺垫，最大限度地满足各国经济发展的需要。

为降低贸易壁垒，由统一的区域自贸区取代成员双边自贸区协议呼声越来越高。2011 年 10 月 8 日，独联体成员国政府首脑理事会圣彼得堡会议上，俄罗斯、白俄罗斯、哈萨克斯坦、吉尔吉斯斯坦、塔吉克斯坦、亚美尼亚、摩尔多瓦、乌克兰八个成员签署新版《独联体自由贸易区协议》，阿塞拜疆、土库曼斯坦和乌兹别克斯坦三国未签署。《独联体自由贸易区协议》于 2012 年 9 月 20 日生效。2012 年 9 月 28 日，成员国政府首脑理事会在乌克兰雅尔塔会议上同意乌兹别克斯坦加入（乌兹别克斯坦是第九个签约国），同时要求所有签约成员必须于 2012 年底前完成国内批准程序，确保协议能够切实运行。

《独联体自由贸易区协议》（以下简称《协议》）内容不多，共计 25 条和 6 个附件（进口敏感商品目录（见表 10 - 1）；出口敏感商品目录（见表 10 - 2）；禁止和数量限制目录；取消政府采购限制的承诺期限；争议解决机制；独联体自由贸易区和关税联盟关系）。《协议》的基本原则和任务是：一是高效率使用独联体现有的能源和交通等基础设施，形成统一的交通和能源运输体系，统一运输条件，降低运输价格，减少过境干扰；二是发展共同商品市场，尤其是农产品市场；三是确保成员国商品自由流通，降低直至取消进口关税，限制直至取消出口关税。

《协议》的主要内容有：（1）除敏感商品外，各成员对来自其他成员的进口商品和向其他成员的出口商品免征关税，取消数量限制。（2）对于过渡期的敏感商品，各成员不得对其他成员提高已约定的关税水平。如果成员与非成员签订有关降低或取消该商品的关税，则此优惠自动惠及其他成员。（3）过境和运进成员国的商品的原产地由各成员国内法自行确定。（4）成员国有关政府采购的规定应遵循关贸总协定第三条第八（a）款规定。（5）协议允许各成员为维护本国经济安全和民族企业而实施特别保护措施，但要求该措施不得损害或威胁其他成员的民族工业，否则，其他成员保留采取相应措施的权利。（6）协议允许各成员保留对本国农产品实施反倾销和反补贴措施以及对本国企业实施补贴，但要求该措施应符合 1994 年关贸总协定相关规定，并提前通知其他成员。（7）协议要求各成员的技术标准、卫生和动植物检验检疫等非关税壁垒措施应符合世界贸易组织相关规定。（8）各成员应遵循现有（不得加重）有关汇兑和支付规定，只能在贸易和支付情况遭遇重大危险和损害情况下采取相应限制支付措施，该措施不应超过成员国所遭受的损害程度。（9）协议允许各成员加入其他自由贸易区协议、关税联盟协议、边境贸易协议，本协议仅在与上述协议不冲突的范围内生效。成员加入其他国际条约和协议后，不因此免除其对本协议其他成员的义务。（10）对于成员间的贸易争议，首先协商解决，协商未果可提交独联体经济法院或根据本协议产生的专家委员会仲裁。若争议双方均属世界贸易组织成员，也可提交世界贸易组织仲裁。（11）成员有退出本协议的权利，但需提前一年并与其他成员了结债务关系。

与旧版相比，新版《独联体自由贸易区协议》的特点表现在以下两方面：（1）比较简洁，原因是大部分条款都约定参照世界贸易组织规则。在俄罗斯 2011 年 12 月成为世贸组织成员后，世贸组织规则已经成为独联体地区经济合作的主导规则。各成员都积极修改法律，努力与世贸规则接轨。（2）影响独联体自贸区发展的关键因素仍未消除，仍将油气和成品油等贸易量最大的商品列入敏感商品目录。苏联解体后，独联体成员间始终将独联体成员和非独联体成员区别对待，给予独联体成员优惠进口关税税率。因此，影响自贸区发展的因素不是进口关税，而是影响国计民生的石油、天然气和成品油等关键商品的出口关税。乌克兰、白俄罗斯、塔吉克斯坦、吉尔吉斯斯坦等油气资源缺乏的国家始终要求俄罗斯和哈萨克斯坦在向其出口油气及其制品时，降低甚至取消出口关税，并给予优惠价格（不是国际市场价格）。新自贸区协议规定具体出口关税税率由双方协商解决，将给予俄罗斯更多主导权。

表 10 - 1　《独联体自由贸易区协议》进口敏感商品目录
（不受自贸区协议限制）

	例外商品及其免除关税期限的起始时间
亚美尼亚	对所有成员的烟、香烟:2014 年 1 月 1 日
乌克兰	对白俄罗斯的白糖:双边确定 对哈萨克斯坦的白糖:双边确定 对摩尔多瓦的糖:2015 年 1 月 1 日 对摩尔多瓦的甜菜种子:2013 年 1 月 1 日 对俄罗斯的白糖:双边确定
摩尔多瓦	对乌克兰的糖:2015 年 1 月 1 日 对乌克兰的酒精:2013 年 1 月 1 日
俄罗斯	对乌克兰的糖:双边确定
白俄罗斯	对乌克兰的糖:双边确定
哈萨克斯坦	对乌克兰的糖:双边确定 对乌克兰的白酒:2015 年 1 月 1 日
吉尔吉斯斯坦	无
塔吉克斯坦	无

表 10 - 2 《独联体自由贸易区协议》出口敏感商品目录（不受自贸区协议限制）

	征收出口关税的商品目录及征收对象
亚美尼亚	无
乌克兰	对欧亚经济共同体成员:菜籽、部分金属和废金属 对摩尔多瓦:皮毛
摩尔多瓦	无
俄罗斯	对非关税联盟成员:木材、皮毛、石油、天然气、成品油、部分金属、菜籽
白俄罗斯	对非关税联盟成员:成品油、钾肥、木材、兽皮、菜籽
哈萨克斯坦	对非关税联盟成员:大豆、油菜和葵花子的种子、原油、天然气、成品油、动物皮毛,丝、铝、铜、钢铁等金属
吉尔吉斯斯坦	对所有签约成员:奶和奶制品
塔吉克斯坦	对所有签约成员:动物、肉、蔬菜、水果、棉花、丝、铝

二 独联体农业合作

为落实 1992 年 10 月 9 日成员国签署的《关于专门生产和销售优良和杂交农作物种子的多方跨国协议》，1996 年 10 月 18 日独联体组建成员国政府间"作物种子协调委员会"（Межправительственный координационный совет по вопросам семеноводства СНГ，该委员会 2013 年 5 月 31 日根据成员国政府总理理事会决议撤销）。为落实 1993 年 3 月 12 日成员国签署的《兽医领域合作协议》，独联体于 1995 年 12 月 26 日组建成员国政府间"兽医领域合作委员会"（Межправительственный совет по сотрудничеству в области ветеринарии СНГ）。为落实 1993 年 4 月 28 日成员国签署的《农工综合体跨国相互关系协议》，独联体于 2000 年 11 月 30 日组建成员国政府间"农工综合体委员会"（Межправительственный совет по вопросам агропромышленного комплекса СНГ）。另外，2012 年 5 月 30 日，成员国成立"植物检疫协调委员会"（Координационного совета по карантину растений）。

为发展农业合作，1998 年 3 月 6 日独联体成员国签署《共同农业市场协议》及其附件《关于共同农业市场建立和运行条件的规则》《关于"跨国集团"的构想》，通过建立"政府间跨国委员会"，在协商基础上，协调农业政策，增强资源利用效率，合理规划农业生产，改善居民粮食供应和工业原材料供应，稳定粮食和农产品市场，支持农产品流通和贸易，促进农产品加工，提高农民生活水平，避免恶性竞争，保证农产品、粮食产品、科技产品、工艺、设备、服务等在成员国间自由流动等。

2002 年 5 月 30 日，独联体成员国政府总理理事会通过《协调农业政策构想》，提出成员国农业合作的主要方向：（1）协调农业政策，发展共同农业市场；（2）制定协调统一的农业预算、信贷、海关、价格、税收、保险等政策，发展成员国间的农业贸易关系；（3）促进农产品供应和需求；（4）协调成员国的农业国际合作政策和立场，包括加入世界贸易组织；（5）发展农业科技和信息；（6）发展互惠的投资项目和投资环境；（7）培养农业人才；（8）提高农业生产者收入，改善农业劳动环境；（9）协调解决农村和农民的经济社会问题；（10）协调成员国相关法律。

2010 年 11 月 19 日独联体通过《提高成员国粮食安全构想》（以下简称《构想》），主要目标是确保成员国能够依靠自身力量满足民众的基本粮食需求，在质量、品种、数量和价格方面保障民众能够"买得到、买得起、买的好"；鼓励民众的合理消费，建立健康生活方式。《构想》对"粮食独立"的定义是，"从生理学角度关系公民生存健康的关键粮食和食品的国内自产量不低于国内消费量的 80%"。《构想》认为，当前独联体成员国农业粮食生产存在的问题主要有：（1）总体上仍延续苏联时期的农业生产和供求布局。在苏联农业生产分工中，俄罗斯、哈萨克斯坦、乌克兰是粮食基地，俄罗斯、白俄罗斯、乌克兰和波罗的海三国是畜牧业基地，摩尔多瓦和高加索是果蔬基地，中亚是棉花基地。（2）受经济发展和人口增长影响，大部分成员国都存在大量农用地转化为非农用地现象。（3）一些国家的农业增产速度低，不能满足居民需求，需大量依赖进口。（4）农业机械设备老化较严重。《构想》认为，加强成员国粮食安全的主要合作措施有：（1）加强农业科技合作，提高育种、抗害等能力，提高产量和质量；（2）加强交通运输合作，减少运输成本和时间；（3）加强检验检测标准协调；（4）协调农业政策，建立共同农业大市场。①

---

① 《Концепция повышения продовольственной безопасности СНГ》，утрерждена Решением Совета глав правительств СНГ от 19 ноября 2010 года.

表 10 - 3　独联体 2000 ~ 2013 年签署的主要农业合作协议

1998 年 3 月 6 日《共同农业市场协议》	Соглашение об Общем аграрном рынке государств - участников СНГ
1999 年 6 月 4 日《保护和利用农作物遗传资源的合作协议》	Соглашение о сотрудничестве в области сохранения и использования генетических ресурсов культурных растений государств - участников СНГ（СГП, 4 июня 1999 г.）
2001 年 3 月 16 日《植物品种法律保护协议》	Соглашение о правовой охране сортов растений
2001 年 9 月 28 日《关于对独联体成员国进口商品实施技术、卫生、动植物检验检疫的标准、规范、规则和要求的协议》	Соглашение о порядке применения технических, медицинских, фармацевтических, санитарных, ветеринарных и фитосанитарных стандартов, норм, правил и требований в отношении товаров, ввозимых в государства - участники СНГ
2002 年 5 月 30 日《独联体成员国协调农业政策构想》	Концепция согласованной аграрной политики государств - участников СНГ
2004 年 4 月 16 日《关于对独联体成员国具有潜在危险的进口商品进行卫生评估的相互协助程序的协议》	Соглашение о порядке взаимодействия при гигиенической оценке потенциально опасной продукции, импортируемой в государства - участники СНГ
2004 年 12 月 3 日《关于独联体成员国发展农业技术、设备和机械租赁的构想》	Концепция развития лизинга сельскохозяйственной техники, машин и механизмов в государствах - участниках СНГ
2008 年 11 月 14 日《关于独联体成员国提高粮食安全的综合共同措施的决定》	Решение о Комплексе совместных мер по повышению продовольственной безопасности государств - участников СНГ
2010 年 11 月 19 日《关于独联体成员国建立和运行肉奶市场的基本方向的决定》	Решение об Основных направлениях создания и функционирования рынка мясомолочной продукции государств - участников СНГ
2010 年 11 月 19 日《提高成员国粮食安全构想》	Концепция повышения продовольственной безопасности государств - участников СНГ
2012 年 9 月 14 日政府总理理事会决议《关于独联体成员国共同维护重要粮食品种平衡的核算方法和形式的决定 》	Решение о Методике расчетов и формы совместных балансов важнейших видов продовольствия государств - участников СНГ
2013 年 5 月 31 日《关于多边跨国专业生产和供应农作物、水果、浆果、葡萄种子和杂交种子的协议》	Соглашение о многосторонней межгосударственной специализации производства и поставок семян сортов и гибридов сельскохозяйственных культур, посадочного материала плодово - ягодных культур и винограда

资料来源：根据独联体执委会网站资料整理。

第二节　欧亚经济共同体[①]

1991 年底苏联解体，独联体成立。由于各成员国利益不同，各有所想，导致独联体形成"议多行少"的局面。为提高合作效率，俄罗斯、白俄罗斯、哈萨克斯坦三国于 1996 年 3 月成立"关税联盟"（Таможенный союз），同年吉尔吉斯斯坦加入，1999 年 4 月塔吉克斯坦加入。

关税联盟成立初衷，是希望在成员内部统一贸易制度，取消进出口关税和数量限制，并对非成员国实施统一的关税和非关税措施。但事实是，关税联盟未能建立起统一的海关边境，也未能协调好成员国的入世立场。原因在于关税联盟只是一纸协议，不是国际组织，不具备国际行为主体的能力，难以协调和开展对外工作，对不履约行为缺乏制裁手段；另外，因成员的条约批准生效机制不同，使得很多决议难以生效，即使生效，成员国也经常借各种理由不履行。

为进一步加强关税联盟成员国间的合作，克服该机制的弊端，避免关税联盟滑落为"第二个独联体"，俄、白、哈、吉、塔五国总统于 2000 年 10 月 10 日在哈萨克斯坦首都阿斯塔纳举行会晤，决定将"关税联盟"提升为"欧亚经济共同体"，旨在建立统一经济空间，实现经济一体化。从俄文意思看，经济共同体相当于"关税联盟 + 货币联盟"，不仅要统一关税，还要统一货币。

欧亚经济共同体 2003 年 12 月 9 日获得联合国观察员地位，2005 年 10 月 6 日与中亚合作组织合并，同时吸收乌兹别克斯坦加入（该国于 2006 年 2 月 25 日正式成为成员国）。但乌兹别克斯坦又于 2008 年 11 月 12 日以该组织缺乏效率为借口，向欧亚经济共同体秘书处提交正式退出照会，同时宣布今后将重点发展同成员国的双边关系。

截至 2014 年初，欧亚经济共同体共有五个成员国：哈萨克斯坦、吉尔吉

[①]　张宁：《欧亚经济共同体在海关、能源和交通领域的合作现状》，《俄罗斯东欧中亚市场》2007 年第 1 期。

斯斯坦、塔吉克斯坦、俄罗斯和白俄罗斯，另外还有摩尔多瓦、乌克兰和亚美尼亚三个观察员。秘书处设在莫斯科和阿拉木图。

一　运作机制

欧亚经济共同体的主要机构有跨国委员会、一体化委员会、跨国议会大会、共同体法院、欧亚发展银行。跨国委员会是最高机构，由成员国国家元首和政府首脑组成，负责审议涉及原则问题，确定组织发展战略和方向。一体化委员会由成员国政府副总理组成，至少每季度举行一次会议。秘书处负责日常的组织和信息技术保障。秘书长由跨国委员会根据一体化委员会的提名任命，根据每个成员国国名的俄语字母顺序轮流担任，任期三年。跨国议会大会是议会间合作机构，由成员国议会派遣的议员组成，负责审议有关协调、统一成员国的法律问题，使其与共同体框架内签订的条约相一致。跨国议会大会通过的条例须经跨国委员会批准。共同体法院由成员国法官代表组成，每一个成员国的代表不得超过两名。法官由跨国议会大会根据跨国委员会的提名任命，任期六年。

为促进欧亚经济共同体成员国经济稳定发展，俄罗斯和哈萨克斯坦于2006年1月签署"成立欧亚发展银行"协议，俄哈两国分别于2006年4月和6月完成各自国内批准程序。该银行注册资本15亿美元（俄10亿美元，哈5亿美元），总部设在阿拉木图市。

欧亚经济共同体实行两种表决机制，即在最高机构跨国委员会中实行"协商一致原则"，而在执行机构一体化委员会中采用"按成员国认缴会费的比例计算表决权"的原则，其中俄罗斯占40%，白俄罗斯和哈萨克斯坦各占20%，吉尔吉斯斯坦和塔吉克斯坦各占10%。

二　俄白哈三国关税联盟

早在2006年8月15～17日，欧亚经济共同体成员国元首索契峰会便讨论有关建立关税联盟和共同能源市场等问题。2009年11月27日，俄罗斯、白俄罗斯、哈萨克斯坦三国元首在明斯克签署包括《关税联盟海关法典》在内的九个文件，决定从2010年1月1日起对外实行统一税率（部分商品有过渡期）；2010年7月1日起取消俄与白俄罗斯间的关境；2011年7月1日起取消俄哈间的关境。成员国内部关境完全取消后，非成员国货物在报关口岸统一征收进口关税、增值税和消费税，成员国之间的进出口货物免征关税，增值税和消费税由成员国税务机关自行征收，税率自定；增值税和消费税收入分配实行先征后退：成员国进口商从其他成员国进口时，向本国政府缴纳，成员国出口商凭出口单据向本国政府申请退税。三国税务部门建立信息交换系统，定期交换货物过境和纳税资料，协调和处理征退税事宜。

俄白哈三国关税联盟的统一进口税率总体水平为10.6%，其中工业品税率8.5%，农产品税率（在配额范围内）16.7%。这个总体水平以俄罗斯税率为蓝本，比关税联盟启动前的俄税率水平约低1%，与白的税率水平大体相同，比哈税率水平约高一倍，因此需要俄罗斯调整约18%的商品税率（其中上调约350种，下调约1500种），白俄罗斯上调约6.7%商品的税率，哈萨克斯坦需上调约32%商品的税率（涉及5000多种）。为保护本国企业利益，哈要求分阶段实现统一税率接轨，对药品、塑料及其制品、医疗器械、铁路机车、客货车厢等400多种商品实施1~4年过渡期；凡用于租赁业务进口的机械设备免关税；凡外商投资项目下进口的机械设备和原辅料免关税。2010年3月25日，俄白哈关税联盟委员会通过的决议包括：从2010年9月1日起按照俄87.97%、哈7.33%、白4.7%的比例分配全部进口关税收入。

关税联盟启动后，俄白哈三国开始探讨建立"统一经济空间"（关税联盟＋货币联盟）。2010年11月20日，三国总理在圣彼得堡签署《协调宏观经济政策协议》《竞争统一原则和规则协议》《抵制第三国非法劳动移民合作协议》等若干协议。12月9日，三国元首在莫斯科签署《宏观经济政策协议》①《货币政策原则协议》《金融市场资本自由流通协议》等文件。至此，建立统一经济空间的法律基础文件（共17份）全部形成。三国元首发表《联合声明》，决定从2012年1月1日起启动俄白哈"统一经济

---

① 《宏观经济政策协议》规定，从2013年1月1日起，成员国的财政赤字不得超过该国GDP的3%；国家债务不得超过该国GDP的50%；通货膨胀水平不得超过涨幅最低的成员国的通货膨胀率的5%。

空间"。

2011 年 10 月 3 日，普京在俄罗斯《消息报》发表《欧亚新的一体化计划：未来诞生于今天》一文，提出建立"欧亚联盟"（Евразийский союз）设想，即参照欧盟模式，建立超国家机构，协调经济政策，发展区域经济一体化合作，但不是恢复苏联。①普京的倡议得到白俄罗斯总统卢卡申科和哈萨克斯坦总统纳扎尔巴耶夫的积极回应。10 月 25 日，纳扎尔巴耶夫在《消息报》发表《欧亚联盟：从理念走向未来》，详细阐述他对欧亚联盟的看法和想法。11 月 18 日，俄白哈三国元首在莫斯科签署协议，同意在 2015 年 1 月 1 日前草签《欧亚经济联盟协议》。

俄白哈三国关税联盟和统一经济空间的最高领导机构是由成员国元首组成的跨国委员会（Межгоссовет），该委员会实行协商一致原则，下设常设协调机构关税联盟委员会（Комиссия таможенного союза），负责处理有关同盟运作事务，如制定外贸商品目录、进出口税率、税率优惠和配额政策、研究和实施非关税调节措施等。关税联盟委员会的决议具有超主权性质，效力大于成员国国内法律。如有异议，可提交跨国委员会解决。关税联盟委员会实行多数表决制，俄白哈三国在委员会中的表决权比重分别为 56%、22% 和 22%，一般情况实行简单多数表决，但调整"敏感商品"进口税率时采用 2/3 多数票原则。

2012 年统一经济空间启动后，组织的常设机构由关税联盟委员会改为"欧亚经济委员会"（Евразийская экономическая комиссия），下设 23 个具体业务部门，分属行政后勤、宏观经济、经济和财政金融政策、工业和农业政策、贸易政策、技术调节、海关合作、能源和基础设施、竞争和反垄断九大业务区块（见表 10 - 4）。

2014 年 5 月 29 日，俄白哈三国总统在哈首都阿斯塔纳签署《欧亚经济联

---

① Путин В.，《Новый интеграционный проект для Евразии – будущее рождается сегодня》，《Известия》，3 октября 2011 года. Нурсултан Назарбаев，《Евразийский Союз：от идеи к истории будущего》，《Известия》，25 октября 2011. 纳扎尔巴耶夫总统 1993 年 3 月访俄期间，曾在莫斯科大学发表演讲《欧亚经济联盟：理论还是现实》（Евразийский союз – теория или реальность），提出"欧亚联盟"主张，即所有前苏联成员以主权国家身份在后苏联空间加强各领域合作。

盟条约》，涉及能源、交通、工业、农业、关税、贸易、税收、政府采购、自由贸易商品清单、敏感商品等诸多领域。《欧亚经济联盟条约》规定三国于2015年1月1日起启动"经济联盟"建设进程，目标是到2025年建成"经济联盟"，彻底实现商品、服务、资金和劳动力自由流动。另外，三国约定欧亚经济联盟的经济中心欧亚经济委员会设在莫斯科，法律中心欧亚法院设在明斯克，金融中心未来的联盟央行设在阿拉木图。

表 10 - 4 俄白哈三国统一经济空间常设机构"欧亚经济委员会"的下属机构

业务部门		俄文名称
行政后勤	礼宾和组织保障司	Департамент протокола и организационного обеспечения
	财务司	Департамент финансов
	法律司	Правовой департамент
	信息技术司	Департамент информационных технологий
	办公厅	Департамент управления делами
宏观经济	发展一体化司	Департамент развития интеграции
	宏观经济政策司	Департамент макроэкономической политики
	统计司	Департамент статистики
经济和财政金融政策	发展个体经济司	Департамент развития предпринимательской деятельности
	财政金融政策司	Департамент финансовой политики
工业和农业政策	工业政策司	Департамент промышленной политики
	农业政策司	Департамент агропромышленной политики
贸易政策	关税和非关税调节司	Департамент таможенно – тарифного и нетарифного регулирования
	保护内部市场司	Департамент защиты внутреннего рынка
	贸易政策司	Департамент торговой политики
技术调节	技术调节和认证司	Департамент технического регулирования и аккредитации
	动植物检疫和防疫司	Департамент санитарных фитосанитарных и ветеринарных мер
海关合作	海关法律和司法司	Департамент таможенного законодательства и правоприменительной практики
	海关基础设施司	Департамент таможенной инфраструктуры
能源和基础设施	交通和基础设施司	Департамент транспорта и инфраструктуры
	能源司	Департамент энергетики
竞争和反垄断	反垄断调节司	Департамент антимонопольного регулирования
	竞争政策和政府采购政策司	Департамент конкурентной политики и политики в области государственных закупок

表 10 - 5　俄白哈三国关税联盟统一关税税率中的农产品进口税率

商品品类		商品编码:进口税率
第 1 章	活动物	5%
第 2 章	肉及食用杂碎	0201、0202、0205、0206:15% 0203:0% 0204:15% 或 20% 0207:25% 或 80%
第 3 章	鱼、甲壳动物、软体动物及其他水生无脊椎动物	10%
第 4 章	乳品;蛋品;天然蜂蜜;其他食用动物产品	0401:15% 0402:20% 或 25% 0403 ~ 0410:15%
第 5 章	其他动物产品	5% 或 10%
第 6 章	活树及其他活植物;鳞茎、根及类似品;插花及装饰用簇叶	0601:5% 其余 15%
第 7 章	食用蔬菜、根及块茎	15%
第 8 章	食用水果及坚果;柑橘属水果或甜瓜的果皮	0801 ~ 0809:5% 其余 10%
第 9 章	咖啡、茶、马黛茶及调味香料	0901:非焙炒 0%,焙炒 10% 0902:20% 其余 5%
第 10 章	谷物	1006:15% 其余 5%
第 11 章	制粉工业产品;麦芽;淀粉;菊粉;面筋	1108:20% 其余 10%
第 12 章	含油子仁及果实;杂项子仁及果实;工业用或药用植物;稻草、秸秆及饲料	5%
第 13 章	虫胶;树胶、树脂及其他植物液、汁	5%
第 14 章	编结用植物材料;其他植物产品	15%
第 15 章	动植物油脂及其分解产品;精制食用油脂;动植物蜡	1501、1513、1515:5% 其余 15%
第 16 章	肉、鱼、甲壳动物、软体动物及其他水生无脊椎动物的制品	1601:20% 1602:25% 1603、1604:15% 1605:15% 或 20%
第 17 章	糖及糖食	1702、1703:5% 1704:20%
第 18 章	可可及可可制品	5%
第 19 章	谷物、面粉、淀粉或乳的制品;糕饼点心	15%

续表

	商品品类	商品编码:进口税率
第20章	蔬菜、水果、坚果或植物其他部分的制品	15%
第21章	杂项食品	2101:10% 其余15%
第22章	饮料、酒及醋	2201、2202:15% 其余20%
第23章	食品工业的残渣及废料;配制的动物饲料	5%
第24章	烟草、烟草及烟草代用品的制品	2401、2402:5% 2403:20%

资料来源：Решения Совета Евразийской экономической комиссии от 16 июля 2012 г. No 54《Об утверждении единой Товарной номенклатуры внешнеэкономической деятельности Таможенного союза и Единого таможенного тарифа Таможенного союза》。

三 欧亚经济共同体的农业领域合作

欧亚经济共同体共确立 11 个优先合作领域，包括法律、经济政策、海关、交通运输、服务贸易、能源、金融保险、财政税务、经济技术合作、农业、人文和移民。2007 年，欧亚经济共同体一体化委员会组建"农工政策委员会"（Совет по агропромышленной политике при Интеграционном Комитете ЕврАзЭС），由成员国各派两名代表（农业部长和一名副部长）组成，每年举行一次例会，负责协调成员国间的农业合作，如制定农业发展战略、保证粮食安全、促进农村发展、建立统一的农产品市场、交流农业科技和教育、应对农业灾害、协调与非成员的农业国际合作等。

截至 2014 年底，欧亚经济共同体农工政策委员会通过三部文件。①

一是 2005 年 3 月 24 日通过的《成员国农工政策构想》，主要目的是维护

---

① 《Концепция агропромышленной политики государств – членов Евразийского экономического сообщества》，утверждена Решением Межгоссовета ЕврАзЭС от 24 марта 2005 г. No 204. 《Концепция Евразийской товаропроводящей системы сельскохозяйственной продукции, сырья и продовольствия》，утверждена Решением Интеграционного Комитета ЕврАзЭС от 21 июня 2005 г. No 467. 《Концепция продовольственной безопасности Евразийского экономического сообщества》，утверждена Решением Межгоссовета ЕврАзЭС от 11 декабря 2009 N 464.

和促进成员国农工企业稳定发展，在综合考虑各成员国家利益和发展战略、农业生产条件和特点、承担的国际义务等因素基础上，协调成员国农业管理和发展政策，如农业预算、补贴、信贷、税收、科技、保险、进出口政策等。《构想》确定检验合作效果的四个标准，即农业生产率、农产品贸易额、对生态环境的影响程度、粮食安全的保障程度。

二是 2005 年 6 月 21 日通过的《农产品、原料和粮食的"欧亚商业流通体系"构想》，目的是建立"欧亚商业流通体系"（Евразийская товаропроводящая система），利用成员国现有基础设施和生产条件，建立区域协调统一的农产品流通大市场，减少中间环节，降低生产和流通成本，确保农产品供应。体系的参与者有农业生产者、贸易商、加工企业、商品交易所、仓储企业、银行、保险公司、运输企业等。主要活动方式是在欧亚经济共同体农工委员会的组织协调下，建立"共同体农产品交易所""信息中心""信息发布系统""交易结算平台"和"交易仲裁委员会"。

三是 2009 年 12 月 11 日通过的《欧亚经济共同体粮食安全构想》。该文件确定衡量一国粮食安全程度的指标体系，包括每日能量摄入量、粮食储备水平、食物的可获得性水平、食品价格水平、食品的国内市场规模、粮食和食品的对外依赖程度、饮用水的储备水平等。为保障粮食安全，欧亚经济共同体的主要措施包括：对成员国粮食安全状况进行年度评估；预测粮食生产和需求平衡；建立粮食形势预测分析中心；建立共同的粮食贸易和物流体系；制定统一的粮食和食品卫生检疫标准；建立地区层次和跨国层次双重保障体系（地区层次负责保障供应和提高收入，跨国层次负责区域内总量平衡）；关税联盟确定适当的关税和非关税政策等。

四 俄白哈三国统一经济空间的农业合作

截至 2014 年底，俄白哈三国关税联盟和统一经济空间的农业领域合作文件主要有：2009 年 12 月 11 日签订的《兽医卫生措施协议》和《植物检疫协议》；2010 年 12 月 9 日签订的《扶持农业统一规则协议》，2013 年 5 月 29 日签订的《关税联盟和统一经济空间成员国协调农业政策构想》。另外，成员国 2008 年 1 月 25 日签署的《统一关税措施协议》《针对第三国的统一非关税措施协议》《针对第三国的反倾销和反补贴特别措施协议》，2010 年 12 月 9 日签署的《统一宏观经济政策协议》《统一竞争原则和规则协议》等协议中，也有涉及农业政策的规定。①

截至 2014 年底，俄白哈三国统一经济空间的农业合作主要体现在五个方面：(1) 协调统一农业政策，建设共同农业空间；(2) 协调和统一农业补贴规则；(3) 开展农业国际合作；(4) 实施具体的跨国农业合作项目；(5) 监督和促进农工综合体发展。②

依照先出政策框架，再制定具体落实措施，最后签署统一农业政策文件的三步走策略，成员国元首 2013 年 5 月 29 日在阿斯塔纳签署《关税联盟和统一经济空间成员国协调统一农业政策构想》（以下简称《构想》，旨在加强农业政策领域合作、维护区域农业平衡稳定发展、保护公平公正的竞争环境、协调市场准入条件、统一农产品和食品安全卫生标准、制定农产品流通规则、维护生产者和消费者权益等。《构想》提出协调和统一农业政策主要涉及八个方面：一是国家农业补贴政策，即对农业生产和农产品加工给予国家扶持；二是农业发展战略和具体指标体系，如粮食安全的指标种类及其计算方法等；三是共同农业市场，如保证公正合理的竞争秩序、农产品价格形成机制、市场准入条件、农业税收、信贷和投资政策、与农业有关的基础设施建设、预防产量和

---

① Правительства государств – членов таможенного союза в рамках Евразийского экономического сообщества от 25 января 2008 года 《Соглашение о едином таможенно – тарифном регулировании》; 《Соглашение о единых мерах нетарифного регулирования в отношении третьих стран》; 《Соглашение о применении специальных защитных, антидемпинговых и компенсационных мер по отношению к третьим странам》; от 11 декабря 2009 года 《Соглашение Таможенного союза по ветеринарно – санитарным мерам》; 《Соглашение Таможенного союза о карантине растений》; от 18 ноября 2010 года 《Соглашение о единых принципах и правилах технического регулирования в Республике Беларусь, Республике Казахстан и Российской Федерации》; от 9 декабря 2010 год 《Соглашение о согласованной макроэкономической политике》; 《 Соглашение о единых принципах и правилах конкуренции》; 《Соглашение о единых правилах государственной поддержки сельского хозяйства》; 《 Концепция согласованной (скоординированной) агропромышленной политики государств – членов Таможенного союза и Единого экономического пространства》, одобрена Решением Высшего Евразийского экономического совета от 29 мая 2013 г. № 35.

② Евразийская экономическая комиссия, Департамент агропромышленной политики, http: // www. eurasiancommission. org/ru/act/prom_ i_ agroprom/dep_ agroprom/Pages/default. aspx.

价格波动影响等；四是农业生产和流通领域的规则和安全技术标准，如制定农作物种子和畜牧良种名单、转基因和杂交作物名单、品种鉴定标准等；五是农产品检验检疫标准，如动植物检验检疫、农药化肥使用规则、病虫害防治等；六是农产品出口政策；七是农业科技和创新；八是农业信息协作。

统一经济空间成员国农业补贴主要有三种形式：一是不会造成贸易歪曲的补贴，如农业科技研发、抗病虫害、农业基础设施维护保养，及监督、咨询、市场等社会服务，此类补贴无限制；二是可能造成严重贸易扭曲的补贴，此类补贴属于禁止范围；三是可能对商品成本和价格造成影响，从而歪曲贸易的补贴，如价格直补、农业贷款优惠、燃料农资补贴等。《扶持农业统一规则协议》（以下简称《协议》）中的条款主要针对此类补贴。《协议》规定，成员国农业补贴的最高额度不得超过农产品价值总和的10%，同时允许白俄罗斯六年过渡期（期间需逐步降低农业补贴额度，即从2011年的16%降至2016年的10%）；允许俄罗斯将补贴额度降至其入世承诺水平（即各类农业综合补贴的额度从2013年的90亿美元降至2018年44亿美元，并且过渡期间，对食物产品补贴的额度相比非食物产品补贴额度不得超过30%）。成员国需按照规定格式和内容定期通报其农业补贴的形式和规模。

据统一经济空间欧亚经济委员会统计：（1）2011年各成员国的农业补贴额度分别是：俄罗斯60亿美元，哈萨克斯坦21亿美元，白俄罗斯27亿美元，其中可造成贸易扭曲的农业补贴占农产品价值的比重分别是3%、4%和11%（见表10-6）。（2）各成员对贸易无影响的农业补贴（不能造成贸易扭曲）各有侧重，其中俄罗斯主要投入基础设施和环境保护（约占此类补贴的48%），如电力供应和电网、道路、水利设施、水运港口、生态保护、环保设施等；白俄罗斯主要投入人员和技术培训（约占此类补贴的34%）；哈萨克斯坦主要侧重于鼓励投资。（3）各成员可能造成贸易扭曲的农业补贴重点不同，其中俄罗斯主要用于补贴农业贷款（约占此类补贴的58%），哈萨克斯坦主要用于畜牧产品和燃料能源补贴（约占71%），白俄罗斯主要用于农业贷款和担保（约占39%）。（4）各成员的农业补贴主要依靠中央财政，部分来自地方财政。其中对贸易无影响的农业补贴中的中央财政占比分别是：俄罗斯78%，白俄罗斯67%，哈萨克斯坦99%；可能造成贸易扭曲的农业补贴中的中央财政占比分别是：俄罗斯75%，白俄罗斯65%，哈萨克斯坦43%。

表 10 – 6　2011 年俄白哈统一经济空间各成员国农业补贴和农业信贷统计

成员国		俄罗斯	白俄罗斯	哈萨克斯坦
种植面积(万公顷)		7670	578	2400
农业从业人员(万人)		670.20	35.84	219.61
农产品价值总和(亿美元)		1071.83	121.27	153.91
汇率(1 美元兑换外币)		29.39 俄罗斯卢布	4623.47 白俄罗斯卢布	146.62 坚戈
国家农业补贴	农业补贴总额(亿美元)	60.193	27.223	20.958
	1. 不能造成贸易扭曲的补贴(亿美元)	17.02	2.09	16.26
	其中:各种用途占比	48%基础设施建设,32%人员和技术培训,14%国家储备	34%人员和技术培训,19%环境保护,15%区域扶持,32%其他	54%改善结构、促进投资,23%基础设施建设,14%病虫害防治
	2. 可能造成贸易扭曲的补贴(亿美元)	43.18	25.13	4.70
	其中:与具体农产品直接相关的补贴	42.01	24.68	3.42
	与具体农产品无直接关系的补贴	1.16	0.45	1.28
	其中:各种补贴用途占比	58%贷款补贴,12%种子、化肥等农资补贴	16%农业担保,23%贷款补贴	36%畜牧产品补贴,35%能源补贴
	可造成贸易扭曲的农业补贴占农产品价值总和的比重	4.03%	11.8%	3.05%
	平均每公顷农业补贴(美元)	78.5	471.1	87.3
	平均每人工的农业补贴(美元)	898.1	7595.6	954.3
农业贷款	商业银行放贷总额	254362 亿卢布	1662862 亿卢布	57779 亿坚戈
	商业银行平均放贷利率	13.8%	24.2%	12.7%
	商业银行再融资利率	8.1%	21.6%	7.5%
	商业银行对农业领域放贷总额	10246 亿卢布	242080 亿卢布	7173 亿坚戈
	对农业领域放贷占商业银行放贷总量的比重	4%	14.6%	12.4%
	其中:短期贷款总额	6845 亿卢布	115846 亿卢布	5129 亿坚戈
	短期贷款利率	8.5%	28.1%	13.6%
	长期贷款总额	3401 亿卢布	126234 亿卢布	2044 亿坚戈
	长期贷款利率	16.5%	10.7%	11.7%

续表

	成员国	俄罗斯	白俄罗斯	哈萨克斯坦
农业贷款	国家农业贷款补贴总额	6980 亿卢布	6291 亿卢布	1192 亿坚戈（含通过"哈萨克斯坦农业集团"提供的补贴）
	考虑国家农业贷款补贴后的银行贷款利率	5.7%	2.6%	5.2%
	商业银行的优惠农业贷款总额	5480 亿卢布	62899 亿卢布	1793 亿坚戈
	农业优惠贷款占农业贷款总量的比重	53.5%	26%	25%
农业保险（种植业）	保险类型	强制险	强制险	自愿险
	国家农业保险补贴形式	支付 50% 保险赔偿款	支付 50% 保险赔偿款和 95% 保险缴费	支付 50% 保险合同缴费
	可投农业保险的种植面积（万公顷）	1826.43	161.40	7077.70
	实际保险种植面积（万公顷）	1375.35	143.92	1421.20
	被保险面积占可投保面积比重	75.3%	89.2%	20.1%
	保险合同标的价值	479.83 亿卢布	16777.85 亿卢布	1365.72 亿坚戈
	保险缴费总额	9.56 亿卢布	346.17 亿卢布	137.35 亿坚戈
	单位保险价格（标的总价值/实际投保面积）	每公顷 349 卢布	每公顷 11.65 万卢布	每公顷 961 坚戈
	平均保险费率（缴费额/标的价值）	2.0%	2.1%	10.1%
	保险偿付总额	3.13 亿卢布	964.11 亿卢布	38.65 亿坚戈
	可投保的牛／实际投保的牛（万头）	76.36 / 76.36	88.17 / 88.17	90.09 / 90.09
	其中:可投保的奶牛／实际投保的奶牛（万头）	3.56 / 3.56	3.63 / 3.63	3.73 / 3.73
	可投保的鸡／实际投保的鸡（万只）	70.36 / 70.36	82.22 / 82.22	83.77 / 83.77
	可投保的猪／实际投保的猪（万头）	2.44 / 2.44	2.32 / 2.32	2.59 / 2.59
	保险合同标的总额	1434.79 亿卢布	1181.65 亿卢布	1836.80 亿坚戈
	保险缴费总额	0.98 亿卢布	2.18 亿卢布	2.69 亿坚戈

资料来源：Евразийская экономическая комиссия, http：//www. eurasiancommission. org/ru/act/prom_i_ agroprom/dep _ agroprom/sxs/Pages/default. aspx。其中，农业补贴统计摘自《Сельскохозяйственные субсидии》，Таблица 1. Показатели государственной поддержки в государствах – членах ТС и ЕЭП в расчете на 1 га посевных площадей и 1 работника занятого в сельском хозяйстве；Таблица 2. Государственная поддержка сельского хозяйства в государствах – членах ТС и ЕЭП в 2011 г.；Таблица 4. Основные меры поддержки сельского хозяйства в государствах – членах ТС и ЕЭП。农业信贷统计摘自《Информация об объемах кредитования агропромышленного комплекса в государствах членов – участников ТС и ЕЭП в национальной валюте》（по данным центральных（национальных）банков государств членов – участников ТС и ЕЭП）。农业保险统计摘自《Анализ сельскохозяйственных механизмов страхования в государствах – участниках Таможенного союза и Единого экономического пространства》。

第三节　欧盟"伙伴关系"与农业合作①

苏联解体后，欧盟的地缘政治环境得到极大改善，为了巩固和消化这一结果，增强其在世界的影响力，实现周边地区的稳定与安全，欧盟（1995 年前为"欧共体"）重新调整其全球战略，加大对外援助力度，同时积极寻求建立"伙伴关系"。在发展伙伴关系过程中，又在共同体之外逐渐建立"东扩成员国"关系和"睦邻关系"（针对欧盟的周边邻国）。俄罗斯和中亚国家既不是欧盟的扩员候选国，也不是邻国，双方的关系基础是"伙伴关系"。

东欧剧变后，欧盟对外关系中的一项重要举措便是与包括前苏东国家在内的一些国家签订《伙伴关系协定》，确定欧盟与这些国家的合作内容、合作方式以及"合作为主，不结盟，不对抗"的关系性质。在此基础上，欧盟推出"东扩"政策，即以加入欧盟为条件，推动中东欧国家依照欧盟标准进行政治、经济、文化等各方面改革，最终实现"欧洲化"。申请加入欧盟的条件是，在政治上，中东欧国家应有稳定的制度以便能够保障民主、法治和人权以及保护少数群体的利益；在经济上，申请国必须有功能完善的市场经济体系以便适应欧盟市场竞争要求；在一体化方面，申请国必须有能力承担欧盟成员的各种义务，包括坚持政治、经济和货币联盟目标；在司法方面，申请国必须接受欧盟法律，并且有合适的行政和司法结构以执行欧盟法律。在完成上述"欧洲化"所必需的各方面改革后，欧盟将会对其进行评估，然后决定是否接受它们成为欧盟正式成员。2004 年 5 月 1 日，爱沙尼亚、拉脱维亚、立陶宛、波兰、捷克、斯洛伐克、匈牙利、斯洛文尼亚、马耳他和塞浦路斯 10 个国家在完成各自国内批准程序后，正式成为欧盟成员。欧盟的成员国数量也从 15 国变为 25 国。

吸收新成员壮大了欧盟实力，同时也带来诸多问题，引发欧盟关于下一步发展"是继续扩大规模，还是在现有基础上消化吸收"的思考。在此背景下，欧盟于 2003 年 3 月推出（2004 年 5 月正式公布）针对外部边界邻国的"睦邻

---

① 张宁：《欧盟的中亚援助战略分析》，《俄罗斯中亚东欧市场》2008 年第 12 期。

政策"（EU neighborhood policy），又于 2007 年 9 月 3 日在布鲁塞尔欧盟总部召开了首届欧盟睦邻政策大会。合作对象是位于欧洲东部、南高加索、地中海南岸、北非及中东地区的 16 个欧盟邻国。通过签订自由贸易协定、伙伴合作协定等方式，欧盟许诺向这些"睦邻关系"国家开放市场，并提供财政支持，促进其政治、经济与社会改革。根据欧盟委员会提供的数据，2007～2013 年，欧盟向睦邻政策框架国家提供 120 亿欧元援助，此外还与欧洲投资银行联手，设立名为"欧洲睦邻与伙伴机构"的综合基金，为睦邻政策合作对象提供资助。作为回报，这些国家承诺改善人权与法制状况、推行"良政"，打击恐怖主义、毒品和人口走私等。

实施"睦邻政策"的目的主要有两个：一是既能与对象国发展互利合作，又可免去吸收其为正式成员的负担；二是保障欧盟"周边地区"稳定，扩大欧盟影响，进而推动该地区的稳定与发展，将其纳入欧盟的发展轨道。睦邻政策表明，"扩员"不再是欧盟周边外交的首选，取而代之的是谋求与周边国家发展特殊伙伴关系，在欧盟周边建立缓冲区。在睦邻关系框架内，欧盟又针对不同方向，先后推出 2008 年 2 月"黑海协作战略"（Black Sea Synergy）、2009 年 5 月"东部伙伴关系"战略（Eastern Partnership）和 2011 年 3 月"民主和共享繁荣伙伴关系"（Partnership for Democracy and Shared Prosperity），分别旨在加强同黑海沿岸国家、苏联的欧洲部分加盟共和国、地中海南岸国家的友好合作关系。

在欧盟"周边邻国"之外（也包括部分邻国），欧盟的地缘关系战略主要通过建立"伙伴关系"发展友好合作。伙伴关系有两个特点值得关注：一是与地区重点国家建立"战略伙伴关系"。自 1998 年与俄罗斯建立第一个"战略伙伴关系"起至 2013 年底，欧盟共与 10 个国家建立了"战略伙伴关系"：巴西、加拿大、中国、印度、日本、墨西哥、俄罗斯、南非、韩国、美国，此外，欧盟还计划与埃及、以色列、印度尼西亚、巴基斯坦、乌克兰等国建立"战略伙伴关系"。二是针对部分地区制定整体"地区战略"，统一指导欧盟与该地区各国的伙伴关系。截至 2014 年底，欧盟共出台五部地区战略：（1）欧盟－地中海伙伴关系战略（Euro-Mediterranean Partnership），起源于 1995 年的"欧盟－地中海国家会议"是欧盟与北非和地中海沿岸国家的合作纲领。除欧盟成员外，共有 16 个成员：阿尔巴尼亚、阿尔及利亚、波斯尼亚和黑塞哥维纳、克罗地亚、埃及、以色列、约旦、黎巴嫩、毛里坦尼亚、摩洛哥、黑山共和国、摩纳哥、巴勒斯坦、叙利亚、突尼斯、土耳其。（2）中亚战略（Central Asia Strategy）。（3）欧盟北极战略（EU Arctic Policy）。（4）北部空间战略（Northern Dimension）。1999年，欧盟与俄罗斯、挪威、冰岛三国签署合作协议（2006年新签），加拿大和美国是观察员，白俄罗斯参与部分合作，旨在发展欧洲北部地区合作，重点是环境、交通、文化和公共卫生等。

欧盟对俄罗斯和中亚国家的合作战略起始于"塔西斯计划"。1990年12月14～15日，在罗马召开的欧共体（1995年后升级为欧盟）理事会会议决定向苏联提供援助，支持其社会稳定和体制改革。1991年7月15日，欧共体理事会通过第2157/91号决议，决定正式实施此项计划，苏联解体后被称为"对独联体国家的技术援助计划"（TACIS），简称为"塔西斯计划"。援助的对象主要是独联体国家，① 目的是增强独联体国家的独立生存发展能力，合作内容包括：（1）维护地区安全与稳定；（2）支持行政体制和经济体制改革，改善制度和法制环境，提高政府工作效率；（3）发展经济，支持基础设施建设和私营部门发展，减少贫困，提高生活质量；（4）评估转轨的社会后果并尽可能减少转轨痛苦；（5）发展区域合作，既包括成员国间的一体化合作，也包括成员国同欧盟间的合作，解决那些超出一国范畴，需要地区国家共同努力解决的问题，如交通和能源等基础设施网络、生态和自然环境、边境和海关管理、教育、科技和文化合作等。简言之，就是希望独联体国家保持社会稳定，同时促进它们按照西方标准进行改革。俄罗斯学者认为，除上述目标外，塔西斯计划还有一个重要目的是增强独联体国家走向欧洲和国际社会的能力，帮助它们摆脱对俄罗斯的依赖，削弱俄罗斯在独联体的影响，防止俄罗斯重新恢复帝国。

随着塔西斯计划的执行及伙伴关系的确定，欧盟针对东欧、俄罗斯、乌克兰、南高加索和中亚等不同地区的不同特点，逐渐形成了不同的合作与援助战略。各地区战略的结构大体分为三个层次，即每5～7年制定一次长期"区域战略"、每3年制定一次中期"合作纲要"和每1～2年制定一次短期"年度

---

① 塔西斯计划的援助对象共有13个，包括12个独联体成员国（亚美尼亚、阿塞拜疆、白俄罗斯、格鲁吉亚、哈萨克斯坦、吉尔吉斯斯坦、摩尔多瓦、俄罗斯联邦、塔吉克斯坦、土库曼斯坦、乌克兰及乌兹别克斯坦）。蒙古于1993年初也被列入塔西斯计划的受惠国名单。

具体合作项目"。应当指出的是,在塔西斯计划启动之初,欧盟并不具备成型的各个区域战略,而是在合作进程中结合国际形势和自身需求变化,才逐渐形成了针对不同地区的不同战略。各区域战略形成后,援助战略作为落实区域战略的重要手段和方式之一,不但仍然保留,局部甚至得到加强。从塔西斯计划启动至今,欧盟共通过两份《中亚援助战略》,即《2002~2006年中亚区域援助战略》(2002年10月30日)和《2007~2013年中亚区域援助战略》(2007年6月22日)。

一 欧盟与俄罗斯的"伙伴关系"

欧盟是俄罗斯最大的贸易伙伴和最主要的外资来源地。俄罗斯是欧盟第三大贸易伙伴和第一大能源供应国。早在1993年12月,俄欧就在布鲁塞尔签署《关于建立伙伴合作关系的联合政治声明》,1994年6月24日,俄总统叶利钦与欧盟领导人在希腊科孚岛签署为期10年的《伙伴关系与合作协定》(1997年12月1日正式生效)。

《协议》内容主要涉及三大领域:一是政治对话,每年举行两次首脑定期会晤机制;二是货物贸易;三是营商和投资活动,包括九项:(1)劳动力移民;(2)企业成立和活动;(3)跨境服务;(4)支付和资金;(5)知识产权;(6)经济合作,包括工业、鼓励和保护投资、政府采购、标准和保护消费者权益、原材料和采掘工业、科技、教育和职业培训、农业、能源、核能、宇航、建筑、环保、交通、电力和邮政服务、金融服务、地区发展、社会领域、旅游、中小企业、通信和信息、海关、统计、经济政策、反洗钱、反毒、调节资本流动和支付;(7)打击违法犯罪;(8)文化合作;(9)金融合作。

2007年俄欧《伙伴关系与合作协议》期满后,双方决定启动有关签署新版《伙伴关系与合作协定》的谈判,但截至2014年底仍未有结果。俄欧的主要分歧是:俄认为欧盟提出的合作条件超出了俄入世承诺,俄若答应,等于向所有世贸成员开放,俄承担不起这种风险,俄不能为建立俄欧特殊关系而忽略同其他世贸成员的利益。

每年两次的俄欧首脑会议于1998年5月首次在英国伯明翰举行。1999年10月22日在赫尔辛基举行的第四次会议通过《2000~2010年俄欧关系中期发展战略》〔Стратегия развития отношений России с ЕС на среднесрочную перспективу（2000－2010）〕。2003 年 5 月 31 日在圣彼得堡举行的第 11 次会议提出建立俄欧四个"共同空间计划"（即共同经济空间；共同自由、安全和司法空间；共同外部安全空间；共同科教文化空间）。2005 年 5 月 10 日在莫斯科举行的第 15 次会议通过一揽子关于建立俄欧四个共同空间的路线图文件。2009 年 11 月 18 日在斯德哥尔摩举行的第 24 次欧俄峰会上，俄总统梅德韦杰夫倡议双方建立"现代化伙伴关系"，随后欧盟向俄提出十点行动计划，俄又在此基础上整理成联合计划文件。2010 年 6 月 1 日在俄罗斯罗斯托夫州首府顿河畔罗斯托夫市举行的第 25 次俄欧峰会上，双方发表联合声明，宣布启动"现代化伙伴关系"倡议。根据倡议，俄欧将在改善投资环境、发展创新合作、发展中小企业、统一技术标准、深化双边经贸合作、保护知识产权、发展低碳经济、节能、反腐以及促进人员交流等领域加强合作。这意味着，务实合作成为俄欧关系的主基调。在 2013 年和 2014 年的俄欧峰会上，双方就欧洲债务危机、扩大贸易、能源合作、互免签证及乌克兰、伊朗、叙利亚、朝鲜半岛等国际热点问题进行讨论。①

二 欧盟与中亚国家的"伙伴关系"②

在实施塔西斯计划过程中，欧盟收获很多经验教训，为进一步深入合作打下良好基础。1999 年 7 月 1 日，欧盟分别与哈萨克斯坦、乌兹别克斯坦和吉尔吉斯斯坦三国签订了双边的《伙伴关系合作条约》，之后于 1998 年 5 月与土库曼斯坦和 2004 年 10 月 11 日与塔吉克斯坦签订了《伙伴关系合作条约》（2010 年 1 月 1 日生效），但与土库曼斯坦的协议至今未获部分欧盟成员国批准，双方关系文件主要是临时的《贸易及其相关事务协议》（2010 年 8 月 1 日生效）。《伙伴关系合作条约》通过法律文件形式，将欧盟与中亚国家的合作纳入法制化和规范化轨道，并确定欧盟与中亚国家的重要合作领域具体包括：一是政治对话；二是经贸关系；三是各领域的具体合作项目。

---

① 安兆祯：《加入世贸组织后俄罗斯对外经贸关系发展趋势》，《西伯利亚研究》2013 年第 6 期。
② 张宁：《欧盟的中亚援助战略分析》，《俄罗斯中亚东欧市场》2008 年第 12 期。

欧盟在中亚地区的多边合作项目主要是解决区域成员共同面临的或者需要共同解决的问题，主要涉及七个领域：（1）交通，如"欧洲－高加索－亚洲运输走廊"技术援助计划（TRACEKA）；（2）能源，如通往欧洲的跨国油气运输计划（INOGATE）；（3）教育，如高等教育合作计划（TEMPUS）；（4）执法安全，如边境管理、打击跨国有组织犯罪、难民管理等；（5）核安全，如欧盟与哈萨克斯坦、乌克兰两国签订《和平利用核能协议》；（6）环境资源管理，主要致力于水资源治理、大气环保和保护生物多样性；（7）卫生保健，如消灭艾滋病、结核病和疟疾计划。

欧盟与中亚国家的双边合作项目则是依据各对象国的具体特点，解决欧盟和各对象国最关心的问题，通常涉及六个领域：（1）体制改革，目的是支持成员国行政、法律和经济体制改革，提高政府工作效率和透明度，改善贸易和投资环境；（2）宏观财政金融稳定，目的在于减少外债，保持汇率稳定，保证成员国经济稳定发展；（3）人权保护，如支持司法改革、新闻自由、护法机构改革、预防冲突；（4）减贫和提高生活质量，如发展农业、建设网络基础设施、解决转轨过程中的社会问题等，约3/5的塔西斯计划都直接与此有关；（5）粮食安全，目的在于提高粮食产量和农业竞争力；（6）人道主义援助，目的在于减少自然灾害和国内动乱造成的不利后果；（7）加强中亚国家与欧盟的政治对话，目的在于促进双方了解，增进友谊。

据欧盟统计，1991～2006年年末，欧盟向中亚国家提供的各类援助共计13.86亿欧元（落实到位11.32亿欧元），其中通过塔西斯计划提供了6.50亿欧元，人道主义援助1.93亿欧元，粮食安全援助2.34亿欧元，特别财政援助和塔吉克斯坦国家重建援助3.08亿欧元。2007～2013年欧盟再向中亚国家提供7.19亿欧元援助，其中30%～35%用于区域多边合作，包括发展交通网络、环保、边境和移民管理、打击有组织犯罪、教育和科技等；40%～45%用于减少贫困和提高生活质量；20%～25%用于政府和经济体制改革等。截至2012年底，欧盟已经拨付6.75亿欧元援助资金。

三　欧盟与俄罗斯的农业合作

欧盟与俄罗斯的农业合作主要体现在政治对话、贸易、直接投资、科技研发、协调规范、乡村建设等诸多领域。

在政治对话领域，农业合作是"四个共同空间"中"共同经济空间"合作的一部分，主要合作方式是开展"农业领域对话"（Диалог в сфере сельского хозяйства），加强沟通理解，以便双方在高层政治和政策层面达成共识。俄农业部与欧盟委员会 2006 年 4 月 11 日在莫斯科签署《相互理解、建立农业领域对话以及发展农业地区的宣言》（Меморандум о взаимопонимании и становлении диалога в сфере сельского хозяйства и развития сельских территорий），重点讨论有关发展农业生产地区、增加农村就业和农民收入、制定农业发展规划的方法、发展农业创新技术、农产品市场状况、农业统计信息的收集和分析方法、农产品和食品安全、知识产权、发展渔业、支持中小企业等问题。

在贸易投资领域，2008～2010 年的俄欧农业贸易中，俄几乎始终是逆差，年均逆差约 100 亿美元。2010 年，俄对欧盟农产品出口总计 9.707 亿美元，占俄农产品出口总值的 10.4%，按货值计算，出口量最大的产品依次是油脂和动植物油（占 27.4%），鱼及其制品（22.1%），油粕（10.5%），酒精和非酒精饮料（9.0%）、油料作物种子（7.2%）。俄从欧盟进口农产品总计 121.42 亿美元，占俄农产品进口总值的 33.2%，按货值计算，进口量最大的产品依次是肉及其制品（占 15.8%），酒精和非酒精饮料（12.3%），奶制品（11.3%），水果（9.3%），食品（7.0%，如调料、冰激凌、浓汁、面条、酵母等），食品工业废料（5.1%），蔬菜（4.6%），果蔬制品（4.2%）。

在科技研发领域，2007 年 1 月欧盟启动第七个"科技框架计划"后（FP7: 7th Framework Programme，计划执行期 2007～2013 年，总预算 505.21 亿欧元），俄欧双方决定在农业领域参照框架计划，开展"食品、农业、渔业和生物工程研究项目"（Food Agriculturae and Fisheries and Biotechnologies Research）。内容涉及生物工程、生物能源、未来的植物（生物多样性）、食品安全、林业发展、渔业和水产养殖业、动物健康、动植物检疫等。具体项目有畜牧副产品的处理项目、生物农药技术项目、禽流感和蓝色病毒疫苗研发项目等。

在技术规范领域，主要任务是协调农业生产和农产品的技术标准，旨在规范和提高技术标准，协调市场准入，减少贸易壁垒，如动植物检验检疫标准、

食品安全（农药残留）、动物健康证明（兽医资格）、质量监督等方面的规则
和制度。

在发展乡村建设事业方面，目的是提高农村地区的自我发展和自我管理能
力，如发展农村信用社。其中一个典型范例是 2007～2009 年，欧盟提供 15 万
欧元资金扶持卡累利阿共和国的农村合作社发展，并建立起一个国际合作社训
练中心和一个成人教育中心。

四　欧盟与中亚国家的农业合作

中亚国家与欧盟的农业合作主要涉及五个方面：一是农业政策和农业体制
改革，为农业发展创造良好的发展和投资环境，使中亚国家的农业政策和标准
与欧盟接轨，如减贫政策、食品安全政策和标准、林业资源管理、河流利用管
理、农业生产应对自然风险的管理能力等；二是发展农业科技，如推广有机农
业和绿色经济；三是与全球气候变化相关的农业和水资源问题；四是农村基础
设施建设，如改善农村能源（照明）、饮水安全和卫生条件等；五是粮食安全
和粮食援助，主要针对塔吉克斯坦和吉尔吉斯斯坦两国（见表 10 - 7）。

表 10 - 7　欧盟和中亚国家在农村和农业领域的双边合作项目

合作领域	项目名称	接受国	时间	项目内容
乡村发展	残疾人口与家庭的经济发展与福利建设	塔吉克斯坦	2009～2011 年	欧盟提供 10.7008 万欧元(占项目资金总额的 88%)，帮助塔吉克斯坦有残疾人口的农村家庭提高生产和多元化经营，提供享受社会福利的机会，协助妇女从事个体经营等。该项目直接惠及 250 户农村家庭、4200 个残疾人士，帮助 270 个农村残疾儿童实现康复
	乡村一体化发展计划	塔吉克斯坦	2007～2009 年	欧盟提供 61 万欧元(占项目资金总额的 90%)，支持塔吉克斯坦克孜尔苏(KysyLsu)地区的乡村一体化建设，帮助弱势人口获取和利用经济机会;建设乡村基础设施，重点是农村饮水安全;提高社区的管理能力。该项目直接惠及 2.04 万人，帮助 1000 多个农户的粮食增产 35%，解决 675 户家庭的安全饮水问题，向 490 户极端贫困家庭提供畜牧种苗发展养殖业，改善粮食安全

续表

合作领域	项目名称	接受国	时间	项目内容
社会建设	加强非政府组织在社区的能力建设	哈萨克斯坦	2010~2012年	欧盟提供28.8万欧元(占项目资金总额的89%),旨在提高哈萨克斯坦南部农村地区的社区能力建设和治理
	道路安全网络和急救	吉尔吉斯斯坦	2007~2009年	欧盟提供17.4万欧元,用于吉尔吉斯斯坦道路安全和青年安全驾驶与急救
粮食安全	粮食安全、种子计划	塔吉克斯坦	2002年	2002年11月向库鲁阿布地区(Kulyab)的奥尔托乌尔村(Oltovul)的农民免费发放蔬菜种子,改善食品安全
就业帮助	发展农村合作社和利用新能源	乌兹别克斯坦	2009~2011年	欧盟提供19.9万欧元,建立1个合作社和5个技术培训中心,发展10家农村新能源企业
教育	职业教育和技术培训	哈萨克斯坦	2010~2011年	欧盟提供390万欧元,帮助哈萨克斯坦发展职业教育系统,内容包括农业机械化技术和操作规范培训
风险管理和救灾	救灾项目	中亚地区	2003年至今	包括紧急粮食援助

资料来源:根据欧盟官方网站整理。

第四节　美国的中亚战略

美国的利益遍布全球。尽管它与中亚国家相隔较远,但美国仍然关注中亚地区。2012年1月25日,美国国务院南亚和中亚事务助理国务卿罗伯特·布莱克(Robert O. Blake)在美国约翰·霍普金斯大学中亚高加索论坛上发表演讲,阐述当前美国的中亚政策,认为美在中亚的利益主要有:(1)促进中亚国家援助阿富汗;(2)促进民主和尊重人权;(3)打击贩毒和贩卖人口等跨国犯罪;(4)保证能源供应和开发能源潜力;(5)促进经济增长并为美国企业创造更多合作机会;(6)防止核扩散。美认为,上述利益相互间不存在矛盾,而是相互促进,比如维护安全与扩展人权,美国同中亚各国发展友好合作关系并不影响美国在此发展民主和人权。美国关注中亚五国的政治自由、良治政府、公民社会建设、人权发展等,同时也关注核不扩散、能源、经济发展和教育等事项。美国认为，发展和巩固与中亚国家关系的最好方式，是与这些国家的各个阶层打交道，广泛接触其政府、社会组织、公民。其中之一便是举行双边年度磋商会，与中亚各国面对面地探讨相互关心的问题，如人权、宗教自由、科技合作、经济发展、防务合作等。年度磋商会是美与中亚国家发展经贸往来、促进中亚国家公民社会发展的重要途径，美方出席代表来自国务院、国防部、能源部、商务部、贸易代表等重要部门。①

一　大中亚计划

2005 年中亚"颜色革命"后，中亚国家对美国等西方国家在中亚地区大力推动民主的行为十分警惕，纷纷倒向俄罗斯寻求合作，特别是当年 7 月乌兹别克斯坦要求美军从其驻在乌兹别克斯坦的汉纳巴德空军基地撤出，使美在中亚的利益受到一定影响。地缘政治变化促使美国重新思考其中亚战略，整合各种可以借助的多边和双边合作资源，开始推行所谓的"大中亚计划"。

"大中亚计划"思想来源于美国约翰·霍普金斯大学中亚问题专家斯塔尔。2005 年 8 月，斯塔尔向美政府提出"大中亚合作与发展伙伴关系计划"，建议美国以阿富汗为中心，推动中亚和南亚合作，以便形成一个由亲美的、实行市场经济和世俗政体国家组成的新地缘政治版块（即包括中亚五国和阿富汗在内的"大中亚"地区）。2005 年 7 月乌兹别克斯坦要求美军撤出其汉纳巴德空军基地后，美国务卿赖斯当年 10 月访问吉尔吉斯斯坦、哈萨克斯坦、塔吉克斯坦三国和阿富汗，以便重新评估和总结美国的中亚政策。2006 年初，美国务院将中亚从欧洲司并入南亚司，组建"南亚和中亚司"。这说明，美政府已接受斯塔尔的政策主张，其推动中亚和南亚区域合作的"新模式"或"一体化倡议"由此被各界称为"大中亚战略"或"大中亚计划"。②

"大中亚计划"主要有三部分内容：安全合作；商业和能源利益；政治和经济改革。安全合作就是反恐、防扩散、反毒品走私等；经济合作就是促进中

---

① Robert O. Blake, Jr. A. ssistant Secretary, Bureau of South and Central Asian Affairs, "U. S. Policy in Central Asia", Forum of the Central Asia-Caucasus Institute, SAIS, Washington, D. C., January 25, 2012.

② 徐鹤鸣：《透视美国的"大中亚"战略》，《国际问题研究》2007 年第 1 期。

亚和南亚地区一体化，改善交通和能源基础设施；民主与政治改革就是建立并完善西式民主。"大中亚计划"内的合作项目侧重于基础设施建设、贸易和人员培训，比如交通项目有阿富汗环线公路，阿塔（吉克斯坦）边界的喷赤河上修建连接两国的大桥，建设一条从哈萨克斯坦的阿拉木图经吉尔吉斯斯坦的奥什、塔吉克斯坦杜尚别、阿富汗喀布尔和坎大哈通往巴基斯坦的高速公路等；能源项目有哈—吉—塔—阿输变电网（将中亚国家的电力出口到阿富汗、巴基斯坦、印度）、塔吉克斯坦电网改造、土—阿—巴—印天然气管道等；安全项目有培训中亚国家的边防部队及海关人员、在哈萨克斯坦成立"中亚地区信息协调中心"、提供防扩散方面的培训和设备、帮助阿富汗在与中亚国家和伊朗边界地区建立新的边防检查站等；教育项目有向青年人提供奖学金、在中亚国家开设美国学校、互换留学生、资助中亚国家有前途的中青年政府官员和企业家学习等。

二 新丝路战略

早在 1997 年，美曾制定"丝路战略"并获得国会拨款批准，目的是促进中亚和高加索国家的市场经济和民主发展，以便创造良好的营商贸易环境。新的"丝路战略"同样以中亚为基础，只是变成中亚与南亚的区域合作。2009年奥巴马总统提出美军于 2014 年全部撤出阿富汗后，美政府和智库"战略和国际问题研究所（Center for Strategic and International Studies）便开始着手研究"新丝路战略"，以应对撤军期间和撤军后的可能局面。

2011 年 7 月美启动从阿富汗撤军计划后，阿富汗和巴基斯坦局势呈恶化趋势，塔利班、基地以及"哈卡尼网络"组织日益活跃。与此同时，俄、中两国同中亚国家的合作不断深化、伊核问题愈演愈烈、中东北非的"阿拉伯之春"革命促使地区伊斯兰教影响力增强，再加上美欧受自身经济问题困扰，急需稳定阿富汗局势。2011 年 10 月 21～24 日美国国务卿希拉里对阿富汗、巴基斯坦、塔吉克斯坦和乌兹别克斯坦四国进行穿梭访问期间，提出美针对南亚和中亚地区，尤其是阿富汗和巴基斯坦的新政策，称之为"新丝路战略"（New Silk Road）。

希拉里指出，"新丝路战略"主要有三点内容：斗争、对话、建设。"斗争"，即继续加强反恐安全合作，维护地区稳定，尤其是打击阿富汗巴基斯坦边界地区的哈卡尼网络组织。"对话"即增信释疑，加强协调和沟通，争取成员间的一致立场。"建设"，即加强区域一体化，特别是阿富汗的经济发展。希拉里强调，"新丝路"不仅是一个区域经济合作计划，更是一个求同存异，促使地区成员共同解决所面临的各种复杂问题的战略规划。

与之前执行的"大中亚"战略相比，"新丝路战略"表现出新形势下美对南亚和中亚地区政策的部分调整。从某种程度上说，"大中亚"战略的难点在中亚，防止中亚国家"亲俄反美"，而"新丝路战略"的难点在南亚，特别是美、巴两国在反恐方面的相互信任问题，美指责巴基斯坦支持塔利班和哈卡尼网络，为其提供资金和安全庇护。"大中亚"是为了让中亚国家"南下"脱离俄罗斯，"新丝路"则是为了尽快缓解阿富汗和巴基斯坦安全局势，解决美军撤离阿富汗的退路，并为今后在南亚和中亚地区保持影响力（甚至长期驻留）寻找合适理由。"大中亚"解决阿富汗重建的主要方法是加大外部援助，"新丝路"则强调发挥阿富汗自身潜力，尤其是开发自然资源和加大贸易出口，通过区域贸易协定和国内减税等方法降低生产和交易成本，提高企业和商人积极性。

三 美国国际开发署的对外援助

美与中亚国家的援助合作主要有两种方式：（1）通过支持联合国系统的有关机构和国际金融组织，间接地同中亚国家开展合作；（2）以双边形式给予中亚国家援助。援助的形式主要有提供优惠或无息贷款、无偿援助、人道主义援助等，其中以后两种居多。实施政府援助的主要部门有国务院、国际开发署、农业部、能源部、国防部等。

美国国际开发署（USAID）对外援助的领域主要有：（1）民主改革。援助目的是推行民主价值观，提高民主意识，强化民主机制建设，用制度保障民主。常用方式有：支持新闻和言论自由；进行人权研究；支持非政府组织活动；人员培训，赴美留学，召开研讨会；监督选举；反腐败等。（2）社会改革。援助目的是提高民众健康水平和生活质量；提高民众自治能力。常用方式有：支持社区建设、支持健康、教育、环保项目等。（3）经济改革。援助目的是促进市场机制改革；建立与西方接轨的自由贸易体制；维护宏观经济稳定，改善投资环境。常用方式有：支持区域一体化合作；发展中小企业；扶持私营部门；促进海关、金融领域的改革；支持入世等。四是安全和执法。援助目的是配合美国全球安全战略，支持阿富汗重建；保障受援国边界安全，提高其独立自主能力。常用方式有：联合打击恐怖主义；防止大规模杀伤性武器扩散；维护边境安全；打击洗钱、走私和贩毒等有组织犯罪；提高执法装备水平；改革执法体系，提高执法水平等。五是人道主义援助。主要是食品、药品、医疗设备等实物援助，目的在于帮助受援国应对紧急突发事件。除上述领域外，对外援助还包括一些通过政府机关实施的私人捐赠，其中不乏各国在美侨民进行的捐赠。

美国国际援助署在俄罗斯和中亚的农业援助主要是粮食和农业技术援助，帮助低收入贫困群体，主要项目有：（1）"为了和平的粮食援助"（Food for Peace），主要援助地区是哈萨克斯坦塔拉兹、吉尔吉斯斯坦的比什凯克、纳伦州、伊塞克湖州、楚河州、贾拉拉巴德州、奥什州和巴特肯州，主要援助方式是向中小农业企业和农户提供种子、农业机械、畜牧良种和养殖技术等。（2）"未来粮食安全"（Feed the Future），主要援助地区是塔吉克斯坦哈特隆州，帮助农民增加收入，减少营养不良状况，主要援助方式是帮助农产品深加工、改善灌溉体系、在巩固和扩大农民土地使用权的基础上传授耕种和饲养经验等。（3）技术援助，主要援助地区是乌兹别克斯坦，主要援助方式是传授种植、干燥果蔬、冷藏果蔬的技术和方法，帮助农民增加产量和收入。

四　美国与俄罗斯的农业合作

随着俄罗斯经济形势好转，美国国际开发署于2012年10月1日宣布终止其对俄罗斯的一切援助项目。这意味着，俄美两国农业合作将从简单的技术援助向更宽范围延伸，如农业技术、农业贸易、农业经济管理、资源管理等。如1995年，美国农业部统计局（NASS）同俄罗斯国家统计局建立农业统计合作关系，帮助俄罗斯改进农业和农村统计技术、农业数据分析、数据库建设等。2005年，俄美两国成立林业工作小组，在森林火灾管理、林木存量和监测、林业认证、应对非法砍伐合作机制、远东地区物种栖息地管理、自然保护区管理、森林与环境变化等多方面开展合作（见表 10 - 8）。

2012 年，美国是俄罗斯第二大肉类进口来源地，俄罗斯则是美国的第六大肉类出口对象国，从美国进口的肉类占俄肉类进口总量的 17%（仅次于巴西 18%）。2010 年 1～6 月俄曾停止从美国进口禽类产品，理由是美对禽类产品采取氯洗方法，违反俄食品标准。自 2013 年 2 月 4 日起，俄停止从美进口一切肉类，理由是美饲料中含有莱克多巴胺（一种新型瘦肉精）。

表 10 - 8　美国与俄罗斯农业技术领域的主要合作项目（截至 2013 年 5 月 1 日）

1992 年至今	农民结对计划	由美国志愿者与俄罗斯农民进行农业生产实践交流，由 ACDI/VOCA 负责具体实施
1992 年至今	柯察恩（CoCharn）奖学金计划	由美国农业部负责实施向从事农业生产、农业经营和农业政策的俄罗斯专门人员提供赴美短期培训机会
1993 年至今	亚洲蛾防治项目	美国农业部动植物检疫局负责实施，防治俄罗斯远东地区的亚洲蛾
1994 年至今	林业发展项目	美国农业部林业局负责实施就林业可持续发展、森林火灾管理、西伯利亚虎栖息地保护区等方面进行人员培训、信息交流、示范项目等
1995 年至今	人员交流计划	利用自由支持法案的资金，美国农业部负责实施向俄罗斯农业领域的经济学家、金融人士、法律教授提供赴美大学培训的机会
1998 年至今	扶持农业信贷与合作社发展计划	由美国国际开发署负责实施支持俄罗斯发展农村金融服务，建立农村信用系统
2003 年至今	食品安全	美国农业部同俄罗斯 16 家研究机构合作，涉及兽医、植物健康、生物工程、防治禽流感、疯牛病、口蹄疫等动物疫情等

资料来源：根据美国农业部驻俄罗斯办事处（www.eng.usda.ru/）、美国国家开发署（www.usaid.gov/）、美国驻俄罗斯使馆（www. moscow. usembassy. gov/）等网站资料整理。

五　美国与中亚国家的农业合作

美国与中亚国家的农业合作目的主要是减少饥饿、降低贫困、促进发展，合作内容基本上围绕粮食安全，合作形式以美国援助和双边项目为主。其中：

（1）同哈萨克斯坦的农业合作与援助项目主要有"提高乳品生产能力计

划"，接收哈国奶农到美国学习养殖和挤奶设备使用等技术，全面提高哈乳业生产能力。

（2）同吉尔吉斯斯坦的农业合作与援助项目主要涉及信贷支持和技术培训：一是美国国际开发署同吉政府联合组建"经济发展基金"（Economic Development Fund），支持农户发展农业，如采购本地种子分配给农户、向采用特定种子的农户提供相关农业机械、收购养殖户的活禽活畜等农产品、向养殖户提供专项技术援助等；二是推广农业技术，如帮助农民使用改良升级后的新型种子、帮助农民学习掌握科学畜牧养殖技术等。

（3）同塔吉克斯坦的农业合作与援助项目主要涉及鼓励农业发展和改善营养状况：一是提供专项扶贫援助和小额信贷，如在哈特隆地区支持农户利用小额信贷建立绿色种植大棚、发展棉花经济等。二是改善饮食安全和卫生条件，如帮助家庭改善环境卫生和个人卫生习惯；帮助社区建立安全饮水系统，减少水源性疾病等。三是水资源管理，如支持社区组建用水协会、提高灌溉效率、对水资源利用情况实施动态监测等。四是提高气象服务水平和能力。五是技术和法律培训，如向妇女传授腌制食品技术、对农村居民宣讲土地使用权、提供土地权益法律援助服务、帮助解决土地纠纷等。

（4）同乌兹别克斯坦的农业合作与援助项目主要是技术培训和推广。技术培训包括培训植物病虫防治、种植和养殖技术、园艺、冷库管理、水果和蔬菜烘干技术、收获后管理技术等方面的专业技术人员。技术推广内容有新型种子、新型农业生产技术、冷链设施和技术等。

第五节　国际组织主导的国际合作机制

国际组织发起成立的一体化机制目的是更好地实现该组织的宗旨和任务，联合国及其机构主要是为实现"千年发展目标"，国际金融组织主要是为维护成员国宏观经济稳定，支持其改革计划，消除贫困，促进经济社会发展和稳定。在中亚比较活跃的联合国机构有联合国开发计划署（UNDP）、经社理事会、粮农组织等，国际金融机构有国际货币基金组织、世界银行、亚洲开发银行、欧洲复兴开发银行和伊斯兰开发银行等。其中已形成制度化且影响较大的区域合作机制主要有联合国经社理事会发起的"联合国中亚经济专门计划"和亚洲开发银行发起的"中亚区域经济合作机制"。[①]

从实践看，联合国系统在欧亚地区的活动侧重制度规则协调和能力建设，以召集研讨会、协调会，提供技术援助方式为主，如改善贸易政策、统计方法、运输规则等。而国际金融机构则侧重务实合作，以实施具体的发展建设项目为主，如修建公路、电网、改良土壤等。

一　联合国经社理事会"中亚经济专门计划"

联合国"中亚经济专门计划"（俄文 СПЕКА：Специальная программа ООН для экономики Центральной Азии，英文 SPECA：The UN Special Programme for the Economies of Central Asia）1998 年开始启动，由联合国经社理事会下属的欧洲经济委员会及亚太经济和社会委员会两个区域委员会主持，联合国秘书处和联合国驻中亚的各个办事处等机构协助实施。参与该计划的成员除上述机构外，还有中亚五国。为保证合作顺利实施，"中亚经济专门计划"建立了合作基金，主要来源于成员国、国际金融组织和其他投资者三个方面，尤其是欧洲复兴开发银行、亚洲开发银行和联合国开发计划署。

联合国"中亚经济专门计划"下设四个机构：区域咨询委员会、项目工作组、办事处和实业家委员会。区域咨询委员会是最高管理机构，负责制定计划和监督计划的执行情况。项目工作组负责管理、组织、协调和监督各具体领域的合作情况，筹集项目资金，协调各成员关系。各成员在项目工作组的代表由各国相关领域的部长级官员担任。现有六个项目工作组：哈萨克斯坦牵头的"交通和过境运输工作组"，吉尔吉斯斯坦牵头的"水资源和能源工作组"，塔吉克斯坦牵头的"统计工作组"和"贸易工作组"，阿塞拜疆牵头的"发展信息和通信技术工作组"，阿塞拜疆和哈萨克斯坦共同牵头的"性别和经济工作组"。办事处相当于秘书处，设在哈萨克斯坦阿拉木图，负责宣传推广，提供技术和后勤支持，联络各参与成员。实业家委员会由成员国和资助国的企业家

---

① 张宁：《中亚一体化合作机制及其对上海合作组织的影响》，《俄罗斯中亚东欧研究》2006 年第 12 期。

组成，职能是提供咨询建议，促进成员国企业与国际知名企业间的合作。

联合国"中亚经济专门计划"的合作原则是"互利、开放、和平"。合作目的是：促进中亚国家之间以及中亚国家和欧亚国家间的交流合作，加快其与世界经济的一体化进程；在联合国的帮助下，借助区域集体力量解决单个国家难以解决的问题；改善区域经济和环境，提高参与国的国际合作能力与水平；为内陆国家提供出海口。

自 2010 年以来，联合国"中亚经济专门计划"的合作重点是发展知识经济，利用创新经济和信息通信技术，提高中亚国家的发展水平，具体体现在五大领域：一是提高职业素质；二是提高创新清洁生态技术，适应气候变化，促进可持续发展；三是发展科技创新和信息通信技术，提高竞争能力；四是提高成员国抵抗自然灾害和极端气候灾害，及减轻灾害后果的能力；五是提高成员国抵御经济社会风险的能力，维护经济社会稳定。

二 亚洲开发银行的"中亚区域经济合作机制"

从 1996 年开始，亚行就倡议中国、哈萨克斯坦、乌兹别克斯坦、吉尔吉斯斯坦、塔吉克斯坦五国开展区域间经济合作，2002 年 3 月又组织五国举行首次财政部长级会议，决定成立中亚区域经济合作机制（CAREC：Central Asia Regional Economic Cooperation），并确定了部长级会议、高官会和行业部门协调委员会三级合作机制。

截至 2014 年底，亚行中亚区域合作机制共有八个成员：1996 年加入的有哈萨克斯坦、吉尔吉斯斯坦、乌兹别克斯坦、中国（由新疆作为地域代表，2008 年内蒙古也正式成为一个组成部分），此后，1997 年塔吉克斯坦、2003 年阿塞拜疆和蒙古、2005 年阿富汗相继加入。为该机制提供支持的六个多边机构包括：亚行、欧洲复兴开发银行、国际货币基金组织、伊斯兰发展银行、联合国开发计划署和世界银行。

中亚区域经济合作机制目标是"好邻居、好伙伴、好前景"（Good Neighbors, Good Partners and Good Prospects），推动减贫工作，保证区域稳定，促进区域繁荣。合作原则和方法主要有：（1）"项目和结果导向型"。集中开发能够给区域带来实际利益的务实项目，如交通、能源、贸易便利化等。

（2）先规划再落实。首先研讨和确定总的发展规划框架（"综合行动计划"和部门"战略和行动计划"），然后再逐项落实。（3）确定合作"四根支柱"：一是人力资源（知识和能力建设）；二是区域基础设施网络建设（交通、能源、贸易便利化）；三是贸易、投资和商业发展（投资环境和贸易机会）；四是区域公共产品（跨境环境保护和自然资源管理等问题）。（4）优先部门项目和普通部门项目"双轨并行"。除四大支柱部门外，成员国还针对其他部门的个别问题提出具体合作项目，如卫生医疗（艾滋病、肺结核、流感的防治和疫情通报）、土地管理（土壤恢复）、自然灾害和气候变化风险管理（水文气象预报、数据分享、预警体系、巨灾保险）等。

中亚区域经济合作机制发展大体分为三个阶段：1996～2001年是提出合作倡议和打基础阶段，亚行为成员提供一系列技术援助，开发合作潜力。2002～2005年是建立信任和达成共识阶段，主要是树立参加国的合作信心，加强沟通，最终确立"项目导向"的制度框架。2006年至今是战略规划和落实阶段，确定战略方向和重点。

2006年10月，成员国批准《中亚区域经济合作综合行动计划》（CAREC：the Central Asia Regional Economic Cooperation），共确定97个项目，总投资132亿美元，重点完成交通运输、贸易便利化、贸易政策和能源四个优先发展领域的项目。截至2012年底，CAREC各领域合作均取得较好进展。交通运输方面，六条交通走廊沿线的目标公路和铁路路段的新建或改造修复工程已完工近一半，其余路段将在2017年底前完成。能源方面，致力于解决中亚能源供需平衡问题的"中亚区域电力总体规划"已完成，正在进行电力贸易区域调度和监管体制能力开发建设。另外，各国已就制定国家和区域层面水资源管理需求达成初步共识。贸易便利化方面，成员在改善边境服务、扩大中蒙联合海关监察范围、加强海关官员能力建设、开展区域动植物检验检疫等领域开展合作。贸易政策方面，CAREC为支持成员加入世界贸易组织而开展大量能力建设和知识共享活动，还通过完善指标体系对成员贸易开放程度进行监测，推动成员继续扩大贸易开放力度。[1]

---

[1] 亚洲开发银行：《中亚区域经济合作计划：十年合作"好邻居、好伙伴、好前景"》，2010年10月。

2011 年 11 月，在阿塞拜疆首都巴库举行的第 10 次成员国部长会议通过《CAREC 2020：2011～2020 年 CAREC 战略框架》，确定中亚区域经济合作机制第二个十年的战略目标和任务，即继续坚持"以行动为指引，以结果为导向"原则，扩大区域贸易，提升竞争力。2012 年 10 月 30 日，在中国武汉举行的第 11 次部长级会议通过《实施 CAREC 2020：武汉行动计划》，为落实2020 年前战略做出具体行动方案，同时决定未来五年行动重点：一是制定规划、准备和筹措资金，落实交通、能源、贸易便利化和贸易政策等领域的重点项目与合作，同时以 CAREC 学院为依托，提供知识产品，开展能力建设活动；二是 2014 年底前建立 CAREC 实体学院，为 CAREC 机制下的战略、行业和项目相关工作，以及所有 CAREC 机构的能力建设提供分析支持。三是在促进跨境运输便利化方面采用可操作性强、以结果为导向和以走廊开发为基础的方法，同时考虑本地区现有的类似和已规划的安排。①

据亚行项目数据库数据，2000～2013 年，亚行在亚洲地区共开设 5973个项目，其中农业项目 698 个（占 12%）。农业项目中，哈萨克斯坦 9 项，吉尔吉斯斯坦 14 项，塔吉克斯坦 20 项，乌兹别克斯坦 17 项（见表10－9）。从项目内容和形式可知，亚行同中亚国家的农业合作以双边为主，主要涉及男女性别平等、能力建设、农业生产基础设施、土地等农村基本制度、环境、乡村建设、鼓励私人部门发展等问题，旨在恢复农业生产力，加强包容性增长，让所有社会成员都有机会获取社会发展成果，促进社会成员参与式发展。

中国始终高度重视并积极参与中亚区域合作机制，在以国家名义参与的同时，确定新疆和内蒙古为主要项目执行区。国内协调机制的具体分工是：国家发展和改革委员会负责国内总体协调和规划工作，并牵头能源领域合作；财政部负责对外联系和协调；外交部负责对外政策；交通部牵头交通领域合作；商务部牵头贸易政策领域合作；海关总署牵头贸易便利化领域合作；新疆和内蒙古政府负责实施具体合作项目。

---

① 亚洲开发银行：《中亚区域经济合作第 11 次部长会议部长联合声明》，http：//www. china. com. cn/news/politics/2012－10/31/content_ 26955267. htm。

表 10 - 9　亚行与中亚国家的农业合作项目

		项目形式	项目状态	项目主题
一、哈萨克斯坦	农场再建设发展计划(投资贷款)	贷　款	2000 年 10 月～	性别平等
	农场再建设发展计划(政策贷款)	贷　款	2000 年 10 月～	性别平等
	水资源管理和土地改进计划	技术援助	结束	经济发展/环境
	可持续土地利用的环境监测和信息管理系统	技术援助	结束	能力建设/环境/良好治理
	地区农村发展计划	技术援助	结束	能力建设/环境/良好治理
	蝗虫灾害可持续管理技术和制度发展计划	技术援助	结束	经济发展/环境/性别平等
	推进农业改革和发展计划	技术援助	结束	农业和乡村发展
	蝗虫灾害管理计划	技术援助	结束	性别平等
	加强环境管理计划	技术援助	结束	性别平等
二、吉尔吉斯斯坦	南部农业地区发展计划	贷　款	2007 年 1 月～	经济增长/环境
	南部农业地区发展计划	贷　款	结束	经济增长/环境/性别平等
	土地改良准备计划	技术援助	结束	经济增长/环境
	土地改革对农业、扶贫和环境的影响研究	技术援助	结束	经济增长
	土地改革对农业、扶贫和环境的影响研究(补充)	贷　款	结束	经济增长
	农村生活水平提高计划	技术援助	结束	经济增长/环境
	农业地区发展计划	技术援助	结束	经济增长
	农业发展策略制定	技术援助	结束	经济增长
	灌溉价格系统和成本回收机制研究	技术援助	结束	经济增长
	环境监测和管理能力建设 II	技术援助	结束	性别平等
	农业水利部能力建设	技术援助	结束	性别平等
	农业地区发展	技术援助	结束	经济增长/性别平等
	农业水利部能力建设	技术援助	结束	性别平等
	农业地区发展	技术援助	结束	性别平等
三、塔吉克斯坦	社区参与式洪涝灾害管理	拨　款	2008 年 9 月～	经济增长/环境/社会发展
	农村发展	拨　款	2008 年 5 月～	经济增长/环境
	哈特隆州洪涝灾害管理准备	贷　款	2007 年 10 月～	经济增长/环境/社会发展
	哈特隆州洪涝灾害管理	技术援助	2006 年 6 月～	经济增长/环境
	农村发展	技术援助	2005 年 6 月～	经济增长/环境/性别平等
	巴依巴扎(Байпаза)地区山体滑坡紧急安置	贷　款	2005 年 6 月～	
	棉花行业可持续发展计划	贷　款	执行中	能力建设/经济增长/私人部门发展

续表

		项目形式	项目状态	项目主题
三、塔吉克斯坦	棉花行业重建项目	技术援助	结束	经济增长/良好治理
	农场分析和债务解决的提高认识	技术援助	结束	经济增长/良好治理/私人部门发展
	政策改革和改善农村饮用水管理监测支持	技术援助	结束	经济增长
	灌溉修复工程	贷款	结束	经济增长/环境
	环境改善战略计划和政策的制度支持	技术援助	结束	环境
	水资源管理和恢复	技术援助	结束	经济增长/环境
	农村债务解决和政策改革	技术援助	结束	环境
	农业恢复工程	贷款	结束	经济增长/环境/社会发展
	环境评估和监测能力建设	技术援助	结束	性别平等
	农业恢复工程	技术援助	结束	经济增长/环境/社会发展
	提高洪涝灾害管理支持项目	技术援助	结束	性别平等
	洪涝灾害管理和培训	技术援助	结束	性别平等
	农业行业评估项目	技术援助	结束	性别平等
四、乌兹别克斯坦	水资源管理	技术援助	2012 年 12 月~	能力建设/经济发展/环境/社会发展
	阿姆－布哈拉灌溉系统修复	技术援助	2011 年 11 月~	能力建设/经济发展/环境/社会发展
	水资源管理	贷款	2008 年 12 月~	能力建设/经济发展/环境
	水资源管理	技术援助	2008 年 2 月~	能力建设/经济发展/环境
	土地改良	技术援助	2006 年 6 月~	能力建设/经济发展
	阿姆赞格灌溉系统修复（Аму－Зангский канал）	贷款	2003 年 12 月~	经济发展
	私人农场和私营农工企业的市场基础设施发展计划	技术援助	结束	经济发展/私人部门发展
	土地改良计划	技术援助	结束	能力建设/环境/社会发展
	农业评估和计划	技术援助	结束	经济发展
	土地资源管理和土地所有权登记计划	技术援助	结束	环境
	谷物市场改革	技术援助	结束	私人行业发展
	提高谷物生产力计划	贷款	结束	经济发展/私人行业发展
	阿姆赞格地区水资源管理计划	技术援助	结束	能力建设/环境/私人部门发展
	可持续农业发展制度支持	技术援助	结束	能力建设/环境/性别平等
	塔什干州阿克阿尔金地区（Ак－алтин）农业发展计划	贷款	结束	能力建设/环境
	提高谷物生产力计划	技术援助	结束	经济发展
	水资源管理	贷款	提议	经济发展

资料来源：根据亚行官网相关资料整理。Asian Development Bank ，Projects，http：//www. adb. org/projects。

三 其他国际组织与中亚国家的农业合作

联合国粮农组织（FAO）、世界粮食计划署（WFP）、联合国开发计划署（UNDP）、国际农业发展基金会（IFAD）、世界银行等国际组织在中亚地区构成一个综合性的农业合作体系，各项目相互结合，各有侧重，共同推动地区农业发展和保障粮食安全。

世界银行与中亚国家的农业合作项目主要有：（1）"农业经济竞争力中心"（Центр конкурентоспособности агробизнеса 或 Agribusiness competitiveness center）是世界银行、日本政府和吉尔吉斯斯坦政府于 2005 年发起成立的非政府组织，旨在发展农业市场、分析农产品市场竞争行情、帮助农户贷款等。该机构目前正与联合国开发计划署合作执行"2012～2016 年减贫计划"〔Программа ПРООН по сокращению бедности（2012 – 2016）〕。（2）"粮价危机时期的俄联邦快速反应信托基金"（УРКПЦ：Российский Трастовый Фонд Российской Федерации по ускоренному реагированию на кризис продовольственных цен）是世界银行根据"全球粮食危机应急反应计划"倡议，2009 年与俄罗斯共同出资 1500 万美元成立的非政府组织，旨在向最贫穷的独联体成员提供粮食安全帮助，最终选定吉尔吉斯斯坦和塔吉克斯坦为援助对象。2010 年 4 月，世界银行和联合国粮农组织在塔吉克斯坦实施"粮食安全和种子进口紧急援助计划"（Проект Чрезвычайной Помощи по Продовольственной Безопасности и Импорту Семян в Таджикистан），项目总金额 625 万美元，旨在帮助塔吉克斯坦的困难农户（约 5.5 万户）改善种子不足、粮食产量低、牲畜损失率高等难题。同期，在吉尔吉斯斯坦实施"提高农业生产效率计划"（Проект содействия сельскохозяйственной производительности），项目总金额 685 万美元，旨在降低粮价波动对贫困家庭的影响、提高农业生产效率、增加农产品市场供应等。

联合国粮农组织在中亚地区的农业合作内容主要包括：（1）加强和改善对农业、林业和渔业的生产投入；（2）农村扶贫；（3）建设更具包容性和更有效率的地区与国家层面的农业和粮食系统；（4）增强应对危机和威胁的能力，发展集约化和可持续的种植业与畜牧业；（5）渔业和水产资源、林业资源的可持续管理；（6）土壤、水、遗传资源的可持续管理；（7）应对全球气候变化；（8）促进公私层面对农村和农业的投入等。这些合作以技术合作为主要形式，由联合国粮农组织提供支持资金，旨在提高受援国的农业综合生产能力。2013年度，联合国粮农组织针对中亚国家的项目预算分别是：哈萨克斯坦2600万美元，吉尔吉斯斯坦3650万美元，塔吉克斯坦3590万美元，乌兹别克斯坦2810万美元。

世界粮食计划署同中亚国家的农业合作集中在吉尔吉斯斯坦和塔吉克斯坦两国。在吉尔吉斯斯坦的工作有三大重点，即防治粮食严重短缺社会的饥饿问题、提高社区粮食安全、支持政府更加有效地监测和解决粮食不安全问题。2011年，世界粮食计划署在吉发起"持久的救灾行动计划"（PRRO），主要内容有：（1）季节性粮食帮助和弱势群体粮食帮助计划，即在冬季和粮食歉收年份的春季向农村缺粮家庭和弱势家庭提供口粮；（2）食物换资产计划（FFA）和食物换培训计划（FFT），即"以工代赈"，向弱势家庭提供临时就业机会，并以粮食作为报酬；（3）改善粮食安全监测系统，提高政府应对粮食安全危机的能力。在塔吉克斯坦工作有两大重点，即改善家庭粮食安全、促进人力资本投资，具体合作项目主要有：（1）校餐计划，向农村适龄儿童提供免费营养热餐，鼓励儿童入学；（2）营养不良儿童、怀孕及哺乳期妇女、结核病人专项帮助计划；（3）食品换工作计划；（4）弱势群体粮食援助计划，向极端贫穷家庭提供2～3个月口粮（面粉、植物油、食盐和豆类等）；（5）受灾时的紧急粮食援助。

国际农业发展基金会同中亚国家的农业合作主要在吉尔吉斯斯坦和塔吉克斯坦两国，主要涉及改善自然资源管理、推进牧民对自然资源的参与式管理、发展农村小额信贷、支持土地私有化改革、确保土地所有权、加强农民对基层社区的参与式管理等。在吉尔吉斯斯坦的项目主要有：（1）畜牧业和牧场发展计划，2012年12月批准，项目预算2590万美元；（2）农业投资和服务计划，2008年9月批准，项目预算2340万美元，用于农村基础设施、农业服务系统和兽医服务系统建设等。在塔吉克斯坦的项目主要有：（1）畜牧和牧场发展计划，2011年批准，项目预算1580万美元，用于发展家庭小规模饲养、私人兽医和微型企业的服务能力建设；（2）哈特隆州畜牧业支持计划，2008

年 12 月批准，项目预算 1490 万美元，用于包括 250 个村庄的农村基础设施和基础制度建设。

　　联合国开发计划署同中亚国家的农业合作主要涉及扶贫、农业发展援助、环境可持续发展、良好治理等，如同哈萨克斯坦的保护湿地计划、发展渔业、改善生态环境等项目，同吉尔吉斯斯坦的加强政府应对农村灾害的能力建设项目等。

第十一章　上海合作组织及其农业合作

　　上海合作组织是"上海五国"机制的继承者，而"上海五国"是从中国和苏联边境谈判发展而来。1991 年苏联解体后，组成苏联的各加盟共和国纷纷独立，苏联分裂为 15 个主权独立的国家。根据国际法的继承原则，新独立的俄罗斯、哈萨克斯坦、吉尔吉斯斯坦、塔吉克斯坦四国均承认中苏边界谈判的成果。在此基础上，边界谈判继续进行，只是谈判主体变成中国和上述四个国家。为加强边境地区的相互信任和裁减边境地区军事力量，五国元首于 1996 年在上海举行会晤，签署《关于在边境地区加强军事领域信任的协定》，并于 1997 年在莫斯科签署《关于在边境地区相互裁减军事力量的协定》。此后，这种元首年度会晤形式被固定下来，而且由五国轮流举行年度会晤。由于首次会晤是在上海举行，该会晤合作形式也因此被称为"上海五国"机制。

　　在各方共同努力下，"上海五国"机制顺利地推进了中国与其他四国解决边界问题的进程，促进了边境地区的和平与安宁；打击和遏制了恐怖主义、分裂主义和极端主义"三股势力"，维护了各国及地区的安全与稳定；推动了成员国间的经贸交流，为开展区域经济合作进行了有益探索；加强了五国在国际舞台上的协调，成为推动世界和平与发展的一支重要地区力量，这些成就是国际关系中的宝贵财富。当"上海五国"机制已不能满足新形势发展要求的时候，不能将其一丢了之，而需要有一个新的载体来继承，不仅可以优化"上海五国"机制，使其适应成员国的发展需要，还能继承其优秀成果，使各种促进区域繁荣稳定的有利因素得到巩固和加强。2001 年 6 月 15 日，五国元首和乌兹别克斯坦总统在上海共同发表《上海合作组织成立宣言》，一致决定将"上海五国"机制提升为国际组织，使之成为六国在新形势下发展合作的重要依托和坚实基础。

在当今世界的主要国际区域合作中，东盟涵盖 5.2 亿人口，面积达 450 万平方千米，欧盟涵盖 3.8 亿人口，面积达 320 万平方千米，北美自由贸易区涵盖 4.2 亿人口，面积达 2160 万平方千米，相比之下，上海合作组织的影响范围要大得多，六个成员国领土总面积为 3018 万平方千米，占欧亚大陆的 3/5；加上观察员国，领土总面积为 3781 万平方千米。成员国人口总和约 15.3 亿，占世界人口的 1/4；加上观察员国，人口总和约 28 亿，占世界人口的近一半。

第一节　上海合作组织的内部制度

截至 2013 年初，上海合作组织（以下简称"上合组织"）共有 6 个成员国（中国、俄罗斯、哈萨克斯坦、乌兹别克斯坦、吉尔吉斯斯坦、塔吉克斯坦）、5 个观察员国（蒙古、伊朗、巴基斯坦、印度、阿富汗）、3 个对话伙伴国（白俄罗斯、斯里兰卡、土耳其）。此外，每逢举行重要会议，上合组织还邀请一些国家和国际组织参会，通常有土库曼斯坦、联合国、独联体、欧亚经济共同体、集体安全条约组织、东盟等国家或国际组织代表。观察员国、对话伙伴国与正式成员国的区别在于，观察员国可以查看组织文件，可以参加组织会议，但不享有表决权；对话伙伴国可以参加组织会议，但不享有表决权，也无权查看组织文件。无论是观察员国还是对话伙伴国，除非有专门规定，一般情况下均可参加上合组织的合作项目。

一　合作宗旨[①]

2001 年 6 月 15 日，上海合作组织在其《成立宣言》中指出该组织的宗旨是：（1）加强各成员国之间的相互信任与睦邻友好；（2）鼓励各成员国在政治、经贸、科技、文化、教育、能源、交通、环保及其他领域的有效合作；（3）共同致力于维护和保障地区的和平、安全与稳定；（4）建立民主、公正、合理的国际政治经济新秩序。

2002 年 6 月 7 日的《上海合作组织宪章》（以下简称《宪章》）又将其宗

---

① 上海合作组织：《成立宣言》，2001 年 6 月 15 日；《宪章》，2002 年 6 月 7 日。

旨和任务进一步细化为：（1）加强成员国间的相互信任和睦邻友好；（2）发展多领域合作，维护和加强地区和平、安全与稳定，推动建立民主、公正、合理的国际政治经济新秩序；（3）共同打击一切形式的恐怖主义、分裂主义和极端主义，打击非法贩卖毒品、武器和其他跨国犯罪活动，以及非法移民；（4）鼓励开展政治、经贸、国防、执法、环保、文化、科技、教育、能源、交通、金融信贷及其他共同感兴趣领域的有效区域合作；（5）在平等伙伴关系基础上，通过联合行动，促进地区经济、社会、文化的全面均衡发展，不断提高各成员国人民的生活水平，改善生活条件；（6）在参与世界经济的进程中协调立场；（7）根据成员国的国际义务及国内法，促进保障人权及基本自由；（8）保持和发展与其他国家和国际组织的关系；（9）在防止和和平解决国际冲突中相互协助；共同寻求21世纪出现的问题的解决办法。

从上述文件中可知，上海合作组织的宗旨可以概括为四点：（1）发展相互信任的友好合作关系；（2）开展各领域合作，谋求共同发展；（3）维护地区和平与稳定，为国内发展创造良好的外部环境；（4）促进国际关系合理化，推动建立国际政治经济新秩序。其中，最核心目标就是要对内"谋求成员国共同发展"，对外"展示和实践国际合作新模式"，这是区域合作的根本目的，是保证上海合作组织长久发展的不竭动力，是引导成员国选择正确合作方式与合作方向的基本原则，也是检验合作成果的重要标准。

二 合作原则

《上海合作组织宪章》中规定，该组织的原则是：（1）相互尊重国家主权、独立、领土完整及国家边界不可破坏，互不侵犯，不干涉内政，在国际关系中不使用武力或以武力相威胁，不谋求在毗邻地区的单方面军事优势；（2）所有成员国一律平等，在相互理解及尊重每一个成员国意见的基础上寻求共识；（3）在利益一致的领域逐步采取联合行动；（4）和平解决成员国间分歧；（5）不针对其他国家和国际组织，不采取有悖于本组织利益的任何违法行为；（6）认真履行宪章及组织框架内通过的其他文件中所承担的义务。这些原则概括起来便是"上海精神"，即"互信、互利、平等、协商、结伴而不结盟、尊重多样文明"。

"上海精神"的意义在于，它是全球化和一体化深入发展条件下形成的新型国际关系处理原则，是成员国应对 21 世纪复杂国际环境的措施，是成员国为建立国际政治经济新秩序提出的解决方案。在全球化深入发展和科技突飞猛进的今天，主权国家还是不是国际社会中的行为单位？人权是否大于主权？人道主义干涉是否合理？平等协商合作与"超国家体制"哪个更有效率，更有利于区域发展？诸如此类的既现实又迫切的问题一直困扰着发展中国家，也影响着区域合作。上海合作组织成员国经过认真思考后，通过"上海精神"做出了自己的回答：即承认主权国家是国际关系的组成单位，是主要行为体；国家间关系应是平等合作，而不是以大欺小，但合作不是结盟，各国均保持各自的独立性和自主选择的权利。同时，"上海精神"认为，人权并不大于主权，主权是第一位的，不能以人道主义或其他道德标准来变相取代主权原则；各个国家都有自己的现实国情，应由本国国民自己解决；不坚持这个原则，大国就会寻找各种借口来干涉小国和弱国内政，将其变为自己的附庸，从而影响小国和弱国的发展；大国不是国际道德的仲裁者，其国家利益也常常使其行为偏离国际公认的道德准则或实行双重标准。可以说，"上海精神"超越了以意识形态为基础的冷战思维，它不是国家中心主义，也不是天下一家的"全球主义"，而是对上述两种观点的扬弃，是全球主义反映下的国家主义，是开放的新地区主义。

在实践过程中，上海合作组织将"上海精神"与区域实际相结合，将其具体化为四项合作原则：一是循序渐进，讲求实效原则，即在开展经济合作时，应在利益一致的领域逐步采取联合行动，由易到难，稳扎稳打，逐步推进，注重实效，避免不切实际的决策和有约不履现象。上海合作组织的成员国发展水平不一样，制度上存在差异，对组织的认知也不相同，若不考虑国情，提出过高或过低的要求都会影响组织的健康发展。二是多边与双边相结合原则，即上海合作组织虽然是多边合作机构，但不排斥双边合作：第一，不是所有的国际组织活动都必须由所有成员一致参与；第二，很多双边合作本身就是多边合作的一部分。第三，兼顾各国利益原则，这是平等互利原则的延伸，不仅要求形式上平等，而且追求实质上平等，注意平衡各成员所得，以期实现地区平衡发展，合作时应给予落后国家更多帮助，防止扩大地区差距，防止未受益甚至受损的成员失去合作兴趣。第四，开放性原则，这是上海合作组织发展对外关系时奉行的基本原则。一部分人认为，开放应是"有条件的互惠"，即在加强成员合作的同时，保留但不加重对非成员的壁垒。另一部分人认为，开放应是"无条件的互惠"，即允许非成员无条件地享用区域一体化成员间已达成的各种优惠措施，成员在消除地区内壁垒的同时，同步降低对非成员的壁垒。从上海合作组织的宪章精神和成员国国情可以判断出，该组织奉行"无条件互惠"的开放性原则。

三　机构设置

《上海合作组织宪章》中规定该组织共有七个正式机构：国家元首理事会、政府首脑（总理）理事会、各部门领导人理事会、国家协调员理事会、地区反恐怖机构理事会、秘书处、地区反恐怖机构执行委员会，另外还有三个非正式合作机构：实业家委员会、银行联合体和上海合作组织论坛（见表11-1）。

非正式机构的主要特征是：它们与上合组织有一定业务关联，但不受该组织章程约束。对上合组织的合作事项，非正式机构可以提出自己的建议，还可以根据自身条件有选择地参与，但没有必须落实执行组织决议的义务。实业家委员会负责实业界与上海合作组织的联系及合作事宜，主要任务是帮助企业家了解上合组织的决议和发展动向，同时让上合组织了解企业的意见和想法，通过充分调动民间力量，使企业广泛参与上合组织活动。银行联合体是俱乐部式的合作机构，不设法律实体，由各成员国指定的开发性或商业性银行组成，根据市场原则，对上海合作组织通过的区域合作项目组织银团贷款，银行可根据自己对项目的评估自主决定是否贷款，其决定不受上海合作组织的支配。上海合作组织论坛是由各成员建立的一个多边学术交流机制和非政府专家咨询机构，由各成员具有"上海合作组织国家研究中心"地位的权威研究机构组成，主要职能是提供智力支持。

上合组织的机构设置呈"渐进性"，这也是很多国际组织的共同特点。不同历史时期和不同国情有不同的环境要求。如果简单地为追求完备性而超前地设立一些机构和建立一些制度，既不实用，也浪费资金和精力。在新机构产生前，已有机构可通过其职能的"变通性"来满足组织工作需要。变通性主要表现在两个方面：一是通过修改协定和条约，尤其是扩大其宗旨和原则的适用范围，或者签订一系列分协议，透过"父子条款"等规定，使组织通过的协定和条约得到继续遵守。二是建立若干附属机构，使组织适应不断变化的国际关系和发展需要。机构设立的渐进性特征，既适应不同历史时期的现实要求，也有利于增强各成员国对机构设置的现实感，使机构运行趋向合理，避免盲目性，提高效率。

上合组织的机构设置与行政层级和专业领域相对应。当今世界的大部分区域组织的机构设置及其职能都很相似，基本都按专业领域，实行国家元首会议和政府首脑会议（国家级）、部门领导人会议（部长级）、高官委员会（司局级）和专业或专家小组（处级）四级结构，这样既有决策机构，又有落实执行机构，既方便各领域和各层次协调一致，又便于贯彻执行上级决议。不过，由于各国政体不同，机构设置不同，各机构的职能也不尽一致，因此往往会出现合作盲区等现象，在一定程度上影响合作范围的拓展。如俄罗斯自然资源部的职能几乎涵盖中国的国土资源部、水利部和环保部，乌兹别克斯坦农业和水利部的职能相当于中国的农业部和水利部两个部门。由于各部门只能在本部门职权范围内活动，所以成员国在商榷合作协议时经常会遇到麻烦，常常因某个条款超越本部门职权而难以达成协议。

上合组织的秘书处是执行机构，没有决策权，只起后勤保障作用。国际组织的秘书处一般分为两类：第一类秘书处除行政后勤工作外，兼有立法职能；第二类秘书处只行使行政后勤保障职能，没有立法职能。有造法功能的秘书处权力很大，典型代表是欧盟的欧盟委员会。该委员会享有立法提案权，尽管议案的最终决定权属于欧盟理事会，但事实上委员会基本垄断提出议案的权力，基本可以自主安排提出议案的时间、内容、形式和范围。另外，欧盟委员会还是"条约维护者"，若某成员不履行或不适当地履行义务，它可发出警告，甚至启动司法程序，向欧洲法院提出诉讼。再有，欧盟委员会可代表成员国开展对外交流和谈判，其签署的协议对所有成员都有约束力。没有立法功能的秘书处权力较弱，其秘书长有时被称为该国际组织的"执行秘书"，负责落实领导人达成的合作协议。上海合作组织秘书处就属于这一类。它的秘书长隶属于国家协调员理事会，其行动一般要事先征得各成员国国家协调员同意才能进行，没有成员国授权，不能擅自以本组织名义表态。秘书长本人或其率领本组织代表团出席其他国际组织或国家举办的活动时，须事先通知国家协调员理事会。秘书长可以列席各级会议，但没有表决权。

表 11 −1　上海合作组织的机构结构（截至 2013 年底）

依职能划分 （工作性质）	依据是否拥有固定的办公场所（工作地点）	
	会议机构	常设机构
最高决策机构	国家元首会议:全面负责,重点在政治、安全以及重大的、原则性的问题	—
二级决策机构	政府总理会议:重点在经济和人文领域 议长会议 最高法院院长会议 总检察长会议 审计部门领导人会议	—
三级决策机构	部长会议:负责各自领域内的事务。目前有:外交部部长会议、国防部长会议、公安内务部长会议、紧急救灾部门领导人会议、安全会议秘书会议、文化部长会议、卫生部长会议、教育部长会议、科技部长经贸部长会议、农业部长会议、交通部长会议、财政部长和央行行长会议、边境地区领导人会议	—
执行与主管机构	国家协调员理事会(外交部门):负责政治和外交事务 反恐理事会(执法安全部门):负责安全事务 高官会:经济人文领域的日常联络	—
行政机构		秘书处 反恐执委会
辅助机构	工作小组（或专家小组）	

四　运作机制

机制和制度密切相关。制度是基础，决定应该做什么，机制则反映怎么做。一个好的制度需要有一个好的运行机制来保障。上海合作组织的合作机制包括决策和表决、审议和监督、保留和生效，以及解决争端机制和吸收成员机制等。

上海合作组织的决策机构是各级会议，决策过程通过各级会议实现，包括定期会议（例会）和临时会议（非例会）两种。例会举行地一般依照成员国国名的俄文字母顺序，与会者座次安排也照此顺序由会议主席左侧开始按顺时针确定。例会主席由承办国相应级别的机构负责人担任，任期由本次会议起至下次会议止。非例行会议一般在倡议国举行。这种由各成员国轮流主办会议的制度是国家平等原则的表现，不仅使每个成员国都有机会展示其组织会议的能力，同时也让各成员国有机会利用其东道国身份对上合组织发挥影响，如制定会议的议题和讨论程序等。

上海合作组织实行"协商一致"的决策和表决机制，上合组织各机构的决议以不投票的协商方式通过，中止成员资格或将其开除出组织的决议除外（该决议按"除有关成员国一票外协商一致"原则通过），若在协商过程中无任一成员国反对，决议被视为通过。任何成员国均可就所通过决议的个别方面和（或）具体问题阐述其观点，并写入会议纪要，但这不妨碍整个决议的通过。如某个成员国或几个成员国对其他成员国感兴趣的某些合作项目的实施不感兴趣，它们不参与且不妨碍有关成员国实施这些合作项目，同时也不妨碍上述国家将来加入到这些项目中。在解释、修正、补充或适用宪章时如果出现争议和分歧，成员国将通过磋商或协商加以解决。

上海合作组织的审议和监督机制是：每次开会前，下级机构和秘书处要把决议的执行情况汇报给各上级机构；会中，上一级机构经过审核后再制定下一步计划；会后，上级机构和秘书处有权监督各机构的执行情况，并可根据进度情况召开非例行会议予以协调。上海合作组织的争端解决机制由《宪章》第22条规定："如在解释或适用本宪章时出现争议和分歧，成员国将通过磋商和协商加以解决"，除此之外，没有更具体的措施和程序。由此可以看出，上海合作组织具有"非强制"的特点，通过"协商一致"原则最大限度地体现各成员国的合作诚意。但这并不等于说它绝对没有强制性手段，只是强调该组织很少使用或根本不用强制手段，如《宪章》第13条规定："如成员国违反本宪章规定和（或）经常不履行其按本组织框架内所签国际条约和文件承担的义务，可由国家元首会议根据外交部部长会议报告做出决定，中止其成员国资格。如该国继续违反自己的义务，国家元首会议可做出将其开除出本组织的决定，开除日期由国家元首会议确定。"

在吸收新成员方面，《上海合作组织宪章》规定："本组织对承诺遵守本宪章宗旨和原则及本组织框架内通过的其他国际条约和文件规定的本地区其他国家实行开放，接纳其为成员国。本组织吸收新成员问题的决定由国家元首会议根据国家外交部部长会议按有关国家向外交部部长会议现任主席提交的正式申请所写的推荐报告做出。"《宪章》还规定:"本宪章不影响各成员国参加的其他国际条约所规定的权利和义务","成员国都有权退出本组织。关于退出本宪章的正式通知应至少提前 12 个月提交保存国。参加本宪章及本组织框架内通过的其他文件期间所履行的义务,在该义务全面履行完之前与有关国家是联系在一起的"。也就是说,上海合作组织不是一个封闭的联盟组织,只要不损害组织的利益,任何成员国都享有行动的自由。

在扩员问题上,上合组织曾有过关于是"内涵式发展"还是"外延式发展"的争论。前者是指上合组织在维持现有成员规模基础上,加强各领域合作的深度和广度,使合作更加紧密和有效率;后者是指在现有合作内容基础上,通过吸收新成员来扩大组织规模,以此推动组织发展。这是两种不同的道路选择,并对组织的发展有重要影响。上合组织于 2010 年 6 月通过《接收新成员条例》,2014 年 9 月通过《给予上海合作组织成员国地位程序》和《关于申请国加入上海合作组织义务的备忘录范本》,标志着上合组织扩员法律文件基本完备,加入程序明确,凡有意愿且符合条件的国家均可按照既定程序申请加入该组织。

在融资机制方面,上合组织当前主要有五个融资来源:一是成员国的优惠贷款、上市融资、本币结算和货币互换;二是作为上合非正式机构的银联体;三是正在筹建过程中的发展基金(或专门账户,或开发银行);四是其他国际组织;五是民间资本(见表 11 - 2)。未来,这五个领域均有巨大发展空间。最初,中国提议设立上合发展基金,由成员国按比例出资,本着"共同出资、共同受益"原则,为上合项目提供融资。俄则建议由各方自愿出资,主要原因是俄当时正全力筹建欧亚经济共同体框架内的欧亚发展银行,因此不愿向上合发展基金入股。2010 年 10 月 25 日在杜尚别出席上合组织成员国第九次总理会议时,中国建议成立"上海合作组织开发银行",总资本 100 亿美元,中方出资 80 亿美元,其余 20 亿美元由其他成员分担。俄则建议分两步走,先成立"专门账户",为上合框架内的合作项目提供预可研等先期和技术援助支持,然后再在其控股的欧亚发展银行的基础上成立开发银行,为具体项目提供融资,意在将上合开发银行和欧亚发展银行合并,中方参股欧亚发展银行即可,但俄方提议未得到中方赞同。[1]

---

① 姜睿:《上海合作组织成员国金融合作:新进展与前景展望》,《上海金融》2012 年第 8 期。

　　无论是发展基金还是开发银行，二者均可在一定程度上满足上合组织融资需求。当然，发展基金对中国更有利一些。理论上讲，发展基金属基金管理和运营范畴，是代为客户管理资产和投资的行为，可对项目参股入股。开发银行属商业银行管理范畴，可利用自有资产提供贷款，但一般不得参与企业经营。若成立开发银行，由于银行只能监督资金安全，无法参与项目经营，使资金风险加大，对项目选择将会更严格。若成立发展基金，资金运作相比银行更灵活，根据目前中方占股较多的现实，中方将有机会参与甚至控制成员国项目，因此遭到一些成员的反对。

表 11 - 2　上海合作组织融资情况统计

融资主体	融资类型	备注
1. 成员国政府	优惠贷款	中国宣布为上合框架内的多边和双边项目提供优惠贷款与优惠出口买方信贷，2004 年 9 亿美元，2007 年 12 亿美元，2009 年 100 亿美元
	本币结算货币互换	2008 年 8 月中国东北边境与俄罗斯开始试点实施人民币贸易结算 2010 年 11 月 23 日中俄贸易实现全面本币结算（2011 年 6 月 23 日扩至一般贸易），12 月人民币在莫斯科挂牌上市，2011 年 4 月卢布在中国开始挂牌交易 2011 年 4 月 19 日中乌（兹别克斯坦）两国央行签署 7 亿元本币互换协议，有效期三年 2011 年 6 月 13 日中哈两国央行签署 70 亿元双边货币互换协议，有效期三年
	股市融资	支持企业到中国香港上市融资。俄罗斯铝业集团 2010 年和哈萨克斯坦铜业集团 2011 年在中国香港上市
	无偿援助	如中国向吉尔吉斯斯坦捐赠拖拉机等
2. 银联体	投资或贷款	属于上合组织非正式机构，由成员国的官方开发银行组成，2005 年 10 月在莫斯科成立，根据"市场原则"（不受上合组织决定约束），由成员自主决定是否为项目融资
3. 上合发展基金（或开发银行）	投资或贷款	属于上合组织正式机构，根据上合组织决定为项目融资。目前仍处建设过程中，尚未成立
4. 其他国际组织	援助或贷款	比如亚洲开发银行、欧洲复兴开发银行、国际货币基金组织、伊斯兰开发银行、联合国开发计划署、世界银行等提供的无偿援助和优惠贷款等
5. 民间资本	投资或借款	个人和非金融机构的投资与融资行为

　　资料来源：姜睿：《上海合作组织成员国金融合作：新进展与前景展望》，《上海金融》2012 年第 8 期。

第二节　当前合作环境

任何一个组织都是在一定条件下、基于某种原因而成立的。一般来讲，组织的成立原因和成立条件其实是两个不同的事物，成员的合作需求是成立组织的直接原因，但仅有需求还不够，还需要考虑各种约束条件，这些条件会对能否建成组织以及建成什么样的组织产生影响。只有具体分析该组织的合作环境和条件，才能知道哪些因素在促进区域合作，哪些因素在起阻碍作用，使该组织认清自身具有的优势和面临的困难，确保组织制定出正确的发展和应对方案，维持组织的长久繁荣。

上海合作组织成员国合作的时代大背景，是冷战后的国内和国际形势发生巨大变化，主要体现在三个方面：一是国际格局由两极对峙变为一超多强。以美国为首的发达国家凭借实力，极力在世界推行西方的价值观和社会制度，发展中国家对此采取不同的应对措施，新经济合作观和新安全观就是其中一种反应结果；二是国际组织作用不断加强，对国际社会发展产生很大影响。有关"国际机制""主权让渡"和"超国家机构"的利弊得失等问题引起国际社会的广泛争论；三是科技进步和跨国公司快速发展加快全球化进程，而全球化是把双刃剑，在使整个世界相互依赖度不断加深的同时，也拉大国际社会的贫富差距。面对全球化的机遇和挑战，很多国家意识到只有合作才能共赢，才能增强抵抗力，共抗风险。国际形势的这些新变化是影响上海合作组织成立的环境和条件。

上海合作组织成员国合作的现实需求表现在，冷战后，俄罗斯、中亚国家和中国都将发展经济、提高居民生活水平作为本国头等任务，将维护稳定的周边环境作为对外关系的重要目标，为更好地实现这些任务和目标，各国都希望成立一个国际组织，建立一个能够长期维持区域繁荣稳定的长效机制。

一　2001 年成立时的内外环境

2001 年成立上海合作组织的直接原因是为继承和提升"上海五国"合作成果，将"上海五国"的边界划分和边境安全合作扩展为成员国政治、经济、

安全和人文等各领域合作。当时的国际大环境是:

第一,政治上,美国为首的西方大国大力推行"新干涉主义",鼓吹"人权高于主权",以保护人道和人权为由,以武力相威胁,绕开联合国,在全世界贯彻西方制度,塑造对其有利的冷战后国际秩序。如美国和北约在1999年发动科索沃战争(期间轰炸中国驻南联盟使馆)。在西方强国的理论和行动面前,发展中国家和新独立国家(如独联体成员)面临着思考和选择:什么样的国际秩序最有利于其发展,怎样维护自己得之不易主权和独立,怎样开展国际合作才能更好地保护自己的利益并促进发展。成立上海合作组织,其任务之一就是以自己的实际行动回应西方模式,实践"上海精神",即新安全观(大小国家一律平等、结伴而不结盟)和新经济合作观(互利双赢、尊重多样文明),同时,利用集体联合力量抵御西方干涉。

第二,经济上,世界经济刚刚从东南亚金融危机和俄罗斯金融危机中恢复,各国面临发展经济、改善民生的重任,加强区域合作成为主要政策取向。中国提出"西部大开发"和"走出去"战略,中亚国家和俄罗斯也急需吸引外资,开拓中国市场,中亚国家还希望通过中国交通走廊发展同亚太国家的合作,实现对外联系多元化,也希望借助中国平衡俄罗斯影响力。

第三,安全上,非传统安全方面,上合成员面临"三股势力"的威胁。塔利班1996年掌握阿富汗政权后,大力推行伊斯兰化,基地组织等伊斯兰恐怖和极端势力壮大,刺激(也包括培训和资助)中亚、高加索和中国新疆等地区的"三股势力"发展,恐怖暴力事件增多,如塔吉克斯坦内战(世俗政权同伊斯兰势力之间,1998年才签署民族和解协议)、乌兹别克斯坦1999年塔什干爆炸、吉尔吉斯斯坦1999年巴特肯恐怖袭击、俄罗斯车臣恐怖分子巴萨耶夫集团入侵塔吉克斯坦共和国(迫使俄中央在2000年进行第二次车臣战争)、中国的新疆分裂势力在新疆不断制造暴力事件(如1997年乌鲁木齐公共汽车爆炸事件)。传统安全方面,美国对中俄形成战略压力。美加紧反导试验,寻求废除关系全球战略平衡的《反导条约》,在欧洲推进北约东扩,在亚洲加强美日和美韩安保条约,修改防卫指针,扩大安保范围,使中、俄感受到强烈的安全压力,"联合抗美"的合作需求和基础初步形成。

二 当前环境中的不变因素

经过近 14 年的发展，当前上合组织发展的内部和外部环境都已发生较大改变，面临新的发展机遇和挑战。与 2001 年刚创立时相比，当前区域合作环境中未变的因素是：上合成员国同样肩负维护主权独立和政权安全重任；同样需要借助区域合作发展国内经济和改善民生；同样面临来自阿富汗的安全威胁。这些因素是上合组织需要继续存在和发展的基础。

第一，政治方面，中亚国家面临解决领导人长期执政，以及进行更适合本国国情的政治经济改革等重任，国内各利益集团面临重新洗牌的竞争。由此，支持成员国政权稳定，反对以暴力革命方式实现政权更迭是上合组织最主要的政治合作内容。美国等西方国家利用发展中国家遭受国际金融危机而陷入经济困难和社会问题增多之际，大力鼓吹和推行西方民主，支持从西亚、北非开始的新一轮暴力推翻现有政权的所谓"民主革命"。与此同时，中亚国家存在领导人长期执政问题，截至 2014 年底，哈萨克斯坦总统纳扎尔巴耶夫和乌兹别克斯坦总统卡里莫夫已连续执政 24 年，塔吉克斯坦总统拉赫蒙自 1994 年当选总统后已连续执政 20 年。吉尔吉斯斯坦政体 2010 年变为"议会－总统制"后，现正处于磨合期。依照正常宪法程序，乌兹别克斯坦于 2015 年、哈萨克斯坦于 2016 年、吉尔吉斯斯坦于 2017 年将举行新一届总统选举。无论是现有执政者继续长期执政还是出现新领导人，中亚国家的国内政局都存在不稳定因素，未来国家政策也面临变数。

第二，经济方面，发达国家经济恢复缓慢，世界总需求下降，这对上合成员国的经济社会发展和经济结构转型形成较大压力。抵抗通胀、保证粮食安全和水资源安全、提高居民收入、缩小地区发展差距、努力吸引外资等，是各成员长期面临的难题。与此同时，各成员的不同应对措施和战略可能产生不同效果。如处于咸海流域上游的塔吉克斯坦和吉尔吉斯斯坦希望优先开发本国水力资源，遭到下游乌兹别克斯坦强烈反对；哈萨克斯坦从 2009 年开始大力推进非资源领域经济发展（主要是加工业），因基础设施薄弱和市场狭小而推进缓慢；乌兹别克斯坦下大力气改善民生，却始终被高通胀和货币贬值困扰。

第三，安全方面，共同应对阿富汗的恐怖和极端势力以及美在中亚加大军事存在将成为未来上合组织安全合作的重要内容。2001 年 "9·11" 事件后，美发动阿富汗战争，当时上合组织成员国对美国的反恐立场和行动均予积极支持。随着战争发展，美在中亚的军事存在亦逐渐加强。阿富汗战争结束后，美国和北约计划 2014 年从阿富汗全面撤军。一方面，中亚的南部地区形势趋紧，阿富汗的恐怖和极端势力对地区的威胁加大，而中亚国家缺乏有效应对手段和力量，需外部大国帮助；另一方面，美希望乘机将原驻阿富汗的军事力量转往中亚，以军事援助、联合军演、建立军事基地（或反恐培训中心）等形式，继续保持甚至加大其在中亚的军事存在，遏制中、俄。

三 当前中亚地区的大国竞争格局

中国、俄罗斯、美国、欧盟是左右欧亚大陆力量格局的最主要力量，其合作与竞争可对地区的稳定与发展产生重要影响。经过多年经营，当前在中亚地区，中、俄、美、欧各自主导的区域国际合作机制格局已经形成，其差异主要体现在区域一体化合作方向上，其中，向东发展的力量来自中国。中国愿同中亚国家发展合作，促进西部稳定和发展，主要手段是发展上合组织。向北发展的力量来自俄罗斯。俄罗斯视中亚为自己的 "南大门" 和传统势力范围，希望维护其在中亚的传统优势，主导中亚事务，将中亚国家纳入自己主导的区域合作机制，主要手段是建立欧亚经济联盟、欧亚经济共同体（经济和人文领域）、集体安全条约组织（政治与安全领域）。向南发展的力量来自美国。美国努力削弱中亚国家对中、俄的依赖，并在中亚打入楔子，对中、俄形成战略压力，遏制两国发展，主要手段是积极推进 "新丝路战略"，发展中亚和南亚一体化，同时加大在中亚的军事存在和影响，如设立军事基地、发展北约 "合作伙伴关系" 等。向西发展的力量来自欧盟。欧盟为确保能源安全，实现能源来源多元化，降低对俄罗斯的油气依赖，一方面积极帮助中亚国家依照欧盟标准进行政治经济改革；一方面帮助中亚国家建设跨里海，经高加索和土耳其，通往中南欧的油气管道（绕过俄罗斯）。

大国竞争格局的利害在于：在一定程度上，中亚国家处于 "鹬蚌相争，渔翁得利" 的地位，利用各方竞争而提高合作要价。另外，中国对外部市场和资源需求不断增加，如果俄罗斯得势，中国在中亚的市场开拓、获取资源等活动成本可能增加，西部"大开发"和"走出去"战略将面临新的考验。如果美国得势，可对中国西部造成巨大战略压力，使中国东部沿海和西部同时遭受美国围堵，周边环境可能恶化，导致维护"战略机遇期"的任务加重。在美国压力下，俄罗斯成为中国在国际和地区战略格局中的最主要合作伙伴。中俄合作事务涵盖从地区到全球各个层面。相比之下，中亚国家的国际影响力较小，中国与中亚国家的合作主要局限在地区层次。这意味着，在大战略层面，中俄关系稳定优先，中国与中亚国家关系的地位弱于中俄关系。换句话说，在上合组织合作过程中，如果俄罗斯坚决反对，通常中国不会强行推进，以免损害中俄关系。由此导致在上合框架内，俄罗斯感兴趣的合作项目和领域进展较快，而俄不感兴趣的领域便会相对缓慢。

四 当前成员国的合作需求

中国维护周边稳定需要俄罗斯和中亚国家的支持，对上合组织的借重较之前更大。中国 2020 年前的对外政策总目标是"维护战略机遇期"，为国内发展创造良好的外部环境。但自 2010 年中国 GDP 超过日本成为世界第二大经济体以来，周边环境日益严峻，维护周边稳定的战略压力加大。一方面，外界对中国的警惕和戒备加重，美国和部分周边国家开始联手制衡中国；另一方面，中国同周边国家的领土和资源纠纷加剧，东部和南部的热点问题此起彼伏，牵涉大量精力。在此环境下，中国需要西部和北部的稳定，否则将面临腹背受敌的艰难境况。另外，上合组织是国际上第一个以中国城市命名的国际组织，是展示中国国际地位和形象的重要平台，也是唯一一个由中国主导的与独联体国家开展合作的国际合作机制，其稳定发展对保障中国西部和北部的稳定与发展具有重要意义。

俄罗斯谋求借助欧亚经济共同体和集体安全条约组织等区域合作机制主导中亚乃至独联体一体化，在中亚地区大力推进"欧亚联盟"理念。自 2000 年以来，俄政局总体稳定，经济持续发展，国家综合实力迅速恢复，其在独联体，特别是中亚地区的影响力借此迅速提高，俄主导的欧亚经济共同体和集体安全条约组织框架内的一体化合作加速。2010 年俄、白、哈三国成立关税联盟，该联盟 2012 年提升为统一经济空间，2014 年又进一步升级为"欧亚经济联盟"。另外，2008 年国际金融危机后，为进一步提振经济，俄将开发远东地区作为未来发展战略的优先方向之一。与此同时，奥巴马 2008 年就任美国总统后，将国家战略重点从欧洲转向亚太，俄东部（远东和西伯利亚地区）的安全压力增加。由此，无论是经济发展还是安全合作，俄中两国的战略互助需求都在不断加深。在处理上合组织同欧亚经济共同体和集体安全条约组织关系问题上，俄对上合组织既有合作需求，同时担心中国借助该组织迅速扩大其在中亚的影响力，以致削弱俄的影响力。因此，俄罗斯对上合组织采取"既合作又防范"，"总体支持、局部警惕"的态度，尤其是在上合组织的经济合作领域。

哈萨克斯坦愿在地区发挥更大影响力，在上合组织中谋求更大发言权，并已选择同俄罗斯优先发展一体化。得益于国际油气等大宗商品价格高涨，哈经济总量不断扩大，GDP 总值从 2001 年的 221 亿美元增加到 2013 年的 2244 亿美元，同期人均 GDP 从 1500 美元提高到 1.3 万美元，GDP 世界排名第 45 位，未来目标是到 2050 年前进入世界前 30 强行列。伴随国家实力显著增强，哈已成为中亚国家的"领头羊"和发展榜样，并谋求提高自己在中亚地区和突厥语地区的影响力，希望在区域一体化进程中有更多发言权。哈积极贯彻"大国平衡"战略，始终同俄、美、中、欧盟等保持友好合作，借此维护自身安全与稳定。与此同时，因担心本国市场狭小，哈在区域经济一体化方面已选择独联体国家优先。

吉尔吉斯斯坦和塔吉克斯坦发展缓慢，对大国（尤其是俄罗斯）需求增多。受政局动荡（吉 2005 年和 2010 年曾发生政权暴力更迭，塔 1993～1998 年内战）和能源紧张的影响，吉、塔两国至今经济落后，民众生活水平低，对外资和外债的依赖程度大（两国各约占 40% 的财政依靠外债）。为发展经济，吉、塔对外资几乎"来者不拒"，对上合框架内的各项合作均感兴趣，也是中国贷款项目的主要承接者。与此同时，因吉、塔的主要外贸对象（尤其是粮食、能源、劳动力移民等）是俄罗斯和哈萨克斯坦，俄白哈三国统一经济空间对两国影响极大，吉、塔均选择独联体地区一体化优先，已申请加入俄白哈关税联盟和统一经济空间。

乌兹别克斯坦积极与西方改善关系，与周边国家的水资源纠纷加大，与独联体和中亚一体化机制渐行渐远。乌始终将本国独立与主权视为国家最高利益。因担心俄罗斯大国主义，乌认为俄无法帮助自己解决南部乌阿（富汗）边界安全问题，近年来，乌外交战略总体亲西方，希望借助美国和北约的力量维护本国安全，打击恐怖主义，遏制俄罗斯的影响。乌先后于2008年和2012年退出俄主导的欧亚经济共同体和集体安全条约组织，这与哈、吉、塔积极参与这两个组织活动的态度形成鲜明对比。

五　当前各领域合作的难点

上合组织经过多年发展，早期比较容易解决的问题已得到解决，剩下的均是比较棘手、需要时间和条件的问题。有些属于实践中的具体问题，有些则需要先从理论层面处理。

政治领域，上合组织成员国间的政治互信基础较好，大家对政体、国体、国际热点问题的看法基本相同或接近。当前和未来一段时间内的关键问题是如何支持成员国政权稳定，反对以暴力革命方式实现政权更迭，这是维护成员国和地区稳定的前提。

经济领域，上合组织成员国均面临经济社会发展和结构转型的双重任务。抗通胀、维护宏观经济稳定、提高居民收入、缩小地区发展差距、努力吸引外资、保证粮食安全和水资源安全等，将是各成员国长期面临的难题。自2012年以来，受发达国家经济恢复缓慢、外部世界总需求下降等影响，各成员国均经济增速放缓，保增长、抗通胀、扩内需、调结构成为各成员国急需解决的问题。

安全领域，上合组织成员的安全威胁主要来自非传统安全，如三股势力、信息安全、有组织犯罪等，传统安全威胁几乎不存在。尽管个别成员间（包括正式成员、观察员和对话伙伴国）存在领土边界争议等问题，但因此引发冲突和战争的可能性不大。当前和未来一段时间内，如何应对宗教极端势力增长、美国撤军后的阿富汗局势，及美国在中亚加大军事存在等问题，将成为未来上合组织安全合作的重要内容。

在项目和资金方面，利润大、前景好的项目竞争可能会愈加激烈，融资难度加大。一方面，各成员国都面临抵御经济衰退和改善民生的重任，国内建设资金需求量大，投资人对项目的选择以及借款人对借款条件的规定愈加严格，甚至苛刻。另一方面，盈利前景相对较好的能源等资源项目已基本被开发完毕，成员国对国际合作的要求增多（如考虑环保、技术含量、劳动力移民等问题），未来利润较理想的项目竞争将非常激烈，合作成本也会提高。

六　上海合作组织面临扩员压力

上合组织诸多领域合作需要首先明确地理边界问题，即重点合作区域在哪儿。成立至今，上合组织的合作重点地区始终是中亚，各领域合作项目也主要围绕中亚国家展开。由此，外界对上合组织形成了两种印象：第一，上合组织是中俄在中亚协调利益的机制之一。尽管中俄同是上合组织成员，但两国合作主要通过两国间的战略合作伙伴机制解决，两国在中亚地区的合作与竞争则通过上合组织框架内解决。第二，上合组织是中国与中亚合作的多边合作机制。该组织的项目投资主要依靠中国，没有中国推动，该组织可能会一事无成。俄罗斯与中亚国家建立了欧亚经济共同体和集体安全条约组织，即使不借用上合组织也可同中亚国家合作，而中国与中亚国家合作的多边机制主要依靠上合组织。

当前，上合组织面临扩员压力。部分成员国（尤其是俄罗斯）希望借助扩员扩大组织合作领域，解决超出组织范围之外的难题，提高组织的国际影响力。在扩员问题上，上合组织有诸多选项，各选项均有利有弊，各有推进难度。

一是内部区域整合，吸收蒙古和土库曼斯坦，将上合组织变成"真正的"欧亚腹地国家合作组织，从而加强中国与西部和北部邻国合作，确保中亚能源等资源进口安全。当前，难点在于尽管两国均希望与上合组织成员发展合作，获得项目机会，但蒙古出于"第三邻国"的战略考量，土库曼斯坦出于中立国地位考虑，两国均没有加入意愿。

二是向南部的印度洋方向发展，吸收印度和巴基斯坦、斯里兰卡等加入。此项选择有助于发展中亚和南亚一体化，为俄罗斯和中亚国家提供南下印度洋的通道，还有利于上合组织与"孟中缅印经济走廊"和"中巴经济走廊"相连接，系统落实推进"丝绸之路经济带"战略。此线的难点在于印度对上合组织表现冷淡，不仅从未正式表示过加入意愿，也未提出过正式申请，而且出于印美关系考虑,历次上合组织元首峰会仅派外交部部长参加。巴基斯坦虽已提出正式申请,但其国内政局不稳,恐怖势力较猖獗,与印度有边界纠纷,可能对上合组织未来发展帮助不大。另外,此方向与美"新丝路战略"契合(通过阿富汗,发展中亚与南亚一体化),在一定程度上是帮助美国提高地区影响力。俄罗斯是此线的最积极支持者,尤其希望印度加入上合组织。其战略意图在于巩固俄印战略伙伴关系,保持俄在南亚地区影响力,同时借助印方力量,在上合组织中寻找更多盟友,增加组织中的发言权,平衡中国影响。

三是向西南的西亚和波斯湾方向发展,吸收伊朗、土耳其等国加入。此发展方向与古丝绸之路相契合,是中国向欧亚大陆腹地发展的必经之地,也是中亚国家最重要的货物进出口通道之一。另外,伊朗对上合组织非常关注,已于2008年正式提交加入申请,该国经济规模较大,会有更多合作领域。此方向当前难点在于伊朗正遭受国际制裁,吸收其加入不符合上合组织宪章精神(如恪守《联合国宪章》宗旨和原则),即使伊朗加入,诸多合作项目也难以开展。

四是向西部的独联体方向发展,吸收白俄罗斯等国加入。将上合组织与欧亚经济共同体、欧亚经济联盟、集体安全条约组织等俄罗斯主导的区域合作机制相重合。此方案的难点在于俄罗斯可能会反对,担心中国加入会削弱其影响力。另外,欧亚经济共同体、欧亚经济联盟、集体安全条约组织的制度协调统一程度远超上合组织,中国与独联体国家的制度差异非常大,二者合并后的协调任务量将非常大。

第三节　当前合作特点与未来合作方向

从2001年"上海五国"升级为国际组织至今,上海合作组织紧紧抓住成员关切,将稳定和发展作为第一要务,努力维护区域政权和社会稳定、主权独立、经济发展和民生改善,提高各成员国对组织的认同。无论是内部机制建设还是外部国际影响力,上合组织均有长足进展,现已成为所有成员国在阐述对外政策时必然提及的多边合作机制,是所有成员国依靠的重要国际力量。

一　上海合作组织的合作特点

经过多年发展，上合组织已取得多项成就。

一是合作领域已从成立之初的"两个车轮"（安全与经济）扩展成"四个车轮"（政治、安全、经济和人文），形成多主体（官方与民间）、多层次（中央与地方）、多领域（法律协调、实体项目、人力资源等）、多种方式（多边与双边相结合、部分与整体相结合、集体行动与个别行动相结合）的合作氛围。

二是除官方各领域增多外，民间参与的热情不断高涨，如各国智囊机构积极建言献策、企业积极寻求投资合作机会；一些国际组织（世界银行、亚洲开发银行、联合国经社理事会、联合国开发计划署等）也经常被邀请共同参与项目等。

三是除中央各部门合作外，地方，尤其是边境地区合作不断加强，已形成边境地区领导人会议机制，边境贸易额增长迅速。据新疆口岸办统计，新疆阿拉山口口岸过货量（公路、铁路、石油管道、天然气管道）2010 年达2524.13 万吨，2011 年 2631 万吨（超过满洲里，成为中国陆路第一大口岸），2012 年达 2706 万吨（其中铁路过货量达到 1658 万吨，进口 1054 万吨，出口604 万吨）。

四是已形成解决边界划分和边界安全的良好机制。上合组织解决边界问题具有三大特点：一是双方均本着友好协商态度，不付诸武力。二是国界划分谈判与边界安全谈判同时进行；三是将局部的边界问题置于两国关系发展的整体利益框架中考量。将边界问题看作两国关系的一部分，而不是全部，始终从两国关系的大局出发，避免边界划分问题影响两国合作，不利用边界问题刺激民粹，不将边界问题作为转移国内视线的工具。

在多年合作过程中，上合组织已形成自己的合作特色，当前主要表现为以下几个方面。

第一，推动组织发展的动力依靠寻找各成员国都感兴趣的合作领域与合作项目。成员国并不寻求各领域、全方位的合作，而是先寻找彼此都感兴趣的利益共同点，如反恐、能源、过境运输等，通过先发现问题，再共同协商解决问题，然后将各个兴趣点连接起来，形成合作的线和面，最终达到全面升级的合作效果，既可避免让渡主权的矛盾，还可在一定程度上克服个别成员国实力弱的劣势，是一种既现实又有效的选择。可以说，问题导向型合作模式是上海合作组织的最大特点之一。也正因如此，当前上合组织合作内容仍以实体项目为主，制度协调进度相对缓慢，合作方式仍以双边项目居多，项目融资主要依靠中国提供的贷款。

第二，在合作机制方面，部门领导人会议增多，呈"大会议，小机构"的特点。组织框架内的合作以会议为主，大小会议一个接一个，通常会后即散，除等待下一次会议以外，闭会期间具有可操作性的具体合作项目和机制总体上数量不多。另外，由于各成员国政体不同，机构设置不同，各机构的职能也不尽一致，往往会出现"合作盲区"，各部门通常只能在本部门职权范围内活动，常因某个条款超越本部门职权而难以达成协议，在一定程度上影响合作范围的拓展。如中亚国家农业部门的职能与中国的农业部、水利部、国土资源部等部门的职能有较多交叉。

表 11 – 3 上海合作组织的合作进程

1996 年前	边界问题:边界划分
1996 ~ 1997 年	安全领域:裁减边境地区的军事力量以及加强军事领域相互信任
1998 ~ 2001 年	安全领域:打击三股势力 经济领域:提出经贸、投资、能源等若干重点合作领域
2001 年后	1. 政治合作:目的是加强成员国间的友好合作关系,如加强各级别领导人的互访与交流,增加政治互信;加强在国际事务中的协调与相互支持等 2. 安全合作:大体分为四部分:安全战略和政策(安全会议秘书会议);防务安全(国防部长会议、总参谋长会议);执法安全(公安部长会议、边防部门领导人会议);司法安全(总检察长会议、最高法院院长会议)。目的是维护地区的安全与稳定,如制定维护区域安全与稳定的相关法律文件及措施,打击"三股势力"和有组织犯罪;举行联合反恐军事演习;联合执法;情报交流;建立应对紧急事态或突发事件的合作机制;司法协助;人员培训等 3. 经济合作:目的是深化区域经济一体化进程,如经济技术;贸易投资便利化,制定多边经贸合作纲要;建立实业家委员会和发展基金;人员培训;开展与其他国际组织的合作等 4. 人文合作:目的是加强成员国官方和民间的友好往来,如举办文化艺术节;传媒;教育;卫生;环保合作等

二 今后合作方向

2012 年 6 月 7 日，上合组织北京元首峰会上通过《上海合作组织中期发展战略规划》（以下简称《战略》），为该组织未来十年发展做出战略规划。《战略》提出上合组织今后的优先任务仍然是保障地区安全稳定，并确定未来的七个基本行动方向：（1）共同努力创建民主、公正、合理的国际政治经济秩序；（2）维护地区安全与稳定；（3）扩大经济合作；（4）开展人文合作；（5）开展国际合作；（6）发展上合组织与其他国家及国际组织关系；（7）完善上合组织法律基础和机制。

根据上合组织《成立宣言》和《宪章》确定的合作宗旨，为顺利实现《中期发展战略规划》，上合组织需秉持"上海精神"，根据自身优势，继续落实已签署的合作协议，然后在此基础上利用"功能扩溢"，逐渐扩展自己的职能和合作领域，最终实现合作潜力最大化。为此，上合组织今后的合作宜坚持以下三个原则。

第一，宜在组织机制改革创新的同时，努力挖掘现有机制潜力。如依照《秘书处条例》确定的规则和权限，组织赋予秘书处的诸多职能当前都未能得到有效执行，未来仍有极大作为空间，如网站建设、信息通报、提出合作建议、监督合作措施落实执行等。

第二，宜继续坚持"多边与双边相结合"原则。该原则是上合组织的基本原则之一，最早由中国总理朱镕基提出，即区域合作需结合区域现实和国情而定，只要能够促进成员国发展和稳定，不必拘泥于双边或多边框架。虽然多年实践中确实存在"合作项目基本都是双边，多边项目少"的局面，但在当前成员国国情差距较大的环境下，宜顺其自然，不能为提高成员积极性而刻意追求多边项目。

第三，宜坚持"实体项目和能力建设为主，制度协调为辅"这一基本原则，扬长避短，深入落实既定战略和项目。通常，国际组织的合作内容可以分为制度协调、务实项目和能力建设三大部分。制度协调关注法律和规则，是成员国就法律制度和规范进行磋商的行为；实体项目合作是具体的务实项目，如公路建设工程、500 千伏高压输变电工程、上海合作组织大学、水质监测、

"儿童眼中的世界"绘画巡回展和联合军演等；能力建设的目的是提高成员国机关、企业和公民的思维、分析、判断、自我发展的能力，主要表现为人力资源领域的交流培训和公民参与等。上海合作组织宜扬长避短，应不急于推进制度政策协调，而应注重具体的务实项目开发和能力建设。从发展历程看，上合组织已取得的成就大部分属于务实项目和能力建设，在制度协调方面进展较慢，这既说明上合组织开展制度协调难度大，也说明开展务实项目和能力建设是上合组织的长项和优势。

除中国外，上合组织其他成员都曾是苏联的加盟共和国。它们之间的经济和社会联系程度、政策、法律、制度具有相似性，思维方式和解决问题的方法也极其接近，这也是欧亚经济共同体在经济和人文方面的合作深度总体上强于上合组织的主要原因。但是，中国市场广大，资金也相对雄厚。从经济规模看，2012 年独联体成员国经济总量（GDP）仅相当于中国的 1/3，对外贸易规模相当于中国的 1/3。中国 GDP 总量为 8.3 万亿美元（人均 6000 美元），俄罗斯 2.0067 万亿美元（人均 1.4 万美元），欧亚经济共同体 2.29 万亿美元，独联体 2.55 万亿美元。对外贸易总额，中国 3.87 万亿美元，俄罗斯 8372 亿美元，欧亚经济共同体 1.09 万亿美元，独联体 1.34 万亿美元。近年来，上合组织成员陆续成为世界贸易组织成员（吉 1997 年，俄 2012 年，塔 2013 年），成员的经济贸易规则都参照世界贸易组织，而且会越来越相近，这是促进上合组织未来更好发展的有利因素之一。

第四节　农业合作现状

目前，上合组织成员国间已建立良好的农业合作关系，在农业技术、农业机械、跨境动物疫病防控和人员培训等领域开展诸多富有成效的合作，在增强成员国粮食生产能力、促进农产品贸易方面发挥着积极作用。

一　农业合作历程

2001 年 9 月，上海合作组织首次提出加强农业合作的任务。2004 年 9 月，成员国《〈多边经贸合作纲要〉落实措施计划》确定了农业合作的具体任务和方向。2006 年 7 月，成员国第五次元首峰会将农业确定为优先合作领域之一。2007 年 12 月，首次成员国农业高官会议在北京举行。2010 年 6 月 11 日，成员国元首在塔什干峰会上签署《成员国政府间农业合作协定》。

2010 年 10 月 26 日，首届上海合作组织农业部长会议在京召开。成员国交流了各自农业生产及政策信息，签署了《农业部长会议纪要》，审议通过成员国《常设农业工作组工作条例》，发布《农业部长会议新闻公报》。中国国务院副总理回良玉对进一步推动上海合作组织农业务实合作提出四点建议：一要积极落实上海合作组织元首峰会和政府首脑理事会关于加强农业互利合作的各项共识，进一步加强成员国在农业领域交流；二要全面落实《成员国政府间农业合作协定》，突出优先领域，逐步形成多渠道、宽领域、深层次的农业合作格局；三要不断完善农业合作机制，加快农业贸易和投资便利化进程；四要突出互利共赢、优势互补，积极拓展在种质资源、农机装备、生物技术、土壤改良、节水农业等方面的合作空间，最大程度分享合作成果。回良玉希望各成员国继续加强农业合作机制化建设，在农业科技、农业人力资源培训和农业贸易与投资领域进一步深化务实合作，共同造福本国和本地区人民。[①]

2011 年 8 月 31 日，上海合作组织农业经济合作研讨会在乌鲁木齐成功召开。来自上合组织各成员国农业部、上合组织秘书处、中国国内 18 个省（自治区、直辖市）的农业外事外经部门及企业共百余名代表齐聚一堂，共商上合组织区域农业合作问题，通过各国农业部门和外向型农业企业面对面交流，搭建各方相互了解的投资贸易政策和交流合作信息平台。会议期间，各成员国代表详细交流本国农业领域吸引投资及贸易促进的相关法律法规、鼓励政策和合作意向，表达共同深化农业国际交流与合作的良好愿望。中国的黑龙江宝泉岭农垦太非华援农业开发有限公司、河南省经研银海种业有限公司同哈萨克斯坦库鲁斯泰有限公司和哈中农业公司在农作物优良品种、高新技术推广示范、农业生产资料和农业机械引进配套、建设农产品深加工基地以及教育科研等领

---

① 《回良玉出席上海合作组织首届农业部长会议开幕式》，新华网，http://news.xinhuanet.com/2010 - 10/26/c_ 13576560. htm。

域达成一系列具体合作意向，签署了合作协议。①

2012 年 11 月 30 日，第二届上海合作组织农业部长会议在哈萨克斯坦首都阿斯塔纳举行，会议签署了《农业部长会议纪要》，通过了《〈政府间农业合作协定〉2013～2014 年农业合作计划》。中国农业部副部长余欣荣率团出席会议，并对上合组织未来农业合作提出五点建议：一是不断完善农业合作机制，推进农业领域务实合作；二是加强成员国粮食安全合作，研究和制定共同的农业合作项目，改善成员国粮食生产条件，提高粮食综合生产水平；三是推动成员国农业信息共享，加强粮农信息交流和动植物疫病疫情通报及疫病防控经验交流，共享动植物疫病防控信息；四是推动农业科技交流合作，鼓励和支持成员国开展人力资源培训合作，加强在农业和农产品加工领域开展科研和新技术推广合作；五是持续推动企业参与合作，加强成员国在农业机械、农业生产与贸易等领域的交流合作。②

2013 年 9 月 3 日，作为第三届"中国—亚欧博览会"主题项目之一，"上海合作组织粮食安全研讨会"在乌鲁木齐同期举行，旨在交流各国粮食生产和保障粮食安全方面的政策和经验，探讨建立上海合作组织粮食安全机制，研究促进农业产业化合作的模式与重点，共同促进区域农业可持续发展。会议由中国农业部主办，来自上合组织成员国农业部、上合组织秘书处、国内部分省区农业主管部门和国内外相关企业代表共 60 余人参加会议。会议认为，粮食安全合作是上合组织农业合作的重点领域之一。今后上合组织成员国将在以下方面加强交流与合作：一是推动建立上合组织粮食安全合作框架，加强粮食安全政策交流与立场协调，建设农业示范推广基地，改善成员国粮食生产条件，提高粮食综合生产水平；二是推动成员国农业信息共享，加强粮农信息交流，推进粮农信息系统建设，加强动植物疫病防控信息共享和经验交流；三是推动农业科技交流与合作，鼓励支持开展人力资源培训合作，加强在农业和农产品加工领域开展科研合作和技术推广；四是推动企业参与合作，鼓励和支持企业

---

① 农业部对外经济技术合作中心：《上海合作组织粮食安全研讨会成功举行》，http：//www. fecc. moa. gov. cn/qyhz/201309/t20130906_ 3598447. htm。

② 农业部新闻办公室：《上海合作组织第二届农业部长会在哈萨克斯坦成功举行》，http：// www. zgny. com. cn/ifm/consultation/2012 – 12 – 4/234135. shtml。

开展良种繁育、农产品后期处理加工和农业生产科技服务等领域的合作。[①]

2013 年 11 月 28～29 日，上海合作组织成员国政府首脑（总理）理事会第 12 次会议在塔什干举行，会议签署《联合公报》，规定："总理们强调，切实落实《〈上海合作组织成员国多边经贸合作纲要〉落实措施计划》和《2012～2016 年上海合作组织进一步推动项目合作的措施清单》。上合组织成员国将进一步扩大在经贸、金融、银行、投资、科技、创新、交通、通信、农业、替代能源利用、节能等领域的互利合作。……总理们赞赏上合组织成员国实业界在经济优先领域开展高科技创新联合生产和实施项目的务实倡议，这些领域包括基础设施、机械制造、轻工业和食品工业、农业、旅游、会展、多式联运。……总理们认为，应加强农业领域相互协作，责成农业部长切实落实该领域已有共识和商定项目。"[②]

二　主要合作文件

上海合作组织有关农业合作的法律文件主要有三部分：一是元首会议通过的《成立宣言》《宪章》和每次会晤后发表的联合公报；二是总理会议通过的《成员国政府间关于开展多边经济合作的基本目标和方向及贸易投资便利化进程的备忘录》《多边经贸合作纲要》《〈多边经贸合作纲要〉落实措施计划》和每次会晤后发表的联合公报等；三是农业部长会议通过的《农业合作协定》和每次会晤后签订的《会议纪要》。具体内容如下。

一是《上海合作组织成立宣言》由六个成员国元首 2001 年 6 月 15 日在中国上海签署通过。其中第九条宣布："上海合作组织将利用各成员国之间在经贸领域互利合作的巨大潜力和广泛机遇，努力促进各成员国之间双边和多边合作的进一步发展以及合作的多元化。为此，将在上海合作组织框架内启动贸易和投资便利化谈判进程，制定长期多边经贸合作纲要，并签署有关文件。"

二是《上海合作组织宪章》由成员国元首 2002 年 6 月 7 日在俄罗斯圣彼

---

① 《上海合作组织粮食安全研讨会在新疆乌鲁木齐举行》，中国政府网，http://www.gov.cn/gzdt/2013-09/04/content_2481287.htm。

② 《上海合作组织成员国政府首脑（总理）理事会第十二次会议联合公报》，《人民日报》2013 年 11 月 30 日第 2 版。

得堡举行第二次会晤时通过，是指导组织发展的纲领性文件，相当于宪法，其他所有的协议或文件都不能违反它所确定的宗旨和原则。它规定组织的宗旨和任务、原则、合作的基本方向、机构设置、会议机制、同其他国家或国际组织的关系及其他一些与组织活动有关的事项。

《宪章》第三条规定了该组织的合作方向，其中关于经济合作的有"支持和鼓励各种形式的区域经济合作，推动贸易和投资便利化，以逐步实现商品、资本、服务和技术的自由流通；有效使用交通运输领域内的现有基础设施，完善成员国的过境潜力，发展能源体系；保障合理利用自然资源，包括利用地区水资源，实施共同保护自然的专门计划和方案；相互提供援助以预防自然和人为的紧急状态并消除其后果；为发展本组织框架内的合作，相互交换司法信息；扩大在科技、教育、卫生、文化、体育及旅游领域的相互协作。"

三是《关于开展多边经济合作的基本目标和方向及贸易投资便利化进程的备忘录》（以下简称《备忘录》）于2001年9月14日由成员国政府总理在哈萨克斯坦阿拉木图举行第一次会晤时签署通过，规定上海合作组织成员国开展区域经济合作的基本目标、实现贸易和投资便利化的途径以及合作的重点领域。此外，各方还约定建立经贸部长会晤机制，并制定多边经贸合作的长期纲要。

《备忘录》确定的经济合作基本目标包括：发挥成员国经济互补性以促进其经济共同发展；扩大贸易和投资规模；促进经营主体间的合作生产和经贸活动的发展；改善贸易和投资环境，为逐步实现商品、资本、服务和技术的自由流动创造相应条件；协调各国对外经济活动方面的法律；根据各国现行法律鼓励和支持成员国行政区域间建立多种形式的直接联系；有效利用在交通和通信领域的现有基础设施，进一步开发过境运输潜力；发展服务贸易领域合作；保障合理利用自然资源，实施共同生态规划和项目；建立和发展实施区域经济合作机制。《备忘录》确定的实现贸易和投资便利化的途径有以下几种：分步骤消除贸易和投资障碍；为实现货物和旅客运输，包括过境运输，确保法律、经济、组织和其他条件；发展口岸基础设施；协调商品和技术标准；扩大法律法规信息交流；吸引和保护相互投资。《备忘录》确定的合作重点领域是能源、交通运输、电信、农业、旅游、银行信贷领域、水利和环境保护等，以及其他共同感兴趣的领域，同时促进中小企业建立直接联系。

四是《上海合作组织成员国多边经贸合作纲要》（以下简称《纲要》）是2003年9月23日在中国北京举行成员国政府总理第二次会晤后签署通过，规定上海合作组织未来发展的基本目标、任务、合作的重点领域和实施保障机制。《纲要》规定的基本目标是"长期内（2020年前），上海合作组织成员国将致力于在互利基础上最大效益地利用区域资源，为贸易投资创造有利条件，以逐步实现货物、资本、服务和技术的自由流动。中期内（2010年前），任务是共同努力制定稳定的、可预见和透明的规则与程序，在上海合作组织框架内实施贸易和投资便利化，并以此为基础在《上海合作组织宪章》和上述《备忘录》规定的领域内开展大规模多边经贸合作。短期内，上合组织将积极推动贸易投资便利化进程，并将共同制定落实《纲要》所必需的多边协议和各国法律措施清单，确定其制定顺序和办法；在现代化的组织和技术水平上建立与发展经贸投资的信息空间；确定共同感兴趣的经贸合作优先领域和示范合作项目并付诸实施"。这表明上海合作组织经济合作的基本思路是先开展便利化建设扫清合作障碍，再深化经贸合作使各方受益，最后在适当的时候"实现货物、资本、服务和技术的自由流动"，但是各界对上合组织的目标是否是建立自由贸易区存在争议。

《纲要》规定的合作重点领域和《备忘录》中确定的领域相一致，只是对后者进行细化，强调在一些更具体的领域加强合作，包括能源网络、石油和天然气的开发加工、地质勘探、改造运输体系、采用高级信息和电信技术、农业及农产品加工业、引导居民存款流向投资领域、建立保障创新技术的法律、保护生态平衡及科教文卫等。

五是《〈多边经贸合作纲要〉落实措施计划》由成员国政府总理于2004年9月23日在吉尔吉斯斯坦比什凯克举行第二次会晤时签署通过。该计划涵盖六国在贸易投资领域，海关领域，采用技术规程、标准和评定合格程序领域，金融、税收和创新领域，交通领域，能源领域，农业领域，科学和新技术领域，信息和电信高技术领域，利用自然和环境保护领域以及卫生、教育和旅游领域等11个重要领域的合作，共涉及127个具体项目、课题和合作方向，根据分阶段原则确定了落实机制，规定各项目的参加国及项目执行时间和执行单位。这份计划使得成员国间的合作更加具体明确，可操作性强。该计划最终执行情况是检验上海合作组织经济合作成果的重要指标之一。

其中第七部分"农业领域合作"共确定六个合作项目：（1）建立对传染性动物疾病，包括动物与人之间传染及慢性传染疾病诊断和监控的测试体系；（2）氢氮在趋光细菌环境下代谢作用的基础和实用性研究；生态安全的除草剂；（3）哈萨克斯坦和乌兹别克斯坦在卡拉卡尔帕克斯坦边境地区的土壤改良；（4）研究建立棉纤和生丝深加工共同项目的可能性；（5）研究建立生产果汁的共同项目的可能性；（6）上海合作组织成员国经济实体相互参与收购食品工业企业的国有股份。

六是《〈多边经贸合作纲要落实措施计划〉实施机制》（以下简称《实施机制》）由成员国政府总理 2005 年 10 月 26 日在俄罗斯莫斯科举行第三次会晤时签署。该文件将通过在高官委员会的协调下采取共同商定的实际措施和执行各专业工作组建议的共同项目予以实现。《实施机制》确立了开展经济合作项目的"自愿"原则，即成员国在自愿基础上参与研究和实施共同项目。落实项目的工作机构是经贸部长会议下设的高官会和专家工作组，秘书处履行监督和协调职能。项目的融资渠道可以是上海合作组织成员国的预算资金、预算外资金、发展基金，其他国家、国际组织和实业机构的赞助资金以及银联体等。

七是《成员国政府间农业合作协定》于 2010 年 6 月 11 日在塔什干成员国元首理事会第十次会议上签署，明确提出成员国各方将在种植业、畜牧业、植物保护和检疫、跨境动植物疫病防控、兽医、农产品加工与贸易、农业机械制造、农业科研、投资和建立农业联合企业、专家培训等领域开展合作；提出交换各方在本国农业领域采用的法规文件和有关标准、开展农业合作研究、交换农业专家和技术人员、协助各方农业企业和农业经营机构之间建立直接经济联系以及参加各方举办的农业国际会议、展览会等具体落实方式。

八是《上海合作组织中期发展战略规划》（以下简称《规划》）于 2012 年 6 月 7 日在北京成员国元首理事会会议上签署。《规划》认为：今后十年（2012～2022 年）将是成员国政治经济发展的关键阶段。今后的优先任务仍然是保障地区安全稳定；在平等伙伴关系基础上采取共同行动，推动地区经济全面平衡增长和社会文化不断发展，不断提高成员国人民生活水平，改善民生。《规划》确定了今后十年的七大基本行动方向：一是共同努力创建民主、公正、合理的国际政治经济秩序；二是维护地区安全与稳定；三是扩大经济合作；四是开展人文领域合作；五是开展国际合作；六是发展上合组织与其他国家及国际组织关系；七是完善上合组织法律基础和机制。

第十二章　上海合作组织农业合作的
特点与影响因素

农业与粮食安全是个系统工程，涉及农业、农村和农民等多个方面，甚至对其他经济社会领域也有影响。如种植和养殖的规模与结构调整，可能影响居民饮食改善、物价调控、工业原料供应、进出口需求平衡、仓储和物流管理、水和土壤等生态环境监控与治理、农村劳动力转移、水利和交通等基础设施建设、农业科技人才培养、农业国际合作等方方面面。另外，古今中外，粮食供应自给率、种子安全、跨界河流管理等均是国家甚至国际层面的大战略，食品和日用消费品价格上涨和通货膨胀等从来都是国家政局和宏观经济稳定的风向标。

当前正是上海合作组织加强农业合作的重要机遇期。第一，他人不重视的领域正是上合组织的机遇所在。近年，中亚地区的主要国际合作机制均重视政治、安全、贸易和投资等领域的合作，农业合作属于弱项，已有农业合作项目普遍规模较小和领域较窄。第二，上合组织主要经济合作领域陷入"发展瓶颈"。上合组织从创立之日起便重视安全和经济合作，但经过十多年发展，大部分成员国关注和感兴趣的，或者容易入手、前景好的项目和资源已基本利用完毕，进一步深化和扩展的难度较大。相比之下，农业合作时间短，内容少，尚有广阔的合作空间，恰好可以弥补安全和其他领域合作进展趋缓的困境，以推动上合组织继续前进。第三，成员国均将改善民生、提高生活质量作为政府工作重点，均将农业列入国家发展战略规划，作为维护经济增长、缩小地区差距和贫富差距的重要举措。第四，中国具备推动上合组织农业合作的实力和时机。中国已成为世界第二大经济体，伴随国际地位增强，需承担更多的国际责任，带动更多国家发展。上合组织可通过农业合作，展示广阔的市场规模、先进的农业技术水平、雄厚的资金实力和良好的管理制度等。

第一节　上海合作组织的农业生产特点

如果能够很好地发挥上海合作组织这一多边国际合作机制，开展区域农业合作，可有效缓解上合组织成员国的结构压力，通过建立区域共同市场，可充分调动国内和国外两种资源，实现生产要素的最佳配置。通过扩大西部地区与中亚国家及俄罗斯的合作，综合利用整个区域的资源，尤其是独联体国家的丰富农业资源，既能促进中国与独联体国家的农业合作，保障和提高中国西部粮食安全，又可带动相关国家和整个区域发展，实现互利共赢，共同繁荣。

一　上海合作组织粮食生产和消费的特点

受种植条件、饮食习惯和传统等因素影响，东亚、南亚、东南亚是全球水稻主产区和主要消费区。上海合作组织成员中（包括正式成员、观察员、对话伙伴国），中国、印度、斯里兰卡三国的人均稻米消耗量较大，其他成员基本都以小麦为主要口粮，稻米消耗量较低。

上海合作组织小麦生产和消费的特点（据联合国粮农组织数据）：一是俄罗斯和哈萨克斯坦属于小麦大宗出口国，印度、伊朗、巴基斯坦、土耳其等国的小麦当期产量与消费量基本持平，其他国家基本是小麦进口国。其中，塔吉克斯坦和吉尔吉斯斯坦的小麦进口依存度较高，均占本国消费量的一半。二是从库存量看，2009～2011年，俄罗斯和哈萨克斯坦的小麦年均库存量超过消费量30%，分别占34%和31%，其余国家均在30%以下，土耳其的库存量相当于消费量的11%，巴基斯坦为6%。三是从小麦年人均消费量看，2000～2009年，除印度和斯里兰卡低于世界平均水平外，其他国家均高于世界平均水平，其中土耳其约200千克，俄罗斯132千克，哈萨克斯坦152千克，吉尔吉斯斯坦137千克，塔吉克斯坦163千克，乌兹别克斯坦166千克。

上海合作组织玉米生产的特点（据联合国粮农组织数据）：一是地区内的玉米主产区是印度、俄罗斯、土耳其、巴基斯坦、伊朗等国。受生产和自然条件影响，玉米年际产量不稳定，基本靠天吃饭。如俄罗斯玉米产量2008年为668万吨，2009年因干旱减产到396万吨，2010年308万吨，2011年又增加到696万吨。二是大部分国家都有一定量的玉米进出口贸易,其中印度是地区内最大玉米出口国,其次是俄罗斯。中国、伊朗、土耳其、白俄罗斯等需要部分进口,其中,中国和伊朗是地区内的玉米进口大国。三是在中国玉米是三大口粮之一,在俄罗斯和中亚等国家,玉米的主要用途是饲料,而不是基本口粮。

上海合作组织肉类生产的特点(据联合国粮农组织数据):一是从肉类贸易看,除印度、白俄罗斯和土耳其三国基本处于顺差状态外,其他国家基本处于逆差状态,其中,俄罗斯和中亚国家的进口依存度较高。2007～2011年,尽管各国肉类产量稳定增长,但依然无法满足不断上涨的需求,供需缺口总体呈扩大趋势,进口量增加不可避免。2011年各国国内肉类食品产量和进口量分别是:俄罗斯756.6万吨,同期进口245.2万吨(相当于国内产量的32%);哈萨克斯坦93.94万吨,进口19.80万吨(相当于国内产量的21%);吉尔吉斯斯坦19.94万吨,进口14.60万吨(相当于国内产量的73%);塔吉克斯坦7.81万吨,进口2.90万吨(相当于国内产量的37%)。三是各国年人均肉类消费水平整体不高,且差异较大。2000～2009年,人均肉类年消费量分别是:蒙古国77千克,白俄罗斯65千克左右,俄罗斯和哈萨克斯坦都在50千克左右,塔吉克斯坦约10千克,印度仅有4千克。这个指标同美国124千克、欧盟85千克的年人均消费量相比,差距甚远。

二　上海合作组织正式成员国农业生产的共性

当前,上合组织正式成员国的粮食生产呈现诸多共同特点,其中既有巩固和促进该组织农业合作的有利条件,也有各成员需共同面对的难题。

第一,上海合作组织正式成员国基本位于世界粮食主产区。国际公认的全球粮食产区,尤其是谷物,主要位于地球上土壤最肥沃的黑土地带。① FAO预计,未来全球农业资源(产量增长)分布大体是:东南亚主要是稻米,独联

---

① 黑土(Mollisol)是腐蚀质丰富的粘质土壤,颜色呈暗棕至黑色,具有强烈胀缩和扰动特性,有机质平均含量3%～10%,富含磷、钙等矿物质,特别适合小麦、玉米、大豆、水稻等农作物生长。全球黑土主要分布在温带混交林地区,如中国东北、蒙古北部、俄罗斯中南部、哈萨克斯坦北部、乌克兰、美国中部、加拿大中南部、阿根廷东部等地区。除蒙古外(因海拔较高),其他地区都是世界主要粮食种植区。

体主要是小麦和玉米，赤道地区主要是棕榈油，南美洲主要是大豆、玉米和食糖，北美洲主要是谷物和大豆。据经济合作与发展组织和联合国粮农组织2012 年估计，黑海和里海沿岸的独联体国家未来十年将在全球小麦市场占据重要位置，约占全球小麦出口份额的 35%，稳居全球最大出口地区；俄罗斯可能超过美国成为全球小麦第一出口大国。另据美国农业部 2012 年预计，独联体国家未来十年在全球小麦出口市场的份额将由 14% 上升到 28%。[①]

第二，在粮食生产供应方面，上合组织正式成员国均面临调整粮食和农业生产结构的重任，即在耕地和水资源有限的情况下，需要在保障国家粮食安全（尤其是口粮）、适应民众饮食需求、满足工业原料供应、出口创汇四者间做出合理和有效的平衡。为满足民众日益增长的生活需求，上合组织成员需要在保障传统粮食产量的同时，提高其质量，增加畜牧产品和果蔬等经济作物的产量并丰富品种。与此同时，食品、能源、饲料等部分工业仍依赖农业原料，为保证经济稳定发展和就业，以及本国产品的足够竞争力，成员国的部分经济作物产量和消费量均需要维持在一定水平。如乌兹别克斯坦，一方面需要扩大小麦和水稻种植，保证基本粮食安全，一方面要确保棉花种植，保证国家的外汇收入，一方面还要扩大果蔬种植和牧场面积，改善民众生活水平。俄罗斯和哈萨克斯坦为增加本国肉禽等产量，减少进口依赖，需要发展牧场和扩大玉米、大豆等饲料原料种植面积，缩小小麦等粮食作物种植面积。塔吉克斯坦和吉尔吉斯斯坦近年来调整进口结构，减少面粉进口，增加小麦进口，并在国内加工成面粉，既节约进口面粉的外汇消耗，又增加本国就业和产能。

第三，在农业投资方面，上合组织成员国农业投资规模总体不大，农业现代化任务仍较艰巨。据独联体经济委员会 2012 年的一份报告数据，每 1 卢布农业产值中，国家提供的支持力度分别是：美国 16 卢布，欧盟 0.32 卢布，俄罗斯只有 0.06 卢布，哈萨克斯坦更少。[②]从统计数据看，各国对农业的预算投

① 程国强：《全球农业战略：基于全球视野的中国粮食安全框架》，中国发展出版社，2013，第88~94 页。

② Департамент экономического сотрудничества, Исполнительный комитет, Содружество Независимых Государств, 《О мероприятиях государств Содружества по повышению их продовольственной безопасности》（информационно - аналитический материал），Москва，2012 год.

入、科技和基础设施投入、吸引的外资在农业领域的投入、农业总产值占GDP的比重、农产品加工企业在工业产值中的比重等指标均不大，与西方发达国家相比仍有较大差距。在各国倡导"工业立国"和"创新发展"的大环境下，如何保障农业稳定和增长是各国的重大课题之一。

第四，从粮食消费看，与发达国家相比，上合组织成员国的食品支出占居民总消费支出的比重较大。这意味着，居民对粮食和食品价格浮动更敏感，粮食和食品价格波动对居民生活水平、消费结构和消费习惯会造成一定影响，加上各国都存在贫富差距问题,[①] 两种因素叠加，使得粮价问题比较敏感，处理不当可能会直接影响社会稳定。2007年和2010年，上合组织各成员国均出现粮价大幅上涨现象，迫使政府拿出巨额补贴，防止粮价失控。

表 12-1　2012 年上海合作组织成员国生活水平比较

	中国	俄罗斯	哈萨克斯坦	吉尔吉斯斯坦	塔吉克斯坦
恩格尔系数(%)	38	35	47	57	58
人均年消费总支出(美元)	1789	4912	2384	554	496
食品支出(美元)	663	1702	1121	314	286

资料来源：根据世界银行在线数据库资料整理。

第五，与国际粮价关联度大，受粮价金融化影响大。近年来，粮价不仅反映商品价格，也反映一种金融产品的价格。通过金融杠杆，借助期货市场和金融衍生产品，国际资本巨鳄可将小幅或局部的粮价波动放大成剧烈和全面的涨跌。2006~2007年，国际资本大打"生物燃料"牌，猛然推高玉米价格，进而带动粮价全面上涨，2010年，国际资本又过度渲染俄罗斯小麦因干旱和森林大火减产，推高小麦价格，俄罗斯为保证国内供应，不得不禁止本国小麦出口，中国则出现"蒜你狠""豆你玩""姜你军""糖高宗"等与粮食有关的新流行语。

---

① 2012年上合组织各成员国基尼系数分别是：中国0.474，俄罗斯0.42，哈萨克斯坦0.284，吉尔吉斯斯坦0.42，塔吉克斯坦（2009年）0.31，乌兹别克斯坦（2003年）0.37。

三　上合组织成员国农业领域互补性强

互补就是互相补充，互通有无。互补性越强的领域，合作的愿望越高，越容易达成共识。上海合作组织成员国农业生产各具特色，技术各有专长，资源禀赋和市场需求各有特点，也都面临发展"三农"、提高粮食安全、拓展农业产业链、应对全球气候变化、抑制草场沙漠化、动植物保护等诸多难题，各方都希望把握机遇，在粮食安全、农业基础设施、科技、人力资源培训、信息交流、贸易与投资等领域进一步深化务实合作，这既有助于进一步密切成员国间的经济联系，又可促进成员国就业和经济发展，实现农产品战略平衡；既保障地区粮食安全，促进世界农业发展，又共同造福本国和本地区人民。恒定市场份额模型分析结果表明，市场需求效应对中国农产品出口具有明显的正向增长效应。[①]

在地理方面，中亚国家都是内陆国，远离世界经济中心，其首都与西欧各国首都的直线距离均超过 5000 千米，与北美各国的首都超过 1.2 万千米，与北京超过 3000 千米，与南亚国家的首都超过 2000 千米。乌兹别克斯坦还是世界上仅有的两个需要经过两个以上国家才能到达出海口的国家之一（另一个是欧洲的列支敦士登），乌离最近的海港有 3000 多千米远，其产品需长途跋涉才能销售到欧美和亚太地区。因此，不管中亚国家愿不愿意，都需要利用周边国家的铁路、公路、管道、空中航线以及出海口，以保证货物进出口等对外交流活动顺畅进行。

在劳动力方面，中国和多数中亚国家的劳动力数量众多且价格便宜，而俄罗斯和哈萨克斯坦则地广人稀，劳动力缺乏，在建筑、商贸、工业、农业和林业等领域对外籍劳动力需求较大，它们有意吸收中国与中亚的劳动力参与其建设。不过，由于过分担心中国廉价劳动力的影响，上海合作组织各项文件中都没有关于促进劳动力自由流动的词句。而俄罗斯与哈、吉、塔三个中亚国家已

[①] 吴学君：《中国和俄罗斯农产品贸易：动态及展望》，《经济维度》2010 年第 2 期；张国华：《中国和俄罗斯农产品贸易现状及特征》，《俄罗斯东欧中亚市场》2010 年第 4 期；曹守峰、张姣：《中国农产品出口哈萨克斯坦的增长效应分析》，《新疆农垦经济》2011 年第 2 期。

签署互免签证协议，劳动力流动相对容易很多。

在自然资源方面，俄罗斯具有丰富的土地、水、森林和渔业资源，哈萨克斯坦水土丰富，乌兹别克斯坦绿洲发达，塔吉克斯坦和吉尔吉斯斯坦则有良好的高山牧场，是农产品和中草药的理想产地。中国虽水土资源紧张，但市场规模大，足以消化吸收独联体国家的农产品。另外，鉴于上合组织成员国国土广阔，气候跨度大，生物资源丰富，四季产量丰富，可实现农产品应季和反季销售。

在农产品贸易方面，中国水土光热资源丰富，具有良好的农业生产条件。与中亚国家相比，中国在林果业、农产品加工、设施农业等劳动密集型和资本技术密集型农产品生产方面具有明显的相对优势，可从中亚和俄罗斯进口土地密集型农产品，如谷物、棉花、生丝、皮革等农产品，向中亚出口劳动密集型和资本技术密集型农产品，如时令或反季蔬菜、花卉、水果、种苗、畜产品等鲜活农产品，并带动农业机械、化肥、农药等农资出口。另外，新疆还可利用其地缘、交通、口岸、农业技术等优势，成为连接中国东部与中亚国家农产品贸易的重要通道，将中亚与中国内地两个市场联结起来，东北可利用自身优势，成为连接中国南方和俄罗斯的合作通道。

在农业技术方面，上海合作组织各成员国都具有自己丰富的农业生产经验。如中国在农作物育种、栽培技术、病虫害防治、土地改良技术、小型农机具生产等方面具有一定优势；俄罗斯在农作物遗传育种、植物免疫、国家资源库储备、应用生物技术发展畜牧业等方面经验丰富；中亚国家在灌溉农业、棉花育种等领域有技术专长。

第二节　合作的内容与原则

上合组织的合作目的，归根结底是为了实现组织的宗旨和任务，保证区域安全稳定和繁荣发展。理论上，凡是有助于实现此目标的合作领域和项目均受欢迎，实际操作中通常还要考虑以下因素：第一，是否有助于保持和继承已有合作成果，体现"上海精神"。如边界安全和反恐合作在上合组织成立前便存在，上合组织成立后亦需继续坚持，不能丢弃。第二，是否较易入手。上合组织本着"先易后难"的合作原则,不寻求一开始就"啃硬骨头",而是尽可能先从那些成员兴趣大、阻力小、成本少、见效快、易感知的项目着手,由浅入深,逐步加强合作,拓展广度和深度。如上合组织前十年的安全合作重点是反恐,经济合作重点是网络型基础设施建设等。第三,是否有利于维护中国利益,即维护"战略机遇期"、促进周边稳定和发展、捍卫中国"负责任的大国"、"睦邻、安邻和富邻的好伙伴"国际形象等。如向成员国提供贷款,支持其国内发展和应对国际经济危机;对外投资项目注重社会责任和环保责任等。农业合作具有产业链长、专业技术属性多、民生色彩重、容易被各国接受等特点和长处,恰好可以成为上合组织经济合作的新增长点和新亮点,推动上合组织经济合作向更深、更广的方向发展。

一 合作的目标与原则

上合组织的农业合作目标大体可以分为三个逐渐递进的层次:一是促进农业自身发展,如提高农业产量和质量,增强农业生产能力、粮食自给能力和出口能力,提高农业科技水平,改善农业基础设施等;二是与农业有关的农村和农民发展目标,比如农村建设和农民增收等;三是农业发展带动的外溢目标,如促进人员交流、增强政治互信、稳定宏观经济等。可以说,农业合作既是经济合作的目标,也是手段,可在提升农业合作水平的同时带动区域整体进步。

与此相似,粮食安全合作既是农业合作的内容,也是手段。提高成员国粮食产量和质量,增强粮食自给能力,建立综合性粮食安全体系,是上海合作组织农业合作的目标之一。上合组织可以粮食安全为切入点,深化农业合作,并在此基础上逐步扩大合作范围,进而丰富经济合作,促进成员国经济社会稳定,巩固政治互信基础。

合作过程中,除坚持上合组织既有的合作原则外,还需结合地区农业特点和实情,考虑以下三项原则。

一是坚持大农业观,建立完整的产业链条。"大农业"是指商品经济条件下贯穿传统上的一、二、三产业的现代农业产业化形式,不仅包括种植业、畜牧业、林业、渔业和副业五种传统产业形式,还包括产前、产后,如产前的农机、农具、农药和化肥等农资生产，产后的农产品加工、销售和物流等，另外还有相关的基础设施、科技、法律、金融信贷、保险、旅游和人才培养等诸多服务。在大农业原则指导下，上合组织的农业合作不仅是农业种植、土地开发、农产品贸易、科技合作和农业基础设施建设，还要促进与此有关的农业金融信贷、保险、物流和旅游等相关产业发展。

二是坚持整体观，注重地区和行业综合平衡。从地区角度看，上合组织的粮食安全和农业合作不仅是中国西部地区与中亚国家、中国东北和内蒙古与俄罗斯的合作，而是整个中国与中亚和俄罗斯的合作，综合平衡农产品产量和消费量，进而实现全国一盘棋，发挥各地优势，调剂余缺。从农业角度看，粮食安全是农业合作的一部分，但不是全部，农业合作不能只谈粮食安全，还要注意结合农村和农民的发展。从经济合作角度看，农业合作只是经济合作的一部分，开展农业合作可结合其他领域合作，如宏观经济调控、技术标准和检验检疫、海关、交通运输、贸易和投资、信息、保险、教育和环保等，各领域都有重叠交叉的内容，若能统筹兼顾，可以使各领域均获得最大收益。从区域稳定和发展角度看，上合组织的农业合作是整个国际农业市场的一部分，不但不能孤立存在，而且必然会受区外市场环境影响。①这意味着，农业合作必须综合考虑国内外、区内外的各种因素。

三是坚持正确的义利观，本着"亲、诚、惠、容"的原则，打造"命运共同体"和"利益共同体"。区域合作要"兼顾效率、公平与稳定"，创造互利共赢的良好合作局面，实现所有成员国共同发展的目标。上海合作组织要体现自身的价值，必须在追求效率的同时兼顾公平，尤其是社会公平，以平衡各成员的利益分配，使其不仅实现双赢，而且要尽可能赢得平均。目前，该组织各成员国在经济体制、市场规模、产业结构及抗风险能力等方面差异仍较大，在这种情况下，若仅强调经济公平，按成员国的贡献或投入来分配合作利益，

① 如随着生物燃料快速发展，工业用粮量增加，带动国际粮价上涨，粮食危机逐渐在全世界蔓延。从 2007 年夏至 2008 年底，塔吉克斯坦大米价格上涨了 73%，牛奶上涨了 25%；吉尔吉斯斯坦国内的食品类商品价格平均上涨 2~3 倍；乌兹别克斯坦的面包和面制品价格上涨了 1.5~2 倍，植物油上涨了 2.5 倍，牛奶上涨了 1.5 倍，肉类上涨了 1.3~1.5 倍；哈萨克斯坦的面包价格上涨了约 30%；俄罗斯的面包价格上涨约 20%。为应对粮食短缺，传统的粮食出口大国俄罗斯和哈萨克斯坦曾一度禁止本国小麦出口。

像股份公司按持股数量分红那样，会很容易造成富国愈富穷国愈穷的后果，反而会更加拉大成员国间的差距，不利于区域整合和该组织的稳定发展。有时需要有实力的成员真心实意地做一些让步，放弃自己的一些利益，使实力较弱的成员能有更多的发展空间和获利机会，使各成员国能够均衡发展。对中国来说，与上合组织其他成员国的农业合作，首要目的不仅是为了保障自身粮食安全（进口短缺的农产品）和增加出口，更是为了促进其他国家的粮食安全和经济发展。

二　合作内容

根据不同标准，上海合作组织的农业合作可以分为不同内容。[①]

（一）根据管理层次可分为中央和地方。中央层次的合作主要表现为官方主管机构和大型中央企业间的合作。地方合作即各国地方行政主体间的合作，通常有三种形式：边境地区的合作、地方行政主体间的友好合作和增长三角。边境地区的合作是指在经国家批准对外开放的边境地区内，通过指定的陆地边境口岸，有边贸经营权的企业与毗邻国家边境地区的贸易机构之间进行的各类经济活动。边境自由贸易区是在边境附近一定区域内实行零关税，人员和货物可以自由往来的贸易地区。最典型的边境自由贸易区是霍尔果斯中哈边境自由贸易区。[②] 地方行政主体间的友好合作是指为加强经济联系，一国的地方行政主体与另一国的地方行政主体之间开展的地方性合作活动，如通过两国省（州）或市的结对子形式建立友好关系，开展地方项目的合作。增长三角是由东盟首创的一种区域合作模式，它是由两个以上的成员在地理邻近且生产要素互补的前提下进行的合作，其主要特点是依靠市场驱动和优势互补，如中国、俄罗斯、朝鲜三国在图们江地区建立的区域合作机制。

地方合作通常选择自然条件相近或优势互补性强的地区，如中国黑龙江与毗邻的俄罗斯滨海边疆区、哈巴罗夫斯克州、犹太人自治州和阿穆尔州开展农业种植合作。吉林省农业委员会副主任于文波在第四届东北亚贸易博览会上表

---

① 张宁：《上海合作组织的经济合作模式》，《亚非纵横》2006 年第 7 期。

② 霍尔果斯中哈边境自由贸易区位于新疆伊犁哈萨克自治州与哈萨克斯坦阿拉木图州之间 200 公顷的地段内（中方占地 130 公顷，哈方占地 70 公顷）。

示，该省与俄罗斯奔萨州的农业合作之所以不断深化，原因之一便是两地资源禀赋和自然条件相似，主要农作物种类相近，吉林省可将自己比较成熟的综合栽培和饲养技术，例如以日光温室为主的蔬菜种植技术等在俄西北联邦区推广应用。[①]

（二）依据行为主体可分为官方（政府部门）和民间（学术机构、协会、企业、个体等）。[②] 官方负责制定规则和发展规划，如推进便利化和自由化、出入境制度、土地管理、基础设施建设规划、质量和安全体系标准等，民间负责落实执行，即开展具体合作项目。政府间经济合作是成员国以国家名义开展的各项合作活动，其目的主要是为了维护并增进全社会的公利，追求国家和社会的整体利益，而不仅仅是经济效益，甚至有时会为其他利益而牺牲经济利益。民间经济合作是各个具体的组织或个人为自身利益而从事的行为，通常仅追求个体收益，赔本的买卖没人干。目前最活跃的民间合作主体主要有三部分：一是企业；二是学术机构；三是行业协会。

国家开展经济合作的最终服务对象是企业，经济合作的内容最终也要由企业来执行。政府与民间相结合，对政府来说，可及时准确地了解相关信息，使之决策效果更佳，更有针对性；对民间来说，可更准确地理解和把握政府的决策意图和精神，同时将自己的意见反馈给政府。如此形成良性循环，有利于发展经济，造福百姓。

在一定程度上，上海合作组织与欧亚经济共同体和俄白哈统一经济空间的不同之处在于，上合组织的优势是民间合作，而欧亚经济共同体和俄白哈统一经济空间则擅长官方合作。独联体成员大量继承了苏联的标准和生产经营体系，相互间了解熟悉，容易协调并达成一致，这是欧亚经济共同体能够签署多项农业合作文件的原因所在。相比之下，上合组织有中国存在，与独联体国家的制度法律差异相对较大，协调较困难，但中国经济总量大，资金相对较丰富，适宜开展投资和贸易合作。

（三）按经济合作的内容划分，可分为自由化建设、经济技术合作和能力

---

① 吉林省农委：《吉林省欲与俄罗斯开展四方面农业合作》，http://www.foods1.com/content/574117/。

② 张宁：《上海合作组织的经济合作模式》，《亚非纵横》2006年第7期。

建设三部分。[①]当前，中国与上合组织成员国的农业合作项目相对集中在农业贸易和农业科技，农业投资较弱，农业领域制度协调也进展缓慢。

自由化建设通常被称为"制度一体化"，主要是协调与统一成员国的相关法律法规，以便为经济技术合作创造良好的内部环境。关于"自由化"至今没有统一的定义，主要有两种理解：一是狭义概念，即零关税，一切商品的进出口关税都为零。也有人认为平均关税在5%以下即为自由化，这样就可以在总体关税水平不超过5%的情况下，用较高关税保护某些产业。二是广义的概念，认为自由化不仅涉及关税减让，所有有关消除贸易壁垒（包括关税壁垒和非关税壁垒）的措施都可视为自由化的内容，目的是减少政策性障碍，以便各种经济要素能够自由流通。实践中，影响自由化的主要障碍表现为各国各种形式的贸易和投资壁垒。这些障碍是各国或为保护与促进国内生产和消费，或出于政治目的而采取的一些鼓励或限制货物贸易、服务贸易、投资和知识产权等方面的措施，如关税制度、许可证制度、配额制度、外汇管理制度、商品检验检疫制度、原产地规则以及有关保护竞争、限制垄断和不公平贸易做法的法律与制度等。

经济技术合作通常被称为"功能产业一体化"[②]，是成员国在各具体务实领域开展的合作，如生产、加工、流通、技术培训、土壤改良、传染病防治、兽医兽药、农业基础设施建设等具体的贸易和投资项目。每个国家的国民经济都可划分出若干行业（或产业），区域经济合作也总要体现在各个具体行业领域，通过深化各领域合作，夯实合作基础，让各成员及其国民切实感受到一体化的好处。由于涉及面广，利益关系错综复杂，区域合作往往先从若干共同感兴趣的领域入手，最终达到全面合作的效果。

---

① 张宁：《上海合作组织的经济合作模式》，《亚非纵横》2006年第7期。

② 广义上的国际经济合作包括国家间的所有经济往来活动。狭义的国际经济合作则有不同说法，有的仅指不同主权国家政府、自然人、法人和国际经济组织为共同利益所从事的使各类生产要素跨越国界的移动和重新组合配置，生产要素包括资本、技术、劳动力、土地、管理和信息等，即与生产要素的国际移动有关，一般有六类形式：国际直接投资、国际技术转让、国际劳务合作、国际租赁、研究与开发和国际咨询；有的认为国际经济合作只包括工程承包和劳务合作，将国际经济合作与国际贸易、国际金融并列。参见储祥银、葛亮、卢进勇编著《国际经济合作原理》，对外经济贸易大学出版社，1993，第36页。

能力建设即发展人力资源，主要表现为人才交流和技术培训。能力建设通常包括政府能力建设和民间能力建设两大部分。对政府而言，能力建设涉及一个国家的人力、科学技术、组织、体制和资源等方面的能力，目标是提高国家和行政管理及决策的能力，提高并拉平成员国的思维判断和决策能力，从而加强彼此沟通与理解，寻求一致的看法。区域合作的经验表明，如果成员国的发展水平和认识水平差距太大的话，区域合作往往很难开展。民间能力建设包括民众和企业两部分，目的是增强其适应市场竞争的能力。

（四）从合作影响看，可分为全球影响和区域影响两部分。上海合作组织每个成员国都是在三个层次上开展对外合作的：一是全球层次，参与联合国、世界贸易组织等全球性国际组织的活动；二是地区层次，如参加各类区域一体化组织；三是双边层次，加强一对一的合作联系。在这三个层次中，全球层次发展得最缓慢，双边层次发展得最快，区域层次则介于二者之间。所有国家都愿意借助区域合作来拓展双边领域的不足，将其视为通向国际社会的一个重要措施。

上合组织成员中，中、俄、哈三国的粮食生产和需求规模巨大，能够对国际粮食市场产生一定影响，中亚国家的农业规模仅具地区意义，对整个国际粮食供求关系不具影响力。因此，上合组织的农业合作可以分为两部分。

一是中、俄、哈三国粮食合作。可对整个国际粮食供求关系产生一定影响，可利用自己的市场优势，在国际粮食市场谋求更大发言权，寻求建立更公正合理的国际贸易秩序。

二是上合组织内部的粮食合作。包括中国与中亚国家的合作，可优化农业资源和市场，保证地区内部的供需稳定，促进成员国经济发展和民众生活水平提高。

（五）依据上海合作组织确定的"三步走"发展战略，可分为便利化、夯实基础和自由化三个阶段。① 上海合作组织 2003 年通过《多边经贸合作纲要》，规定该组织经济合作的基本思路是：先开展便利化建设扫清合作障碍，再深化经贸合作使各方受益，最后在适当的时候"实现货物、资本、服务和

---

① 张宁：《上海合作组织的经济合作模式》，《亚非纵横》2006 年第 7 期。

技术的自由流动"。

所谓"便利化",顾名思义,就是强调方便快捷。实践中,便利化侧重于实施贸易措施的程序和基础设施,主要涉及三个方面:一是基础设施和设备的现代化与标准化,如公路铁路等交通设施、电缆互联网等通信设施、能源管道设施等,以方便货物和人员流动;二是协调各类法律规范并增加其透明度,以便提高贸易投资行为的可预见性;三是以国际公认和通行的标准与惯例为基础简化并标准化有关手续和程序,如海关手续、出入境检验检疫规则、商品认证、原产地规则、商务人员往来签证等。第一方面属于硬件的改善,第二、第三方面属于软件的协调和简化。

(六)依据成员国政府职能与合作性质,可分为管理(保护合法)、治理(打击非法)、护理(继承和发扬)三部分。管理就是共同维护经济和市场秩序的活动,保障合法经营者、管理人员和科研人员等正常工作秩序,如成员国政府部门协调法律和制度,支持技术研发和推广,创造公平合理的竞争环境,减少贸易与合作壁垒,提高经济效益。另外,还包括危机处理合作,如应对自然灾害、农产品市场剧烈波动、动植物疫情暴发等。

治理就是共同依法合作打击违法犯罪活动,如农业开发中的乱采滥伐、破坏耕地、地下水超采、水污染和农药污染、制造和销售伪劣种子、滥用转基因农产品、非法劳务等。

护理就是共同对农业、农村和农民长期形成的传统非物质文化予以保护和发扬,如传统的种植和养殖方法、民间手工艺和加工方法、牧区文化、农耕习俗与禁忌、农村社区文化等。

三 未来需加强的合作内容

为加强上合组织农业合作,提高中国西部粮食安全保障水平,上合组织可调动各方积极性,鼓励从政府到民间、从中央到地方的广泛参与。除既定战略规划与合作项目外,成员国还可在以下四个方面加强工作。

一是农业主管部门可加强制度协调和战略规划。强化贸易磋商谈判和国际规则标准制定参与力度,协调农业法律法规和管理制度,推进区域一体化发展;制定区域农业合作战略和规划;共同应对农业市场和自然灾害风险;在全球农业合作领域协调立场；帮助企业推进构建上下游产业链；尝试规划成员国农业生产分工，利用各自的生产条件和优势，形成重点不同的专业化分工体系，如小麦产区、大豆产区、蔬菜产区、水果产区等。

二是发挥农业产业园区作用。产业园区是区域经济发展和产业调整升级的空间聚集形式，是由政府或企业为促进某一产业发展而创立的特殊区位环境，由政府集中统一规划制定区域，将特定产业的、具有分工合作关系的、不同规模等级的企业及其有关机构和组织等集中于一定区域内，并给予进驻企业一定优惠政策，通过资源共享带动关联产业发展，推动产业集群的形成和发展。农业产业园区或示范区是农业合作的样板，通常承担农业开发、技术研发和推广、人才培养和技术培训、提高农业生产能力、创新农业管理模式等多重任务。

当前，加强产业园区合作大体有两个内容：一是各国已有农业产业园区间开展的合作。中国四大农业示范区（包括侧重现代种植技术的杨凌农业高新技术产业示范区、侧重种业的北京现代农业科技城、侧重中低产田治理的黄河三角洲国家现代农业科技示范区、侧重外向型农业的连云港"一带一路"农业国际合作示范区）可在此发挥积极作用，尤其是杨凌农业高新技术产业示范区。二是农业海外投资，以开发建设农业产业园的形式，海外"屯田"，并以此为基础建立较完整的海外农业产业链条。

三是加强融资。上合组织发展需要资金支持。根据其他国际组织的经验，上合组织的资金至少有三个用途：一是项目贷款，主要用于具体合作项目，如上合组织《多边经贸合作纲要落实措施》和《2012～2016年上海合作组织进一步推动项目合作的措施清单》确定的项目，以及成员国提出的其他项目；二是无偿援助和人道主义援助，主要用于可行性研究、技术援助、应对紧急突发事件、灾后重建、人道主义等；三是宏观经济和金融稳定基金，确保成员国和整个地区经济稳定。

鼓励民间资本多参与是上合组织较好的融资渠道之一。上合组织成员国在资金方面存在一个共同的特点，即资金安全保障较差，企业信誉较低。一方面很多企业贷款难，另一方面银行等金融机构惜贷，大量民间资本也找不到合适项目，游资炒作兴起。因此，如果能够多做宣传，且宣传适当，可让大量闲置的民间资本发挥积极作用。

选择好合作时的结算货币至关重要。本币结算和货币互换可在一定程度上减少汇率波动对粮价和农业贸易的影响。货币互换是指交易双方约定在未来的一定期限内，按约定的本金额和利率，相互交换不同的货币，目的在于锁定汇率风险，防止汇率变动风险造成的损失，从而降低筹资成本，支持贸易融资，这是国际贸易中的一种常见合作形式。当前，中国已与俄罗斯建立本币结算机制，与哈萨克斯坦和乌兹别克斯坦建立货币互换机制，将其中的部分资金用于农业贸易结算。

上合组织可尝试建立粮食风险基金，形式可以是金融或实物，用于平抑粮食市场价格，维护粮食正常的流通秩序。由各国粮食储备部门负责协调合作，调剂余缺，在成员国出现粮食供应困难时提供必要的帮助，在粮食价格过快上涨时平抑物价。另外，风险基金还可用于日常和紧急应对自然灾害，如极端气候、跨境动植物疫病、草原鼠虫害、草原防火联防联控机制建设等。

四是构建统一的粮食信息、物流和交易平台。通过连锁经营、集中市场、网上交易、电子商务等现代流通手段，促进粮食生产方和需求方的直接合作，减少中间环节，拉近生产者与消费者的距离，实现产销间的高效、快捷和有序衔接，确保粮食和农产品贸易和物流顺畅。

农产品信息平台既包括网络资源建设，也包括交易会、博览会、专题研讨、专场推介、休闲农业文化游、美食节等所有能够提供展示宣传机会的措施和活动；既能够反映农业市场的价格、供求、技术研发、招商引资等信息，又可以打造农业整体形象，宣传与农业有关的优势产品（尤其是以农产品地理标志为主导的优势农产品）。如在上合组织秘书处网站上开设农业窗口，专门提供成员国农业市场信息；举办上合组织成员国农产品和农资专业博览会；组织上合组织成员国农业招商洽谈会、粮食安全研讨会等。

物流平台和交易平台主要是建立农产品和农资集散地、营销网络和运输通道。中国与周边独联体国家的铁路运输存在换装环节，另外，因进出口贸易品种结构差异，车皮空驶现象较严重，使交易成本增加。上合组织成员国可协商选择若干交通中心或大城市作为商品集散中心，规划运输班次，完善农产品和农资供求网络。

表 12 – 2　当前世界主要区域国际合作机制中有关农业合作的内容

政府层面	1. 动植物疫病防控 2. 质量监管体系 3. 农产品进出境等海关制度 4. 环境评估和节能减排 5. 市场信息和交易平台建设 6. 农村建设和农村劳动力转移 7. 技术和人员交流 8. 市场调节和粮食风险基金
农业金融	1. 农业保险 2. 农业信贷 3. 结算货币与汇率风险控制
农业贸易	1. 种植产品(谷物、蔬菜、水果、棉花等) 2. 畜牧产品(肉、奶、蛋、皮、毛、丝等) 3. 水产品 4. 林产品(木材、纸浆等) 5. 农资(种子、农药、化肥、农膜等) 6. 农机具
农业投资	1. 农业园区(种植、养殖、水产、加工等) 2. 农产品物流(仓储、运输) 3. 农产品批发市场和集散中心
农业科技	1. 优良育种,包括种子和牲畜品种等 2. 病虫害防治 3. 兽医兽药 4. 土壤改良 5. 节水技术 6. 转基因农产品和食品
农业基础设施	1. 水利灌溉和节水设施 2. 温室大棚 3. 农村道路 4. 农村电网
其他农业辅助产业	1. 法律咨询 2. 农业观光旅游 3. 农业展销会和品牌推广

第三节　影响中国与上合组织其他成员国农业合作的因素

根据独联体地区的各国国情和区域特点,当前影响中国与上合组织其他成员国农业合作的主要因素有四个方面：地区政治安全形势；"中国威胁论"；劳动力移民和检验检疫等贸易与投资壁垒；水资源短缺。

一 地区的稳定与动荡并存

稳定是经济发展与合作的前提条件，政局不稳会增大投资风险，降低投资者信心，破坏已经形成的合作链。当前，上海合作组织的合作环境总体良好，地区形势总体稳定，各国政府均能较好地把握国内局势，成员国之间的互信也在不断提升。中国与中亚国家及俄罗斯的友好关系牢固稳定，主要表现为四个特征。

一是合作具备坚实的法律基础。中国与其他上合组织成员均建立了"战略伙伴关系"，签署了《经济贸易协定》《建立政府间经贸合作委员会的协定》《鼓励和相互保护投资协定》《对所得避免双重征税和防止偷漏税的协定》，及交通运输、教育、文化等一系列政府间合作协议。

二是高层互访不断，领导人之间已建立深厚的友谊。2013年9月习近平主席访问中亚时，土库曼斯坦、哈萨克斯坦、乌兹别克斯坦和吉尔吉斯斯坦全部是总统率总理亲赴机场迎接，这样的高规格是中国外交史上的第一次。

三是双方在对方核心利益问题上相互尊重和相互支持。中亚国家和俄罗斯均坚定奉行一个中国政策，承认台湾是中国领土不可分割的一部分，支持中方打击东突等"三股势力"。中国也坚定支持中亚国家和俄罗斯走符合本国国情的发展道路，支持其领导人和政府为保障社会稳定、经济发展和民族和睦所采取的政策与措施，反对任何外部势力以任何形式、任何借口干涉其内政。

四是双方在众多国际问题上秉持一致的立场和看法。例如支持地区稳定和发展，尊重国际法基本原则，赞同联合国在维护世界和平、促进共同发展和推动国际合作方面发挥核心作用，支持联合国及其安理会进行合理、必要的改革，安理会改革应优先增加发展中国家代表性等。

与此同时，可能导致地区不稳定的国内和国外因素主要有以下几个方面。

一是部分成员国国内面临领导人政权更迭、利益格局重新洗牌的风险。经过独立后二十多年发展，独联体国家的政治、经济和社会体制已发生巨大变化，产生很多新的具有不同需求的社会集团，但由于一些国家的领导人长期执政，导致社会利益分配失衡，从而在转轨过程中积累了大量矛盾。近年来，上海合作组织成员国相继进入议会和总统换届高峰期，面临选择接班人的难题，各社会集团都想要在新的竞争中获得最大收益，各政治力量可能重新洗牌，利益需要重新分配，处理不好就会成为社会动荡的原因。

二是贫富差距大，使得成员国国民心理失衡。市场经济条件下，享有资源和地理优势的地区、市场需求强大的行业及能力强的个人往往会在激烈的市场竞争中取胜，获得较大利益，再加上改革过程中权力分配不均，使得上合组织成员国国内的区域间、行业间和个人间的收入差距扩大。不满情绪累积到一定程度就容易引发社会动荡。格鲁吉亚和吉尔吉斯斯坦的"颜色革命"及2005年乌兹别克斯坦的"安集延"事件中出现大规模的民众运动，无不与民众的不满情绪有关。

三是地区内的"三股势力"依然活跃。伊斯兰教是中亚各国最大的宗教，中亚国家穆斯林数量众多，[①] 中亚地区传统上的伊斯兰教以逊尼哈乃斐教义为主。中亚各国独立后，伊斯兰教日益浓厚，在此过程中，宗教激进主义和宗教极端亦随之兴起，尤其是2000年以后，经过前期积累酝酿，宗教极端的暴力化倾向愈演愈烈，甚至"伊斯兰化"（исламизация）"伊斯兰政治化"（политизация ислама）或"政治伊斯兰化"（исламизация политики）等成为媒体的常见词语。起初，境内的极端思想主要由境外传入，经过多年的经营发展，现已在本土形成自我生长的土壤和环境，比如在瓦哈比和萨拉菲等阿拉

---

① 据美国《国际宗教自由报告 2012 年》数据，哈萨克斯坦全国总人口约 1700 万，65% 信仰伊斯兰教，主要是逊尼哈乃斐派，其他伊斯兰教派信徒占比不足总人口的 1%。乌兹别克斯坦总人口约 3000 万，其中 93% 信仰伊斯兰教（大部分属于逊尼哈乃斐派，约 1% 信仰什叶派，主要分布在布哈拉州和撒马尔罕州）。吉尔吉斯斯坦全国总人口 550 万，其中逊尼派穆斯林约占 83%，另有约 1000 多名什叶派信徒。塔吉克斯坦全国人口共计 770 万，其中 90% 信仰伊斯兰教（其中 4% 信仰什叶派，主要位于东部的戈尔诺－巴达赫尚地区，其余主要是逊尼哈乃斐派）。土库曼斯坦全国人口约 670 万，约 90% 是穆斯林，信仰逊尼派，阿塞拜疆族和伊朗族主要信仰什叶派。United States Department of State，International Religious Freedom Report for 2012.

伯地区的原教旨主义的影响下，乌兹别克斯坦本土出现了伊扎布特和阿克拉米亚等极端组织。可以说，当前中亚国家同时面临来自境外和境内的极端势力威胁。宗教极端势力不仅威胁政权安全，对中亚国家、俄罗斯和中国新疆的本土传统文化与价值观也具有巨大破坏作用。

四是阿富汗局势未定。若该国局势失控，其影响体现在以下几个方面：（1）伊斯兰宗教极端思想和恐怖主义可能强化并向周边扩散，伊斯兰极端势力也可能刺激甚至资助上合成员国境内的三股势力发展；（2）毒品问题可能扩大甚至失控，中国与俄罗斯的消费能力越来越强，未来可能取代欧洲成为毒品主要消费市场；（3）巴基斯坦北部地区局势可能继续恶化，中巴关系面临考验；（4）地区内交通、通信、能源等基础设施遭到破坏，或者相关工程施工风险大；（5）美国等西方国家利用中亚国家，提升其在中亚的存在和影响力，遏制中俄。

五是美国等西方国家的干扰因素多。推进民主改革，实行西方民主和扶植亲西政权等，是以美国为首的西方世界的不变目标。为此，它们以完善多党制和保护人权为借口，积极支持上合组织成员国内的反对派和非政府组织。而在野党和一些非政府组织也借助这些外部力量向执政者要求更多的权力和利益。西方的压力（对执政者而言）或支持（对反对派而言）始终影响一些上合组织成员国的政治力量对比，这些因素成为影响这些国家政局不稳定的重要因素之一。

尽管存在很多可能导致成员国内部甚至整个区域不稳定的因素，但追求稳定是各方的目标。从长远看，各成员国都会从国家利益出发赞同并推动组织发展，其国内政局变化不会对组织产生太大影响，但短时间内则会在一定程度上增加区域合作难度，一些合作项目会因此受阻或被迫迟延履行。

二　"中国威胁论"

总的来说，"中国威胁论"可以分为两部分：一是对中国国际影响力不断提升的担心，担心中国强大会影响其地位。二是对中国居民影响当地经济和社会秩序的担心，例如：（1）认为中国正在有计划、有目的地对俄实行人口扩张，想以和平方式夺回沙俄时被侵占的领土；（2）担心中国人的存在打破当地的人口结构，他们有可能利用民主工具扩大其在当地的政治影响，从而威胁当地人的主权；（3）担心中国人挤占当地人的工作岗位，加重其失业现象，一些当地人甚至被迫离开故土寻找工作；（4）认为中国人在当地挣很多钱，但很多人从事的是影子经济，破坏了当地的经济秩序，使其遭受巨额经济损失；（5）认为中国人犯罪率高，威胁当地稳定和安全；（6）认为中国人不讲卫生，给当地带来病疫威胁。①

俄罗斯和中亚国家存在"中国威胁论"的主要原因：

一是苏联时期的反华宣传。苏联曾宣称中国对苏联150万平方千米的领土拥有主权，其中大部分位于现在的俄罗斯、哈萨克斯坦、吉尔吉斯斯坦和塔吉克斯坦境内。尽管与中国的边界问题现已全部解决，但这些国家仍然不放心，担心中国强大后还会提出领土要求。

二是人口因素。俄罗斯和中亚国家人口相对较少，尤其是与中国接壤地区的人口不多，这些国家都担心来自中国的移民会影响其人口结构和政权，特别是依靠主体民族执掌政权的中亚国家，谁都不愿看到本国出现一个新的大民族。截至2013年1月1日，中国拥有13.54亿人口，在与上合组织成员国接壤的省份中，辽宁4389万人，吉林2750万人，黑龙江3834万人，内蒙古2490万人，新疆2233万人。与此同时，俄罗斯整个远东联邦区总人口只有625万，其中滨海边疆区195万，哈巴罗夫斯克边疆区134万，阿穆尔州82万。整个西伯利亚联邦区总人口1928万，其中伊尔库茨克州242万，后贝加尔湖边疆区109万，阿尔泰共和国21万。哈萨克斯坦全国人口只有1680万，吉尔吉斯斯坦全国人口558万，塔吉克斯坦人口800万。

三是炒作"中国威胁论"也不排除是有些国家的有关部门、大型企业、跨国公司为自己私利而故意渲染推动的结果。如2010年初的哈萨克斯坦媒体炒作中国农企租赁哈土地事件，背后便有国际巨型粮商的影子，它们担心中国企业抢夺其传统市场份额；一些媒体和社会团体可能为追求轰动效应而夸大和歪曲事实；有的地方政府和强枚部门借打击"中国移民问题"

---

① 〔俄〕格尔布拉斯·В.Г：《俄罗斯的中国现实》，莫斯科，蚂蚁出版社，2001，第22、40、60、122页。

之名向中央伸手要钱；中央政府也愿意假借民意而实施符合其意的对华政策等。①

四是国际因素。一些国家（尤其是美国等西方国家）不愿意看到中国崛起，对中国大加诬蔑，经常炒作"中国威胁论"。这对俄罗斯和中亚国家也有影响。

五是一些华人确实存在不当甚至违法行为，干扰了当地的正常秩序，如过期签证；有些企业为尽快收回投资而加快开发，影响资源可持续利用；部分国人为逃避检查而行贿等。

"中国威胁论"对农业合作产生消极影响的一个典型案例，是 2009 年底 2010 年初在哈萨克斯坦发生示威游行，抗议政府向中国提供租赁土地。2009 年 12 月 4 日，哈总统纳扎尔巴耶夫在外国投资者理事会会议上号召投资者除资源领域外，也向农业领域投资，并举例说，中国建议哈提供 100 万公顷土地以种植油菜、大豆和其他饲料作物。12 月 25 日，哈农业部部长叶夫尼耶夫称，哈萨克斯坦将与中国合作，利用哈南部的荒废农业用地种植大豆作物。中方愿以每吨约 400 美元的交易所价格收购哈国大豆。哈每吨大豆的生产成本为 140～160 美元，从江布尔州的州府塔拉兹市到中国边境每吨运费需 13～14 美元。哈有大量闲置土地，国家无大量资金投入使其恢复使用，农业生产者也面临产品销售难题，而中国有资金，有需求，更有销售市场。所以，这项合作对哈极其有利可图。消息传出后，哈国内反对派表示强烈不满，并在部分城市组织示威游行，借机炒作"中国威胁""中国扩张""中国经济殖民"等。一些亲西方的反对派人士在哈最大的两座城市（阿拉木图和阿斯塔纳）举行集会活动，抗议政府的"卖国"计划。反对派领导人阿比洛夫说："如果每公顷需要 15 名中国人劳动，那么将有 1500 万中国人来到哈萨克斯坦。如果每 15 个人一年生育 1 个孩子，那么 50 年后，哈萨克斯坦将有 5000 万中国人。"②面对

---

① 〔俄〕拉林：《千年之交的俄罗斯与中国：谁来捍卫我们的国家利益》，〔俄〕《远东问题》1997 年第 1 期。

② 《Руководители митинга на площади Республики попросили народ〈сохранять спокойствие〉》，18 мая 2014，Алматы，http：//rus.azattyq.org/content/protest _ gathering _ in _ Almaty/1906429.html；《Казахстан：Оппозиция собирает народ на митинг против передачи земли Китаю》，28.01.2010，http：//www.fergananews.com/news.php?id=13908.

国内的反对声浪，哈政府多次表示，外国人只能租赁哈土地，不享有所有权，"土地属于哈萨克斯坦人民，任何时候也不会卖给其他人"；与中国的合作属于互利互惠，不存在威胁哈独立和主权。尽管政府多次声明解释，但在反对派干扰下，此合作项目最终被废弃。哈总统纳扎尔巴耶夫在 2014 年《国情咨文》中称："国家需要建立有效的土地市场，包括通过透明的价格机制在国内建立高效土地市场。只有把吸引投资和采用先进技术作为前提，继而转向农业用地租赁，才能够提高农业竞争力。应消除一切阻碍农企发展、农业合作进程及土地有效利用的壁垒。"

三　贸易和投资壁垒

国际上关于国际投资权利和义务的世界性多边条约主要有四个：《解决国家与他国国民间投资争议公约》《多边投资担保机构公约》世贸组织体制下的《与贸易有关的投资措施协定》《服务贸易总协定》。此外还有一些区域性的多边条约，最典型的是安第斯条约组织制定的《安第斯共同市场外国投资规则》。

总的来说，国际投资立法一般都包括保护、鼓励和管理外国投资三方面内容。其中有关保护投资安全与权益的做法通常是：（1）保证给予外国投资公正和公平的待遇，甚至国民待遇，使外国投资者能在东道国享有平等的法律地位，不受歧视；（2）提供关于政治风险和企业自主权的保障，比如规定国有化补偿等措施，减少投资者的商业和政治风险；（3）为解决投资争端提供便利。鼓励措施通常是提供各种优惠，比如税收优惠、财政优惠和行政优惠等，以及通过国家间缔结避免双重征税的条约，减轻投资者负担。

对外资进行管理的目的主要是为了保护民族工业和生态环境，使国民经济整体健康发展，其手段通常是：（1）实行审批制，以便禁止或限制外资进入某些部门，引导投资方向；（2）限制外资比例或限定董事会成员和企业职务的任职资格，以便东道国的投资者对合营企业进行控制；（3）要求外资企业优先雇用东道国人员或优先使用东道国物资，以便解决就业问题并带动当地经济发展；（4）要求外资企业接受东道国有关机关的监督检查，如财税检查等。这些措施都是为了提高本国的生产力水平，建立一个既能保护本国工商业又有利于吸引外资的良好的投资环境。

实践当中，各国在引进外资时通常对其设定一些附加条件，主要有当地含量要求、贸易平衡要求、外汇平衡要求、外汇管制要求、国内销售要求、生产要求、出口实绩要求、产品授权要求、生产限制要求、技术转让要求、许可要求、汇款限制要求和当地股份要求13种。世界贸易组织《与贸易有关的投资措施协议》（以下简称《协议》）（TRIMS）分9条1附件，其中规定不符合"国民待遇原则"和"一般取消进口数量限制原则"的投资措施包括那些国内法律或行政条例规定的强制性实施的投资措施，或者为了获得一项利益必须与之相符合的投资措施，具体指当地成分要求、贸易平衡要求、进口用汇限制和国内销售要求四种，但协议并未要求成员不得实施出口实绩、技术转让和外资比例等投资措施。此外，《协议》还规定了对发展中国家成员的例外条款，即为了平衡外汇收支和扶植国内幼稚产业发展等目的，发展中国家成员可以暂时背离国民待遇和一般取消数量限制原则。

上合组织农业合作壁垒主要表现为以下两个方面。

一是外国劳动力管理严格。上合组织成员国中，中国、塔吉克斯坦和吉尔吉斯斯坦主要是劳动力供给国，而俄罗斯和哈萨克斯坦是需求国。上合组织《多边经贸合作纲要》规定该组织的长期目标是"在2020年前，致力于在互利基础上最大效益地利用区域资源，为贸易投资创造有利条件，以逐步实现货物、资本、服务和技术的自由流动"，其中并未提及劳动力自由流动的内容，这在一定程度上表明一些成员国对劳动力移民的担心。

在劳动力流动方面，中亚国家和俄罗斯将劳动力移民分为长期劳动和季节性劳动两种，均执行严格的市场准入规定，对雇主聘用外国劳工实施配额、许可证及担保押金制度，严控外籍劳工数量。雇主若需雇用外国劳工，须事先向劳动部门申请配额及许可，并要交纳一定数额保证金，保证外国劳工合同期满后按期回国。劳动部门发放外国劳工许可证后，还需向外交、内务、边防等部门通报发放情况。许可证有效期通常与劳动合同期限一致。

欧亚经济共同体成员国（俄罗斯、白俄罗斯、哈萨克斯坦、吉尔吉斯斯坦、塔吉克斯坦）2000年签订了互免签证协议，规定各签约国国民进出其他成员国时免办签证，只凭护照并在关口填写出入境卡即可。另外，为保证各成员国公民在其他成员国境内的基本权益，各国还签署相应的协议，包括简化申请国籍手续、保障成员国公民的法律地位、保障自然人及其携带物品过境时的自由和平等权利、给予成员国公民快速及时医疗救助、简化公民汇款手续等，这些配套措施在一定程度上保证了成员国公民的自由迁徙权利、在另一成员国的就业、劳动条件、教育与培训以及医疗安全等。

二是商检壁垒。当前，影响中俄两国农业合作的主要因素之一是两国动植物检验检疫标准不同，尤其是关于动物流行病和作物化学物质含量等检测标准差异较大。[①] 1997 年，因在部分批次进口粮食中发现印度腥和矮化腥黑穗病成分，中国农业部决定对包括俄罗斯在内的多个国家实施粮食禁运，2004 年又对俄产动物源产品（含乳制品）实施禁令。2004 年 9 月，俄罗斯政府以中国动物流行病情况不明为由，宣布禁止进口中国肉类产品。2006 年 7 月 29 日，俄又以中国口蹄疫、禽流感及其他疫情复杂，发现中国产肉制品非法流通为由，禁止进口中国熟制加工肉类产品。2006 年 11 月初，中俄就恢复中方肉类产品输俄达成共识，但俄仍然要求中国生产商在向俄出口畜肉时接受俄方兽医实地逐个检查，并对产品进行重复检验，中国检验证书只有在俄方兽医背书后方被认可。另外，俄不顾中俄双方达成的关于俄方兽医只对中国出具的猪肉和牛肉《兽医卫生证书》背书的协议，要求其他畜肉、禽肉、肠衣等产品的检验证书也需要背书。这种做法增加了中国畜肉生产企业和出口企业的不合理负担。[②]

2006 年 12 月 4 日，俄联邦兽医和植物卫生监督局以进口大米中时常发现

---

① 农产品质量安全标准体系是指依照有关法律、行政法规的规定制定和发布的农产品质量安全的强制性技术规范，规定农产品质量要求和卫生条件，以保障人的健康、安全的技术规范和要求，是农业标准体系中涉及农产品安全和质量中强制性的技术规范的有机系统，涉及种植业、畜牧业、渔业等行业，内容包括安全和质量两类标准。安全类标准主要是影响农产品安全的物理性、化学性和生物性危害因素方面的标准，如动物性食品中兽药最高残留限量等；质量类标准主要是指农产品质量标准以及与农产品质量有关的标准，如产地环境标准，加工技术规程及标准，农产品标签、包装、检测标准，农产品流通标准。通常，农业标准体系按法律约束性可分为强制性标准和推荐性标准两种，按照适用范围的层级分为国家标准、协会标准和企业标准（中国现行农业标准体系则由国家标准、行业标准、地方标准和企业标准组成，前三个标准为政府性标准）。

② 徐世文：《2008 年我国主要贸易伙伴技术壁垒、植物卫生检疫措施》，《口岸卫生控制》2010 年第 2 期。

有害物质为由，全面禁止进口大米，后于2007年5月21日起恢复自海参崴港口岸的大米进口，但因中国对俄大米出口以陆路边境贸易为主，从而导致中国对俄大米出口长期处于停滞状态。经过不断磋商交涉，2009年后，俄陆续批准自后贝加尔铁路边境口岸和哈巴罗夫斯克口岸进口中国大米，但由于中国对应的陆路口岸中只有满洲里一个，再加上俄对进口检验许可证实施严格的审批措施，目前中国对俄大米出口贸易仍十分困难。

四　水资源开发利用

上海合作组织成员中，除俄罗斯、塔吉克斯坦和吉尔吉斯斯坦水资源丰富外，中国、乌兹别克斯坦和哈萨克斯坦的水资源分布不均。中亚地区生活着近6000万人口，农业、工业和生活用水的需求量很大。水量划分、水污染治理、节水技术普及、人畜饮用水安全、水利基础设施建设等水资源分配和利用，始终是各国关注的重点，也是困扰地区发展的难题。水资源短缺会破坏地区生态平衡，加剧干旱、土壤沙化和盐碱化、沙尘暴和盐暴，还可能因跨界河流（尤其是阿姆河、锡尔河、伊犁河和额尔齐斯河等）的开发利用而影响地区稳定，引发外交纠纷。

中亚地区的水资源主要依靠高山融雪，天然降雨和地下水资源相对较少。地区内的水资源大体分为两大水系：一是咸海水系，河流最终注入咸海，并且大部分属于跨界河流，特别是阿姆河与锡尔河。锡尔河是中亚最长的河流，流经吉尔吉斯斯坦、塔吉克斯坦、乌兹别克斯坦和哈萨克斯坦。阿姆河是中亚水量最大的河流，流经吉尔吉斯斯坦、塔吉克斯坦、阿富汗、土库曼斯坦和乌兹别克斯坦。二是哈萨克斯坦北部和东部地区，该地区大部分河流流经俄罗斯最终注入北冰洋。

据联合国粮农组织数据，农业是咸海水系水量减少和水质恶化的最主要原因。咸海流域年均地表径流总量为1250亿立方米，其中农业用水约1100亿立方米，占总水量的85%～88%，农业生产中的大量农药、化肥等又随灌溉余水进入咸海。[①]

---

① 联合国粮农组织在线数据库，http：//www.fao.org/nr/water/aquastat/data/query/results.html。

中亚国家间的水资源分配和能源生产紧紧相连。其根源不在于水资源不足，而是上游塔、吉两国的化石能源不足。吉、塔水力资源丰富，但油气、煤炭和铀矿储量不大，且大多位于山区，开发不便。另外，这两个国家并不富裕，缺乏足够的资金从外界购买能源，主要依靠水电（约占塔发电总量的99%，占吉发电总量的93%），修建水电站也是迫不得已的选择。而下游国家担心上游水库会控制下游的供水量，从而掌控下游国家的生存命脉，因此极力反对上游修建大型水利设施。上游要发展，下游担心被控制，由此形成双方之间无法解决的矛盾。当整个流域遭遇干旱时，问题则更加突出。

中国与哈萨克斯坦之间的跨界河流问题日益突出。哈认为，作为上游的中国经济发展太快，耗水量增长迅速，已影响下游维持生态平衡和正常生产生活所需水量。中方每年从额尔齐斯河的提水量已从原先的10亿~15亿立方米增加到15亿~20亿立方米（预计未来最高达50亿立方米），从伊犁河提水灌溉40万公顷田地，未来可能扩大到60万公顷土地，致使每年流入哈境内的伊犁河水量从120亿立方米减少到100亿立方米。

中亚水资源矛盾对农业合作的影响很多，如需要上下游调整种植结构和种植面积，减少耗水量大的农作物生产（如棉花等）；增加节水投入，改善灌溉设施；科学合理地使用化肥农药，避免灌溉余水二次污染；因干旱或水灾导致农业减产，造成农产品价格上涨，通胀压力加大；电力不足导致外资不愿投入，造成本国农产品加工和物流发展缓慢等。

附　录

表 1　上海合作组织现有合作成果文件统计（截至 2014 年底）

组织内部建设	1. 组织成立和发展 《成立宣言》(2001 年 6 月 15 日) 《宪章》(2002 年 6 月 15 日) 2. 组织内部机构设置和运作规则 《关于上海合作组织各机构条例的决议》(2003 年 5 月 29 日) 《上海合作组织程序规则》(2010 年 6 月 11 日) 《特权与豁免公约》(2004 年 6 月 17 日) 《关于上海合作组织徽标的决议》(2003 年 5 月 29 日) 《关于设立上海合作组织日的决议》(2004 年 6 月 17 日) 《成员国元首理事会条例》(2003 年 5 月 29 日) 《政府首脑 (总理) 理事会条例》(2003 年 5 月 29 日) 《成员国外交部部长会议条例》、(2003 年 5 月 29 日) 《成员国外交部协作议定书》(2004 年 6 月 17 日) 《关于应对威胁本地区和平、安全与稳定事态的政治外交措施及机制条例》(2009 年 6 月 15 日) 《成员国国家协调员理事会条例》(2003 年 5 月 29 日) 《成员国各部门负责人会议条例》(2003 年 5 月 29 日) 《成员国常驻上海合作组织秘书处代表条例》(2003 年 5 月 29 日) 《秘书处条例》(2003 年 5 月 29 日, 新版 2006 年 6 月 15 日) 《关于地区反恐怖机构的协定》(2002 年 6 月 27 日) 《地区反恐怖机构执行委员会细则》(2003 年 5 月 29 日) 《成员国常驻上海合作组织地区反恐怖机构代表条例》(2005 年 7 月 5 日) 《乌兹别克斯坦共和国政府与上海合作组织关于上海合作组织地区反恐怖机构的东道国协定》(2004 年 6 月 17 日) 《中华人民共和国政府与上海合作组织关于秘书处东道国协定》(2004 年 6 月 17 日) 3. 组织对外关系 《观察员条例》(2004 年 6 月 17 日) 《对话伙伴条例》(2008 年 8 月 28 日) 《上海合作组织与其他国际组织及国家相互关系临时方案》(2002 年 11 月 23 日) 《接收新成员条例》(2010 年 6 月 11 日) 《关于申请国加入上海合作组织义务的备忘录范本》(2011 年 6 月 15 日) 《上海合作组织与阿富汗伊斯兰共和国关于建立上海合作组织 – 阿富汗联络小组的议定书》(2005 年 11 月 4 日) 《上海合作组织秘书处与集体安全条约组织秘书处谅解备忘录》(2007 年 10 月 5 日)

续表

组织内部建设	《上海合作组织银行联合体与欧亚开发银行伙伴关系基础备忘录》(2008 年 8 月 28 日) 《上海合作组织秘书处同联合国秘书处合作的联合声明》(2010 年 4 月 8 日) 2004 年 6 月 17 日给予蒙古,2005 年 7 月 5 日给予巴基斯坦、伊朗、印度,2012 年 6 月给予阿富汗观察员地位。2009 年 6 月给予白俄罗斯、斯里兰卡对话伙伴地位,2012 年 6 月给予土耳其对话伙伴地位。
政治领域	1. 发展战略 《长期睦邻友好合作条约》(2007 年 8 月 16 日) 《上海合作组织中期发展战略规划》(2012 年 6 月 7 日) 《〈上海合作组成员国长期睦邻友好合作条约〉实施纲要(2013～2017)》(2013 年 9 月 13 日) 2. 就国际热点问题的声明和建议 《塔什干倡议》(2004 年 6 月 17 日) 《上海合作组织五周年宣言》(2006 年 6 月 15 日) 《上海合作组织十周年阿斯塔纳宣言》(2011 年 6 月 15 日) 《关于构建持久和平、共同繁荣地区的宣言》(2012 年 6 月 7 日) 秘书处 2004 年 3 月 7 日就印度洋海啸的声明 秘书处 2011 年 3 月 4 日就中东局势的声明 秘书处 2011 年 3 月 16 日就日本自然灾害发表的声明
安全领域	1. 边境安全 《关于在边境地区加强军事领域信任的协定》(1996 年 4 月 26 日) 《关于在边境地区相互裁减军事力量的协定》(1997 年 4 月 24 日) 2. 反恐安全 《打击恐怖主义、分裂主义和极端主义上海公约》(2001 年 6 月 15 日) 《关于打击非法贩运麻醉药品、精神药物及其前体的协议》(2004 年 6 月 17 日) 《反恐怖主义公约》(2009 年 6 月 15 日) 《关于在上海合作组织成员国境内组织和举行联合反恐行动的程序决定》(2006 年 6 月 15 日) 《关于查明和切断在上海合作组织成员国境内参与恐怖主义、分裂主义和极端主义活动人员渗透渠道的协定》(2006 年 6 月 15 日) 《组织和举行联合反恐演习的程序协定》(2008 年 8 月 28 日) 《合作打击恐怖主义、分裂主义和极端主义构想》(2005 年 7 月 5 日) 《反恐专业人员培训协定》(2009 年 6 月 15 日) 《打击恐怖主义、分裂主义和极端主义 2007～2009 年合作纲要》(2006 年 6 月 15 日) 《打击恐怖主义、分裂主义和极端主义 2010～2012 年合作纲要》(2010 年 6 月 11 日) 《打击恐怖主义、分裂主义和极端主义 2012～2015 年合作纲要》(2012 年 6 月 15 日) 3. 打击有组织犯罪 《成员国政府间合作打击非法贩运武器、弹药和爆炸物品的协定》(2008 年 8 月 28 日) 4. 信息安全 《关于国际信息安全的声明》(2006 年 6 月 15 日) 《保障国际信息安全行动计划》(2007 年 8 月 16 日) 《成员国保障国际信息安全政府间合作协定》(2009 年 6 月 15 日)

安全领域	5. 禁毒 《上海合作组织阿富汗问题特别会议宣言》(2009 年 3 月 27 日) 《上海合作组织成员国和阿富汗伊斯兰共和国打击恐怖主义、毒品走私和有组织犯罪行动计划》(2009 年 3 月 27 日) 《上海合作组织成员国和阿富汗伊斯兰共和国关于打击恐怖主义、毒品走私和有组织犯罪的声明》(2009 年 3 月 27 日) 《2011～2016 年上海合作组织成员国禁毒战略》及其《落实行动计划》(2011 年 6 月 15 日) 《上海合作组织秘书处与联合国毒品和犯罪问题办公室谅解备忘录》(2011 年 6 月 15 日)
经济和人文领域	1. 经济合作总体规划 《成员国多边经贸合作纲要》(2003 年 9 月 23 日) 《〈多边经贸合作纲要〉落实措施计划》(2004 年 9 月 23 日) 《〈多边经贸合作纲要落实措施计划〉实施机制》(2005 年 10 月 26 日) 《2012～2016 年上海合作组织进一步推动项目合作的措施清单》(2012 年 12 月 6 日) 2. 就地区热点的声明和倡议 《关于加强多边经济合作、应对全球金融经济危机、保障经济持续发展的共同倡议》(2009 年 10 月 14 日) 《关于世界和上合组织地区经济形势的联合声明》(2011 年 11 月 7 日) 《成员国财长和央行行长联合声明》(2009 年 12 月 9 日) 《地区防治传染病联合声明》(2009 年 10 月 14 日) 3. 融资 2004 年 6 月 25 日,中国宣布愿向其他成员提供 9 亿美元优惠出口买方信贷 2009 年 6 月 15 日,中国宣布愿向上海合作组织框架内多边和双边经济技术合作项目提供 100 亿美元信贷支持 4. 海关领域 《海关合作与互助协定》(2007 年 11 月 2 日) 《成员国海关关于开展知识产权保护合作的备忘录》(2012 年 12 月 5 日) 《海关能源监管信息交换议定书》(2008 年 10 月 30 日) 5. 救灾领域 《救灾互助协定》(2005 年 10 月 26 日) 《〈救灾互助协定〉议定书》(2005 年 10 月 26 日) 《2007～2008 年救灾合作行动方案》(2007 年 8 月 16 日) 《实施救灾互助合作 2009～2010 年活动计划》(2009 年 6 月 5 日) 6. 其他领域 《教育合作协定》(2006 年 6 月 15 日) 《文化合作协定》(2007 年 8 月 16 日) 《卫生合作协定》(2011 年 6 月 15 日)

续表

实业家委员会	2006 年 6 月 4 日在上海成立,常务秘书设立在莫斯科 1. 保险领域:自愿医疗保险 2. 医疗卫生领域:联合灾难医疗中心;传染病预防(非典型性肺炎和肺病);"远程医疗";妇产医生合作 3. 休闲领域:疗养地 4. 教育领域:上海合作组织大学 5. 能源领域:能源俱乐部	
银联体	《成立上海合作组织银行联合体协议》(2005 年 10 月 26 日) 《成员行关于支持地区经济合作的行动纲要》(2006 年 6 月 15 日) 《上合组织银行联合体与实业家委员会合作协定》(2007 年 8 月 15 日) 《成员行投资项目筛选、评估和实施协作条例》(2007 年 8 月 15 日) 《上海合作组织银行联合体中期发展战略(2012~2016 年)》(2012 年 12 月 6 日)	

表 2　上海合作组织成员国农产品进口关税税率（截至 2014 年 1 月 1 日）

单位：%

		中国	俄罗斯和哈萨克斯坦	乌兹别克斯坦	吉尔吉斯斯坦	塔吉克斯坦
第一类	活动物;动物产品					
第 1 章	活动物	0、30、50	5	5、10、30	0	5
第 2 章	肉及食用杂碎	70、80	15、20、25、80	30	10	10、15
第 3 章	鱼、甲壳动物、软体动物及其他水生无脊椎动物	0、40、70、80	10	5	10	
第 4 章	乳品;蛋品;天然蜂蜜;其他食用动物产品	0、40、70、80、90	15、20、25	5、30	10、15	5、10、15
第 5 章	其他动物产品	20、30、35、50、80、90、100	5、10	10	10	10
第二类	植物产品					
第 6 章	活树及其他活植物;鳞茎、根及类似品;插花及装饰用簇叶	0、14、40、80、100	5、15	30	0、10	5、10、15
第 7 章	食用蔬菜、根及块茎	70、80、90、100	15	10、30	10、15	15
第 8 章	食用水果及坚果;柑橘属水果或甜瓜的果皮	40、80、80、100	5、10	30	0、5、10	5、10
第 9 章	咖啡、茶、马黛茶及调味香料	30、50、80、100	0、5、10、20	10、30	0、5、10	5

续表

		中国	俄罗斯和哈萨克斯坦	乌兹别克斯坦	吉尔吉斯斯坦	塔吉克斯坦
第10章	谷物	小麦、玉米、大米180 大麦160,其他0、8	5、15	5	0、5、10	5、10
第11章	制粉工业产品;麦芽;淀粉;菊粉;面筋	30、50、70、80、130、180	10、20	5、10、30	0、10	10
第12章	含油子仁及果实;杂项子仁及果实;工业用或药用植物;稻草、秸秆及饲料	0、50、70、80、180	5	5、10、30	0	
第13章	虫胶;树胶、树脂及其他植物液、汁	17、40、45、80	5	10	5	5
第14章	编结用植物材料;其他植物产品	35、70	15	10	10	15
第三类	动、植物油、脂及其分解产品;精制的食用油脂;动、植物蜡					
第15章	动、植物油、脂及其分解产品;精制的食用油脂;动、植物蜡	30、35、40、50、60、70、80、100、160、170、190	5、15	5、10	0、5、10、15	5、10、15
第四类	食品;饮料、酒及醋;烟草、烟草及烟草代用品的制品					
第16章	肉、鱼、甲壳动物、软体动物及其他水生无脊椎动物的制品	90	15、20、25	5、10	10	5、10、15
第17章	糖及糖食	50、80、125	5、20	10、30	0、5、10	5
第18章	可可及可可制品	30、50、70	5	5、30	5、10	
第19章	谷物、粮食粉、淀粉或乳的制品;糕饼点心	80	15	30	10	5
第20章	蔬菜、水果、坚果或植物其他部分的制品	70、80、90	15	30	5、10、15、20	15
第21章	杂项食品	70、90、130	10、15	10、30	0、5、10	15

443

续表

		中国	俄罗斯和哈萨克斯坦	乌兹别克斯坦	吉尔吉斯斯坦	塔吉克斯坦
第22章	饮料、酒及醋	30、90、100、180	15、20	30	10、15	从量税
第23章	食品工业的残渣及废料;配制的动物饲料	30、50、90	5	5、30	0、5	5
第24章	烟草、烟草及烟草代用品的制品	70、180	5、20	10、30	0、10、15	5

资料来源:中国海关《2014年海关税率税则》;塔吉克斯坦 Постановление Правительства РТ от 14. 11. 2003г. № 497《О таможенном тарифе Республики Таджикистан》;吉尔吉斯斯坦 Закон от 29 марта 2006 года N 81《О таможенном тарифе Кыргызской Республики》(В редакции Законов КР от 8 мая 2008 года N 79, 17 октября 2008 года N 219, 16 июля 2009 года N 221, 19 мая 2011 года N 27);乌兹别克斯坦 Закон Республики Узбекистан от 29 августа 1997 года №470 – I《О таможенном тарифе》(Ведомости Олий Мажлиса Республики Узбекистан, 1997 г., № 9, ст. 228; 1998 г., № 9, ст. 181; 2001 г., № 5, ст. 89; 2003 г., № 1, ст. 8, № 5, ст. 67; 2004 г., № 1 – 2, ст. 18; Собрание законодательства Республики Узбекистан, 2004 г., № 25, ст. 287, № 51, ст. 514; 2007 г., № 29 – 30, ст. 294, № 37 – 38, ст. 380, № 52, ст. 533; 2008 г., № 14 – 15, ст. 86; 2010 г., № 51, ст. 485; 2012 г., № 52, ст. 584; 2014 г., № 4, ст. 45);哈萨克斯坦和俄罗斯 Решение Комиссии Таможенного союза от 18 ноября 2011 года № 850《Единый таможенный тариф Таможенного союза Республики Беларусь, Республики Казахстан и Российской Федерации》。

表3　上海合作组织成员国的营养不良人口统计

年份	营养不良人口比重(%)					营养不良人口(万)				
	1990~1992	2000~2002	2005~2007	2008~2010	2011~2013	1990~1992	2000~2002	2005~2007	2008~2010	2011~2013
世界	18.9	15.5	13.8	12.9	12.0	10.15	9.57	9.07	8.78	8.42
发达国家	<5	<5	<5	<5	<5	0.20	0.18	0.14	0.15	0.16
发展中国家	23.6	18.8	16.7	15.5	14.3	9.96	9.39	8.93	8.63	8.27
中国	22.9	14.0	13.0	11.6	11.4	27210	18350	17480	15810	15800
哈萨克斯坦	<5	8	<5	<5	<5	ns	120	ns	ns	ns
吉尔吉斯斯坦	17.7	17.6	9.7	9.3	5.9	80	90	50	50	30
塔吉克斯坦	30.3	42.1	34.9	37.1	30.2	160	260	230	250	210
乌兹别克斯坦	<5	15.7	9.7	8.1	5.7	ns	390	250	220	160
印度	25.5	22.5	20.1	18.9	17.0	22730	24070	23310	22860	21380
伊朗	<5	<5	6.0	5.2	<5	ns	ns	420	380	ns
巴基斯坦	27.2	25.4	21.2	19.0	17.2	3120	3750	3430	3250	3100
蒙古	38.4	35.6	31.4	26.4	21.2	90	90	80	70	60
斯里兰卡	33.4	28.9	27.0	25.1	22.8	590	550	540	520	480
土耳其	<5	<5	<5	<5	<5	ns	ns	ns	ns	ns
土库曼斯坦	9.2	8.4	5.7	<5	<5	30	40	30	ns	ns

注:世界、发达国家、发展中国家三栏中的营养不良人口的计量单位是亿。

资料来源:FAO, IFAD and WFP. 2013. *The State of Food Insecurity in the World*, 2013, *The multiple dimensions of food security*. Rome, FAO。

表 4　上海合作组织成员国的粮食安全指数

年份	营养不良人口比重(%)		5 岁以下儿童营养不良人口比重(%)		5 岁以下儿童死亡率(%)		粮食安全指数（GHI）				
	2004 ~ 2006	2010 ~ 2012	2004 ~ 2006	2010 ~ 2012	2004 ~ 2006	2010 ~ 2012	1990	1995	2000	2005	2013
中国	13.1	11.5	4.5	3.4	2.4	1.5	13.0	10.4	8.4	6.7	5.5
俄罗斯	2.0	1.7	0.8	1.2	1.7	1.2		< 5	< 5	< 5	< 5
哈萨克斯坦	1.0	0.5	4.9	3.7	3.5	2.8		< 5	5.3	< 5	< 5
吉尔吉斯斯坦	9.4	6.4	2.7	3.5	3.9	3.1		9.3	8.8	5.3	< 5
乌兹别克斯坦	9.8	6.1	4.4	5.0	5.5	4.9		8.3	9.3	6.6	5.3
塔吉克斯坦	34.3	31.7	14.9	11.0	7.9	6.3		21.2	22.6	19.0	16.3
土库曼斯坦	5.5	3.4	8.0	5.5	6.2	5.3		10.3	8.6	6.6	< 5
蒙古	32.5	24.2	5.3	5.0	4.6	3.1	19.7	23.6	18.5	14.1	10.8
印度	20.9	17.5	43.5	40.2	7.5	6.1	32.6	27.1	24.8	24.0	21.3
巴基斯坦	22.8	19.9	32.4	30.9	8.4	7.2	25.9	22.8	21.6	21.2	19.3
伊朗	5.8	5.0	4.6	4.1	3.4	2.5	8.5	7.4	6.1	< 5	< 5
阿富汗			32.8	25.0	11.9	10.1					
白俄罗斯	2.8	0.4	1.3	0.9	0.9	0.6		< 5	< 5	< 5	< 5
土耳其	1.0	0.9	3.5	1.7	2.4	1.5	< 5	5.0	< 5	< 5	< 5
斯里兰卡	27.9	24.0	21.1	21.6	1.6	1.2	22.3	20.7	17.8	16.9	15.6

资料来源：IFPRI：2013 Global Hunger Index，http：//www.ifpri.org/book - 8018/node/8058。

图书在版编目（CIP）数据

上海合作组织农业合作与中国粮食安全/张宁，杨正周，阳军著.
—北京：社会科学文献出版社，2015.3
（中国社会科学院文库. 国际问题研究系列）
ISBN 978 - 7 - 5097 - 7070 - 2

Ⅰ.①上…　Ⅱ.①张…②杨…③阳…　Ⅲ.①上海合作组织 - 农业
合作 - 国际合作 - 研究②粮食问题 - 研究 - 中国　Ⅳ.①D814.1
②F306.4③F326.11

中国版本图书馆 CIP 数据核字（2015）第 019387 号

中国社会科学院文库·国际问题研究系列
上海合作组织农业合作与中国粮食安全

著　　者／张　宁　杨正周　阳　军

出 版 人／谢寿光
项目统筹／高明秀
责任编辑／王丽影　张金勇

出　　　版／社会科学文献出版社·全球与地区问题出版中心（010）59367004
　　　　　　地址：北京市北三环中路甲 29 号院华龙大厦　邮编：100029
　　　　　　网址：www. ssap. com. cn
发　　　行／市场营销中心（010）59367081　59367090
　　　　　　读者服务中心（010）59367028
印　　　装／北京季蜂印刷有限公司

规　　　格／开　本：787mm×1092mm　1/16
　　　　　　印　张：29.25　字　数：474 千字
版　　　次／2015 年 3 月第 1 版　2015 年 3 月第 1 次印刷
书　　　号／ISBN 978 - 7 - 5097 - 7070 - 2
定　　　价／99.00 元